Umschlaggestaltung: DSR – Werbeagentur Rypka, A-8143-Dobl/Graz
Titelbild: Christian Strobl Photography
Bildnachweis: Die Bilder im Innenteil wurden dem Verlag freundlicherweise von den Autoren zur Verfügung gestellt.

Bibliographische Information der Deutschen Nationalbibliothek
Die Deutsche Nationalbibliothek verzeichnet diese Publikation in der Deutschen Nationalbibliographie; detaillierte bibliographische Daten sind im Internet über http://dnb.d-nb.de abrufbar.

Hinweis:
Dieses Buch wurde auf chlorfrei gebleichtem Papier gedruckt. Die zum Schutz vor Verschmutzung verwendete Einschweißfolie ist aus Polyethylen chlor- und schwefelfrei hergestellt. Diese umweltfreundliche Folie verhält sich grundwasserneutral, ist voll recyclingfähig und verbrennt in Müllverbrennungsanlagen völlig ungiftig.

Auf Wunsch senden wir Ihnen gerne kostenlos unser Verlagsverzeichnis zu:
Leopold Stocker Verlag GmbH
Hofgasse 5 / Postfach 438
A-8011 Graz
Tel.: +43 (0)316/82 16 36
Fax: +43 (0)316/83 56 12
E-Mail: stocker-verlag@stocker-verlag.com
www.stocker-verlag.com

ISBN 978-3-7020-1695-1

Layout & Repro: DSR – Werbeagentur Rypka, A-8143-Dobl/Graz

INHALT

WERKSTÜCKE

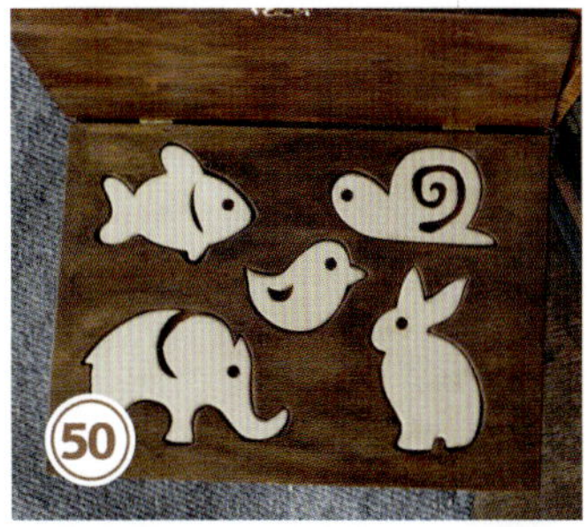

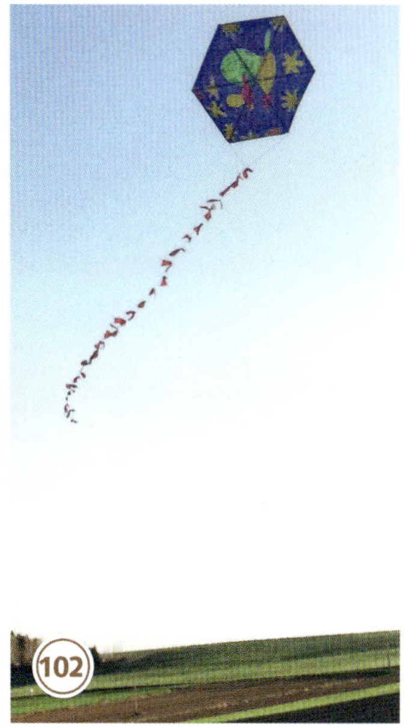

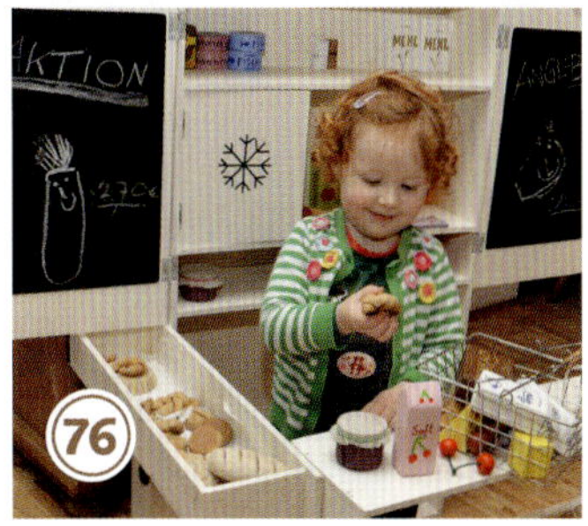

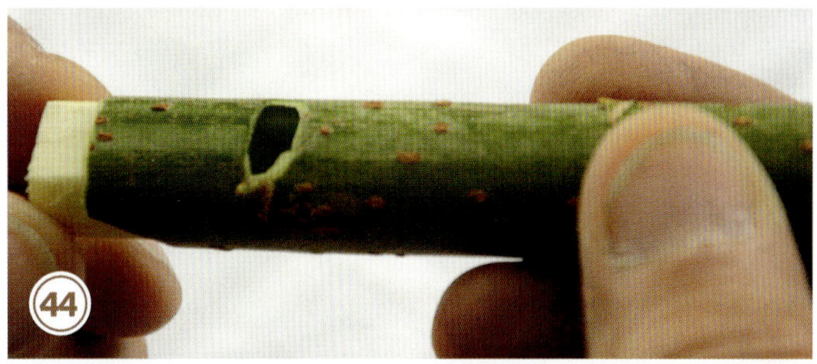

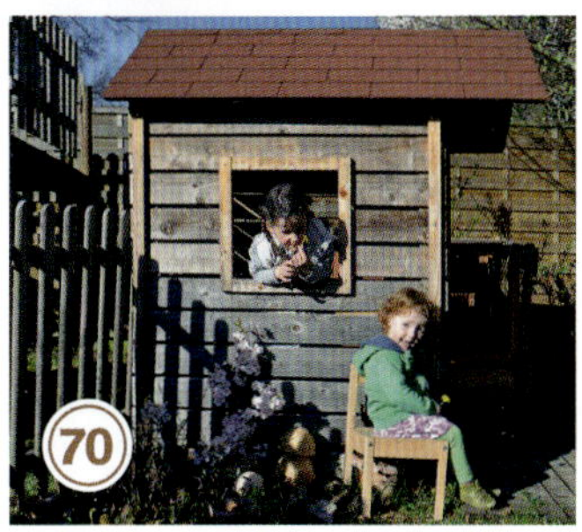

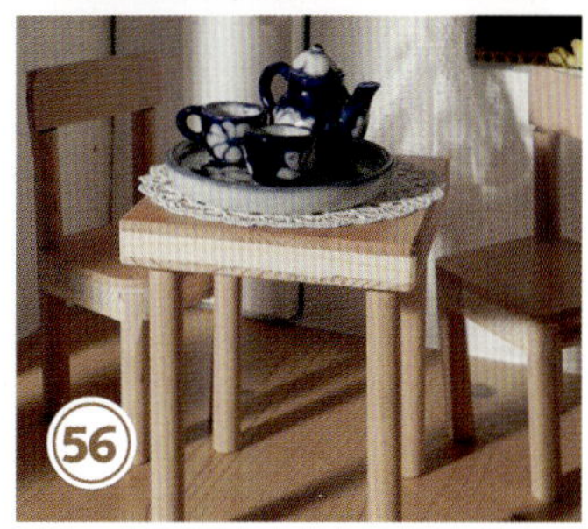

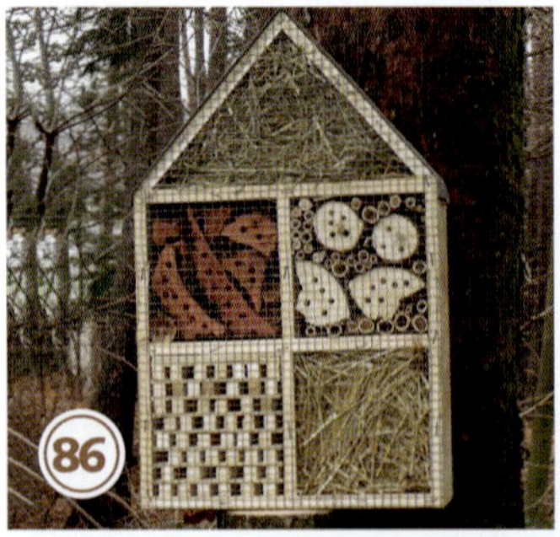
86

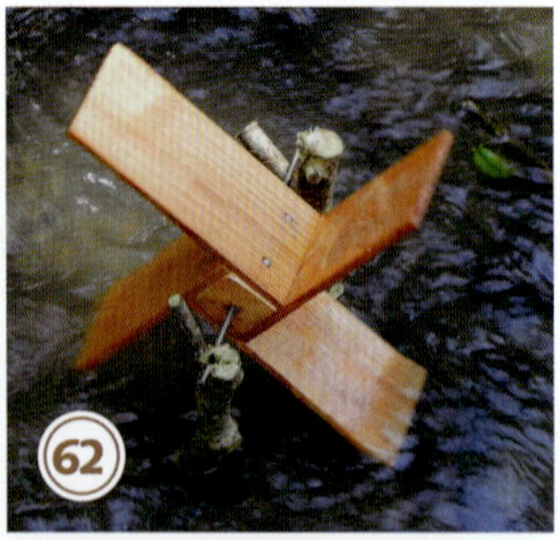
62

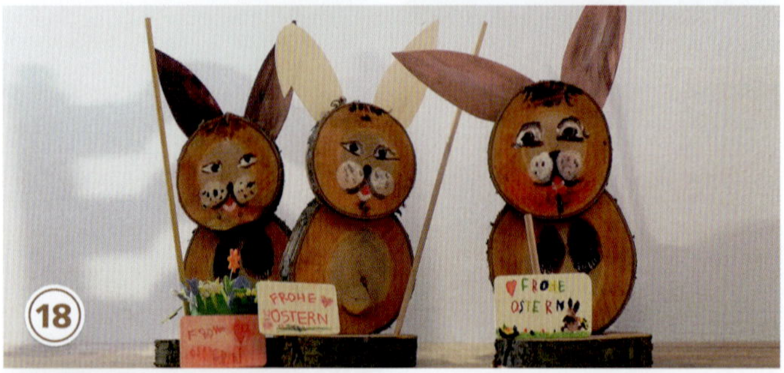
18

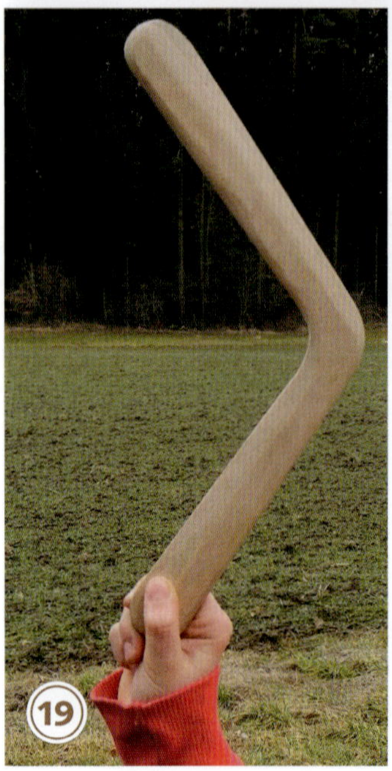
19

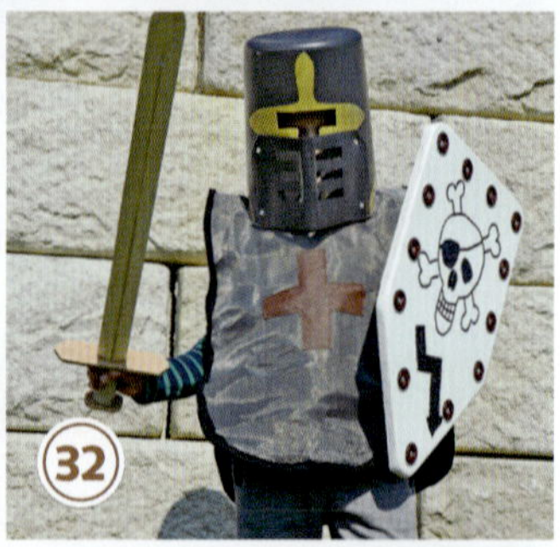
32

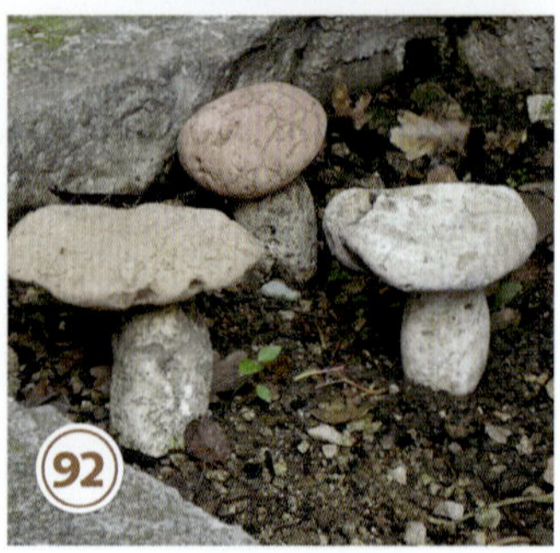
92

DIE BASTELBANDE STELLT SICH VOR

Es war einmal vor vielen Jahren ein junges, verliebtes Paar. Wie es so kommen musste, waren sie bald zu dritt. Ein viertes Familienmitglied kam nach Plan, ein fünftes und sechstes ungeplant, aber alle herzlich willkommen. Inzwischen wurde aus dem Paar Oma und Opa und aus den vier prächtigen Mädchen wiederum wurden Mütter von derzeit drei Buben und drei Mädchen.

Oma versucht, so oft wie möglich die ganze Schar um sich zu versammeln. Dann wird's schon einmal eng und Opa zieht sich in seine Bastelwerkstatt zurück. Es dauert nicht lange und die Rasselbande hat ihn aufgespürt. Dann wird geplant, gezeichnet, gesägt, geschliffen, gehämmert, geleimt, geschraubt, gestrichen.

Es ist gar nicht so leicht, immer wieder etwas Neues vorzuschlagen. Einerseits muss es die Bande interessieren, andererseits soll auch für die Kleinen was dabei sein. Letztlich sollte das Material so gut wie nichts kosten bzw. schon vorhanden sein. Dementsprechend kommen Holzabfälle, Kartons, Farbreste, Material aus dem Wald etc. zur Verwendung. Kunststoffe und Chemikalien werden, soweit es geht, vermieden.

Oma und Opa halten folglich laufend Ausschau nach neuen Ideen und irgendwann haben sie sich dazu entschlossen, die „Projekte" zu dokumentieren. Das Resultat ist in diesem Buch zusammengefasst.

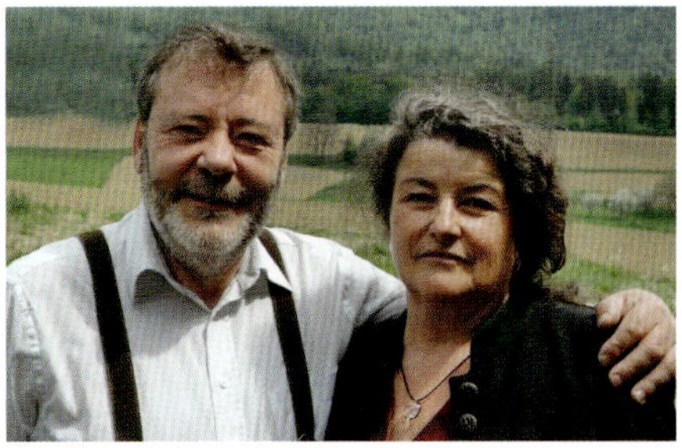

Übrigens, jung ist das Paar heute nicht mehr, aber immer noch verliebt …

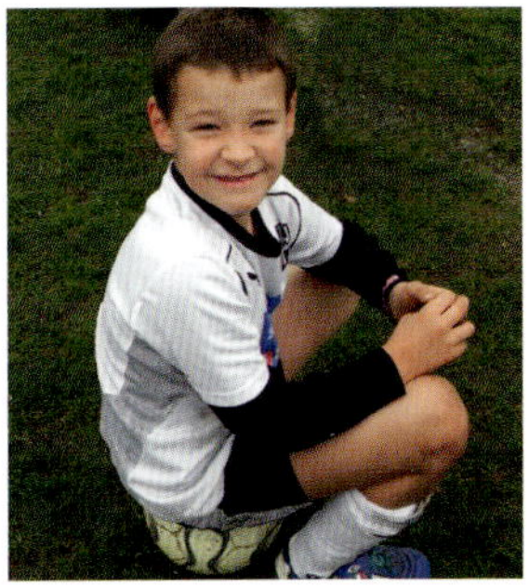

Ich bin **Lukas**. Schifahren und Fußball sind meine Hobbys. Voriges Jahr habe ich im Garten von Oma und Opa ganz allein ein Baumhaus gebaut. Ich mag nicht lange planen, ich hämmere lieber gleich drauf los. Nageln kann ich schon wie ein Zimmermann. Vielleicht werde ich einmal einer.

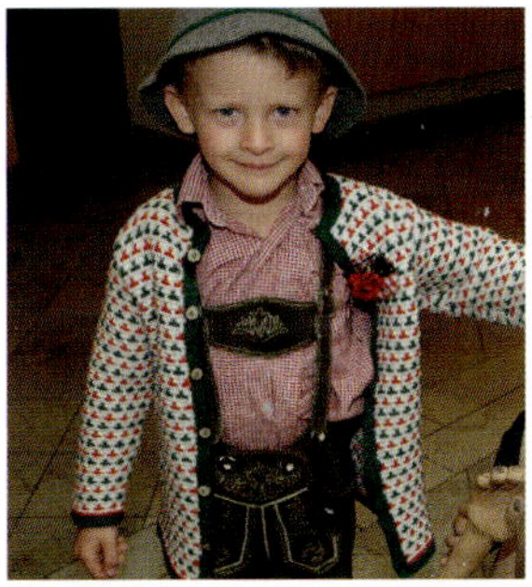

Ich bin **Tobias** und ein Kämpfer, am liebsten mit Schwert oder beim Judo. Wenn ich etwas bastle, dann mit großer Begeisterung. Aber Sitzleder habe ich überhaupt keines, ich muss ständig in Bewegung sein. Bei mir müssen die Späne fliegen. Zeichnen und Malen finde ich langweilig.

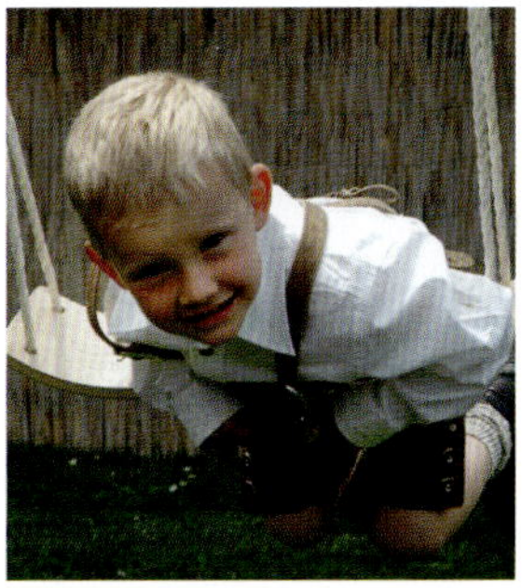

Ich heiße **Felix** und bin der Bruder von Lukas. Ich bin ein richtiger Spaßvogel und bringe alle zum Lachen. Ich liebe es, wenn wir bei Oma und Opa schlafen und alle meine Cousinen und Cousins da sind. Wir haben dann immer viel Spaß miteinander.

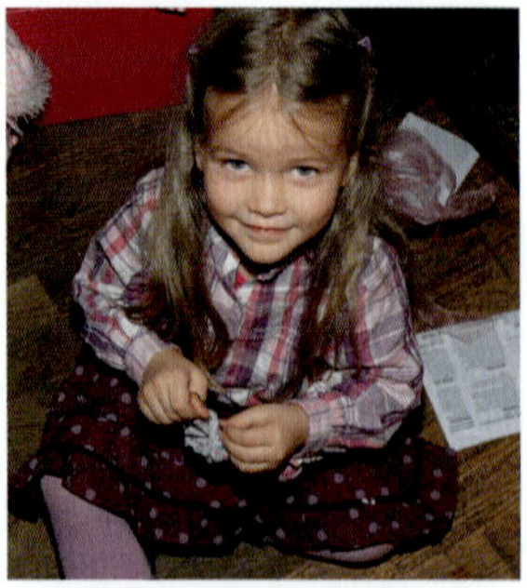

Ich bin **Hannah** und ein richtiger Vifzack. Ich lerne leicht und bin gut in der Schule und beim Geigenspielen. Aber am liebsten zeichne und bastle ich. Ich kann mich stundenlang mit Perlen, Glitzer und Buntpapier beschäftigen, bis mich mein Bruder Tobias ärgert.

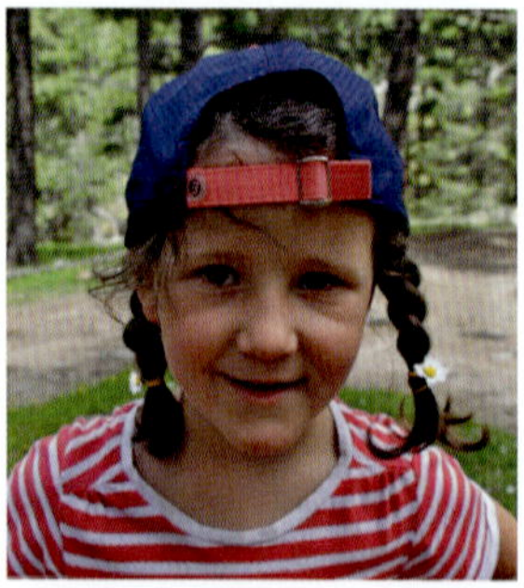

Ich heiße **Theresa**. Ich liebe es, mit Oma und Opa zu basteln und zu zeichnen. Sonst bin ich am liebsten im Freien und laufe mit Elli um die Wette. Ich bin Linkshänderin und manche Werkzeuge sind für mich umständlich zu bedienen, aber ich bin sehr geschickt. Zum Basteln hat mir Omi eine linke Schere gekauft.

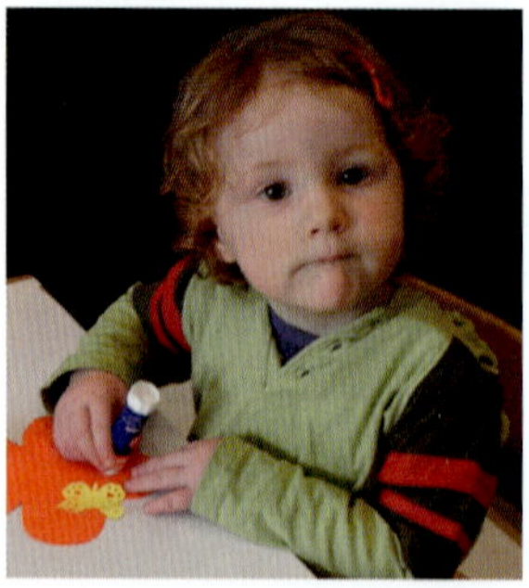

Ich bin die Kleinste und heiße **Lena**, aber alle nennen mich Pumuckl, weil ich rote Haare habe. Beim Basteln helfe ich fleißig, ich sammle alle Abfälle auf und verteile sie im ganzen Haus. Am liebsten verfolge ich die Katze oder ich vermantsche das Hundefutter mit dem Hundewasser.

Ich bin die **Katze Luna**. Ich liebe die Ruhe und wenn die Kinder kommen, verstecke ich mich. Wenn die Luft wieder rein ist, bin ich gleich wieder da (könnte ja sein, dass inzwischen jemand etwas in meinen Fressnapf getan hat!).

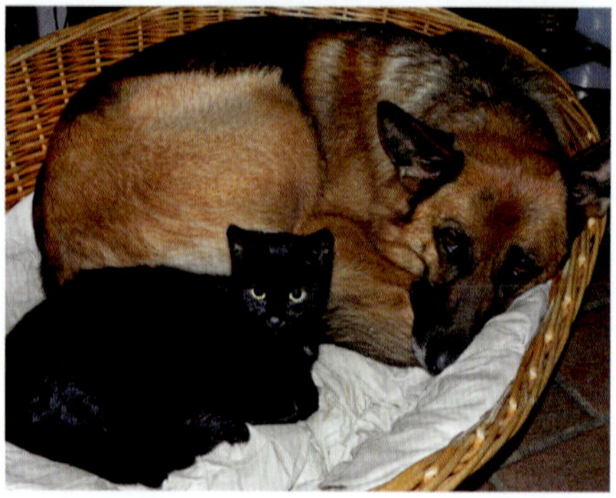

Ich bin der **Hund Elli**. Wenn die Rasselbande hier ist, ist für mich Weihnachten und Ostern gleichzeitig. Wir hetzen im und ums Haus. Die Kinder zerren mich an der Leine herum oder wir spielen Ball (den ich regelmäßig zerbeiße).

VORWORT

Auch wenn Sie üblicherweise Vorworte überspringen, sollten Sie auf alle Fälle zumindest den folgenden Absatz lesen.

Sicherheitshinweis
Bei den in diesem Buch beschriebenen Bastelarbeiten werden auch Werkzeuge wie Messer, elektrische Bohrmaschine, Kappsäge, Stichsäge etc. verwendet. Es obliegt jedoch ausschließlich den Eltern bzw. Aufsichtspersonen, zu entscheiden, mit welchen Werkzeugen und Geräten die Kinder arbeiten dürfen und wann Schutzbrille, Atemschutz, Gehörschutz, Arbeitshandschuhe etc. zu verwenden sind. Es versteht sich von selbst, dass die Sicherheitsvorschriften laut den Gebrauchsanweisungen der Geräte und Werkzeuge beachtet werden müssen und die Elektrowerkzeuge nach Gebrauch vom Stromnetz genommen und für Kinder unerreichbar verwahrt werden.

Bedenken Sie aber, dass, wenn sich die Aufgabe der Kinder nur darauf beschränkt, das Werkstück mit Schleifpapier zu bearbeiten, sie sehr schnell die Freude am Basteln verlieren werden. Der Autor dieses Buches, im Folgenden Opa genannt, versucht, seinen Enkelkindern den verantwortungsvollen Gebrauch von Werkzeugen beizubringen – das jedoch unter bestmöglicher Aufsicht und unter Einhaltung aller Sicherheitsvorkehrungen.

Da wir gerade beim Thema „Freude am Basteln" sind, hier einige Regeln, die zwar jeder kennt, aber immer wieder vergisst, sich daran zu halten:

Gemeinsam Planen

Denken Sie bei der Auswahl des „Projekts" daran, dass es dem Kind gefallen muss und nicht Ihnen. Planen Sie mit dem Kind gemeinsam das Bastelvorhaben. Manchen Kindern macht es auch eine Riesenfreude, vor Bastelbeginn einen Plan auf Papier zu zeichnen. Mit kleinen Ratschlägen und etwas Geschick können Sie dem Kind das Gefühl geben, alle Ideen kämen von ihm selbst.

Motivieren

Wenn der Vorschlag für ein bestimmtes Projekt von Ihnen und nicht vom Kind kommt, ist vielleicht beim Kind nicht die nötige Motivation von Haus aus da. Motivieren Sie das Kind, indem Sie die Ziele herausstreichen und diese schmackhaft machen. Das müssen natürlich Ziele sein, die nicht Ihnen, sondern dem Kind erstrebenswert erscheinen, wie „ein lustiges Spielzeug" „ein tolles Muttertaggeschenk", „die armen Vögel brauchen im Winter dringend ein Futterhäuschen" …

Loben

Lob ist Nahrung für die Seele. Loben Sie nicht erst für eine fertige Arbeit, sondern auch immer wieder zwischendurch. Noch mehr als „das hast du gut gemacht" wiegt ein Lob wie „du kannst das ja besser als ich" oder „das hätte ich nicht so toll hingekriegt". Lob muss aufrichtig sein. Aber keine Sorge, es ist niemals schwer, etwas Lobenswertes zu finden, man muss nur manchmal ein wenig danach suchen!

Nicht kritisieren

Kritisieren Sie nicht, wenn etwas nicht so wird wie geplant oder wenn etwas total daneben geht. Anerkennen Sie die Bemühungen und loben Sie das Kind trotzdem. Trösten Sie und sprechen Sie Mut zu. Schimpfen ist die beste Möglichkeit, Motivation und Freude mit einem Schlag zu vernichten.

Zuhören

Hören Sie zu, wenn das Kind eigene Ideen hat, wie man etwas machen, verbessern, verschönern könnte. Wischen Sie Vorschläge, auch wenn sie offensichtlich undurchführbar, unbrauchbar oder nicht zielführend sind, nicht einfach vom Tisch. Besprechen Sie den Vorschlag mit dem Kind. Sie heben damit das Kind auf Ihre Ebene. Es fühlt sich ernst genommen und sein Selbstbewusstsein wird gestärkt.

Erfolgserlebnisse schaffen

Beschäftigen Sie das Kind nur kurzzeitig mit monotonen Tätigkeiten. Natürlich muss es auch solche Handgriffe lernen, aber machen Sie im Großen und Ganzen langweilige Arbeiten selbst und trauen Sie dem Kind ruhig schwierigere Tätigkeiten zu, die in der Regel die interessanteren sind. Dosieren Sie Anleitungen sparsam, das Kind soll selbst probieren. Es wird seine Stärken erkennen und das Erfolgserlebnis wird sein Selbstvertrauen stärken.

Geduld haben

Geduld ist das, wovon die Erwachsenen meist zu wenig haben. Geben Sie dem Kind die nötige Zeit, um eine Aufgabe zu lösen. Zeigen Sie nicht, um wie viel schneller Sie es können. Übernehmen Sie eine Arbeit nur, wenn Sie das Kind darum bittet. Schalten Sie das Radio ein. Musik macht eine gemütliche Stimmung, aber vor allem geduldiger.

Keinen Druck ausüben

Drängen Sie das Kind nicht zum Basteln, wenn ihm nicht danach ist. Drängen Sie es nicht zum Weitermachen, wenn es keine Lust mehr hat. Es kommt schon von selbst wieder auf das begonnene Werk zurück. Es gibt kein Muss, ausgenommen natürlich Vorsichtsmaßnahmen zum Schutz vor Verletzungen oder Beschädigungen. Basteln ist keine Arbeit und keine Pflicht, sondern freiwillig und soll vor allem Spaß machen. Denken Sie auch daran, dass Kinder Bewegung brauchen, sowohl geistig als auch körperlich. Legen Sie besonders bei Basteleien, die im Sitzen erfolgen, öfters Pausen ein.

1 CHRISTBAUMQUIRL

DAS BRAUCHEN WIR

- 1 Tannenbaumspitze mit Astgabel

Es ist Mitte Jänner, der Weihnachtsbaum längst seines süßen Behangs beraubt und die Tannennadeln sind schon so trocken, dass sie in alle Richtungen fliegen, wenn Hund und Kinder daran vorbeitoben. Jetzt ist es an der Zeit, dass Opa den Baum entsorgt. Heuer beschließt er, wieder einmal einen Christbaumquirl zu schnitzen. Als er noch klein war, haben seine Eltern alle Jahre einen Christbaumquirl gemacht, den dann seine Mutter das ganze Jahr hindurch in der Küche verwendet hat.

Mit einer Gartenschere schneidet er die Spitze des Tannenbaums unter der obersten Astgabelung ab **(Abb. 1)**. Die Äste kürzt er auf ca. 3 cm, die Spitze auf ca. 25 bis 30 cm **(Abb. 2)**. Da die Rinde schon ziemlich eingetrocknet und

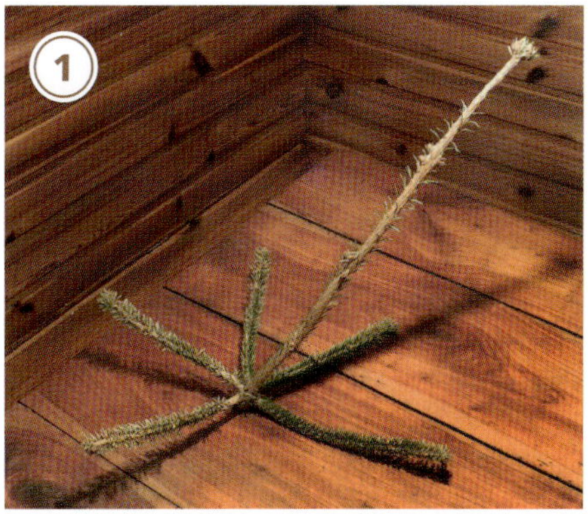

1

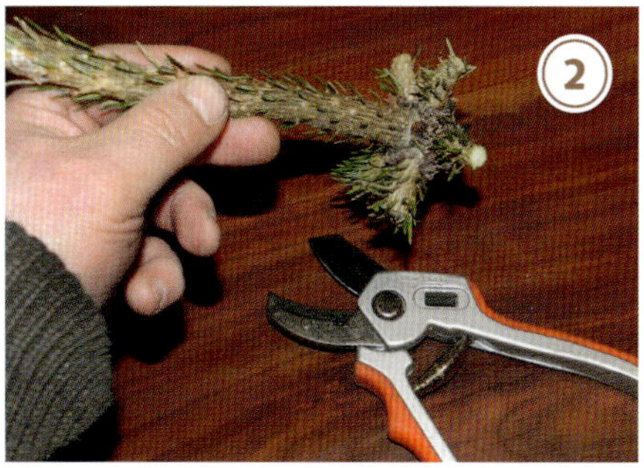

2

dadurch schwer zu entfernen ist, legt Opa das Holz für einen Tag ins Wasser. Dann schlägt Tobias' Stunde. Seine Leidenschaft ist alles, was mit Messern und Schwertern zu tun hat. Er bekommt ein kleines (nicht zu scharfes) Messer und entfernt damit die Rinde, glättet den Griff des Quirls **(Abb. 3)**, indem er Un-

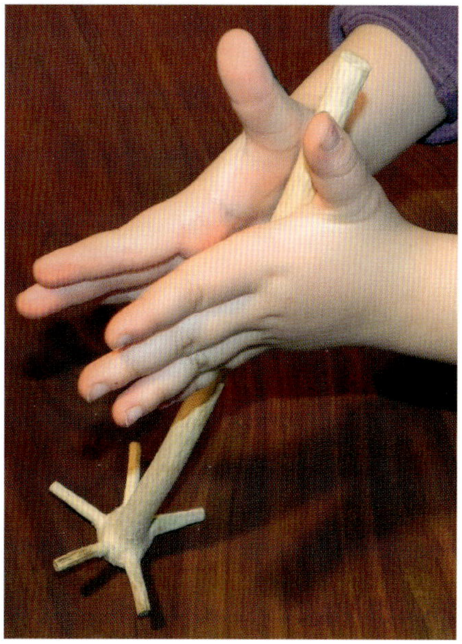

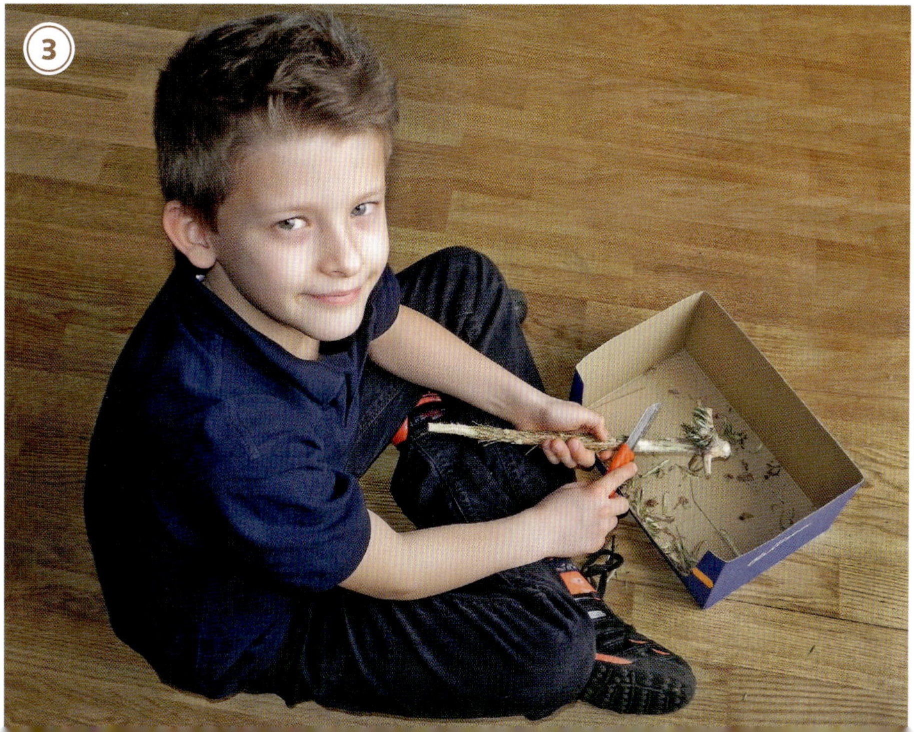

3

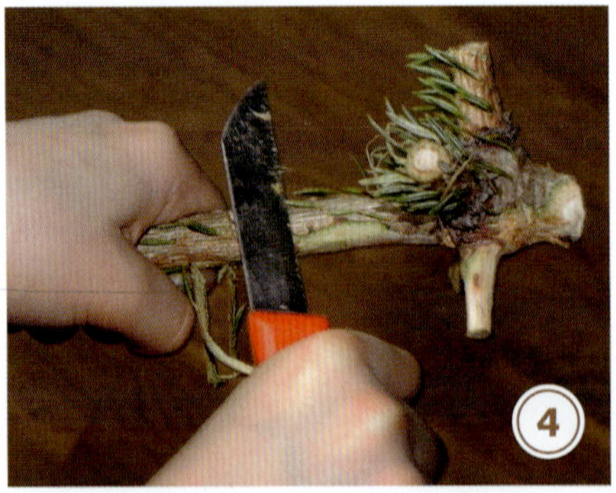

ebenheiten wegschneidet, und schnitzt das untere Ende des Quirls schön rund **(Abb. 4)**. Die Kerben am unteren Ende schneidet Opa, das Holz ist doch ziemlich hart. Und fertig ist das gute Stück **(Abb. 5)**.

Die Bezeichnung „Schnitzen" ist hier wohl etwas übertrieben, aber gerade so etwas Einfaches, das schnell fertig ist, macht Spaß und ist eine gute Übung für den Umgang mit einem Messer. Opa erinnert Tobias immer wieder daran, dass man vom Körper weg schnitzt und dass sich keine Finger oder sonstige Körperteile in Schnitzrichtung befinden dürfen.

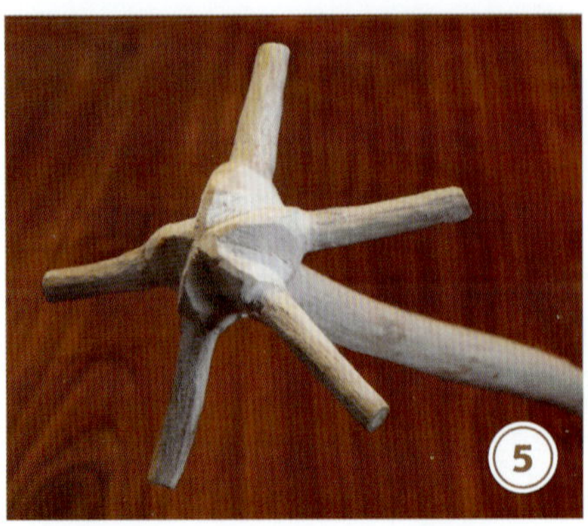

Rezept

Seine Schwester Hannah muss den Quirl natürlich gleich ausprobieren und Oma schlägt vor, Apfelspatzen, eine Lieblingsspeise der Kinder, zu kochen. Oma richtet die Zutaten:

300 g Mehl	**2 Eier**	**250 ml Wasser**	**1 Prise Salz**
4 Äpfel	**2 EL Butter**	**2 EL Zucker**	**Staubzucker**
Zimt			

Mehl, Eier, Wasser und Salz zu einem sämigen Teig verquirlen, 10 Minuten rasten lassen. Die Äpfel achteln und das Kerngehäuse entfernen. In einer Pfanne die Butter erwärmen, den Zucker darin karamellisieren und die Äpfel dazugeben. Kräftig umrühren, die Pfanne zudecken und beiseitestellen. Etwa 3 l Wasser zum Kochen bringen, salzen und den Spatzenteig von einem Schneidbrett mit einem Messer oder einem Spätzlespachtel in das kochende Wasser schaben. Die Spatzen sind fertig, wenn sie an der Oberfläche schwimmen. Die Spatzen abseihen, zu den Äpfeln in die Pfanne geben, kurz durchrösten und mit Staubzucker und Zimt bestreuen. Da kommt Freude auf, bei Schnitzern und Nichtschnitzern.

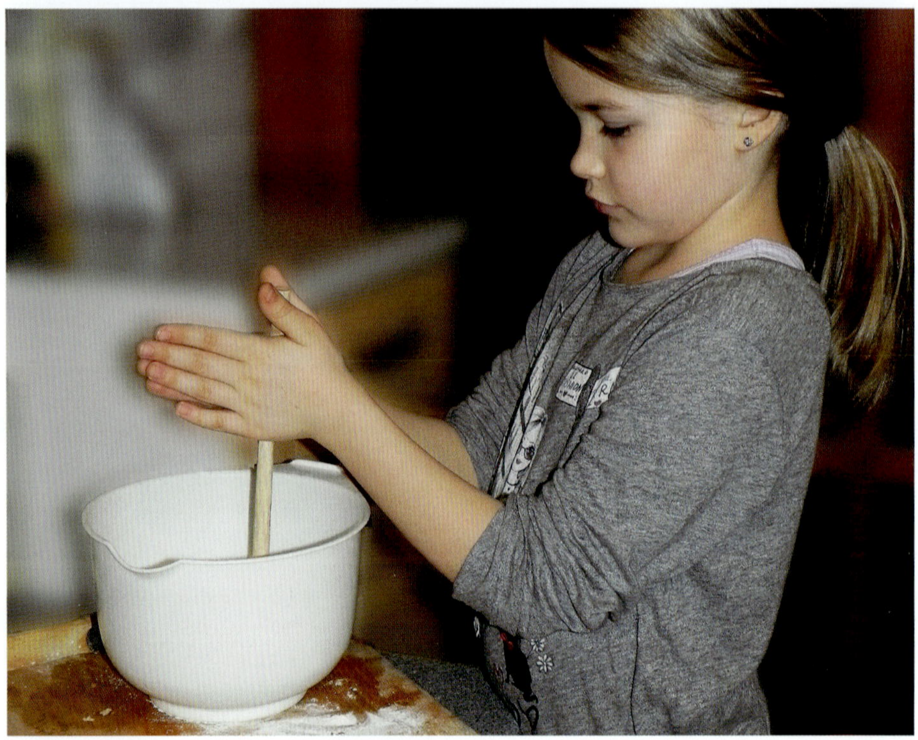

2 PALMBUSCHEN

DAS BRAUCHEN WIR

Hier bei Opa und Oma in der östlichen Steiermark sind die Palmbuschen eher schlicht, auch die Farben der Bänder sind hier nicht vorgeschrieben und haben keine besondere Bedeutung. Dafür ist es absolut verpönt, Materialien wie Draht, Nägel etc. zu verwenden. Man benötigt für die Palmbuschen:

- ein paar Palmkätzchen (Weidenkätzchen)
- ein paar einjährige Zweige zum Binden der Buschen
- ein paar Buchsbaumäste
- färbige Bänder

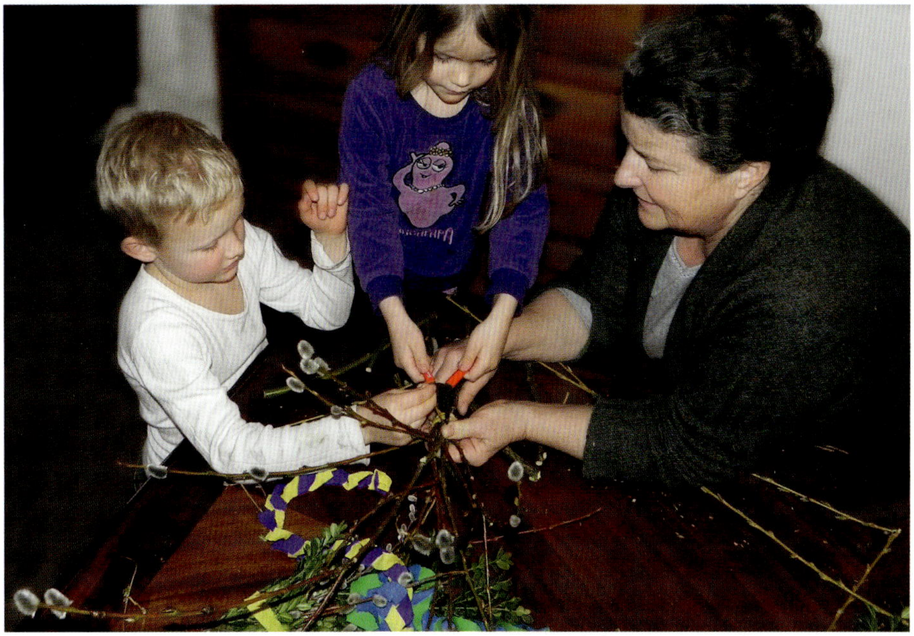

Seit über tausend Jahren gibt es in vielen Gegenden Europas den Brauch der Palmweihe am Palmsonntag. Dabei werden Palmbuschen gesegnet als Erinnerung an die Palmzweige, mit denen die Menschen Jesus beim Einzug in Jerusalem zugewinkt haben. Regional gibt es Unterschiede darin, woraus die Palmbuschen bestehen, genauso unterschiedlich sind die Bräuche, was mit den Palmbuschen nach der Segnung geschieht.

In vielen Gegenden haben sich Rezepte von Generation zu Generation überliefert, die genau festlegen, welche Pflanzen und Kräuter auf den Palmbuschen zu binden sind. Oft sind das bis zu zehn verschiedene, noch dazu in einer bestimmten Anordnung. Auch bei den bunten Bändern an den Buschen hat jede Farbe eine bestimmte Bedeutung. Je nach Gegend kommen auf die Buschen zum Beispiel auch Eier, Äpfel, Orangen oder Brezeln. Im ländlichen Bereich werden nach der Weihe Zweige der Buschen auf die Felder zum Schutz der Ernte und in die Ställe gegen Krankheiten beim Vieh gebracht. Der Rest kommt in den „Herrgottswinkel".

Die Städter bewahren die Buschen zu Hause bis zum nächsten Palmsonntag auf. Der alte Palmbuschen wird dann oft im Osterfeuer verbrannt. In anderen Gegenden werden die Buschen nach der Weihe von den Kindern verkauft oder zu den Paten oder Großeltern gebracht.

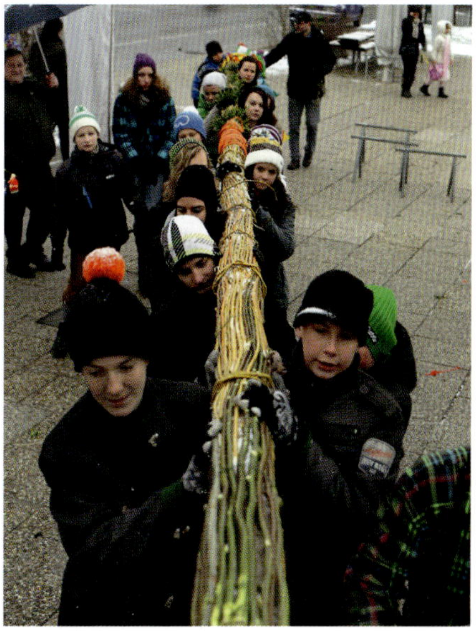

Mädchen und Frauen gehen meist mit blumenstraußgroßen Buschen zur Weihe. Bei den Buben allerdings gibt es ein Wetteifern, wer den längeren Buschen hat. Da kann es schon vorkommen, dass eine Landjugendgruppe, wie auf dem Bild auf Seite 11 zu sehen, einen 17 Meter langen Palmbuschen bindet.

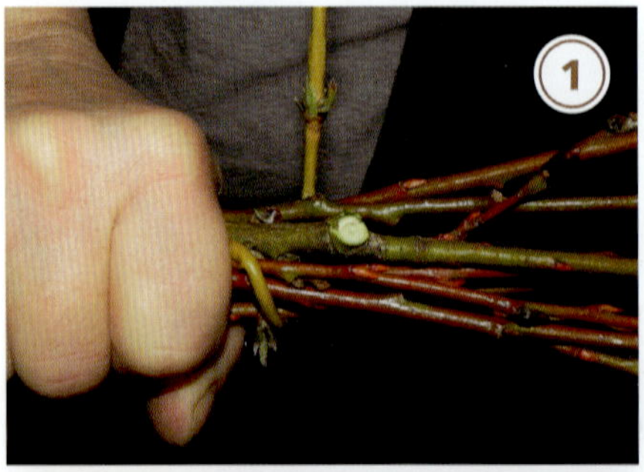

1

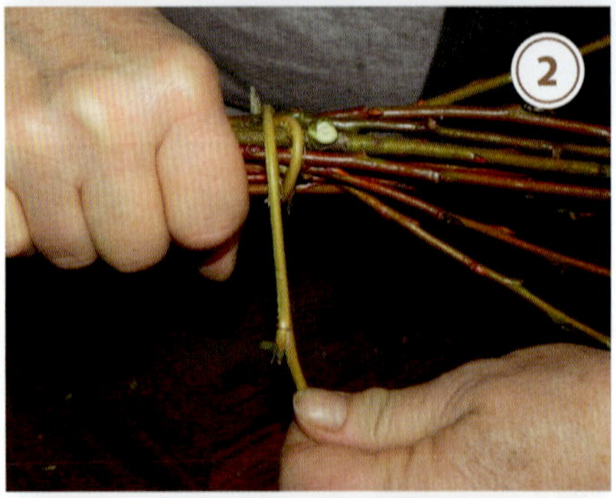

2

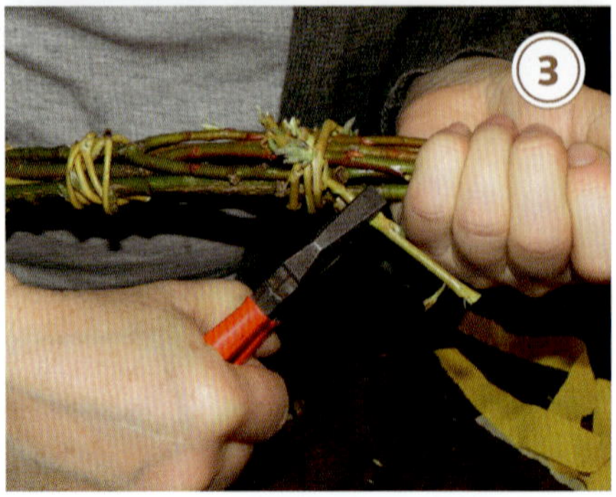

3

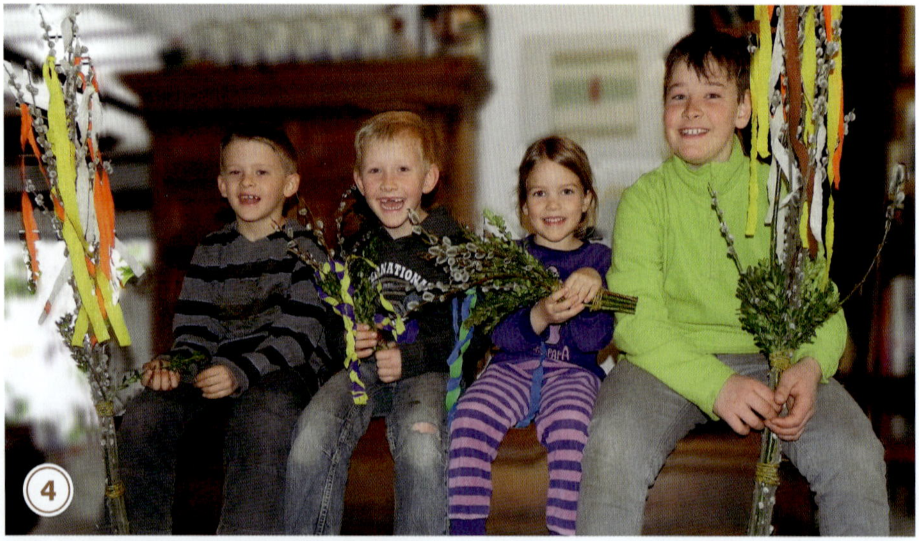

4

Oma hat das Binden von ihrem Vater gelernt und machte früher jedes Jahr die Palmbuschen mit ihren Kindern und heute mit den Enkelkindern. Sie schneidet Äste mit Palmkätzchen ab, kurz bevor sie aufblühen. Das kann je nach Witterung schon bis zu einen Monat vor Ostern sein. Die Äste legt sie in den Keller, kühl und dunkel, aber ohne Wasser. Nur so bleiben sie frisch und sind nicht bis Ostern abgeblüht. Sie schneidet auch dünne, einjährige Äste (das sind die gelben, die noch keine Kätzchen haben). Die legt sie eine Woche vor dem Binden ins Wasser, damit sie schön geschmeidig sind und nicht brechen.

Am Samstag vor dem Palmsonntag ist es so weit. Im Garten schneidet sie noch Buchsbaumzweige ab und bewaffnet mit Gartenschere und Kombizange geht's ans Werk. Sie legt einige Palmkätzchenzweige zu einem Strauß und bindet diesen mit den dünnen Zweigen zusammen. Dazu steckt sie ein Ende des dünnen Zweigs zwischen die Zweige des Buschens **(Abb. 1)**, wickelt ihn ein paar Mal um den Buschen **(Abb. 2)**, fädelt ihn unter der Wicklung durch und zieht ihn mit der Kombizange fest **(Abb. 3)**. Im Bereich, wo die Palmkätzchen beginnen, wird ein Sträußchen Buchsbaum mitgebunden. Zum Schluss werden noch die färbigen Bänder befestigt und fertig ist der Palmbuschen **(Abb. 4)**.

Palmesel und Pfingstlucke

Vermutlich nicht christlichen Ursprungs ist ein weiterer Brauch in der Oststeiermark: Wer am Morgen des Palmsonntags als Letzter aufsteht, muss sich damit abfinden, den restlichen Tag als „Palmesel" bezeichnet zu werden. Ähnlich der Brauch am Pfingstsonntag: Der Langschläfer bekommt den Titel „Pfingstlucke". Meist ist das der Opa, aber das ist eine andere Geschichte.

3 OSTERRATSCHE

DAS BRAUCHEN WIR

Der Materialbedarf für eine Osterratsche ist minimal und Opa kann ihn aus der Abfallkiste decken:

- 1 Holzleiste, 45 x 20 x 1000 mm
- 1 Leiste, 45 x 15 x 200 mm
- 1 Rundstab, 15 x 35 mm
- 1 Sperrholzbrettchen, 300 x 120 x 3 mm

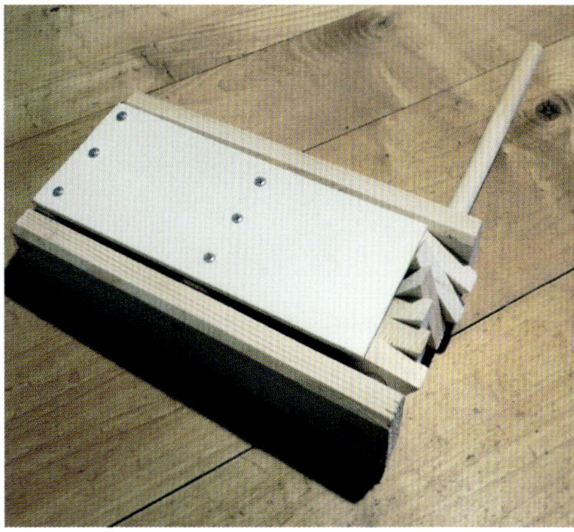

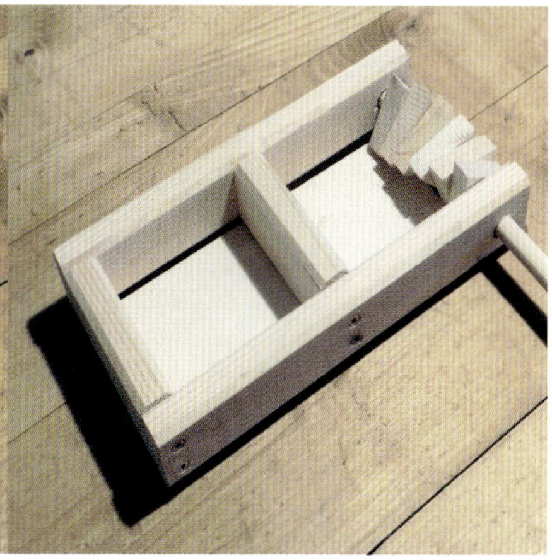

Das Osterratschen ist eine katholische Tradition, die bis in das Mittelalter reicht. Da die Kirchenglocken ab dem Tod Christis am Karfreitag bis zur Auferstehung am Ostersonntag aus Trauer schweigen, übernehmen die Ratschen das Glockengeläute. Früher zogen tatsächlich die Jugendlichen mit den Ratschen durch das Dorf. Heute werden die Ratschen nur mehr beim Gottesdienst in der Kirche verwendet.

Oma erzählt Tobias diese Geschichte, doch er kann sich darunter nichts vorstellen. Opa meint im Vorbeigehen, eine Ratsche sei ein himmlisches Instrument, das einen Höllenlärm mache. Höllenlärm? Da beginnen zwei Augen zu leuchten. So etwas braucht er auch. Und er bekniet Opa, bis dieser sich der Bitten seines Enkels nicht mehr erwehren kann.

Natürlich kann die Stärke und Breite der Leisten auch abweichen, es ist dann nur die Auswirkung auf die anderen Baumaße zu beachten. Allerdings sollten die zwei Leisten gleich breit sein, sonst passt die Größe der Dreiecke nicht zum Rahmen der Ratsche. Der Durchmesser des Rundstabs kann anders sein, es wird jedoch auf alle Fälle ein Bohrer in Stärke des Rundstabs benötigt.

Opa zeichnet auf der kurzen Leiste sechs gleichseitige Dreiecke auf und berücksichtigt dabei auch den Platz, den die Säge frisst. Bei einer Leistenbreite von 45 mm ist die Seitenlänge eines Dreiecks 52 mm. Bei einer anderen Leistenbreite müsste man die Breite mit 1,155 multiplizieren, um die Seitenlänge des Dreiecks zu erhalten. Dann zeichnet er bei jedem Dreieck den Mittelpunkt ein. Der ist nicht in der Mitte der Leiste, sondern bei einem Drittel der Leistenbreite, bei dieser Leiste also bei 15 mm **(Abb. 1)**.

Jetzt geht's ab in die Werkstatt. Bei jedem Dreieck wird in der Mitte ein Loch mit einem Durchmesser gleich dem Rundstab gebohrt. Opa verwendet dazu einen sogenannten Forstnerbohrer **(Abb. 2)**. Diese sind für größere

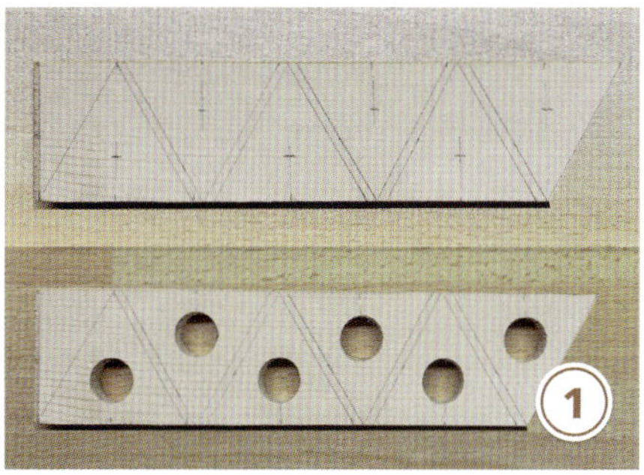

1

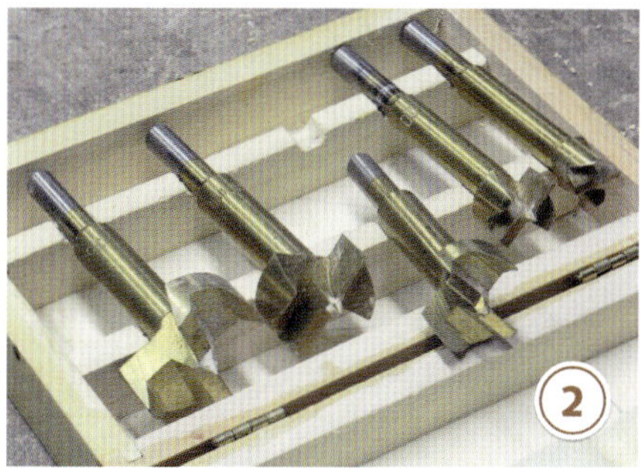

2

Durchmesser geeignet und im Baumarkt, zumindest in Bastler-Qualität, um wenig Geld erhältlich. Wenn möglich, sollte die Bohrmaschine dabei in einen Bohrständer eingespannt werden, damit im rechten Winkel gebohrt wird. Wichtig ist auch, als Unterlage unter dem Werkstück ein weiteres Brettchen, das ein Stück mitangebohrt wird, zu verwenden. Dieses verhindert, dass das Werkstück auf der Unterseite ausfranst. Opa hält das Werkstück fest und Tobias darf den Hebel des Bohrständers bedienen.

Tobias spannt die Leiste in den Schraubstock ein und schneidet zwei Dreiecke mit einer Feinsäge von der Leiste. Dann ist der Dampf draußen und den Rest schneidet Opa mit der Stichsäge. Anschließend werden die sechs Dreiecke noch mit Schleifpapier und einem Schleifklotz nachgeschliffen, damit sie gleich groß sind. Wer hat, kann natürlich eine kleine Bastler-Bandschleifmaschine verwenden. Die beiden versuchen, die Dreiecke auf den Rundstab aufzufädeln. Da die Löcher aber doch eine Spur zu klein sind, werden sie mit einer Rundfeile nachgefeilt **(Abb. 3)**.

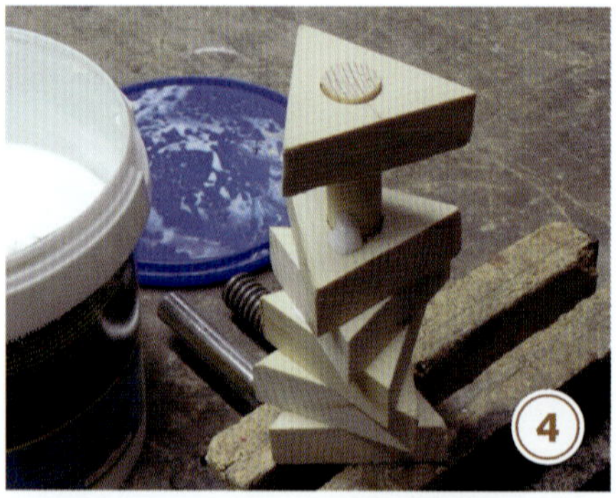

4

Der Rundstab wird jetzt senkrecht in einen Schraubstock eingespannt, und zwar so, dass sechsmal die Leistenstärke + 30 mm über dem Schraubstock herausschauen, in diesem Fall also 6 x 15 + 30 = 120 mm. Zwei Holzbrettchen über den Schraubstockbacken verhindern eine Beschädigung bzw. ein Quetschen des Werkstücks. Nun werden die Dreiecke hintereinander auf den Stab geschoben. Auf jedes Dreieck kommt ein wenig Leim, der dann die Dreiecke untereinander und auf dem Stab fixiert **(Abb. 4)**.

Bevor der Leim anzieht, werden die Dreiecke so zurechtgedreht, dass sie von oben betrachtet wie ein Zahnrad aussehen **(Abb. 5)**. Dieser Teil der Ratsche ersetzt die Zahnwalze, die bei professionellen Ratschen verwendet wird und sonst nur mit einer Fräse hergestellt werden kann.

Als Nächstes wird der Rahmen gebaut. Er besteht aus zwei Seitenteilen, einem hinteren Teil und einem Teil in der Mitte. In die zwei Seitenteile wird je ein Loch gebohrt für die Zahnradwalze. Diese Löcher müssen aber so groß sein, dass sich der Rundstab in den Löchern ganz leicht drehen lässt. Daher müssen sie auf alle Fälle nachgefeilt werden.

Jetzt stellen Opa und Tobias den Rahmen auf dem Werktisch auf und klemmen ihn mit einer Schraubzwinge am Tisch fest, damit sich nichts mehr verschieben kann. Der Mittelteil steht ungefähr in der Mitte der langen Leisten **(Abb. 6)**. Nun werden die Schraublöcher mit einem Holzbohrer vorgebohrt, der etwas dünner ist, als die Schrauben dick sind. Da Opa Senkkopfschrauben verwendet, müssen die Bohrlöcher mit einem Aufbohrer trichterförmig aufgebohrt werden. Würde man die Senkschrauben ohne Aufbohrung einschrauben, würden sie das Holz sprengen.

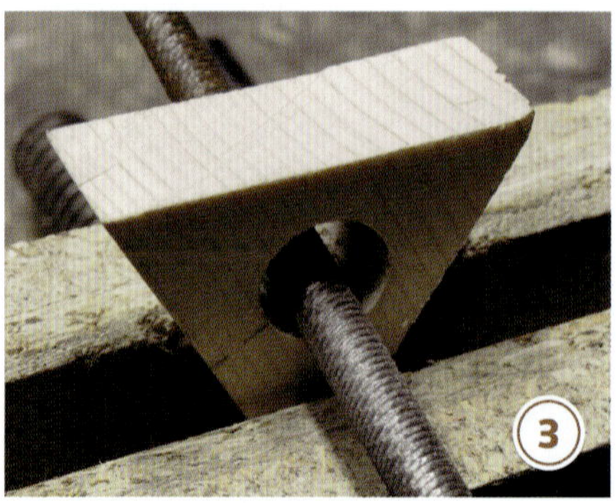

3

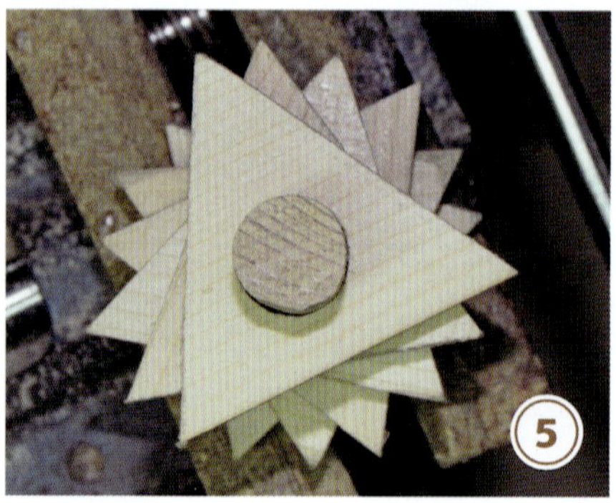

5

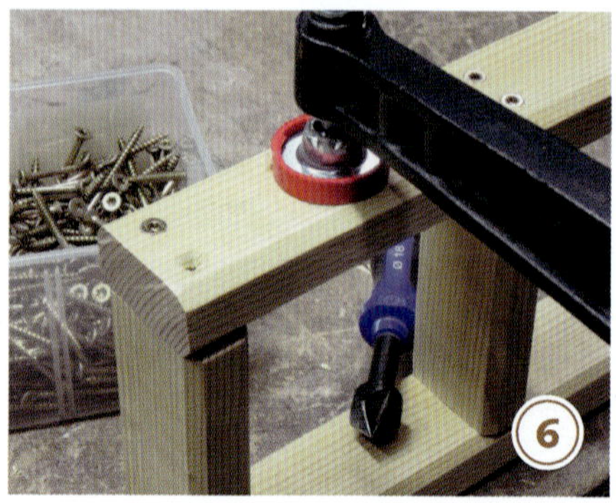

6

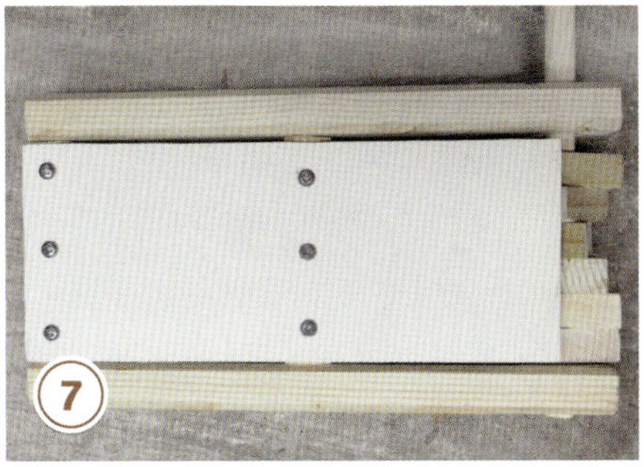

7

Wenn die kurzen Leisten mit einer Außenleiste verschraubt sind, wird der Rahmen umgedreht und wieder mit einer Schraubzwinge festgeklemmt. Opa hätte beinahe vergessen, vorher die Zahnwalze in den Rahmen einzufädeln. Dann wird der zweite Seitenteil verschraubt.

Zuletzt wird das Sperrholzbrettchen auf den Rahmen geschraubt. Es soll so weit über die Spitzen der Dreiecke reichen, dass es beim Niederschrauben bereits leicht unter Spannung steht **(Abb. 7)**. Durch das Drehen des Rundstabs wird das Brettchen weiter gespannt, bis es zum nächsten Dreieck wieder zurückschnellt **(Abb. 8)**. Dabei entsteht ein lauter Knacks. Bevor Opa und Tobias das

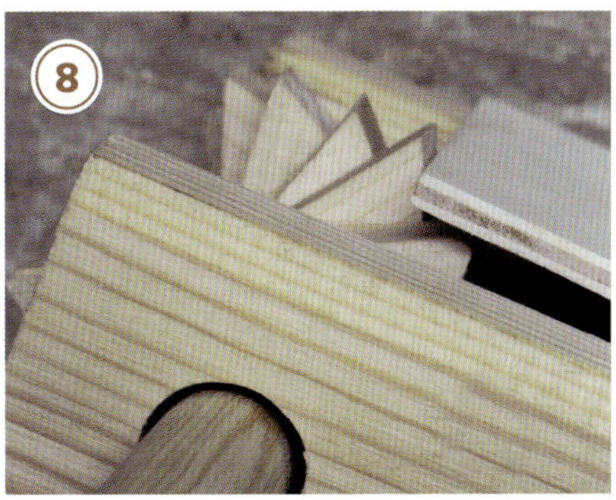

8

Brettchen festschrauben, probieren sie die richtige Lage genau aus. Dann wird festgeschraubt und fertig ist die Ratsche.

Natürlich muss sie sofort ausprobiert werden. Tobias hält den Stab fest und schwenkt die Ratsche im Kreis **(Abb. 9)**.

Und es war nicht übertrieben, der Lärm ist ohrenbetäubend. Eine Frage plagt ihn noch: „Opa, darf ich die Ratsche dann mit auf den Fußballplatz nehmen?“ Er darf, Opa ist froh, wenn sie wieder aus dem Haus ist. Das nennt man „Win-Win-Situation“.

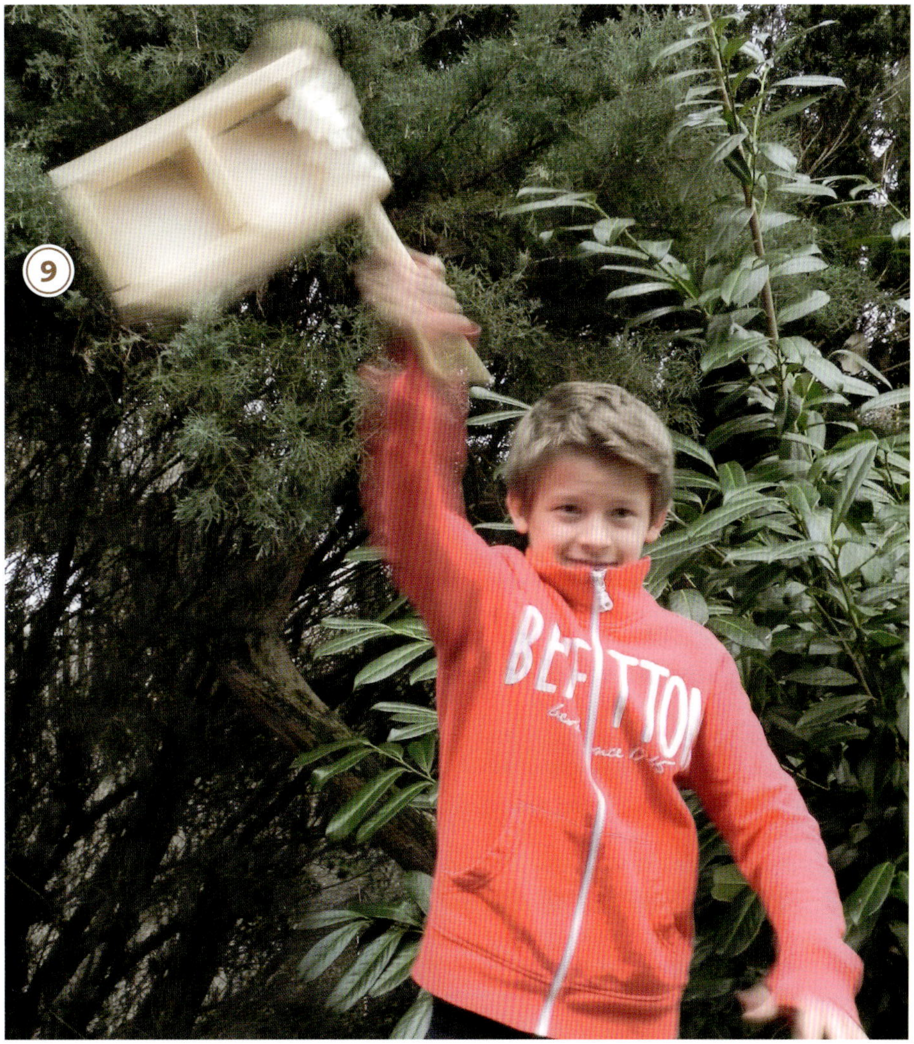

9

4 GEFILZTE OSTEREIER

DAS BRAUCHEN WIR

- unversponnene Schafwolle in verschiedenen Farben
- Wasser
- 1 Stück Seife

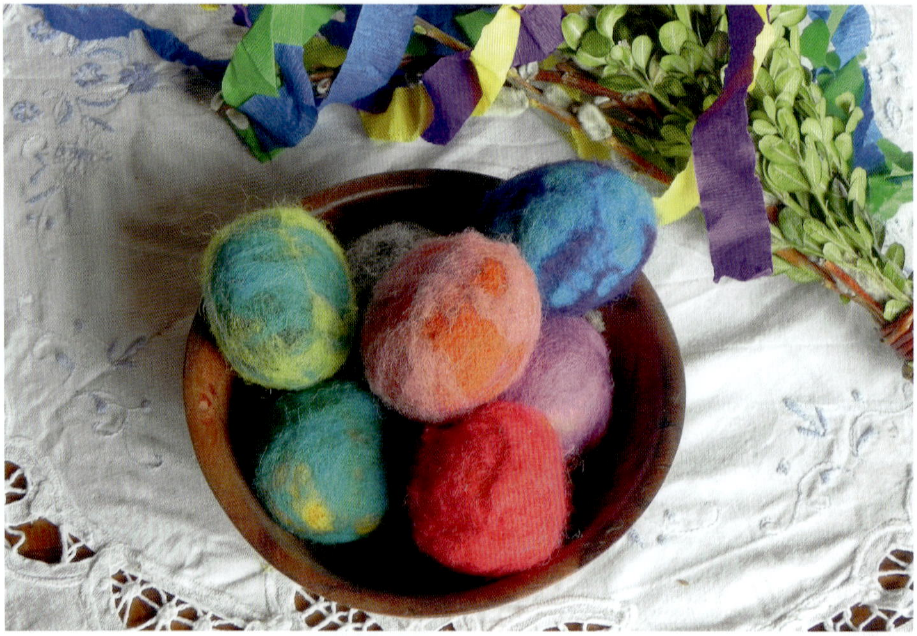

Unter „Filzen“ versteht man, zumindest hier in der Steiermark, das unerlaubte Entwenden fremden Eigentums. Nun könnte man meinen, das „Ostereier-Filzen“ sei ein ähnlich derber Brauch wie das „Sauschädel-Stehlen“ nach dem Schlachten. Weit daneben, es werden tatsächlich Ostereier aus Filz hergestellt.

Diesmal ist es Lukas, der diese Technik in der Schule gelernt hat und nun vor versammelter Mannschaft eine Vorstellung gibt. Von einem Schafbauern hat Oma einen Sack unversponnene Schafwolle in verschiedenen Farben besorgt, viel mehr Material ist nicht notwendig.

Lukas zupft ein faustgroßes Stück aus der Wolle **(Abb. 1)**, macht die Hände nass, seift sie kräftig ein und beginnt, die Wolle zu einer Kugel zu drehen **(Abb. 2)**. Das erfordert schon einige Geduld. Der Fachmann nennt das „Walken“. Ist die Kugel zu trocken, werden die Hände neuerlich eingeseift. Ist die Kugel zu nass, wird sie in einem Tuch oder einem Stück Küchenrolle ausgepresst. Mit der Zeit verfilzt die Wolle und die Kugel wird immer kleiner und härter **(Abb. 3)**.

Wenn nichts mehr weitergeht, wird eine nächste Schicht darübergewickelt und wieder gerollt **(Abb. 4)**. Das wird so lange wiederholt, bis die Kugel die gewünschte Größe hat. Eine Farbmarmorierung wird durch eine sehr dünne letzte Lage erreicht **(Abb. 5 & 6)**.

Zum Schluss wird die Kugel in Eiform gedrückt und zum Trocknen auf Zeitungspapier gelegt.

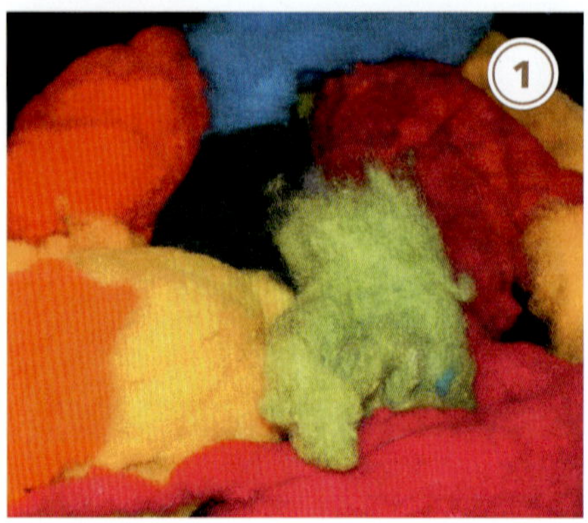

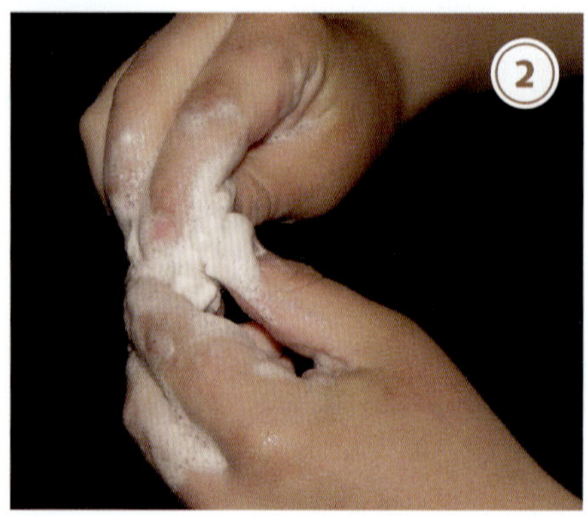

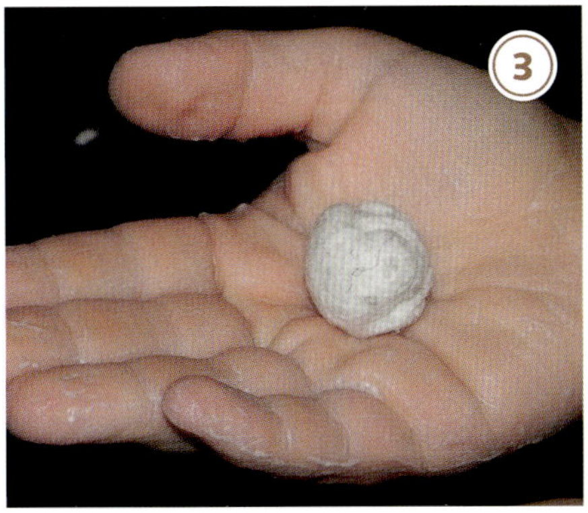
3

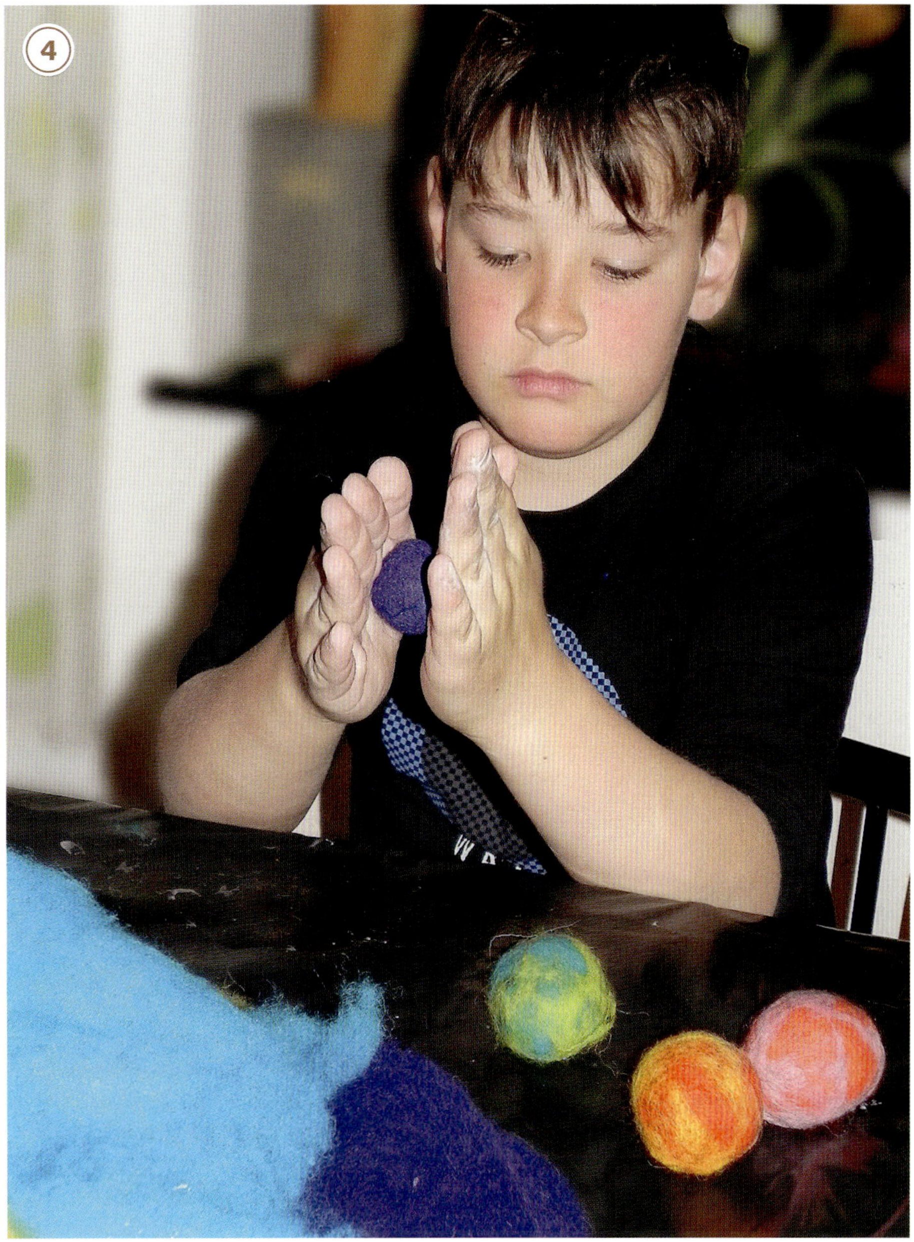
4

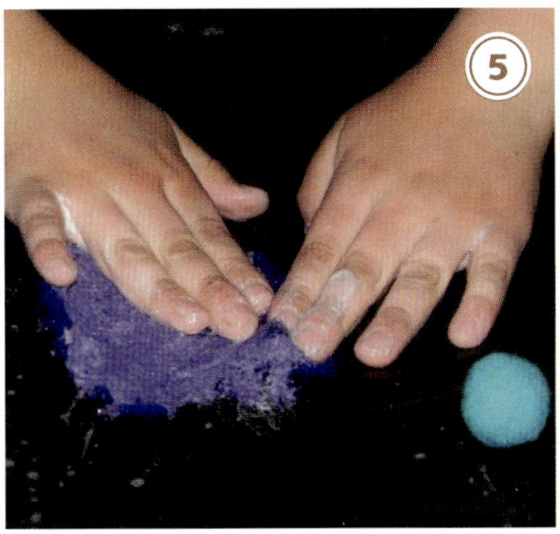
5

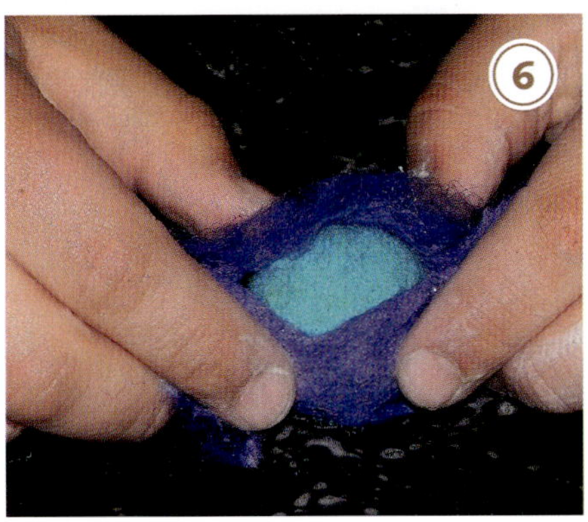
6

5 OSTERHASEN

DAS BRAUCHEN WIR

Pro Hase wird nur wenig Material benötigt:

- 2 ungefähr gleich große Holzscheiben (Grundplatte, Bauch)
- 1 kleinere Scheibe für den Kopf
- Sperrholzabfälle für die Ohren
- Holzdübel, kleine Schrauben und Nägel

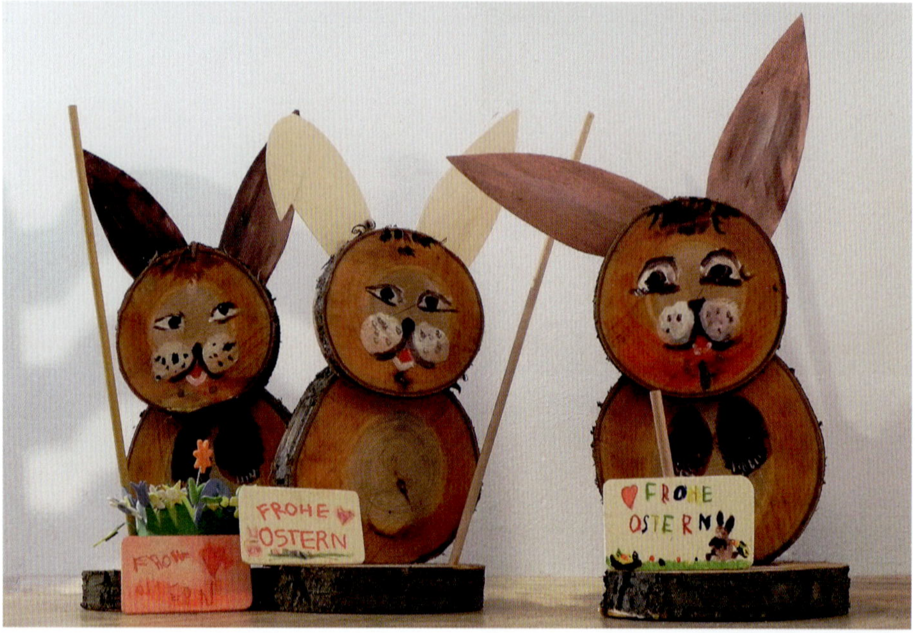

Opa schneidet Brennholz und stößt dabei auf einen Stamm mit wunderschöner Holzmaserung. Natürlich muss er sofort einige Scheiben davon für die Kinder zum Basteln abschneiden. Und da es kurz vor Ostern ist, hat Oma gleich eine gute Idee (sie hat sowieso immer die besten Ideen): Osterhasen basteln!

Richtig wäre es ja, die Scheiben erst zu schneiden, wenn der Stamm getrocknet ist. Ansonsten bekommen die nassen Scheiben beim Trocknen Sprünge, als habe man ein ganzes Tortenstück herausgeschnitten. Eine Faustregel besagt, Holz trocknet von jeder Seite 1 cm pro Jahr. Das heißt, ein 10 cm dicker Stamm ist erst in fünf Jahren trocken! Aber so lange haben Opa und die Kinder natürlich nicht Zeit. Außerdem sind die Scheiben jetzt ja noch nicht gesprungen und im nächsten Jahr werden vielleicht neue Hasen gebastelt.

Der Bauch wird mit einem Holzdübel auf der Grundplatte befestigt **(Abb. 1)**. Leim ist nicht notwendig, der Dübel quillt durch die Feuchtigkeit des Holzes auf und hält von selbst. Der Kopf wird auf dem Bauch angeschraubt (von hinten, damit von vorne keine Schraube zu sehen ist). Die Ohren werden angenagelt, Kleben oder Leimen würde beim feuchten Holz nicht halten.

Theresa nagelt auf die Rückseite ihres Hasen ein Stück Rundholz. Das ist der Schwanz, den braucht er unbedingt **(Abb. 2)**. Beim Bemalen ist Oma behilflich. Die Hasen sollen ja freundlich schauen und keine Gruselmonster werden. Verwendet wird Acrylfarbe, da sie eine bessere Leucht- und Deckkraft hat als Wasserfarbe.

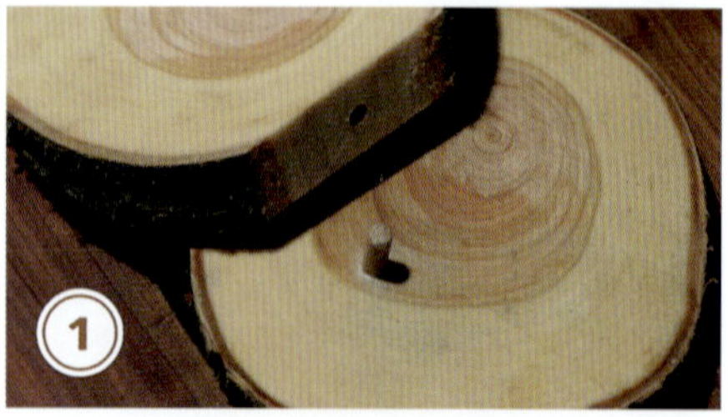
1

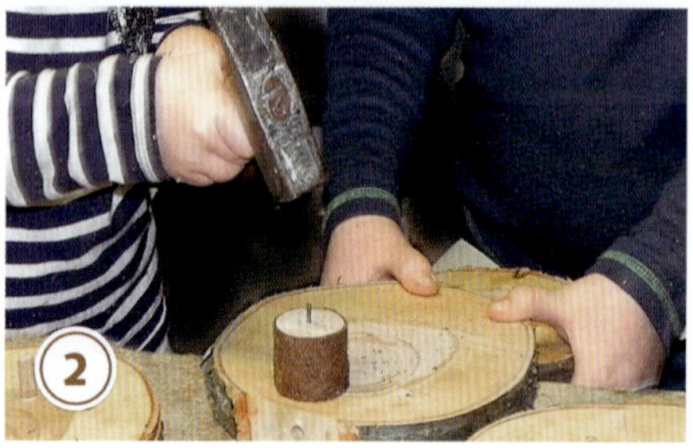
2

6 BUMERANG

DAS BRAUCHEN WIR

- 1 Sperrholzplatte, ca. 25 x 35 cm, 5 mm stark
- Klarlack

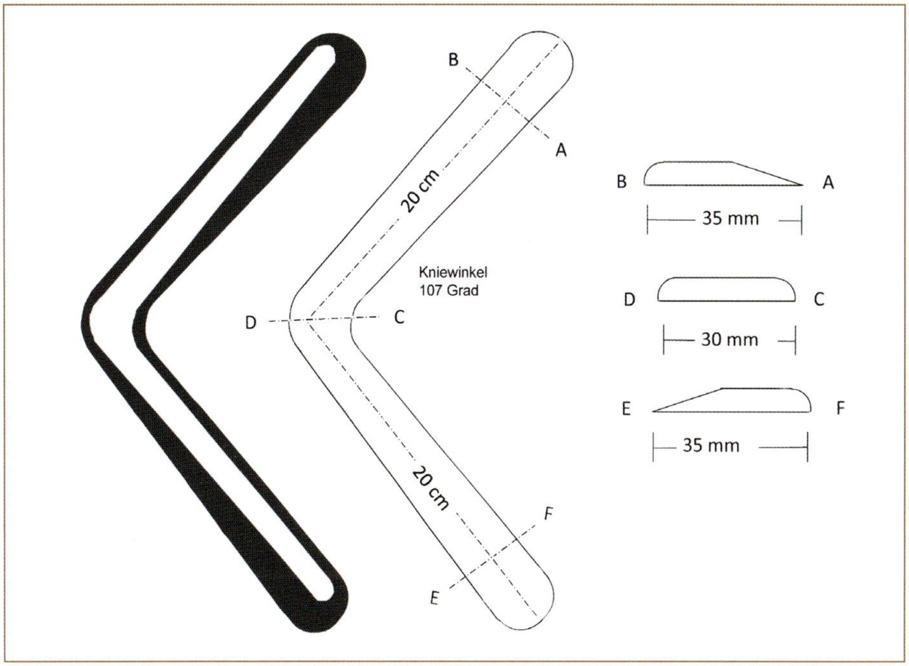

Tobias sah im Fernsehen einen Bericht über die Ureinwohner Australiens und wie sich ein Aborigine (so nennt man die Menschen dort) aus einem Ast einen Bumerang zum Jagen geschnitzt hat. So etwas will er jetzt auch bauen und Opa soll ihm dabei helfen. Opa beschließt, mit Tobias einen Sportbumerang zu basteln. Der ist natürlich nicht zum Jagen geeignet, dafür kommt er aber zum Werfer zurück und kann sogar wieder aufgefangen werden.

Hier im Folgenden werden Form und Maße für einen Standard-Bumerang beschrieben. Es gibt aber auch viele andere Formen wie dreiarmige, sichelförmige und viele mehr. Wichtig für die Funktionstüchtigkeit des Bumerangs ist, dass das Profil wie abgebildet ausgeformt wird. Der dunkle Teil des Bumerangs auf der linken Seite der Grafik zeigt die Stellen, die zum Profil geschliffen werden.

Opa zeichnet zwei 20 cm lange Linien im Winkel von 107°. Wer keinen Winkelmesser hat, kann auch ein Dreieck mit 20 x 20 x 32 cm zeichnen **(Abb. 1)**. Der Rest der Zeichnung ist keine Hexerei **(Abb. 2)**. Danach schneidet er den Bumerang mit einer Stichsäge aus. Natürlich könnte es auch eine Laubsäge sein. Tobias schleift die Schnittflächen mit einem Schleifklotz etwas glatt und Opa skizziert die Linien für das Profil auf dem Bumerang.

Nun kommt die wichtigste Arbeit, von der die Flugeigenschaften des Wurfgeräts abhängen: die Ausbildung des Profils. Als Anhaltspunkt dient die aufgezeichnete Hilfslinie **(Abb. 3)**. Das Holz innerhalb der Linie darf nicht angeschliffen werden, muss also eben bleiben.

Tobias verwendet für das Grobe eine Raspel **(Abb. 4)**, danach eine Feile

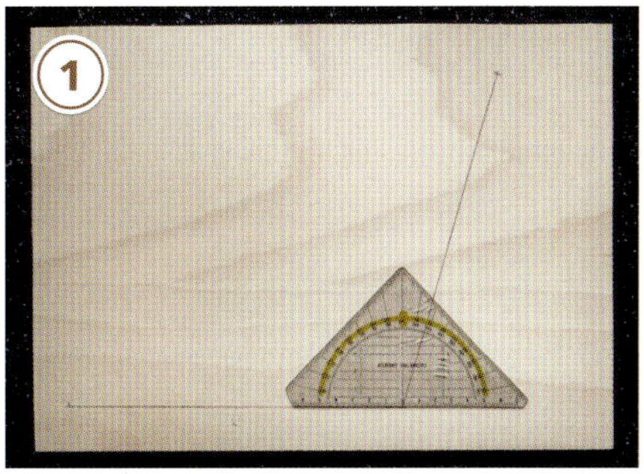

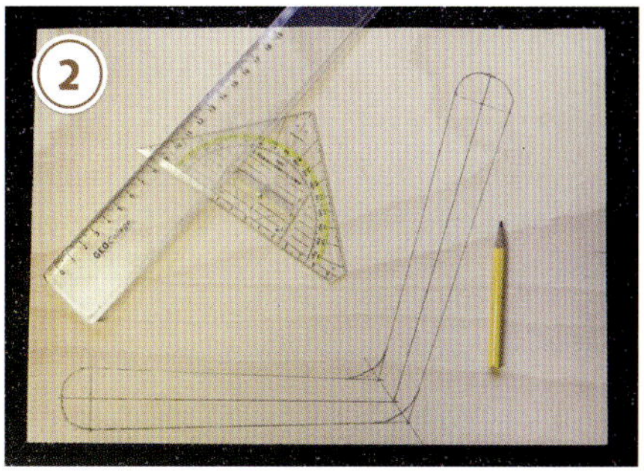

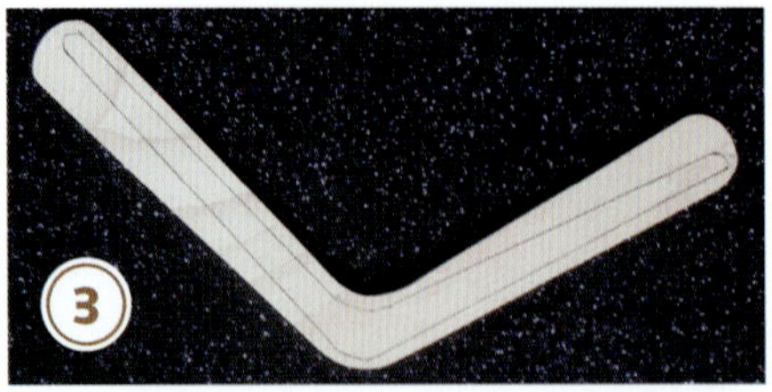

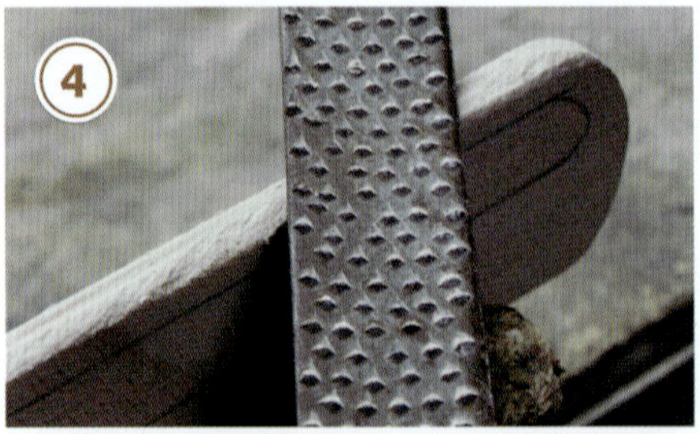

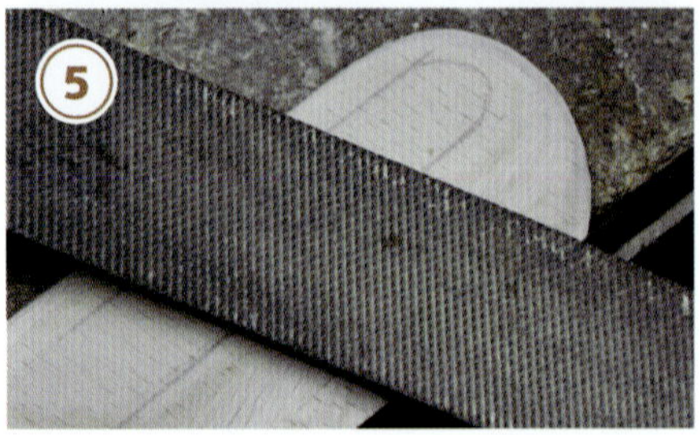

(Abb. 5) und zum Schluss grobes und feines Schleifpapier **(Abb. 6)**. Zum Schleifen von Außenrundungen wird das Schleifpapier auf die Handfläche gelegt, für die Innenrundung über den Zeigefinger gewickelt. Gerade Flächen oder Kanten schleift man mit einem Schleifklotz. Dabei wird ein Stück Schleifpapier über einen Holzklotz gewickelt und kann bei Bedarf mit einem Reißnagel fixiert werden. Feines Schleifpapier kann ohne weiteres mit einer Papierschere geschnitten werden. Die Schere wird dabei nicht stumpf, im Gegenteil, sie wird dadurch eher geschärft. Grobes Schleifpapier schneidet man mit einem Cutter.

Ein grobes Schleifpapier hat eine niedrige Nummer (von 40 aufwärts), ein feines Schleifpapier eine hohe Nummer (bis 200). Die Nummer steht auf der Rückseite des Schleifpapiers. Es gibt auch noch gröbere und noch feinere Schleifpapiere, aber für Bastelarbeiten mit Holz sind diese Körnungen ausreichend. Die Baumärkte bieten Sortimente im A4-Format an, bestehend aus mehreren Blättern mit gemischten Körnungen.

Das Profil sollte in Wurfrichtung eine schöne Viertelrundung bilden und auf der entgegengesetzten Seite flach auslaufen. Es ist etwas verwirrend, dass die Viertelrundung bei einem Teil des Bumerangs auf der Außenseite ist, bei dem anderen Teil auf der Innenseite. Wenn man jedoch bedenkt, dass sich der Bumerang in der Luft dreht, befindet sich einmal der Außen- und einmal der Innenteil in Flugrichtung. Also zeigt immer die Viertelrundung in Flugrichtung.

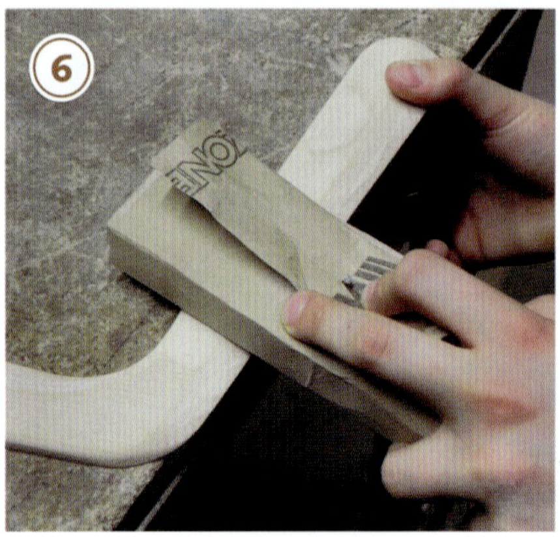

Praktisches Werkzeug

Weil wir gerade beim Schleifen sind: Eines der nützlichsten Werkzeuge, das sich Opa zugelegt hat, ist eine kleine Band-/Teller-Schleifmaschine. So ein Gerät kostet unter 50 Euro und ist gerade zum Schleifen von kleinen Werkstücken ideal geeignet. Die Schleifscheiben und Schleifbänder mit verschiedenen Körnungen können schnell getauscht werden. Die Maschine darf bei Opa auch von den größeren Kindern, natürlich unter Aufsicht, bedient werden.

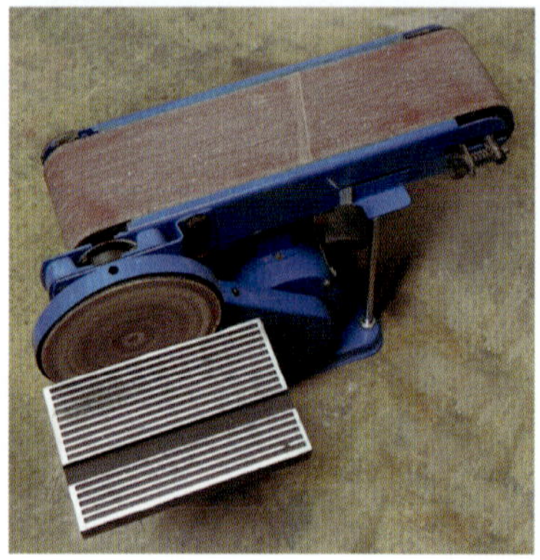

Dieses Profil bewirkt, dass in der Luft derselbe Sog entsteht, der zum Beispiel auch ein Flugzeug in die Höhe hebt. Bei einem Rennauto, wo das gleiche Profil auf dem Heckspoiler nach unten zeigt, bewirkt ein Sog nach unten, dass das Auto auf der Fahrbahn besser haftet.

Ein Bumerang, der senkrecht geworfen wird, fliegt daher einen Kreis.

Linkshänder

Linkshänder Achtung! Bei einem Bumerang für Linkshänder ist das Profil seitenverkehrt auszubilden. Auch wird der Bumerang beim Linkshänder keinen Linkskreis, sondern einen Rechtskreis fliegen.

Inzwischen ist Tobias mit dem Schleifen fertig. Der Bumerang kann auch bemalt werden, auf alle Fälle wird er mit Klarlack gestrichen. Wenn der Lack trocken ist, spürt man feine Holzfasern, die sich beim Streichen aufgestellt haben. Darum schleift Tobias noch einmal leicht mit einem feinen Schleifpapier darüber. Nach einer zweiten Lackierung ist der Bumerang fertig. Der Lack schützt den Bumerang vor Schmutz, aber vor allem verhindert er, dass Feuchtigkeit in das Holz eindringt und der Bumerang sich verwindet. Dann wäre es aus mit einer schönen Flugbahn. Aber jetzt muss zuerst einmal geprüft werden, ob der Bumerang überhaupt funktioniert.

Den Bumerang richtig werfen

Opa und Tobias suchen eine Stelle im Freien, wo es im Umkreis von mindestens 50 Metern kein Hindernis gibt. Dann wird mit etwas Gras, das man zu Boden fallen lässt, geprüft, aus welcher Richtung der Wind kommt. Tobias stellt sich so auf, dass der Wind von links kommt. Er hält den Bumerang zwischen Zeigefinger und Daumen mit der flachen Seite nach rechts, das Profil zeigt also nach links **(Abb. 7)**. Prinzipiell ist es egal, ob das V in Wurfrichtung offen ist

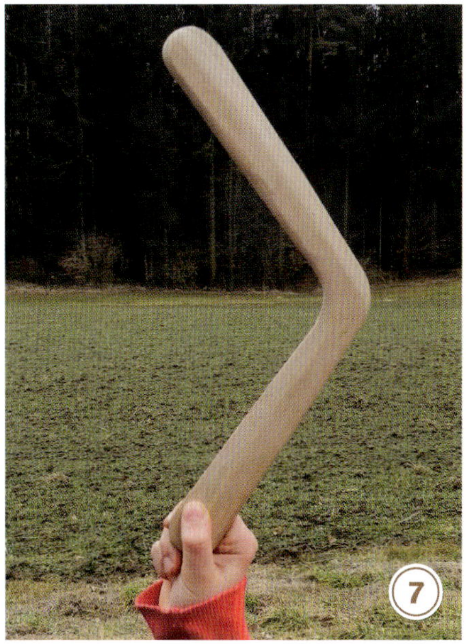

oder das Knie in die Wurfrichtung zeigt. Allerdings kann man dem Bumerang, so wie ihn Tobias hält, mehr Drall geben. Den Bumerang etwas nach rechts (ca. 10°) geneigt halten **(Abb. 8)**, hinter die Schulter führen und über diese hinweg mit schwungvoller Bewegung waagrecht oder leicht ansteigend werfen **(Abb. 9)**. Aus dem Handgelenk heraus versuchen, dem Bumerang den größtmöglichen Drall zu geben.

Opa und Tobias üben schon einige Stunden und kommen zur Erkenntnis, dass der Schlüssel zu einer schönen Flugbahn nicht in der Kraft des Wurfs, sondern im Drall liegt. Sie versuchen immer wieder, dem Bumerang im letzten Moment aus dem Handgelenk heraus so viel Drehung wie möglich mitzugeben. Und dann klappt's immer öfter: Der Bumerang steigt am Beginn seiner Flugbahn einige Meter in die Höhe, legt sich dabei flach und fliegt einen schönen Kreis nach links. Zum Fangen hat es noch nicht gereicht, aber einige Male ist er schon im Umkreis von nur zwei Metern gelandet. Einmal musste Tobias sogar den Kopf einziehen, um nicht einen unfreiwilligen Haarschnitt verpasst zu bekommen.

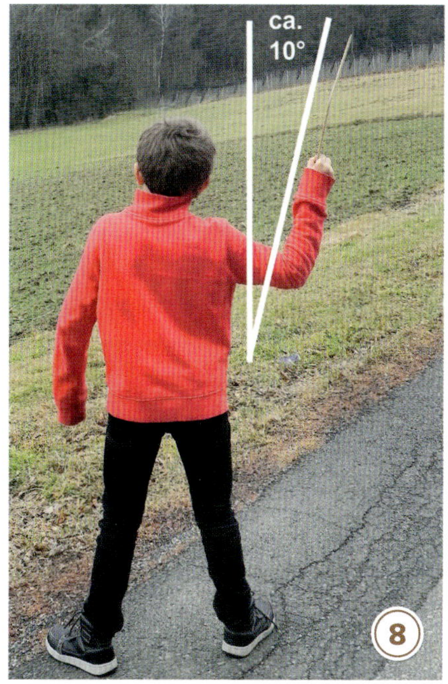

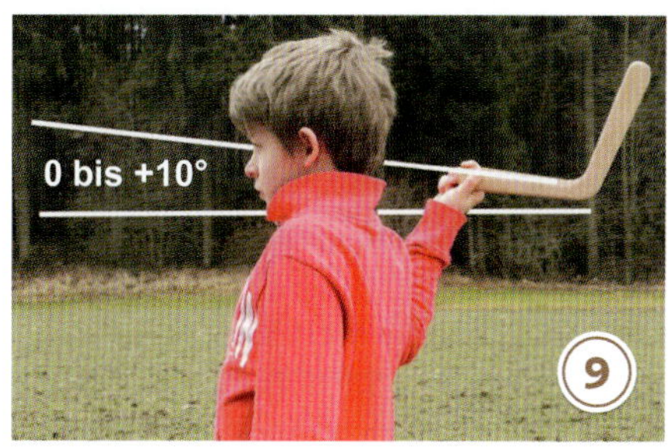

7 SCHNAPP DIE FLIEGE

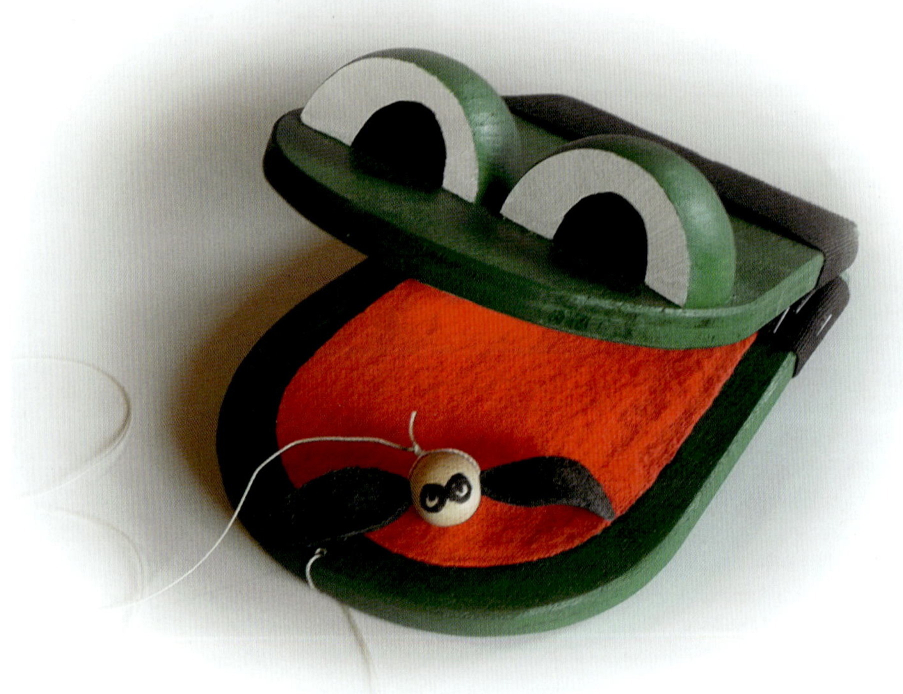

DAS BRAUCHEN WIR

Opa richtet folgende Materialien für das Spiel:

- 2 Holzbrettchen, ca. 15 x 12 cm, für den Frosch
- 1 große Holzkugel für die Augen
- grüne und schwarze Farbe
- roten Filz oder Moosgummi
- 1 Stück breiten Hosenbundgummi oder ein Stück Fahrrad- oder Autoschlauch für die Handschlaufen und für das Gelenk
- 1 kleine Holzkugel für die Fliege
- 1 Stück Leder für die Flügel
- Zwirn oder einen dünnen Nylonfaden

Tobias hat seine Freunde zu seiner Geburtstagsparty eingeladen und ist jetzt auf der Suche nach einigen lustigen Geschicklichkeitsspielen. Die erste Adresse ist Opa, der noch viele Spiele aus seiner eigenen Jugend kennt. Ihm fallen gleich einmal drei lustige Spiele ein: „Schnapp die Fliege", „Stopp die Ratte" und „Fang die Spinne". Tobias kann sich noch nichts darunter vorstellen, aber die Namen gefallen ihm und sie beschließen, die drei Spiele vorzubereiten.

Opa schneidet die Brettchen, wie im Bild zu sehen, mit der Stichsäge zu und Tobias schleift die Kanten mit Schleifpapier, damit sich beim Spielen niemand einen Span einziehen kann **(Abb. 1)**. Opa sägt die große Kugel in zwei Teile und schleift die Schnittflächen plan. Die zwei Halbkugeln werden nun als Augen auf eines der Brettchen geleimt.

Als Nächstes darf Tobias den Frosch bemalen. Er wird grün, die Augen schwarz. In das Maul wird der rote Filz geklebt **(Abb. 2)**. Rote Farbe würde es auch tun, aber der Filz dämpft doch das laute Geklapper ein wenig. Da Opa keinen Kunstharzlack zur Hand hat und der Frosch mit Dispersionsfarben bemalt wird, muss er danach noch farblos lackiert werden. Dadurch bleiben die Farben erhalten und das Holz verschmutzt nicht so leicht. Damit der Frosch das Maul auf- und zuklappen kann, werden beide Brettchen mit einem Gelenk aus Gummiband verbunden. Das Gummiband wird mit Heftklammern auf das Holz getackert. Ebenso werden auf beiden Brettchen Schlaufen aus Gummiband für die Hand bzw. für den Daumen befestigt **(Abb. 3)**. Der Frosch kann nun schon einmal zur Probe Luft schnappen. Es erweist sich bald, dass er auch mit Filz laut genug ist.

Aus der kleinen Holzperle wird eine Fliege gebastelt, indem ein kleines Flügelpaar aus Leder durch die Bohrung

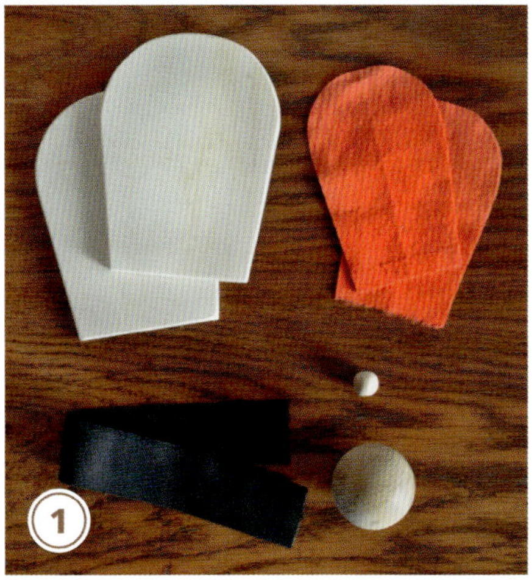
1

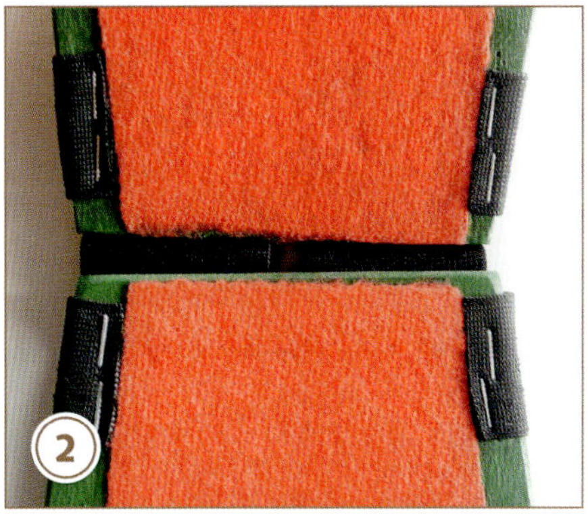
2

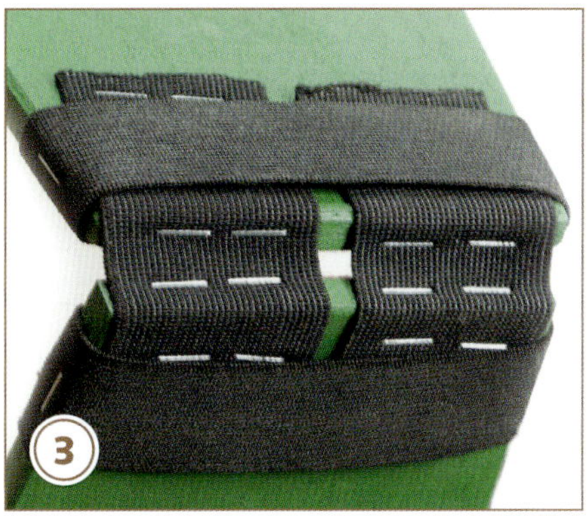
3

gezogen wird. Tobias malt noch mit schwarzem Filzstift furchterregende Augen auf die Fliege. Die Fliege wird nun mit der Schnur an das Maul des Frosches geknüpft, sodass sie ca. 60 cm vom Frosch entfernt ist **(Abb. 4)**.

Spielregeln

Der Daumen fährt in die untere Schlaufe des Frosches, die restlichen Finger in die obere Schlaufe. Durch einen Ruck mit dem Frosch wird die Fliege in die Luft geschleudert und der Frosch muss mit dem Maul die Fliege fangen. Wettkampfmäßig kann gezählt werden, wie oft der Frosch die Fliege zum Beispiel in einer Minute fängt.

Tipp: Bei diesem Spiel sind die im Vorteil, die schon etwas geübt haben.

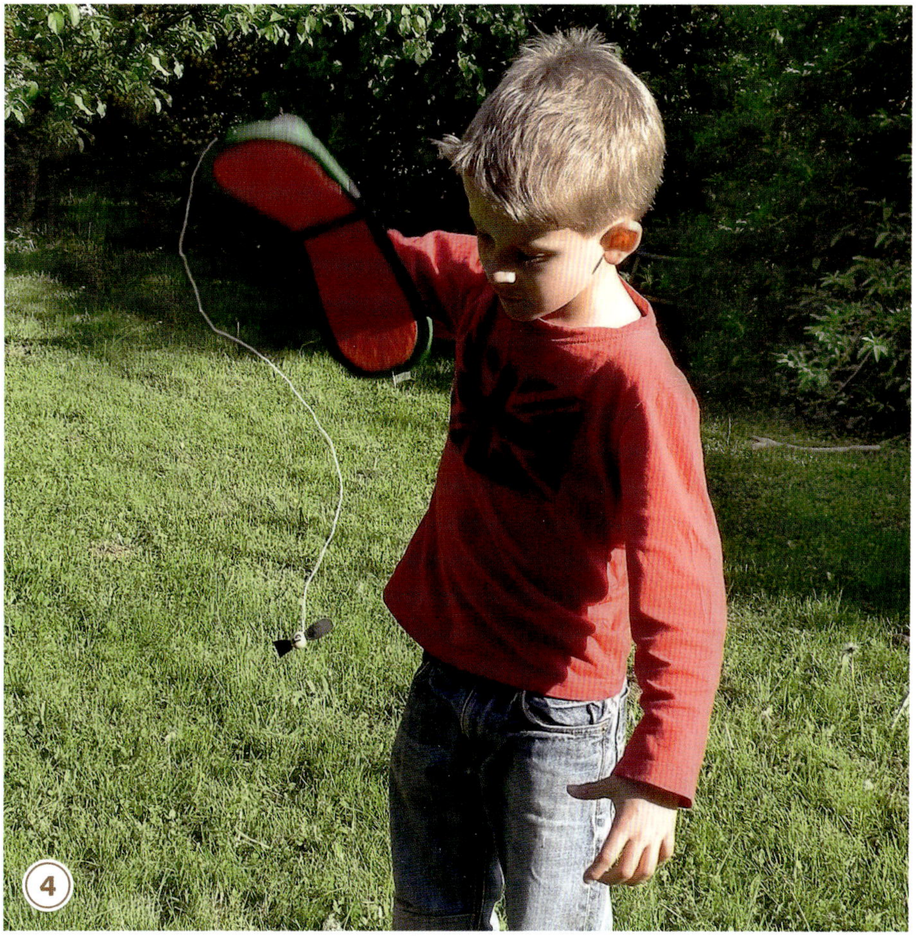
4

8 STOPP DIE RATTE

DAS BRAUCHEN WIR

Für das Spiel benötigt man:

- 1 Karton- oder Kunststoffrohr, Durchmesser ca. 10 cm, ca. 1 m lang (gibt es beim Installateur und im Baumarkt)
- etwas Klebeband
- 1 gehobeltes Holzbrett, Breite ca. 10 cm, Länge ca. 1,5 m
- 1 Paar schwarze Socken
- 1 Teppichklopfer oder 1 Rundholz als Schläger

Das Rohr wird mittels des Klebebands mit dem Holzbrett verbunden, sodass auf einer Seite das Brett 50 cm über das Rohr hinausragt. Oma bastelt eine Ratte aus einem Paar schwarzer Socken. Eine Socke füllt sie mit Reis und knotet sie zu. Dann wickelt sie eine Schnur um die Socke, damit die Socke wurstförmig bleibt und nicht zur Kugel wird. Die gefüllte Socke steckt sie in die andere, Spitze zu Spitze. Als Schwanz für die Ratte nimmt sie ein Stück Wollfaden oder Lederband. Den Saum der äußeren Socke schneidet sie ab, steckt ein Ende vom Schwanz in die Socke und vernäht die Öffnung. Für den Kopf nimmt sie ein Stück roten Stoff und bindet mit Wolle eine Nase. Die Enden der Wolle sind die Barthaare.

Spielregeln

Ein Kind hält das Brett mit dem Rohr und lässt die Ratte in das Rohr gleiten. Ein anderes Kind versucht, die Ratte mit dem Teppichklopfer oder dem Schläger zu erwischen, wenn sie am anderen Ende aus dem Rohr und über das Brett gleitet. Je steiler das Brett gehalten wird, umso schneller ist die Ratte unterwegs. Sieht der „Schläger" nicht, wann die Ratte losgelassen wird, ist es gleich ungemein schwerer, die Ratte zu treffen. Wird das Spiel wettkampfmäßig durchgeführt, wird gezählt, wie viele Versuche der Schläger braucht, um die Ratte einmal zu treffen.

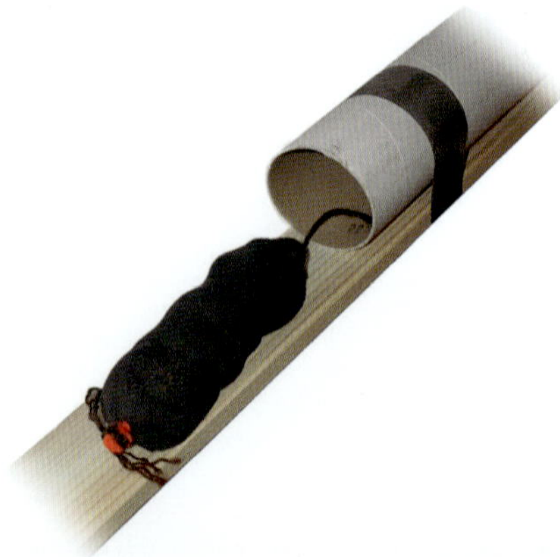

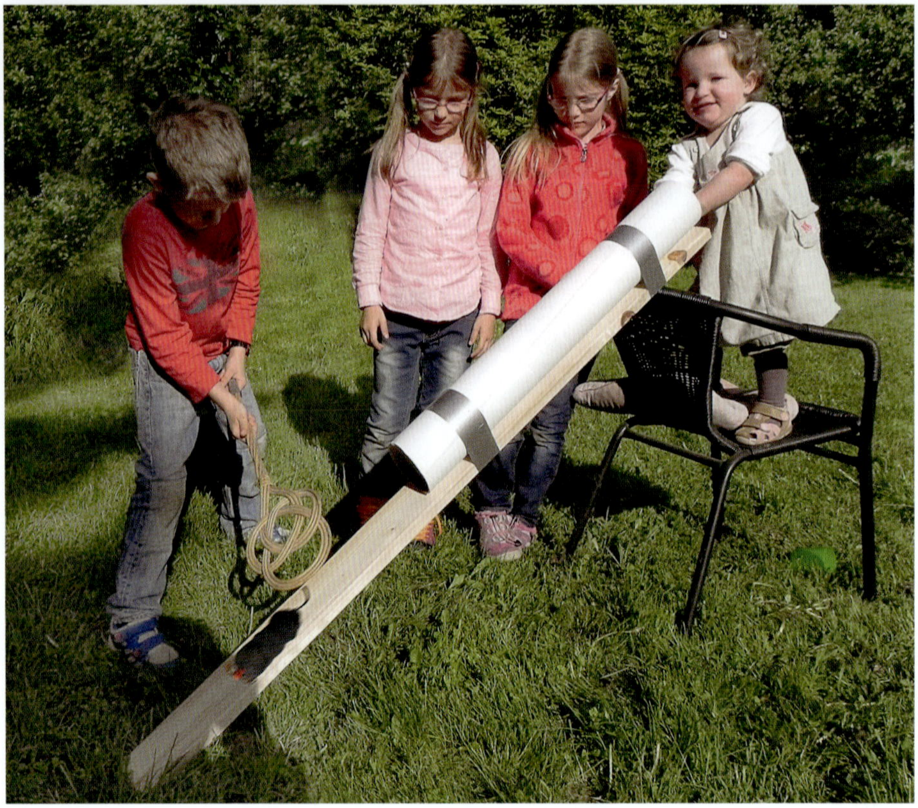

9 FANG DIE SPINNE

DAS BRAUCHEN WIR

Für ein ganz lustiges Spiel braucht man nur wenige Utensilien:

- 1 Stück roten und 1 Stück orangen Filz
- Schere, Nadel und Zwirn
- 1 schwarzen Handschuh
- 1 Papprohr, auf dem zum Beispiel eine Küchenfolie aufgerollt war
- 1 Paar alte Socken
- 1 Besen

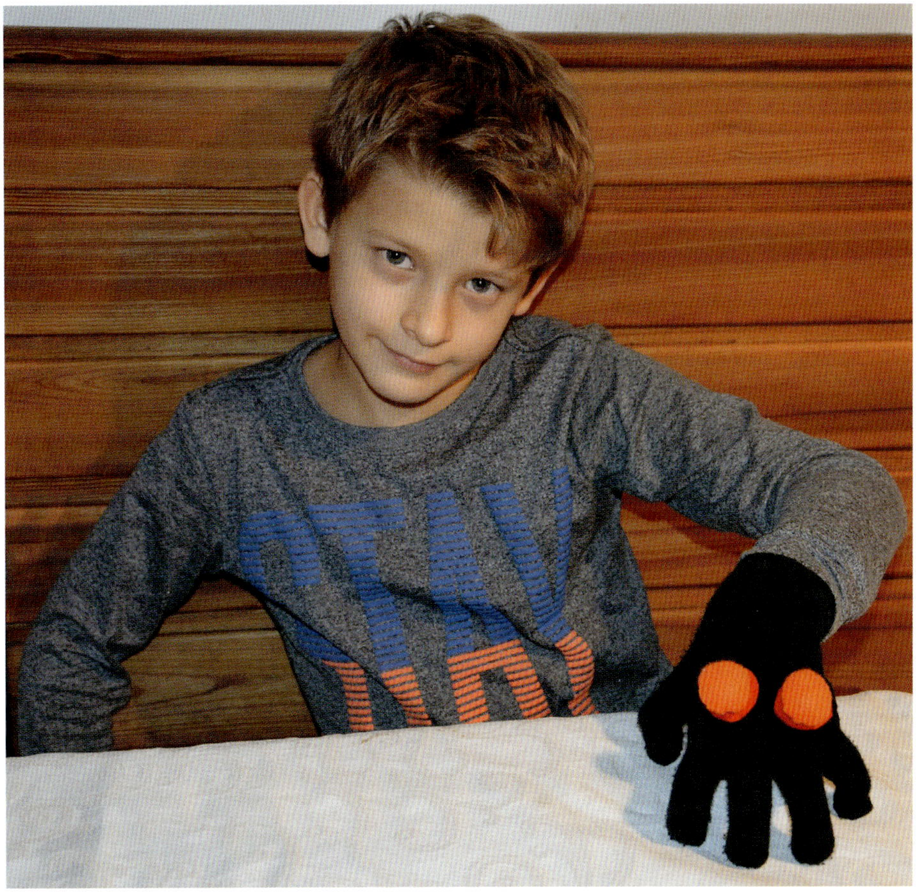

Für die Augen der Spinne schneidet Tobias aus dem roten Filz zwei Kreise mit ca. 4 cm Durchmesser und aus dem orangen Filz zwei Kreise mit ca. 8 cm Durchmesser aus **(Abb. 1)**. Auf eine orange Scheibe legt er ein Häufchen Filzabfall oder sonstige Stoffreste und dreht die Scheibe so zusammen, dass eine runde Kugel entsteht. Oma vernäht die Kugel, damit sie nicht mehr aufgeht **(Abb. 2)**. Auf den Handschuh wird eine rote Scheibe gelegt, darauf die orangefarbene Kugel und beides näht Oma auf dem Handschuh fest. Das erste Auge der Spinne ist fertig. Nachdem auch das zweite fixiert ist, funkelt einen ein Monster aus furchterregenden Augen an.

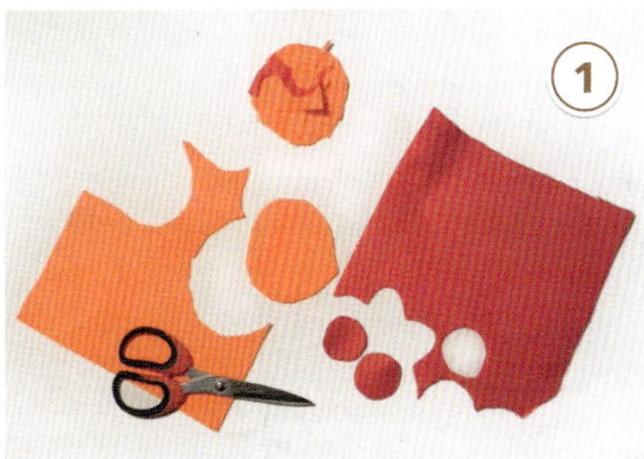

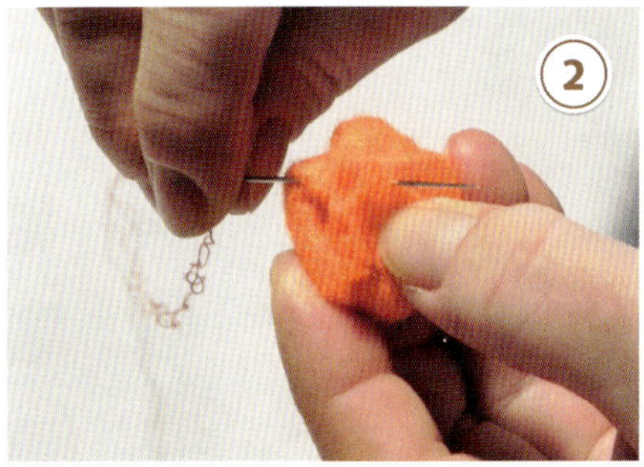

Aus dem Papprohr wird eine Keule gebaut. Tobias stopft eine Socke in den Spitz der zweiten Socke, sodass ein richtiger Ball entsteht **(Abb. 3)**. Dann stopft er die gefüllte Socke mit Hilfe eines Kochlöffels mit der offenen Seite voran durch das Papprohr **(Abb. 4)**, zieht die Socke stramm, sodass der Stoffball auf der anderen Seite fest auf dem Rohr sitzt und stülpt den Rest der Socke über das Rohr **(Abb. 5)**. Das ist der Griff der Keule.

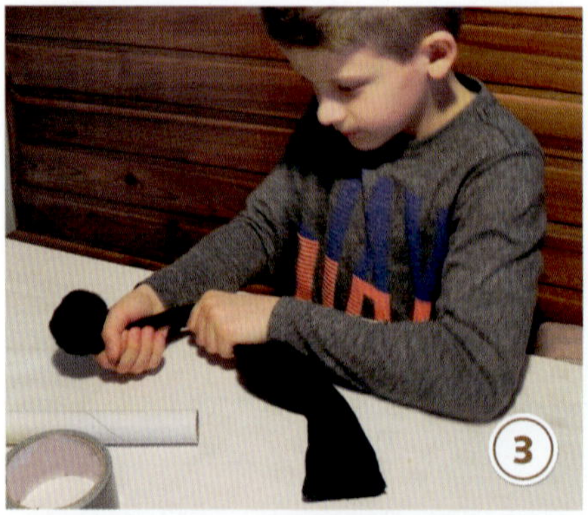
3

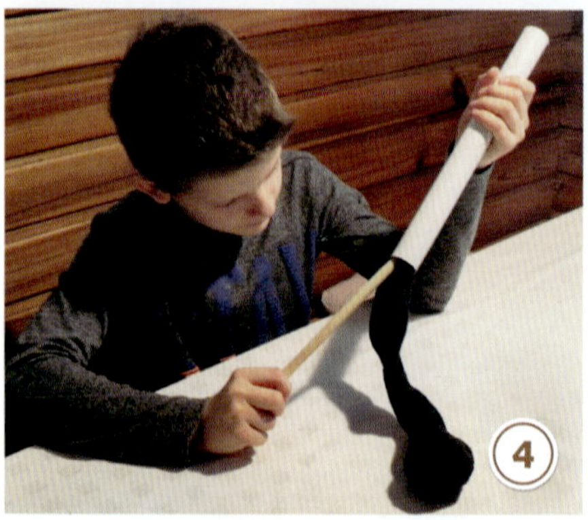
4

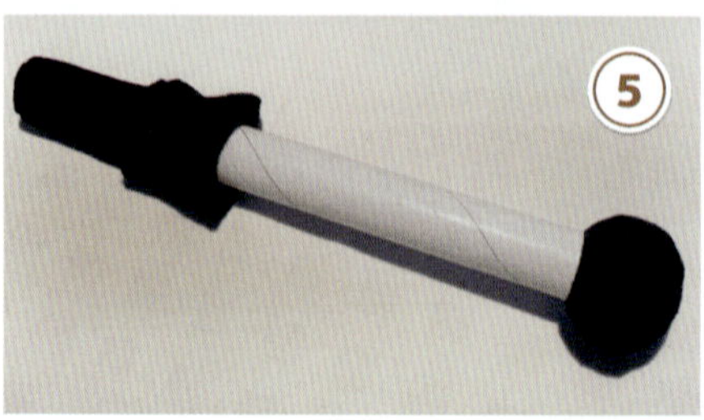
5

Spielregeln

Zwei Kinder sitzen einander gegenüber, die Knie berühren sich. Das Kind, das die Spinne spielt, hält mit der linken Hand den Besen senkrecht zwischen den Oberschenkeln (bei Linkshändern genau umgekehrt). Das ist der Baum, auf dem die Spinne (die rechte Hand) auf und ab turnt. Ab und zu springt die Spinne dabei auf den Oberschenkel des anderen Kindes, das versucht, mit der Keule auf die Spinne zu schlagen. Meist ist die Spinne schneller und der „Fänger" schlägt sich auf den eigenen Schenkel.

Der Fänger darf nur auf die Spinne schlagen, wenn sie über oder auf seinem Schenkel ist. Der Fänger darf auf keinen Fall die Schenkel seines Gegenübers treffen, denn auf dem Baum ist die Spinne sicher. Hat der Fänger die Spinne erwischt, werden die Rollen getauscht.

Ein gutes Training für die Reaktionsfähigkeit und ein unheimlicher Spaß, besonders für die Zuseher.

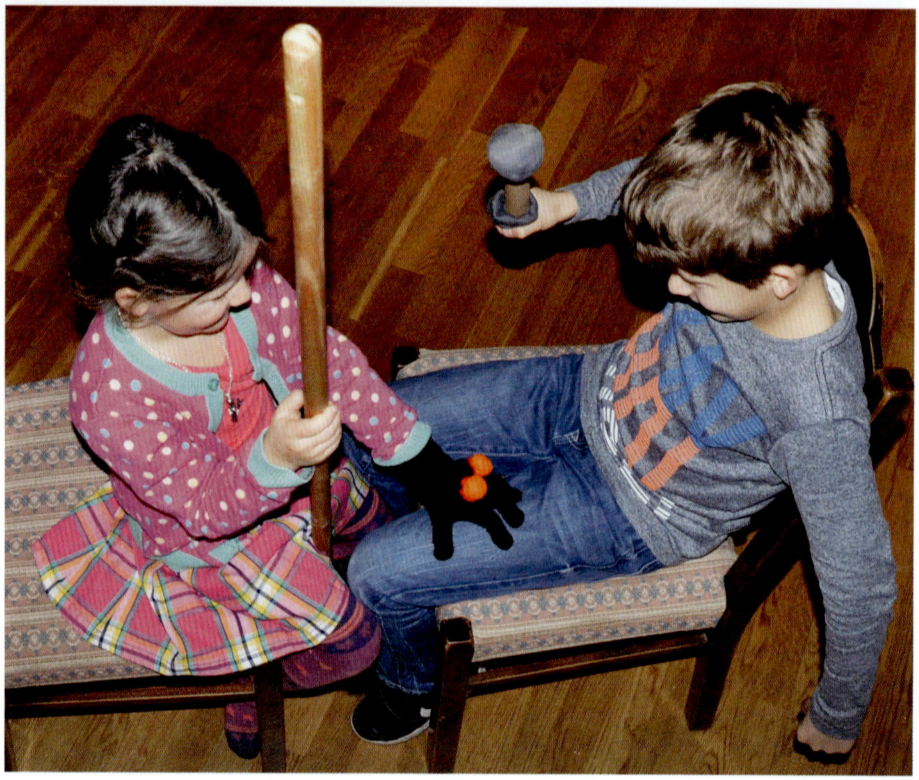

10 ELEKTRISCHE KLINGEL

DAS BRAUCHEN WIR

- Holzbrettchen, ca. 20 x 30 x 2,5 cm, für die Bodenplatte
- 12 m lackierten Kupferdraht, 0,3 mm
- verzinktes Eisenblech, 10 x 20 cm, 1 mm dick
- Federblech aus einem Schnellhefter
- diverse Schrauben, Muttern, Beilagscheiben
- 1 Oberteil einer alten Fahrradklingel
- 1 Taschenlampenbatterie
- 1 Gummiring
- 50 cm stärkeren Kupferdraht für die Verkabelung
- 2 Büroklammern

Eigentlich begann alles mit einem Baumhaus. Lukas und Felix wollten spontan ein solches bauen, allerdings hatte Opa keine Zeit. Die Buben durften aber Holzbretter, Plattenreste, Schrauben und Nägel aus der Werkstatt holen. Drei leere Schrauber-Akkus und einen halben Tag später hocken die beiden schon im Geäst. Felix meint, wenn Opa schon keine Zeit hatte, beim Baumhaus zu helfen, dann solle er wenigstens für eine Klingel sorgen. Die bräuchte man, falls Besuch käme. Opa, der jetzt Zeit hat, lehnt sich weit aus dem Fenster und schlägt vor, man könne doch gleich eine elektrische Klingel bauen. Von da an gibt's kein Zurück mehr.

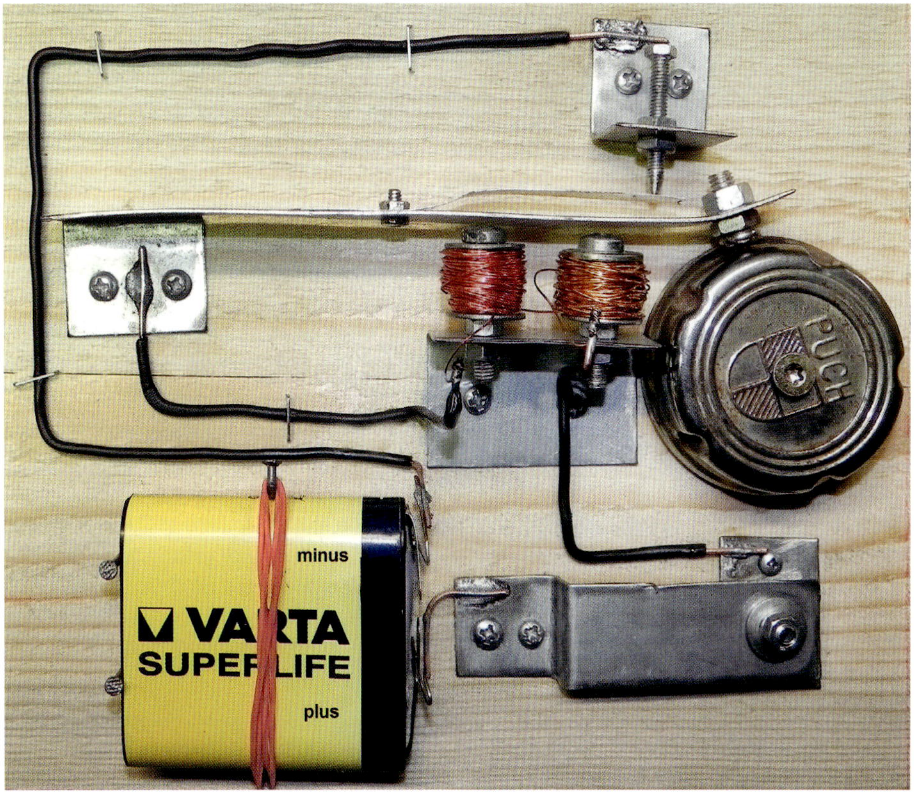

Den Kupferdraht holt Opa aus einem alten Trafo, der nicht mehr benötigt wird. Allerdings zerstört er drei Trafos, bis er einen findet, wo der Draht annähernd die richtige Stärke hat. Da Opa keine digitale Schiebelehre hat, um die Drahtstärke genau zu messen, zeigt er Lukas einen Trick. Er nimmt einen Bleistift, markiert darauf eine Strecke von 10 mm und wickelt den zu messenden Draht über den Bleistift, bis diese 10 mm mit Windungen bedeckt sind **(Abb. 1)**. Dann zählt er die Windungen und dividiert 10 durch die

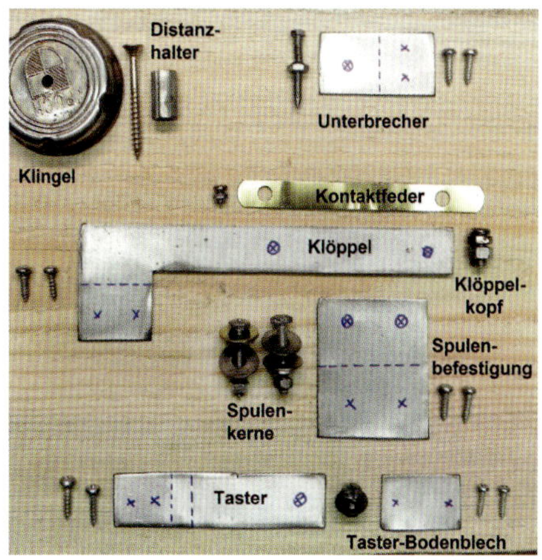

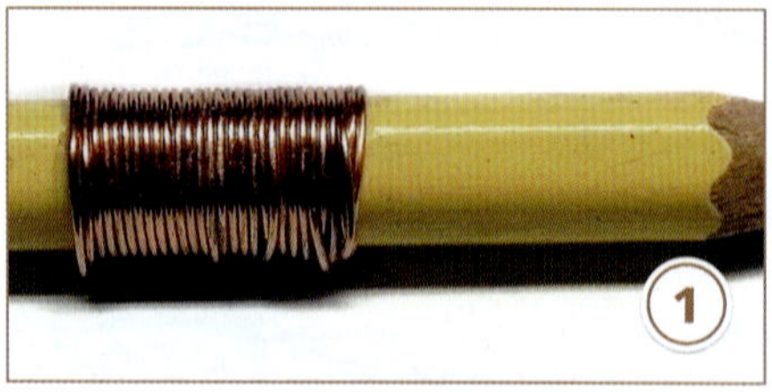

Anzahl der Windungen. Das Ergebnis ist die Drahtstärke. In diesem Beispiel gehen 30 Windungen auf die 10 mm. Also ist der Draht 0,33 mm dick. Natürlich kann man den passenden Draht auch in einem Spezialgeschäft kaufen.

Opa zeichnet auf dem Blech die Teile auf. Das geht am besten mit einem dünnen Filzstift. Auch die Löcher werden vor dem Ausschneiden angezeichnet und gebohrt, da man später die kleinen Teile zum Bohren nicht mehr gut fixieren kann.

Blechteile zum Bohren fixieren

Kleine Blechteile dürfen beim Bohren auf keinen Fall mit der Hand gehalten werden, auch nicht mit Handschuhen. Wenn sich der Bohrer im Blech verklemmt, dreht sich das Werkstück mit und die Verletzungsgefahr ist sehr groß.

Die Löcher, deren Durchmesser so groß sein muss wie die Stärke der Schrauben, werden am genauesten mit einer Ständerbohrmaschine gebohrt. Auf diese Arbeit freut sich Lukas schon. Lukas findet einen Bohrer mit passendem Durchmesser, aber es ist ein Holzbohrer.

Opa meint, es ist an der Zeit, ihm jetzt einmal etwas über Bohrer zu erzählen (siehe Kasten).

Dann versuchen die Buben, die Teile mit der Blechschere auszuschneiden. Da werfen sie gleich das Handtuch und sogar Opa kommt dabei gewaltig ins Schwitzen. Als er sich noch dazu mit den Griffen der Blechschere in den Bauch (von dem genug da ist) zwickt, reicht es ihm. Er spannt die Blechschere in den Schraubstock ein und kann jetzt mit seinem ganzen Gewicht, wovon ebenfalls genug da ist, auf die Blechschere drücken **(Abb. 2)**.

Die Grate vom Bohren und Schneiden werden mit einer Feile oder besser mit einer elektrischen Drahtbürste entfernt **(Abb. 3)**. Da greifen die Buben lieber

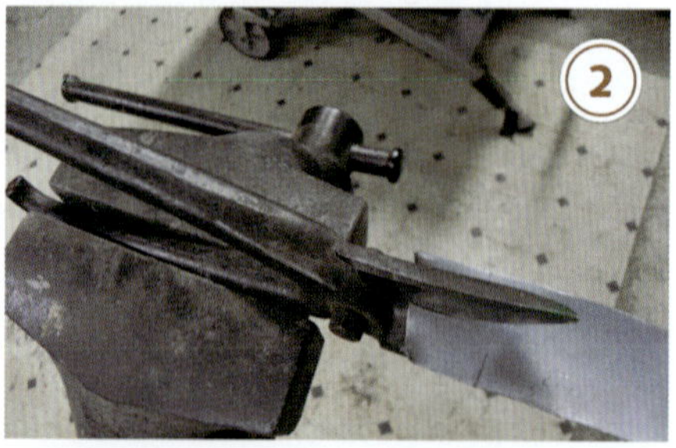

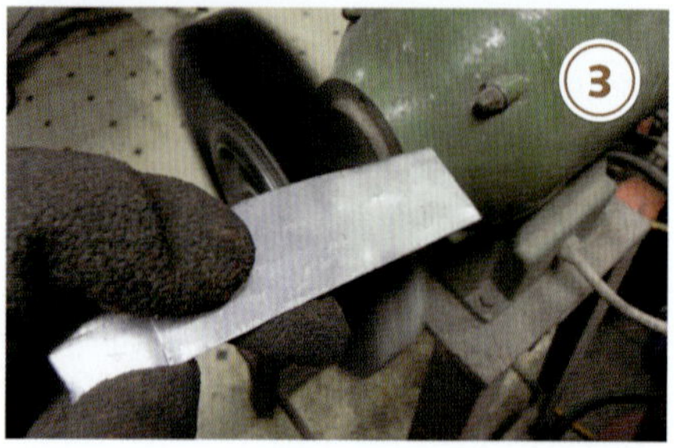

Bohrer

Abgesehen von Spezialbohrern gibt es drei Grundtypen: Holzbohrer, Metallbohrer und Steinbohrer. Der **Holzbohrer** hat einen spitzen Mitteldorn, der verhindert, dass der Bohrer „wandert". Das passiert sonst ganz leicht bei Nadelhölzern, wo sich harte und weiche Jahresringe abwechseln und der Bohrer selten dort bleibt, wo man ihn haben will. Mit dem Holzbohrer darf auf keinen Fall Metall oder Stein (Ziegel, Beton etc.) gebohrt werden.

Der **Metallbohrer** ist, wie schon der Name sagt, für Metall. Er kann auch für Holz und Kunststoffe, also alles was weicher ist als Metall, verwendet werden, aber keinesfalls für Stein. Im Holz wandert er allerdings stark, insbesondere, wenn nicht mit einem Bohrständer gearbeitet wird.

Der **Steinbohrer** hat eine eingelötete Hartmetallspitze. Er ist nicht für Holz und Metall geeignet, da er keine richtige Schneide hat. Er wird meist mit einer Schlagbohrmaschine verwendet.

Der vierte hier abgebildete Bohrer ist der **Forstnerbohrer**. Er ist für größere Durchmesser im Holz geeignet, zum Beispiel, um Astlöcher auszubohren oder um Topflöcher für Scharnierbänder zu bohren.

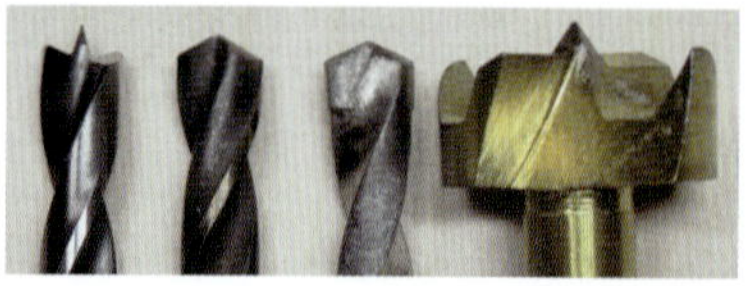

nicht hin, die Gefahr, sich bei einem Grat zu schneiden, ist groß.

Sicherheitshinweis
Beim Schleifbock unbedingt Schutzbrille aufsetzen! Kleine Teile mit einer Zange halten.

Die Buben dürfen dafür inzwischen die Blechteile, die sich beim Schneiden erbärmlich verbogen und verwunden haben, mit dem Hammer auf einer Eisenplatte als Unterlage wieder plan klopfen.

Nun wird's interessant. Als Erstes wird der **Klöppel** gebaut, der dann auf die Glocke schlägt. Die Fahne am einen Ende im rechten Winkel umbiegen, das ist der Fußteil, mit dem der Klöppel auf die Holzplatte geschraubt wird. Zum Biegen das Blech in einen Schraubstock spannen und vorsichtig mit dem Hammer knapp über den Backen des Schraubstocks in die richtige Lage klopfen **(Abb. 4)**. Achten Sie darauf, dass sich der Klöppel später frei bewegen kann und nicht auf dem Holz streift.

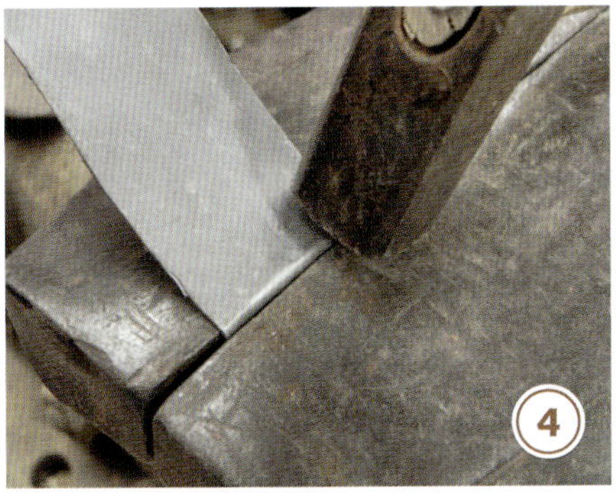

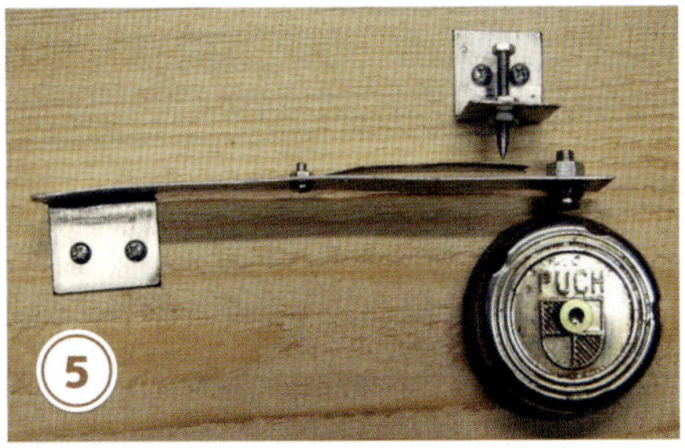

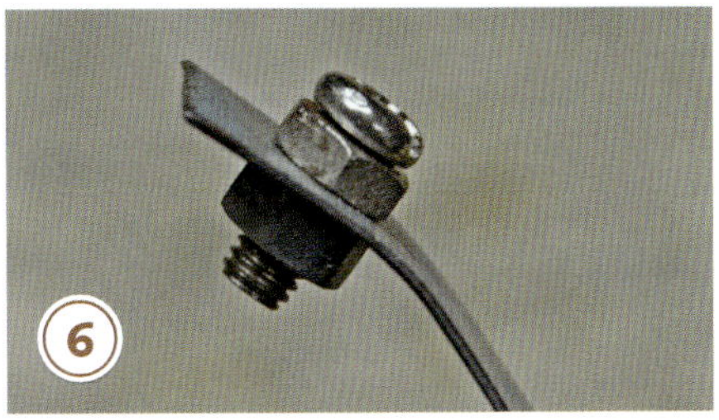

Aber im Moment wird noch nichts auf der Platte befestigt und auch die Platte selbst wird erst am Ende auf die richtige Größe zugeschnitten. Dann die Kontaktfeder auf den Klöppel schrauben **(Abb. 5)** und am vorderen Ende die Schraube, die dann auf die Glocke schlagen soll **(Abb. 6)**.

Als Nächstes baut man den **Unterbrecher**. Über das Loch im Winkelblech dazu eine Mutter löten **(Abb. 7)**. Die Lötstelle auf dem Blech und auf der Mutter mit einer Lötpaste bestreichen und die Mutter mit einer Zange auf dem Blech fixieren. Die Drähte werden später mit einem Lötkolben verlötet. Diese Lötstelle ist aber für einen Lötkolben zu groß, deshalb eine Lötlampe verwenden. Die Lötstelle mit der Flammenspitze so stark erwärmen, dass der Lötdraht bei Berührung mit dem Metall sofort flüssig und automatisch zwischen Mutter und Blech hineingezogen wird. Sollte die Mutter dabei verrutschen, kann die Lötstelle jederzeit durch neuerliches Erwärmen wieder gelöst werden.

Durch die aufgelötete Mutter schraubt Opa eine spitz zugefeilte Schraube. Die Schraube darf nicht zu kurz sein, man muss sie später durch Verdrehen justieren können **(Abb. 8)**.

Jetzt kommt das Herz des Apparates, der **Elektromagnet**. Auf einem Blechwinkel werden zwei Schrauben, 4–5 mm dick, mit Kontermuttern im Abstand von ca. 25 mm befestigt. Das Schraubengewinde zwischen den Beilagscheiben (ca. 15 mm) wird mit Isolierband umwi-

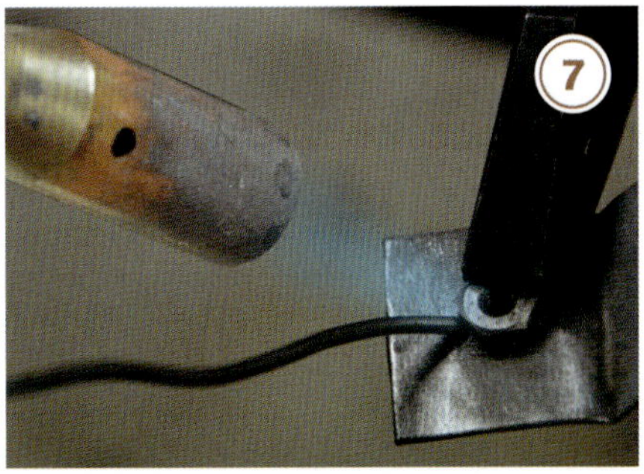

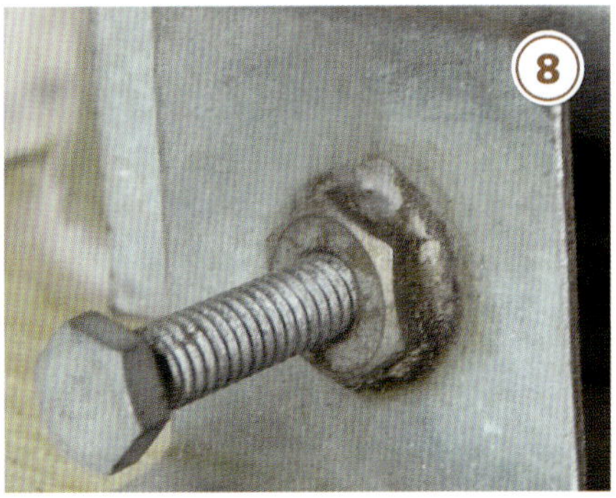

ckelt, damit das Gewinde nicht die Isolation des Drahtes beschädigt **(Abb. 9)**.

Nun wird die erste „Spule" gewickelt **(Abb. 10)**. Am Beginn einige Zentimeter des Drahtes für den Anschluss stehen lassen, dann ca. 250 Windungen auf die erste Schraube wickeln. Gut, dass sie zu dritt sind. Lukas wickelt und zählt, Felix achtet darauf, dass sich der Draht nicht verheddert und Opa ermahnt die Buben immer wieder, langsam und sorgfältig zu arbeiten. Danach wird, ohne den Draht abzuzwicken, auf dem zweiten Spulenkern weitergewickelt, und zwar in entgegengesetzter Richtung. Wird die

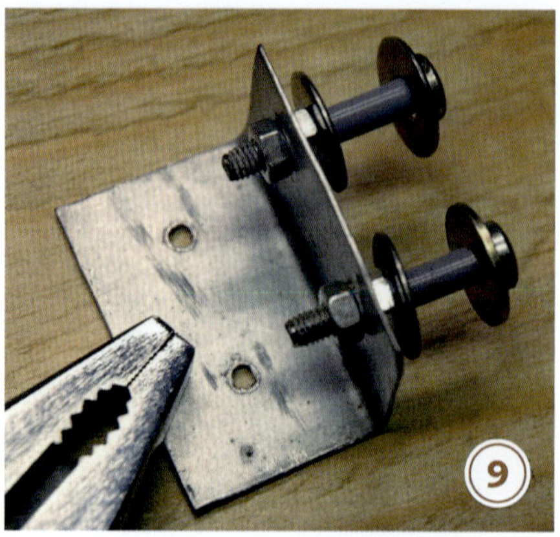

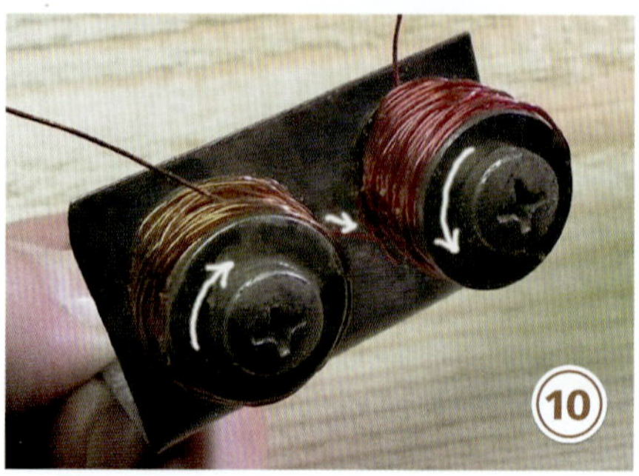

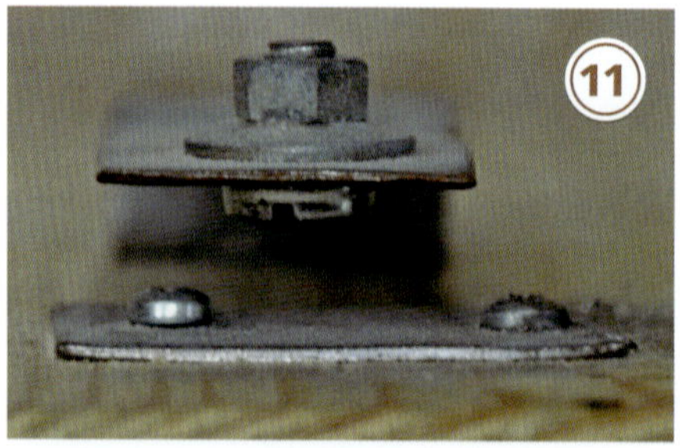

Richtung nicht geändert, würden sich die magnetischen Kräfte der beiden Spulen gegenseitig aufheben. Nach wieder 250 Windungen wieder einige Zentimeter für den Anschluss lassen und den restlichen Draht abzwicken.

Als Nächstes einen **Taster** bauen, mit dem die Klingel betätigt wird. Das ist nach den bisherigen Teilen ja keine Herausforderung mehr. Ein Blechstreifen mit einer Kontaktschraube, die beim Niederdrücken des Streifens eine Bodenplatte berührt und so den Kontakt schließt **(Abb. 11)**.

Die Einzelteile sind jetzt fertig und sie werden provisorisch auf der Bodenplatte aufgelegt. Opa hätte fast vergessen, die Batterie auch dazuzulegen. Danach zeichnet man die Bodenplatte an und schneidet sie auf die richtige Größe zu. Dann werden die Teile auf die Bodenplatte geschraubt, wobei einiges zu beachten ist.

Unter die **Glocke** kommt eine Abstandhülse, sodass die Glocke einige Millimeter von der Holzplatte entfernt ist. Glocke und Hülse werden gleichzeitig angeschraubt, die Schraube wird aber nur so weit angezogen, dass sich die Glocke noch locker bewegen kann. Nur so kommt ein klarer Klingelton zustande. Der Klöppelkopf soll ca. 3 mm von der Glocke entfernt sein. Die Feder auf dem Klöppel ist ca. 5 mm von diesem weggebogen, der Unterbrecher berührt die Feder. Die Spulenkerne berühren den Klöppel, wenn der Klöppelkopf zur Klingel gedrückt wird.

Die **Batterie** klemmt Opa mit ein paar Nägeln ein und fixiert sie mit dem Gummiring. Nun kommt die **Verkabelung** der einzelnen Bauteile. Opa verwendet dazu einen normalen Elektroinstallationsdraht mit 1,5 mm. Natürlich kann auch ein dünnerer Draht verwendet werden, aber er sollte isoliert sein, damit nicht irgendwo ein Kurzschluss entsteht. Man könnte die Drähte mit den Schrauben der Bodenplättchen fixieren, aber Opa entscheidet sich dafür, die Verkabelung diesmal mit einem Lötkolben zu verlöten. Das Risiko eines Wackelkontakts ist damit doch wesentlich kleiner und die Buben sehen gleich einmal, wie das Löten mit dem Lötkolben funktioniert.

Wenn die Lötspitze heiß ist, wird sie mit einer Drahtbürste von den Rückständen des letzten Lötens gereinigt. Auf die zu lötenden Teile wird etwas Lötpaste gestrichen. Dann hält man den Lötdraht zur Lötspitze, die so heiß sein muss, dass der Lötdraht sofort schmilzt. Mit der Lötspitze wird ein Tropfen Lot auf die Lötstelle gebracht, die gleichzeitig mit der Lötspitze so lange erwärmt wird, bis die zu verlötenden Teile das flüssige Lot aufsaugen. Das dauert einige Sekunden.

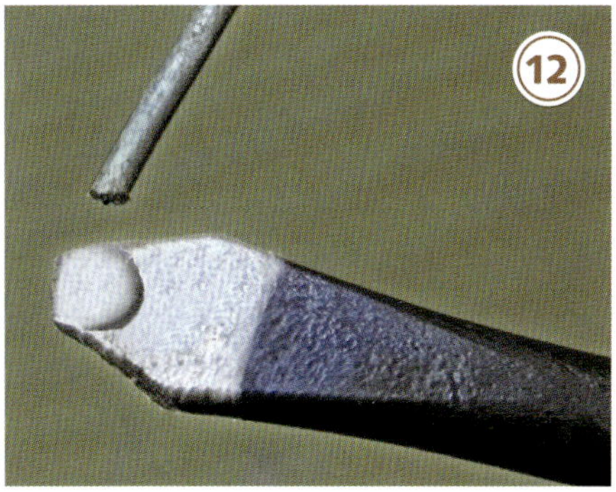

Bis zum Erstarren des Lots dürfen die zu verlötenden Teile nicht bewegt werden **(Abb. 12)**.

Opa beginnt die Verkabelung **(Abb. 13)** mit dem Draht vom Minuspol der Batterie zur Unterbrecherschraube. Batterieseitig lötet er eine Büroklammer an den Draht, mit der die Batterie dann angeschlossen wird. Der nächste Draht geht vom Klöppelfuß zur ersten Spule. Die Isolierschicht des Drahts der Spule wird mit einem ganz feinen Schleifpapier entfernt und dann der Verkabelungs- und der Spulendraht zusammengedreht oder, wie in diesem Fall, verlötet. Der nächste Draht geht von der zweiten Spule zum Fuß des Tasters und der letzte Draht vom Taster zum Pluspol der Batterie, wo wieder eine Büroklammer angelötet wird.

Nun kommt der große Moment. Opa steckt die Büroklammern auf die Batterie und Felix darf auf den Taster drücken. Nichts. Die Buben bekommen lange Gesichter und blicken Opa ratlos an. Opa drückt mit einem Schraubenzieher die Klöppelfeder gegen die Unterbrecherschraube.

Plötzlich schlägt der Klöppelkopf einmal gegen die Klingel. Alles klar. Opa dreht die Unterbrecherschraube bei gedrücktem Taster etwas in Richtung Feder und plötzlich schellt die Glocke los. Die Buben jubeln.

Opa erklärt den Buben, dass der Klöppel auf die Klingel schlägt, weil er durch die Elektromagnete angezogen wird. Gleichzeitig bricht aber der Kontakt zur Unterbrecherschraube ab, die Magnete werden wieder stromlos und der Klöppel pendelt wieder zurück, die Feder bekommt wieder Kontakt zur Unterbrecherschraube und das Ganze geht von vorne los.

Die Spitze der Unterbrecherschraube erodiert durch den Funkenflug und hat irgendwann keinen Kontakt zur Feder mehr.

Dann gehört die Spitze nachgefeilt oder mit dem feinen Schleifpapier gereinigt. Die Erosion ist geringer, wenn die Unterbrecherschraube am Minuspol der Batterie hängt.

Die Buben haben genug von der Theorie und beraten schon, wie und wo sie die Klingel an ihrem Baumhaus befestigen.

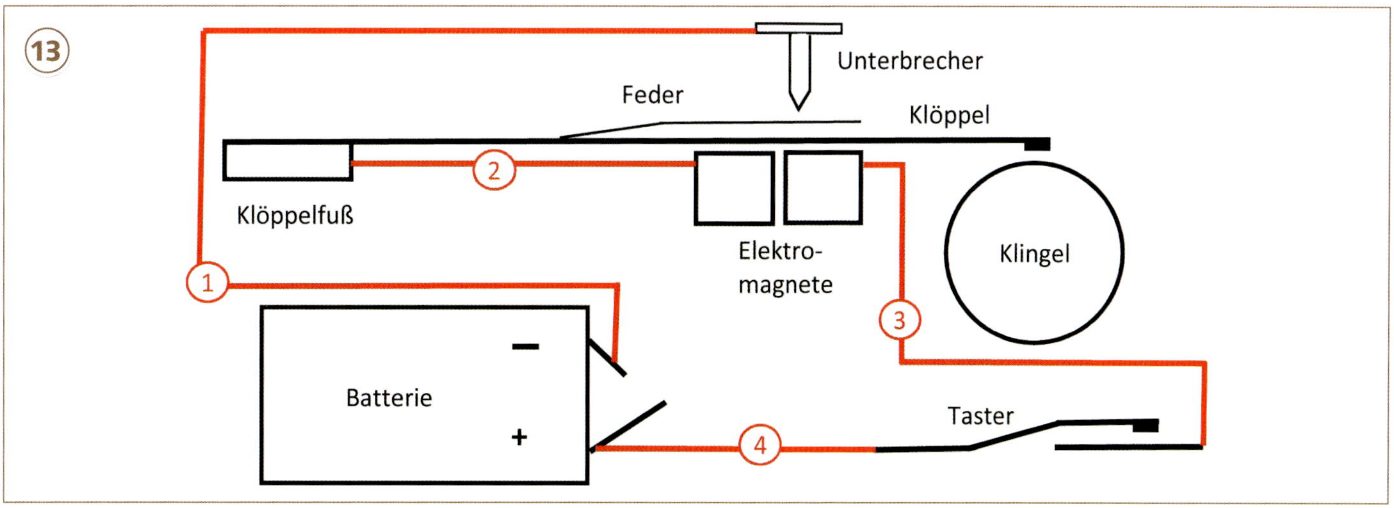

11 RITTERRÜSTUNG

Tobias leidet unter einer Krankheit, die kaum einen Buben in seinem Alter verschont: Er hat das Ritter-Fieber. Es erübrigt sich zu erläutern, was das für Oma und Opa bedeutet. Zu dritt besprechen sie, wie die Ritterrüstung aussehen soll. Das Wichtigste, natürlich abgesehen vom Schwert, ist der Helm. Opa schlägt vor, einen aus Karton zu basteln. Tobias entrüstet sich lautstark: „Das kommt gar nicht in Frage. Der muss was aushalten, sonst gehe ich gleich zu Boden, wenn ich beim Kämpfen eine auf die Birne bekomme!“ Am liebsten wäre ihm ein echter Blechhelm. Da spielt Opa nicht mit. Endlich hat Oma die zündende Idee. Sie bringt einen schwarzen Kunststoffeimer und mit etwas Phantasie können sich alle Beteiligten vorstellen, dass daraus ein Helm wird.

Oma klebt auf den Boden des Eimers mit Montagekleber eine Lage Schaumgummi. Opa schneidet zwei Kreissegmente aus dem Kübel, damit der Helm einerseits gut auf den Schultern sitzt, andererseits der Kopf von Tobias beim Schaumgummi ansteht. Den verstärkten Rand des Eimers schneidet er mit einer Stichsäge, für die Kübelwand eignet sich am besten ein Cutter.

DAS BRAUCHEN WIR

- 1 Kunststoffeimer für den Helm
- Montagekleber
- Schaumgummi, 5 cm dick
- 1 Kunststoffblumentopf für das Visier
- 4 Blindnieten (alternativ: Schrauben und Muttern)
- Beilagscheiben
- Gold- oder Silberspray
- 1 Dreischichtplatte für den Schild
- weiße Farbe und Filzstifte zum Bemalen des Schildes
- Kaffeetabs für die Verzierung
- Dachpappenstifte
- 2 Lederschlaufen
- 1 Dachlatte, 50 x 25 mm, 80 cm lang, für das Schwert
- Sperrholzreste
- 1 längeres Stück Schnur oder Kordel für den Schwertgriff
- 1 Stück Fliegengitter, Filz und Bänder für das Kettenhemd

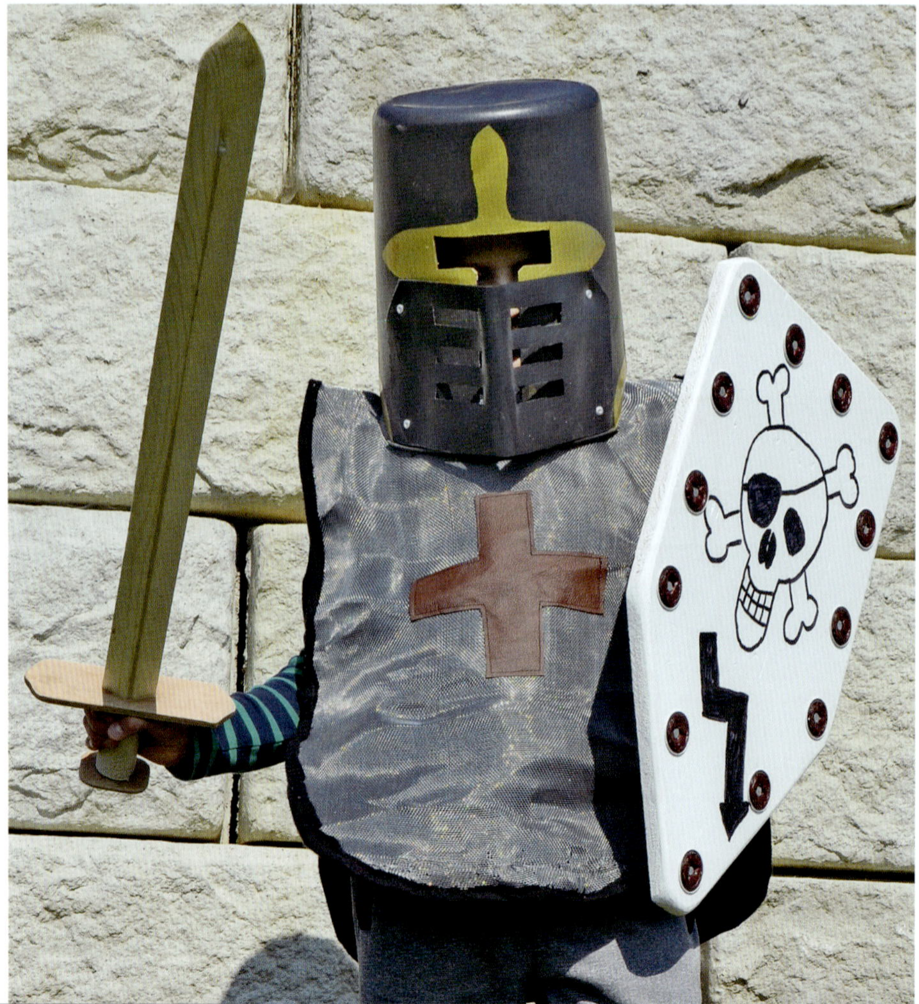

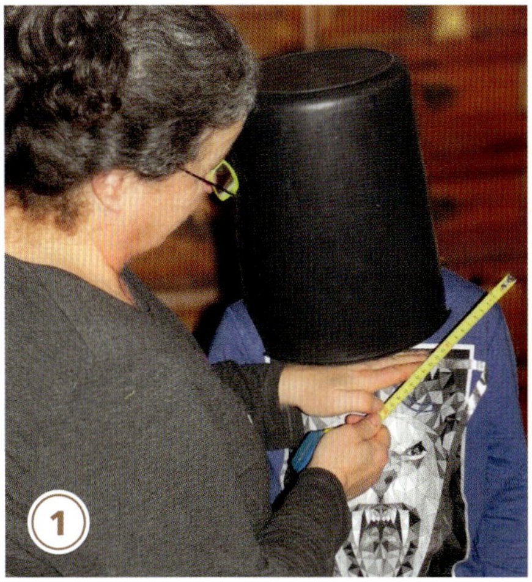

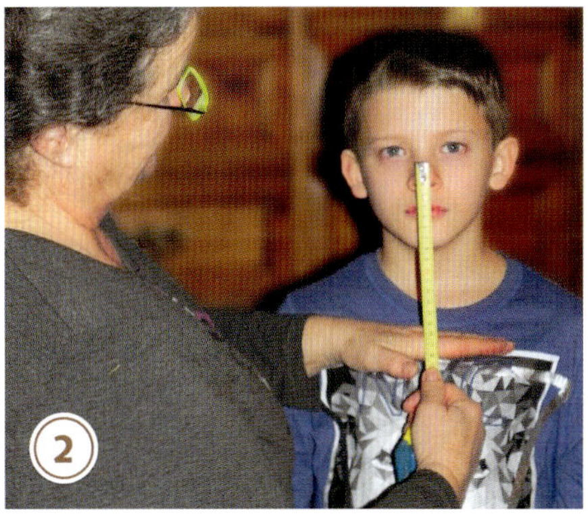

Jetzt wird ein Sehschlitz in den Helm geschnitten. Damit aus dem Ritter Siegfried nicht der Ritter Blindfried wird, muss der Sehschlitz schon an der richtigen Stelle sein. Oma markiert an Tobias den Rand des Kübels **(Abb. 1)**, nimmt den Kübel ab und misst von der Markierung bis zu Tobias' Augen **(Abb. 2)**. Genau in diesem Abstand vom Kübelrand schneidet Opa den Sehschlitz **(Abb. 3)**. Einen zweiten Schlitz schneidet er vor Nase und Mund, damit der Ritter auch genug Luft bekommt. Wenn das Material zu dick oder zu spröde ist, um mit dem Cutter geschnitten zu werden, kann man es auch mit einem Multifunktionswerkzeug mit feinem Sägeblatt versuchen **(Abb. 4)**.

Aus einem Kunststoffblumentopf schneidet er das Visierteil aus. Für den Knick im Visier heizt er die Stelle mit einem Heißluftfön auf und biegt den Kunststoff. Nach dem Erkalten bleibt der Kunststoff in der gebogenen Stellung. Natürlich muss er aufpassen, dass das Material dabei nicht schmilzt.

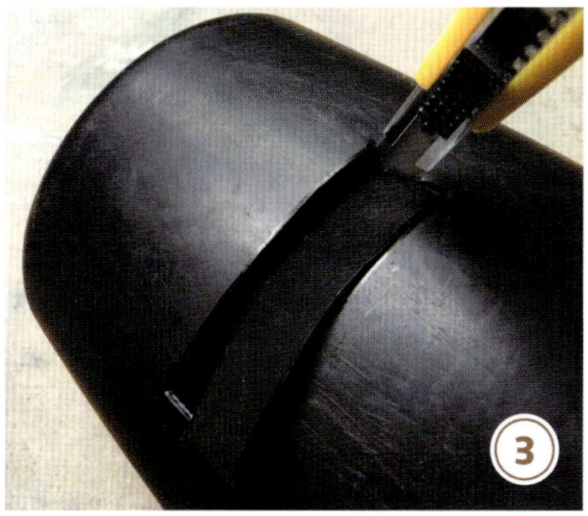

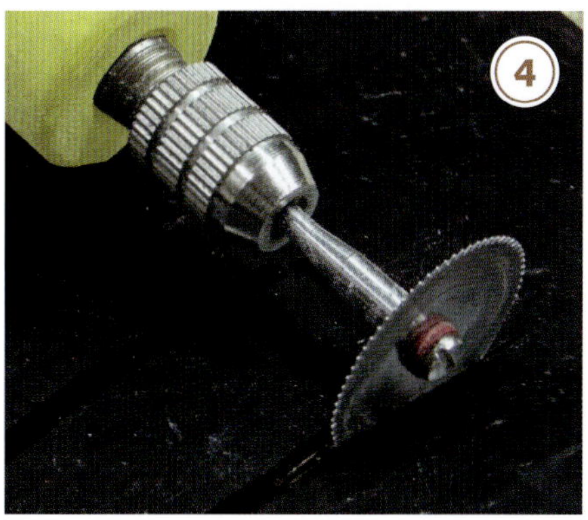

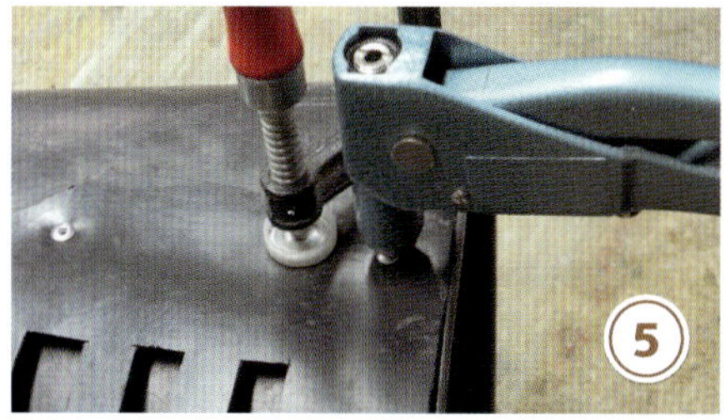

Das Visier wird mit Blindnieten am Helm befestigt. Dazu klemmt Opa das Visier mit zwei kleinen Schraubzwingen an den Helm, bohrt die Löcher, steckt die Nieten in die Löcher und zieht sie mit der Blindnietzange fest **(Abb. 5)**. Die Blindnieten müssen so lang sein, dass auf der Innenseite des Helms eine Beilagscheibe Platz hat. Ohne Beilagscheibe würde die Blindniete im relativ weichen Kunststoff nicht halten. Anstatt Blindnieten kann man auch Schrauben und Muttern nehmen. Auch in diesem Fall nicht auf die Beilagscheiben vergessen.

Für die Verzierung des Helms besorgt man sich am besten einen Gold- oder Silberspray. Das Ornament wird aus einer Klebefolie ausgeschnitten und die Folie auf den Helm geklebt. Die restlichen Teile des Helms werden mit Papier und Abdeckband abgeklebt **(Abb. 6)**. Die Farbe wird aus ca. 30 cm Entfernung in mehreren Etappen aufgesprüht. Jedes Mal nur wenig Farbe aufsprühen und antrocknen lassen, damit die Farbe nicht abrinnt **(Abb. 7)**. Zum Schluss nicht vergessen, die Dose auf den Kopf zu stellen und zu sprühen, bis keine Farbe mehr herauskommt. Nur so kann man verhindern, dass die Düse durch eingetrocknete Farbe verstopft wird.

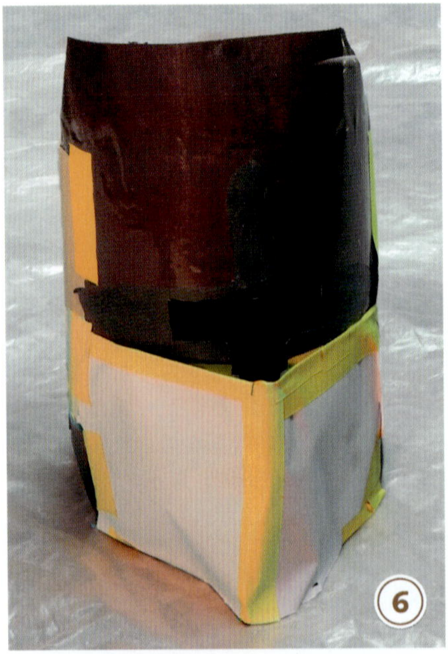

6

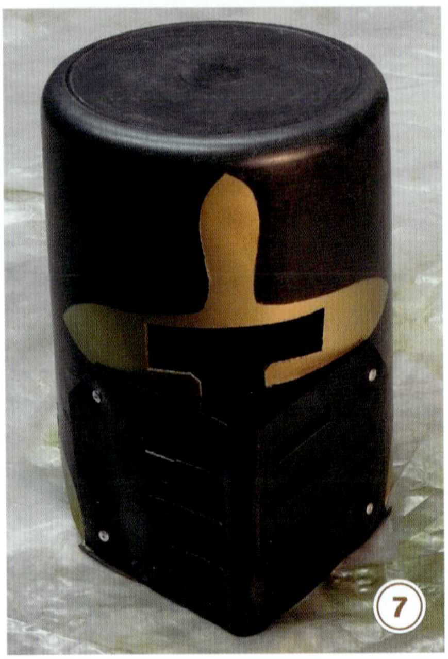

7

Ein ganz wichtiges Utensil des Ritters ist sein **Schild**. Er schützt ihn nicht nur im Kampf, sondern ist auch seine Visitenkarte. Am Wappen auf dem Schild erkennt man, zu welchem Adelsgeschlecht der Ritter gehört und welche edlen Eigenschaften er (angeblich) hat. Opa hat ein altes Heraldik-Buch, aus dem er einige Symbole herausgesucht hat.

Symbole und ihre Bedeutung

Blitz	Schnelligkeit
Baum	Stärke
Apfel	Friede
Fisch	Tapferkeit
Hand	Gerechtigkeit
Herz	Aufrichtigkeit
Hund	Mut
Katze	Freiheit
Kreuz	Gläubigkeit
Pferd	Intelligenz
Rose	Schönheit
Schlange	Weisheit
Schlüssel	Wissen
Turm	Sicherheit

Tobias kann jetzt entscheiden, was er auf seinen Schild malen will. Hier wortwörtlich seine Antwort: „Ich bin kein edler Ritter, ich bin ein Barbar. Auf meinem Schild will ich einen Totenkopf haben!" Alles Zureden von Oma und Opa hilft nichts, der Barbar bleibt beim Totenkopf.

Opa schneidet den Schild aus einer Dreischichtplatte, Tobias rundet die Kanten mit Raspel und Schleifpapier ab und grundiert den Schild mit weißer Farbe. Dann malt er mit dickem, schwarzem

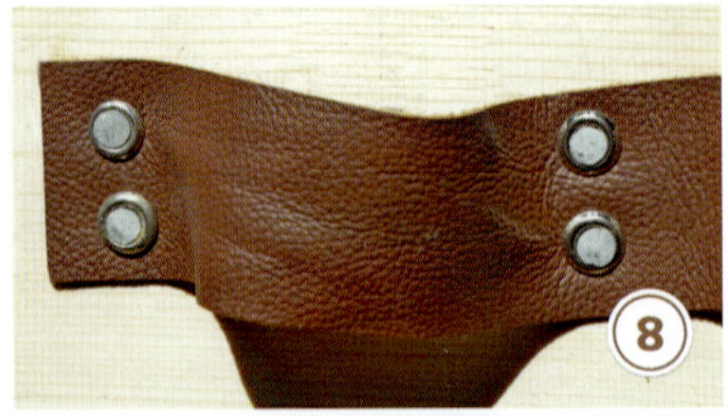

8

Filzstift seinen Totenkopf darauf. Als Verzierung nimmt er leere Kaffeetabs und drückt diese im Schraubstock platt. Sie sehen dann aus wie große Nieten und Tobias nagelt sie mit kurzen Dachpappenstiften auf den Schild.

Auf der Rückseite des Schilds werden zwei Lederschlaufen als Griffe angebracht **(Abb. 8)**. Die Schlaufen sind unterschiedlich groß. In die linke Schlaufe muss Tobias' Unterarm passen, in die rechte nur die Hand. Die Schlaufen werden mit Dachpappenstiften zusammen mit Rosettenscheiben oder Tellerfedern angenagelt. Der Rand dieser Scheiben hält das Leder fest und ein Ausreißen ist nicht mehr so leicht möglich. Wie man Tellerfedern einfach und schnell selbst herstellen kann, ist im Kapitel „Blumenpresse" (S. 97) erklärt.

Das Wichtigste ist natürlich das **Schwert**. Dazu benötigt man eine Dachlatte sowie Sperrholz für den Handschutz und den Knauf. Mit einer Schnur oder Kordel wird der Griff umwickelt. **(Abb. 9)** Damit für die Schwertklinge nicht zu viel geraspelt und geschliffen werden muss, schneidet Opa das Profil mit einem Ziehmesser vor. Dieses Werkzeug ist heute nicht mehr so bekannt. Früher hat man damit zum Beispiel Holz entrindet oder den Hackenstiel zurechtgeschnitzt, damit er in die Hacke passte **(Abb. 10 & 11)**.

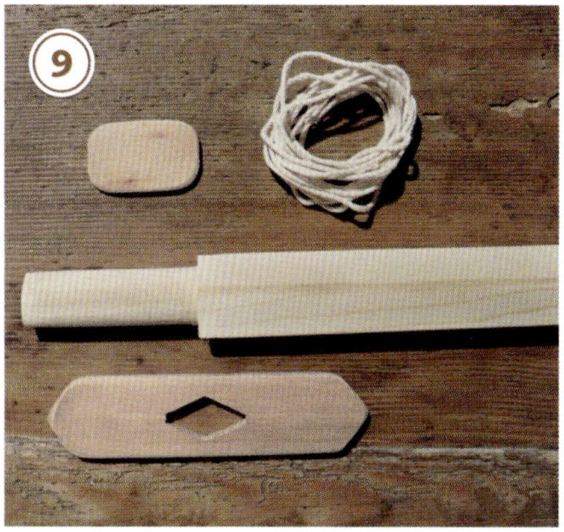

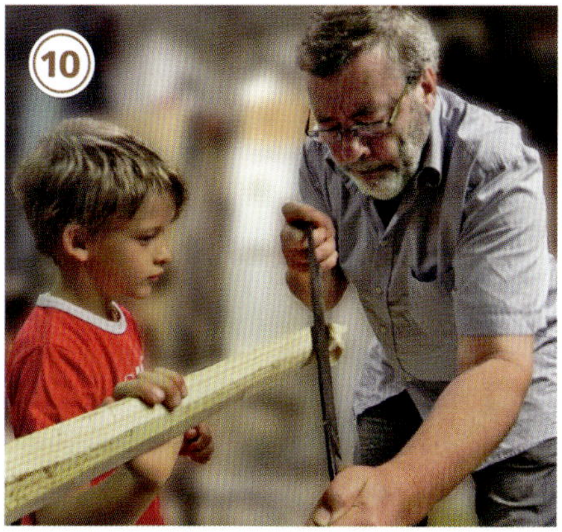

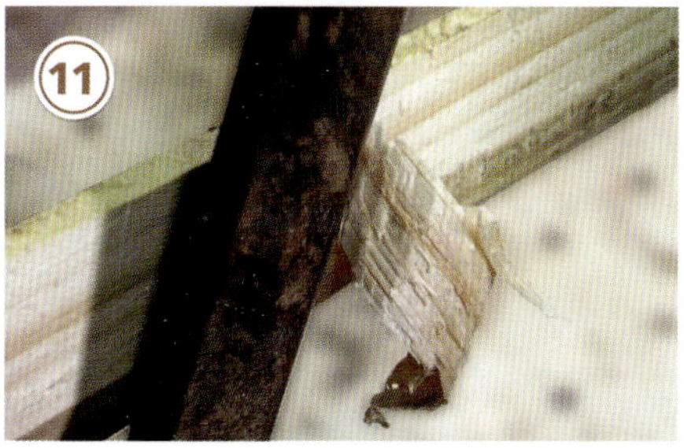

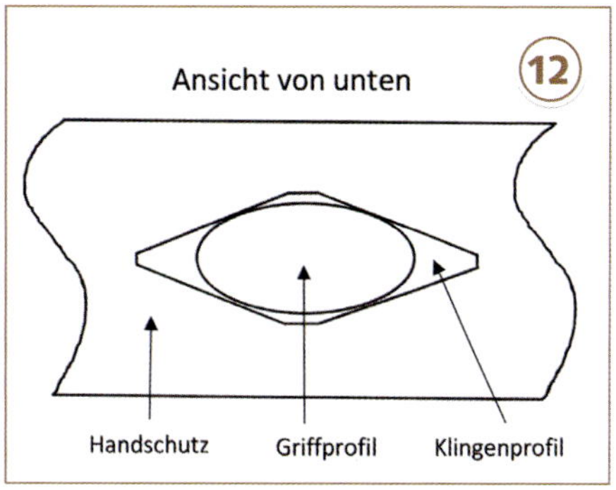

Das Klingenprofil wird über die ganze Länge ausgebildet **(Abb. 12)**. Danach das Holz auf den Klingenseiten ein wenig einschneiden und für den Griff ein ovales Profil schnitzen oder raspeln. Aus den Sperrholzbrettchen den Knauf und den Handschutz schneiden. In den Handschutz kommt eine Öffnung in Größe des Klingenprofils. Opa bohrt dazu ein Loch und schneidet die Öffnung mit der Stichsäge aus. Der Handschutz sollte recht streng auf die Klinge passen und wird auf diese aufgeleimt, ebenso der Knauf.

Zuletzt bekommt das Schwert noch einen tollen Griff. Dazu streicht Tobias Leim auf das Griffholz und wickelt die Schnur darüber **(Abb. 13)**.

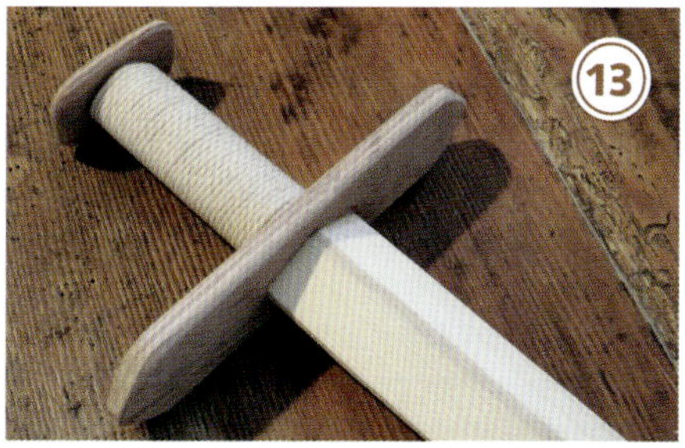

Nun schlägt die Stunde der Burgschneiderin. Oma darf für den (nicht) edlen Ritter ein **Wams** schneidern. Sie schneidet die Form aus dünnem Fliegengitter aus und näht es auf einen dicken Filz **(Abb. 14)**. Die Ränder des Filzes näht sie um. Mit den angenähten Bändern kann das Wams bei der Taille befestigt werden. Fertig ist das „Kettenhemd light“ **(Abb. 15)**.

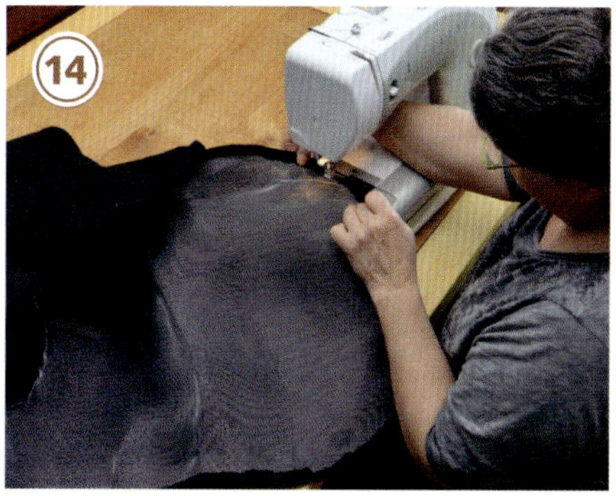

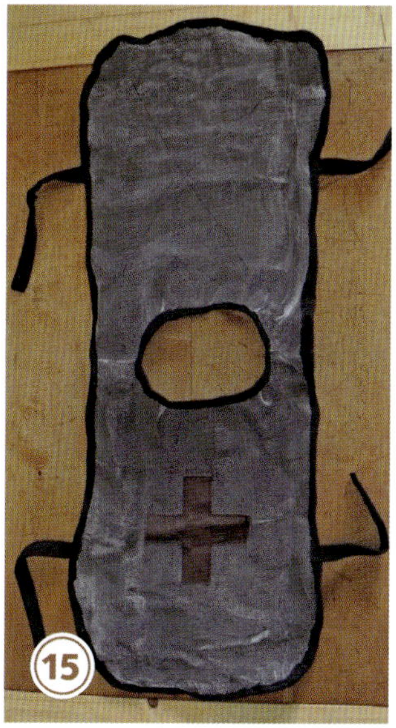

12 SCHWERT FÜR SPORTKAMPF

DAS BRAUCHEN WIR

Wir benötigen pro Schwert:

- 1 Holzbrettchen, 10 x 10 cm
- 1 Hartholzrundstab, 100 cm lang, Durchmesser 2 cm
- 1 3 cm langes Stück einer Holzleiste, 4 x 4 cm
- 3 Blechstreifen, 30 x 3,5 cm, 1 bis 1,5 mm dick
- 4 Rundkopfholzschrauben

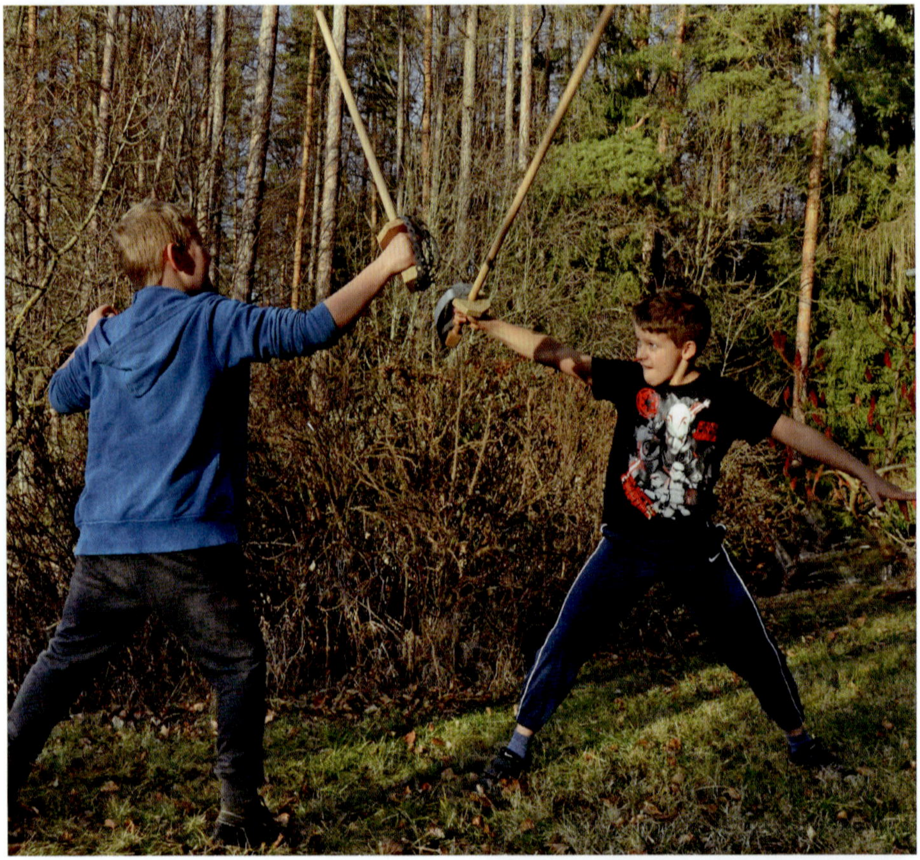

Tobias hält seine Ritterrüstung in Ehren. Doch für den sportlichen Kampf ist sie nicht geeignet. Immer wenn Tobias und Felix zusammentreffen, schneiden sie zum Schwertkämpfen irgendwelche Stöcke von den Sträuchern am Waldrand. Dann wird gekämpft, bis einer der beiden einen Schlag auf die Finger bekommt. Opa soll da Abhilfe schaffen, sie wollen ein Schwert mit einem richtigen Handschutz. In der Werkstatt werden verschiedene Varianten durchgesprochen, sie einigen sich auf einen Rundstab mit einem Handschutz aus Holz und Eisenblech.

Aus dem Brettchen wird ein Kreis ausgeschnitten, es kann auch ein Sechs- oder Achteck sein. In der Mitte wird ein Loch von 20 mm Durchmesser gebohrt. Das Brettchen wird ca. 12 cm weit auf den Stab geschoben und festgeleimt. Auch in das Holzleistenstück mittig ein Loch von 20 mm bohren. Dieses Holzstück auf das Ende des Stabes leimen. Die Spitze des Stabes halbkugelig schleifen, damit es keine Verletzungen gibt. Die Blechstreifen werden entgratet, die Ecken abgerundet und die Löcher für die Schrauben mit einem Metallbohrer gebohrt. Nach dem Biegen können die Blechstreifen, wie auf den Bildern zu sehen, angeschraubt werden. Tipps zum Bohren von großen Löchern finden sich im Kapitel „Osterratsche" (S. 13), zum Schneiden

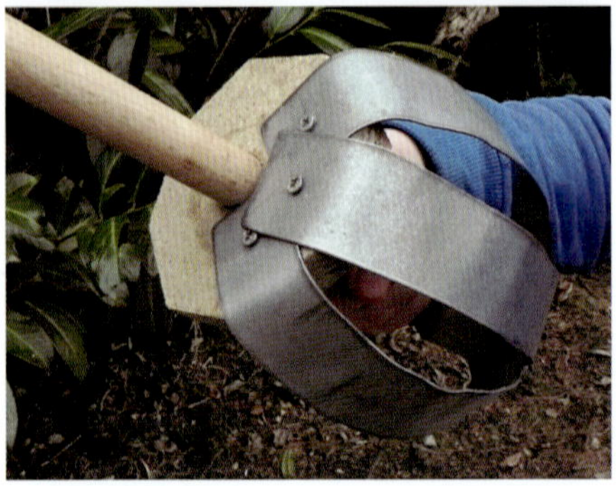

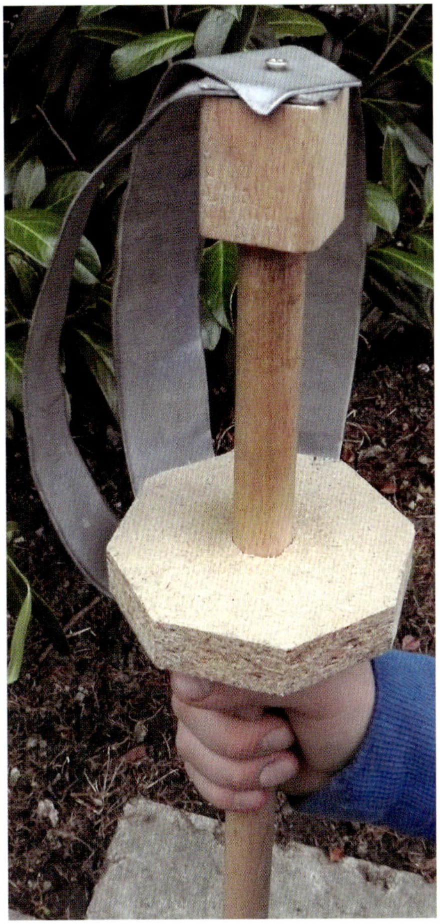

von Blech im Kapitel „Elektrische Klingel“ (S. 28).

Opa möchte nicht, dass die beiden Buben jetzt gleich weiter „aufeinanderdreschen“ wie vorher mit ihren Holzprügeln. Onkel Michi, der den Fechtsport bei einem Fechtverein richtig ausgeübt hat, empfiehlt einige Regeln, die die Kämpfe sportlicher und ungefährlicher machen.

Allgemeine Regeln

Es wird ein Fechtring mit Ästen oder Ähnlichem ausgesteckt. Noch besser ist es, eine Schnur um den Ring zu spannen.

Die Grundstellung (für Rechtshänder) sieht folgendermaßen aus: Rechte Schulter vor, Oberkörper etwas nach links drehen, rechtes Bein einen Schritt vor, linker Fuß etwas nach links ausgedreht, linke Hand hinter den Rücken, leicht in die Knie gehen, Schwert mit dem gegnerischen Schwert kreuzen. In dieser Stellung bietet man die geringste Angriffsfläche, verliert nicht so leicht das Gleichgewicht und ist in jede Richtung hin gut beweglich.

Kampfregeln

1. Die Schwerter müssen gleich lang sein, die Spitzen abgerundet.
2. Vor dem Kampf begrüßen sich die Gegner durch Verneigung.
3. Es darf erst begonnen werden, wenn einer der Kämpfer das Kommando dazu gibt. Das kann auch eine dritte Person sein, zum Beispiel ein Schiedsrichter.
4. Stechen bzw. Stoßen ist verboten, es darf nur geschlagen werden.
5. Es darf nur auf das Schwert des Gegners geschlagen werden, nicht auf den Körper.
6. Körperkontakt, zum Beispiel Rempeln, ist nicht erlaubt.
7. Es darf nicht geschlagen werden, wenn der Gegner wegsieht.
8. Es darf nicht mehr geschlagen werden, wenn der Kampf beendet ist.
9. Nach dem Kampf reichen sich die Gegner die Hand.

Der Kampf ist beendet, wenn …

1. der Gegner sein Schwert fallen lässt,
2. ein Schwert gebrochen ist,
3. einer der Kämpfer oder der Schiedsrichter das Kommando „aus“ ruft,
4. der Gegner aus dem Ring gedrängt wurde.

Verloren hat, wer …

1. aus dem Ring gedrängt wurde bzw. die Ringbegrenzung berührt hat,
2. wer sein Schwert fallen lässt,
3. wer aufgibt und daher das Aus-Kommando ruft,
4. wer gegen eine der Regeln verstößt.

Opa wird jetzt wohl eine Zeitlang Schiedsrichter spielen müssen, bis die Buben die Regeln im Kopf haben …

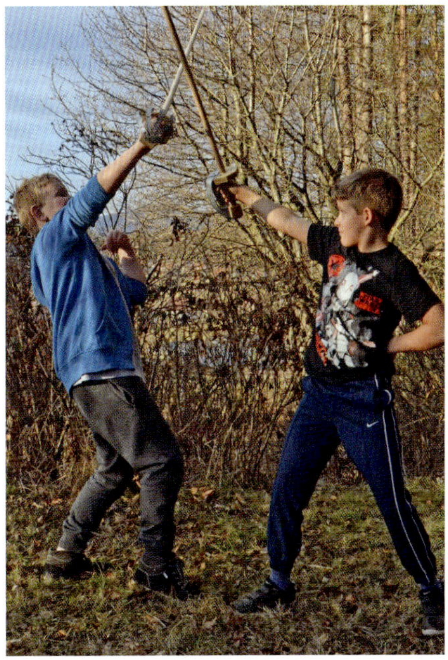

13 FALTSCHACHTELN

DAS BRAUCHEN WIR

Als Material eignet sich alles, was sich gut falten lässt, also nicht zu steif ist. Die hier abgebildete Schachtel wurde zum Beispiel aus einer Serviette gefaltet.

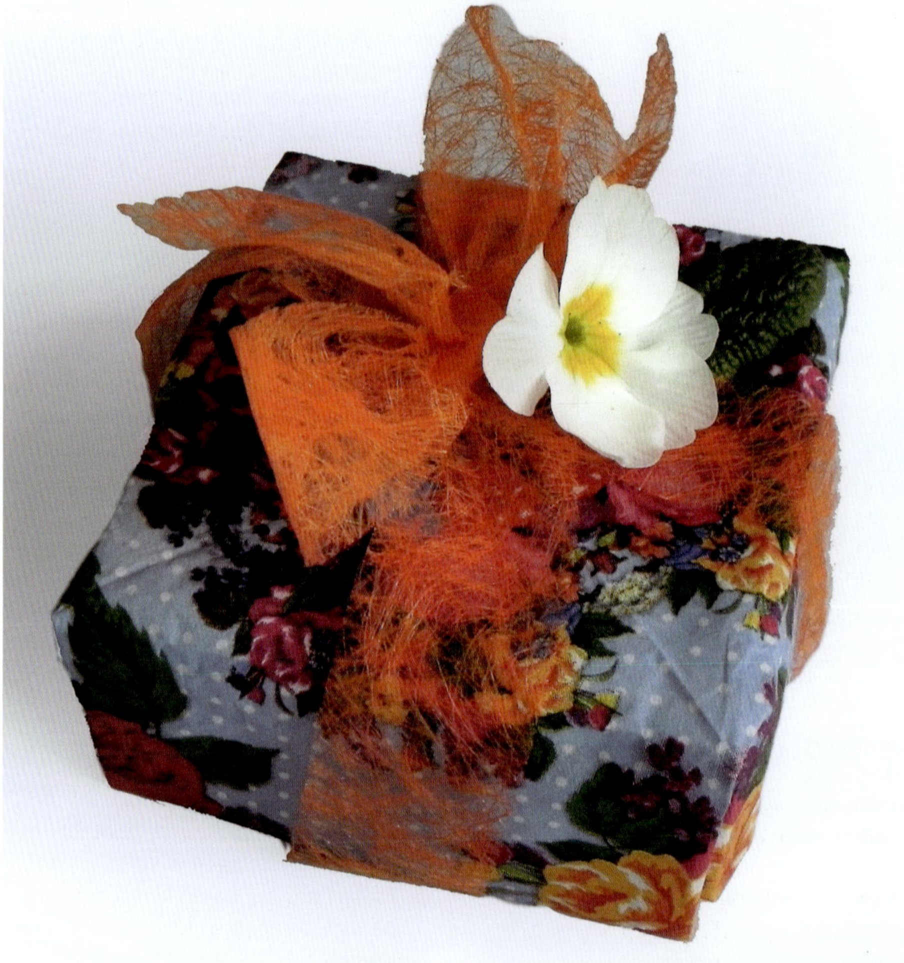

Tobias und Hannah haben in der Schule Muttertagsgeschenke gebastelt. Die sollen jetzt schön verpackt werden und wer kann das besser als Oma? Die hat natürlich gleich eine tolle Idee, sie weiß nämlich, wie man Faltschachteln baut.

Oma nimmt ein Blatt Papier, faltet eine Ecke zur gegenüberliegenden Seite, den überstehenden Streifen schneidet sie ab. Damit erhält sie ein Quadrat.

Maße

Als Faustregel gilt, dass die Seitenlänge der fertigen Schachtel ungefähr ein Drittel der Seitenlänge des Quadrats betragen wird, die Höhe der Schachtel wird ca. ein Sechstel betragen. Die Seitenlänge des Quadrates für den Deckel muss um 5 mm größer sein als die Seitenlänge des Quadrates für die Schachtel. Hat man also z. B. zwei A4-Blätter, schneidet man eines auf 21 x 21 cm, das andere auf 20,5 x 20,5 cm und die Schachtel wird daher ca. 7 x 7 x 3,5 cm groß sein.

Die beiden Diagonalen falten, anschließend die beiden Mittellinien **(Abb. 1)**.

Auffalten und alle 4 Seiten bis zur Mittellinie falten **(Abb. 2)**.

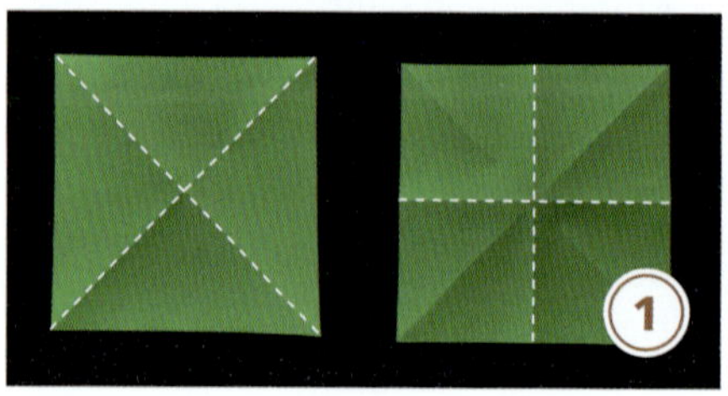

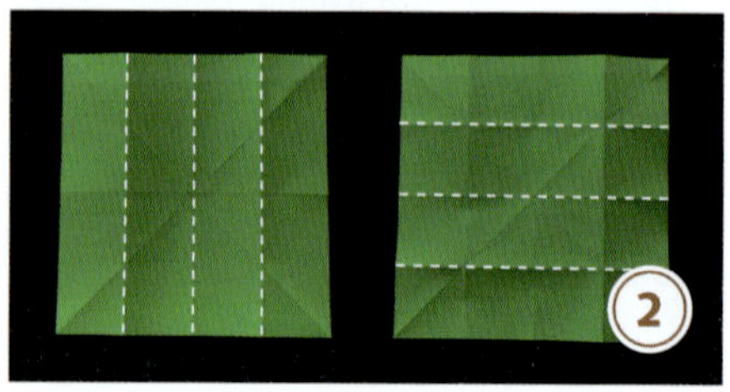

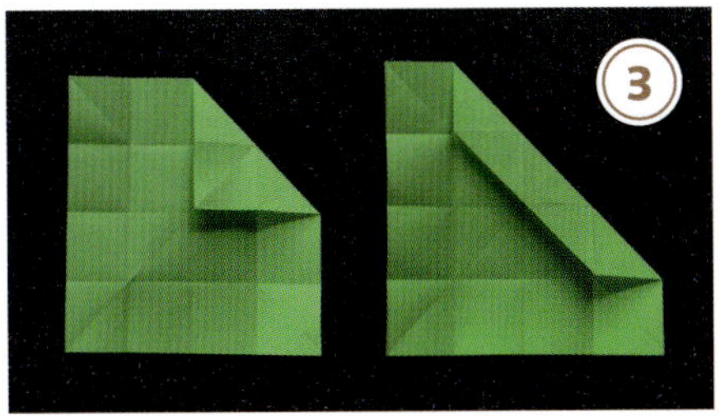

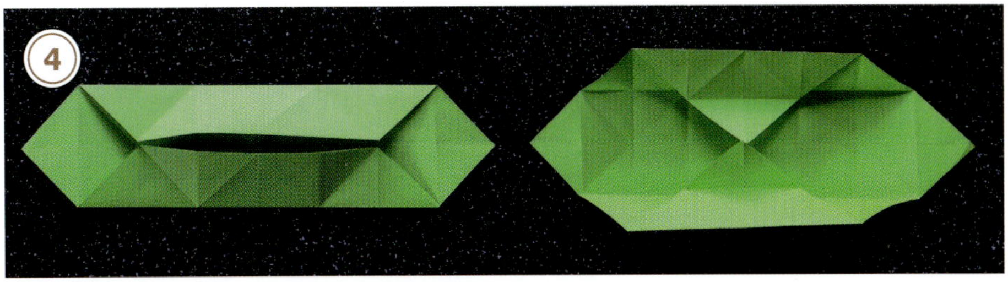

Auffalten, eine Ecke zur Mitte falten und die Hälfte nochmals umschlagen. Dasselbe bei der gegenüberliegenden Ecke machen. Beide Seiten wieder aufklappen. **(Abb. 3)**.

Die restlichen zwei Ecken gleich falten, diese aber nicht mehr aufklappen **(Abb. 4)**.

Achte auf die Grundfläche der Schachtel, drücke auf einer Seite die zwei Eckkanten nach innen und klappe das in die Höhe stehende Dreieck darüber.

Dasselbe auf der anderen Seite machen **(Abb. 5)**.

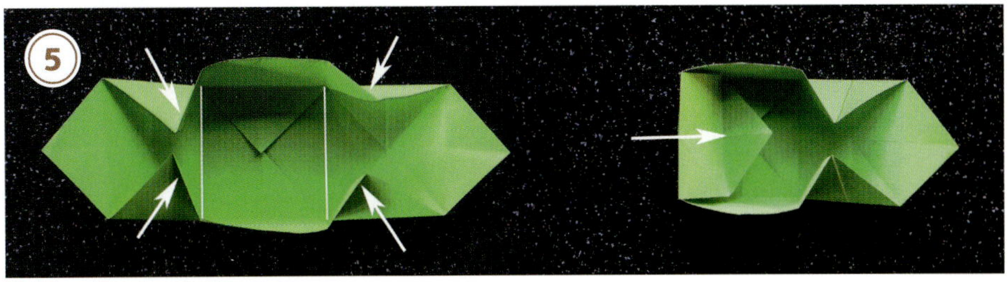

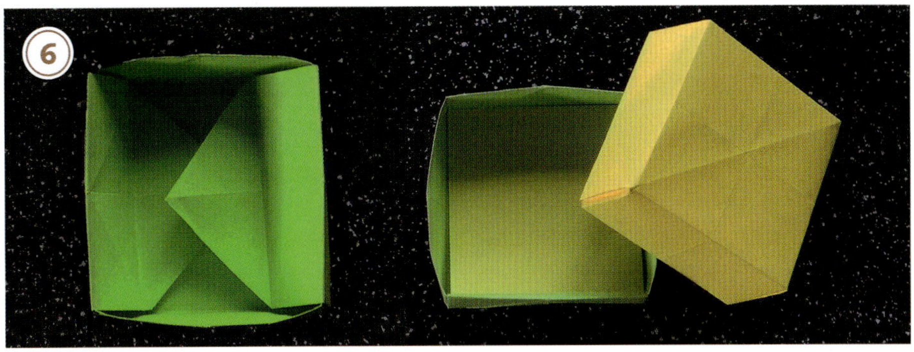

Die vier Dreiecke am Boden können zur Stabilisation festgeklebt werden. Sehr hübsch sieht auch ein Boden in einer anderen Farbe aus. Der Deckel wird gleich gefaltet wie die Schachtel **(Abb. 6)**.

Hannah ist fasziniert von ganz kleinen Schachteln und hat eine super Idee. Sie wird die Einladungen zu ihrer nächsten Geburtstagsparty in Mini-Faltschachteln zusammen mit einer kleinen Süßigkeit verschenken. Und nächstes Jahr zu Ostern wird sie mit den Faltschachteln Osterkörbchen basteln.

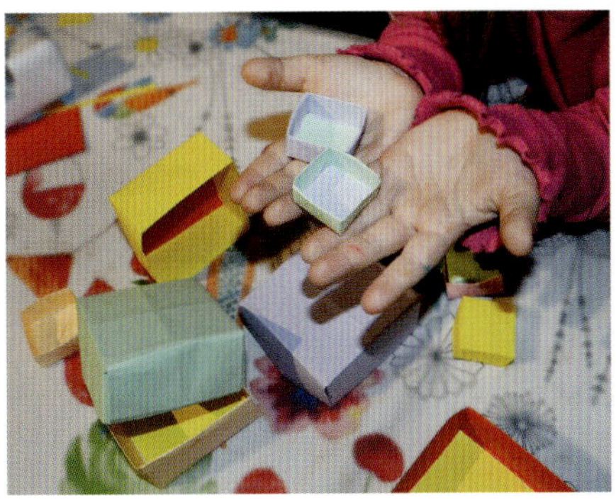

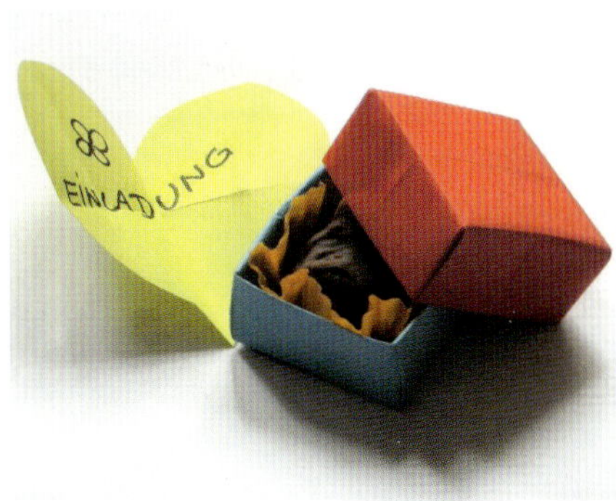

14 TASCHENTUCHBOX

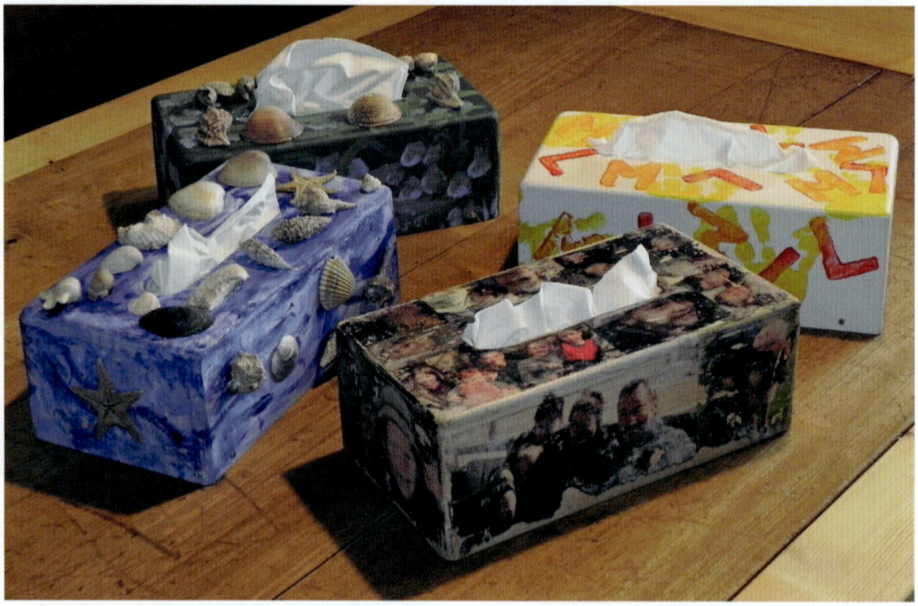

Bekanntlich kommt Muttertag alle Jahre wieder, seit den Faltschachteln sind inzwischen sogar zwei Jahre vergangen. Was immer gleich bleibt, ist eine Schar Kinder, die einige Tage vor dem Muttertag Oma mit Fragen löchern, was sie für ihre Muttis basteln könnten. Oma hat bisher immer noch die Situation gerettet. Heuer schlägt sie Taschentücherboxen vor. Das sind Hüllen aus Holz, die über die Taschentuchpackungen gestülpt werden und die die Kinder ganz individuell schmücken, bemalen oder bekleben können.

Aber vorerst wird einmal Opa dazu verurteilt, die rohen Holzboxen zu bauen. Er freut sich immer bei Arbeiten, bei denen er kein Material kaufen muss, weil er Reste verarbeiten kann. Das ist hier der Fall. Er verwendet Abfälle von 10 mm starkem Sperrholz. Für den Fall, dass jemand Holz anderer Stärke verarbeiten möchte, kann er die Stückliste 2 verwenden.

DAS BRAUCHEN WIR

Stückliste 1 für 10 mm Holzstärke (Maße in mm)

- Deckel, 255 x 140, 1 Stk.
- kurze Seite, 120 x 80, 2 Stk.
- lange Seite, 255 x 80, 2 Stk.
- Rundstab, 4 mm dick, 140, 2 Stk.

Stückliste 2 für andere Holzstärken (s = Holzstärke in mm)

- 235 + 2s x 120 + 2s, 1 Stk.
- 120 x 80, 2 Stk.
- 235 + 2s x 80, 2 Stk.
- Rundstab, 4 mm dick, 120 + 2s, 2 Stk.

In den Deckel die Öffnung für die Entnahme der Taschentücher schneiden. Sie ist 140 mm lang und 30 mm breit. Opa bohrt mit einem Forstnerbohrer (der Bohrer ist im Kapitel „Osterratsche“, S. 13, beschrieben) an jedem Ende der Öffnung ein Loch. Beim Bohren unbedingt ein Holz unterlegen und leicht mitanbohren, sonst splittert der Bohrrand auf der Unterseite des Werkstücks aus. Die geraden Linien mit der Stichsäge schneiden **(Abb. 1)**. Die Öffnung wird gut nachgeschliffen bzw. abgerundet,

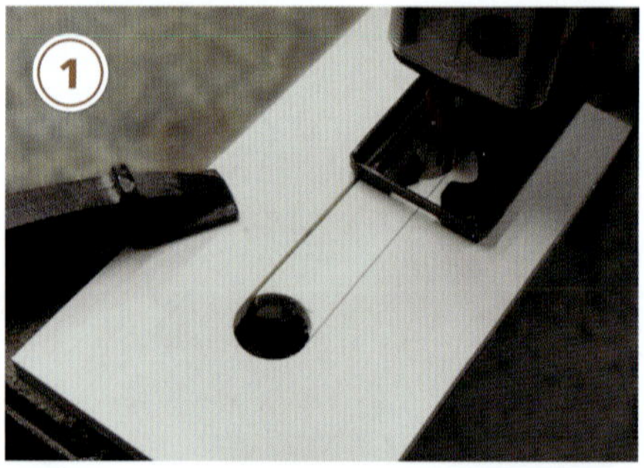

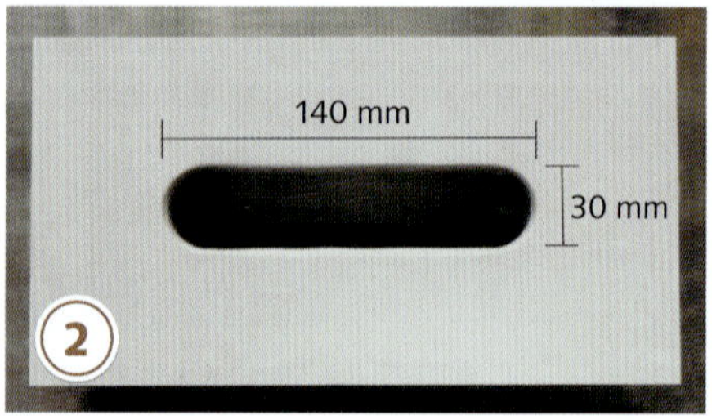

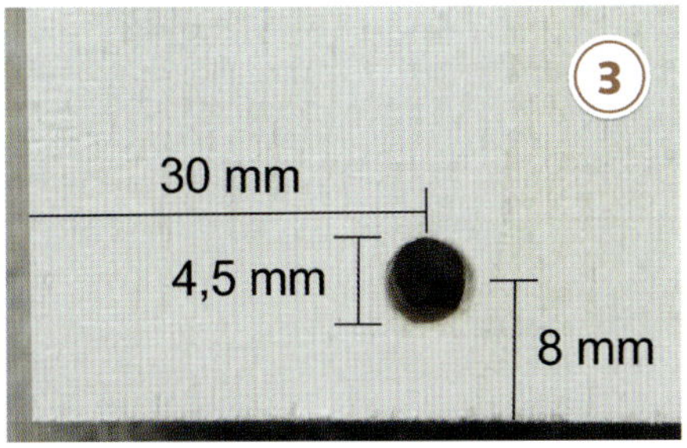

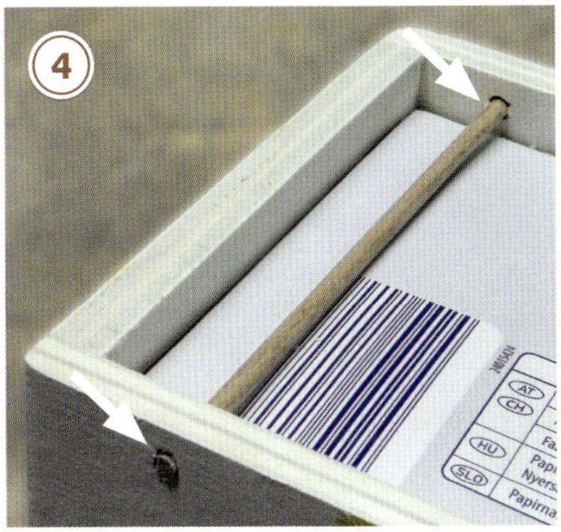

auch auf der Unterseite, damit die Taschentücher bei der Entnahme nicht an den Holzsplittern hängen bleiben **(Abb. 2)**.

Auf der Unterseite der langen Seitenteile bohrt Opa links und rechts je ein Loch **(Abb. 3)**. Dort werden später die Rundstäbe durchgesteckt, die die Taschentuchschachtel halten. Die Löcher sollen eine Spur größer sein, als die Rundstäbe dick sind, damit sich die Stäbe leicht bewegen lassen **(Abb. 4)**.

Die Box kann jetzt verleimt werden. Opa legt den Deckel mit der schöneren Seite nach unten auf und die Kinder bestreichen die Kanten der Seitenteile mit Leim. Zuerst wird ein langer Seitenteil auf den Deckel gestellt, dann die zwei kurzen und dann der zweite lange Teil. Aufpassen, dass im „Leimstress" die kleinen Löcher nicht unten landen. Aber so schnell zieht der Leim nicht an und es ist genügend Zeit, die Teile sorgfältig einzurichten. Die Seitenteile werden noch mit zwei kleinen Schraubzwingen fixiert **(Abb. 5)**. Dabei ist besonders darauf zu achten, dass die Teile nicht wieder verrutschen. Jetzt müssen die Kinder noch die Geduld aufbringen, die Box eine Stunde lang in Ruhe zu lassen. Das funktioniert ganz gut, weil Oma inzwischen eine Jause gerichtet hat.

Nun beginnt die Knochenarbeit. Alle Kanten der Box werden rund geschliffen und auch die Leimspuren auf dem Holz werden dabei entfernt **(Abb. 6)**. Opa meint, Taschentücher sind was ganz Weiches, also muss sich auch die Box weich anfühlen. Nach zehn Minuten haben sich die Kinder verdrückt und Opa

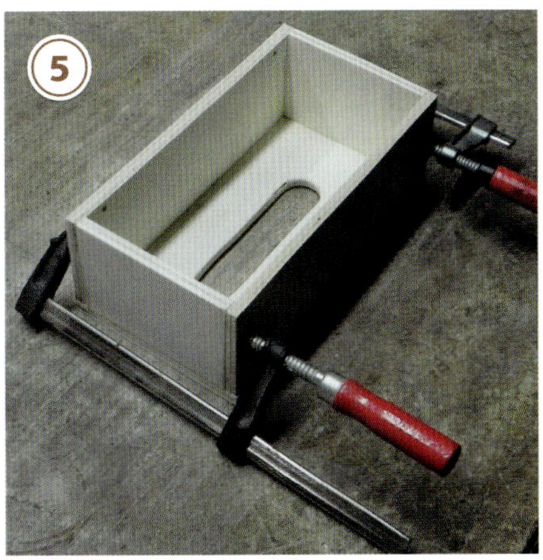

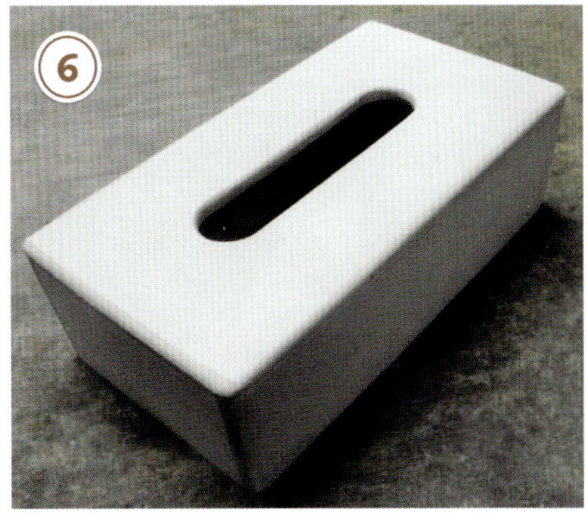

steht allein in der Werkstatt mit insgesamt vier Boxen, die danach lechzen, geschliffen zu werden.

Umso größer ist die Begeisterung wieder, wenn es ums Verzieren der Boxen geht. Es gibt ein „Hirnen" (so nennen die Schweizer das Brainstorming), wer was mit seiner Box machen will. Oma schlägt die verschiedensten Techniken vor, wie Bemalen, mit Servietten Tapezieren, Sandmalerei, mit Brennstift Zeichnen, Bekleben und vieles mehr.

Blaue Muschel-Taschentuchbox

Theresa und Hannah entscheiden sich dazu, ihre Boxen zu bemalen **(Abb. 7)** und dann mit Muscheln, die Hannah vom letzten Urlaub mitgebracht hat, zu bekleben **(Abb. 8)**. Soll die Klebestelle schnell fest werden, ist ein Heißkleber das Richtige. Die Heißklebepistole bedient aber Oma selbst, die Gefahr, sich zu verbrennen, ist zu groß. Wenn Zeit und Geduld nicht Mangelware sind, ist ein Montagekleber oder ein spezieller Kinderbastelkleber vorzuziehen. Letzterer ist lösungsmittelfrei und leicht zu entfernen.

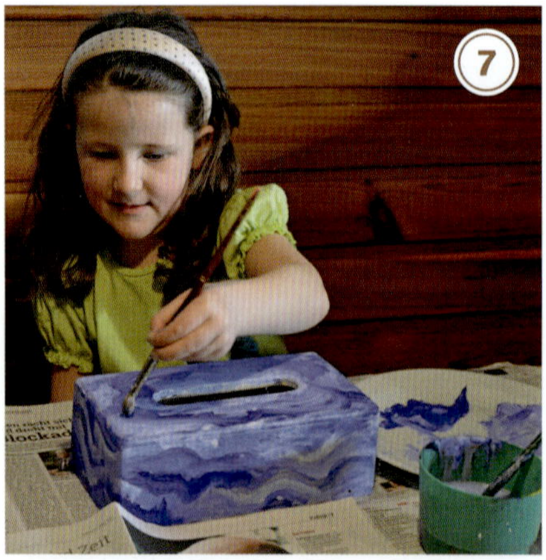

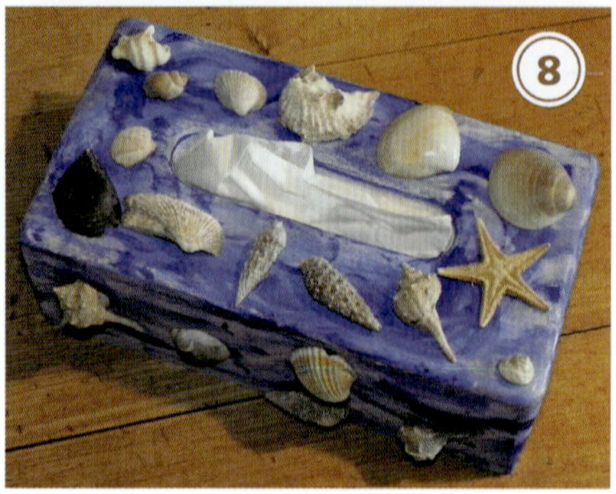

Taschentuchbox bedrucken

Für Lena schnitzt Opa zwei Kartoffelstempel mit den Initialen ihrer Mama **(Abb. 9)**. Er verwendet dazu ein Kerbschnitzmesser, aber es funktioniert auch mit einem Cutter. Das L muss er ein zweites Mal machen, denn er hat vergessen, dass es seitenverkehrt sein muss, damit der Druck seitenrichtig ist.

Als Stempelfarbe eignet sich am besten Acrylfarbe. Wenn sie einmal trocken ist, verträgt sie auch ein feuchtes Abwischen. Wasserfarbe leuchtet nicht so kräftig und sollte auf alle Fälle mit Klarlack geschützt werden. Lena vervollständigt ihr Stempel-Kunstwerk noch mit Handabdrücken, was ihr sichtlich viel Spaß macht **(Abb. 10)**.

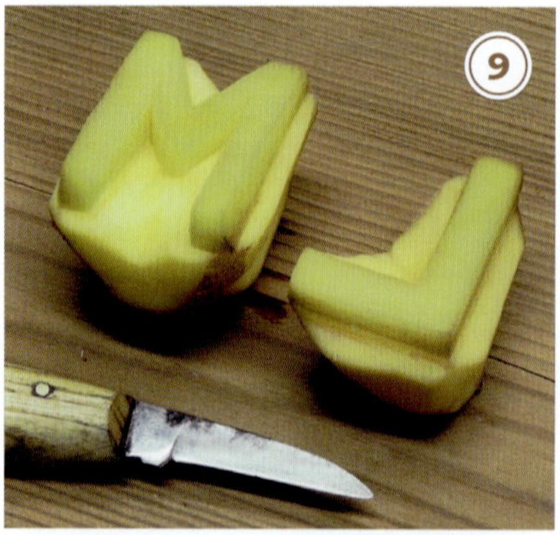

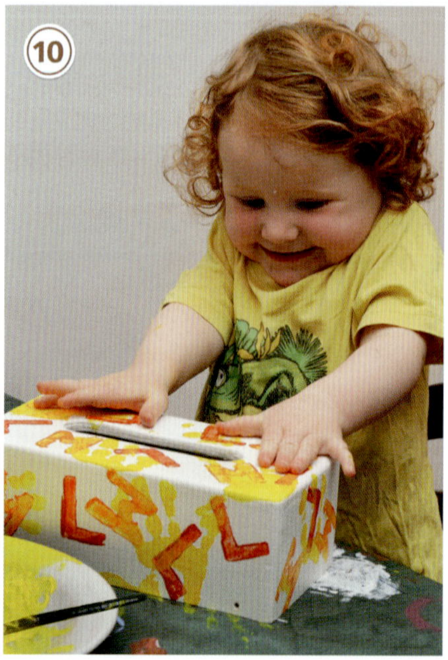

Fotos auf der Taschentuchbox

Felix, der Tüftler, will seine Box mit Fotos bekleben. Oma kennt da eine ganz tolle Technik. Die Bilder werden dabei mit der Bildseite nach unten auf das Holz geklebt und das Papier wird danach abgerubbelt, wodurch das Bild auf dem Holz übrig bleibt. Klingt nach Zauberei, funktioniert aber! Opa und Felix suchen am PC passende Bilder und spiegeln sie mit einem Bildbearbeitungsprogramm horizontal, damit sie, wie beim Kartoffelstempel, auf der Box wieder seitenrichtig sind. Sie lassen die Bilder in einem Copy-Shop mit einem Laserdrucker auf normales Kopierpapier drucken **(Abb. 11)**. Fotopapier ist nicht geeignet, da es sich nicht abrubbeln lässt. Zum Kleben verwenden sie normalen Tischlerleim, den Opa immer in der Werkstatt hat. Das ist ein wasserfester PVH-Holzleim. Er ist weiß, wird aber beim Trocknen transparent.

Felix schneidet die Bilder aus und bestreicht sie auf der Bildseite dünn mit Leim. Opa trägt inzwischen auf der Box den Leim auf. Dann kleben sie Bild für Bild faltenfrei auf die Box und streichen die Luftblasen heraus. Wichtig ist, dass

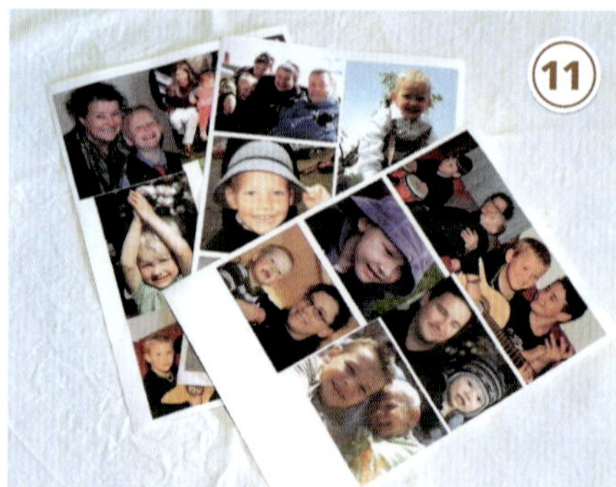

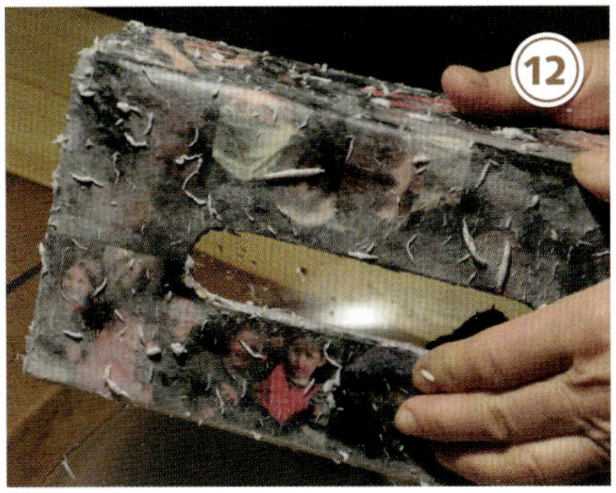

dabei kein Leim über die Rückseiten der Bilder gewischt wird. An diesen Stellen lässt sich dann das Papier nicht mehr richtig abrubbeln. Und das Ganze sollte recht flott erfolgen. Wenn der Leim nämlich zu früh anzieht und Stellen der Bilder nicht fest mit dem Holz verleimt sind, bleibt nach dem Rubbeln auch kein Bild auf dem Holz. Am besten ist es, die Prozedur vorher einmal auf Abfallholz auszuprobieren.

Wenn alle Bilder auf der Box sind, lässt man sie richtig durchtrocknen. Das kann auch mit einem Fön beschleunigt werden. Dann wird das Papier mit einem nassen Schwamm immer wieder benetzt und mit den Fingerspitzen abgerubbelt **(Abb. 12)**. Das sollte mit viel Gefühl und Geduld erfolgen, sonst wird nicht nur das Papier, sondern auch das Bild wieder abgerubbelt. Die entstehenden Papierflusen werden mit dem Schwamm weggewaschen. Wenn alles Papier weg ist, wird die Box wieder getrocknet. Dabei bildet sich auf den Bildern ein grauer Schleier, der wieder verschwindet, wenn die Box mit Klarlack gestrichen oder besprüht wird. Faszinierende Alterungseffekte lassen sich erzielen, wenn man die Bilder vor Aufbringen des Klarlacks noch mit feinem Schleifpapier stellenweise leicht anschleift. Aber auch das sollte man durch Versuche testen, bevor man das richtige Objekt dieser Tortur aussetzt. Diese Technik erfordert viel Arbeit, aber das Ergebnis lohnt die Mühe. Und vor allem wird sich Mutti riesig darüber freuen **(Abb. 13)**.

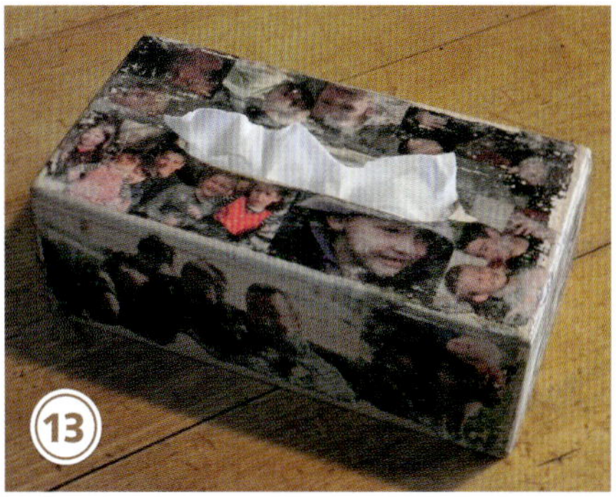

15 MAIPFEIFERL

DAS BRAUCHEN WIR

Es wird nichts benötigt als

- 1 scharfes Taschenmesser mit Säge und
- 1 fingerdicker Ast einer Weide, es kann auch Haselnuss oder Ahorn sein.

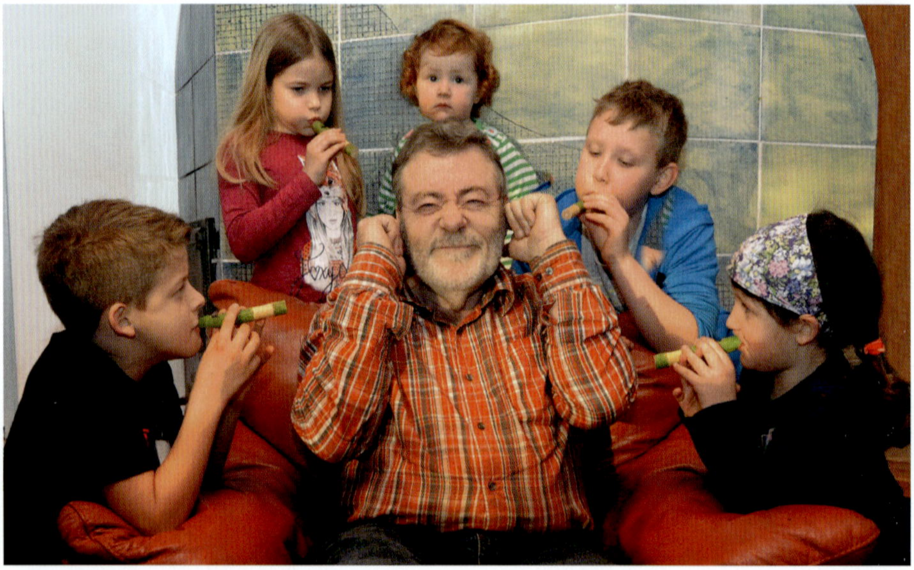

In früheren Zeiten gab es noch kein Spielzeug zu kaufen und die Leute hatten auch nicht viel Geld. Darum wurde viel gebastelt. Opa kann sich noch gut an seinen ersten Fußball erinnern. Den hat seine Mutter aus Stoffabfällen zusammengenäht. So etwas kennen die Kinder heute nicht mehr, überlebt hat höchstens der Begriff „Fetzenwuchtl". Viele dieser gebastelten Spielzeuge haben eine uralte Tradition. Dazu gehört auch das Mai- oder Weidenpfeiferl.

Der Ast muss auf ungefähr 12 cm Länge glatt, gerade, frei von Rissen, Knospen und Ästen sein. Vor allem muss das Holz „im Saft" stehen. Nur dann löst sich die Rinde vom Holz. Und das ist im Mai meist der Fall.

Opa schneidet die Rinde an beiden Enden der gewünschten Länge mit einer drehenden Bewegung ein. Dadurch franst sie nicht aus, wenn er das gewünschte Stück vom Ast absägt. Die Schnittflächen putzt er mit der Klinge glatt **(Abb. 1 & 2)**.

Messer benutzen

Größeren Kindern kann man solche Schnitzarbeiten ohne Weiteres zumuten. Es ist sicher vernünftiger, wenn die Kinder den Umgang mit dem Messer früh genug, dafür jedoch unter strenger Aufsicht, lernen. Dabei kann nicht oft genug auf die Grundregeln beim Schnitzen hingewiesen werden: Niemals in Richtung Körper schnitzen und es dürfen sich keine Finger oder sonstigen Körperteile in Schnitzrichtung befinden.

Das Mundstück kommt ans dünnere Ende des Astes. Dazu wird der Ast wie eine Flöte etwas schräg angeschnitten. Auf der Oberseite wird mit einem geraden und einem schrägen Schnitt eine Kerbe gemacht, das ist das Pfeifloch mit der Blaskante. Am unteren Ende des Astes wird ein Ring von ca. 2 mm aus der Rinde geschnitten.

Jetzt wird's spannend: Nun wird mit dem Griff des Messers auf die Rinde geklopft, damit sie sich vom Holz löst **(Abb. 3)**. Das braucht viel Geduld. Zu starkes Klopfen beschädigt die Rinde, zu leichtes Klopfen löst sie nicht vom Holz. Keine harte Unterlage verwenden, am besten den Oberschenkel. Dazwischen immer wieder durch vorsichtiges Drehen probieren, ob sich die Rinde schon gelöst hat. Lässt sie sich drehen, dann vorsichtig vom Holz herunterziehen, dabei nicht zusammendrücken **(Abb. 4)**.

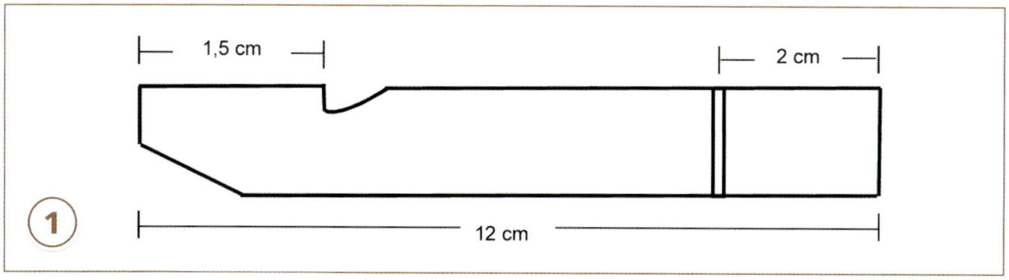

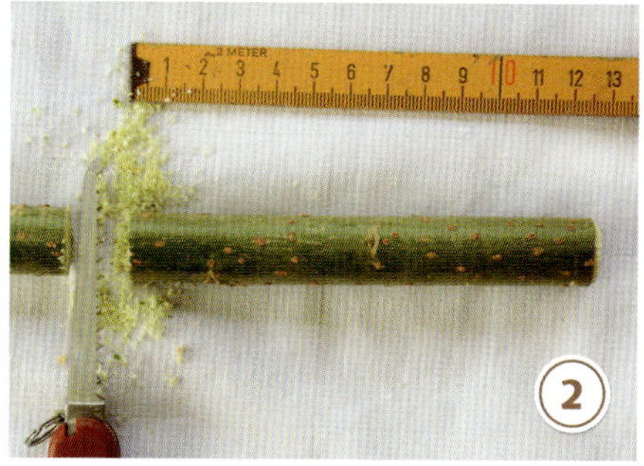

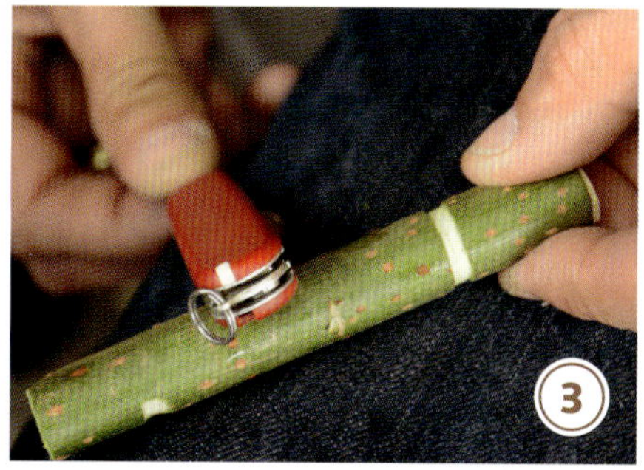

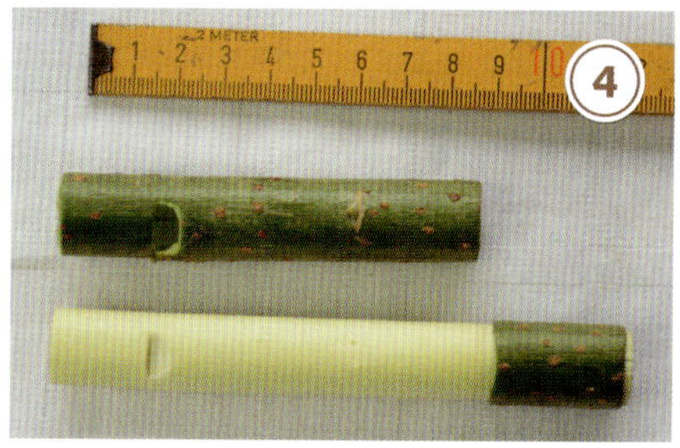

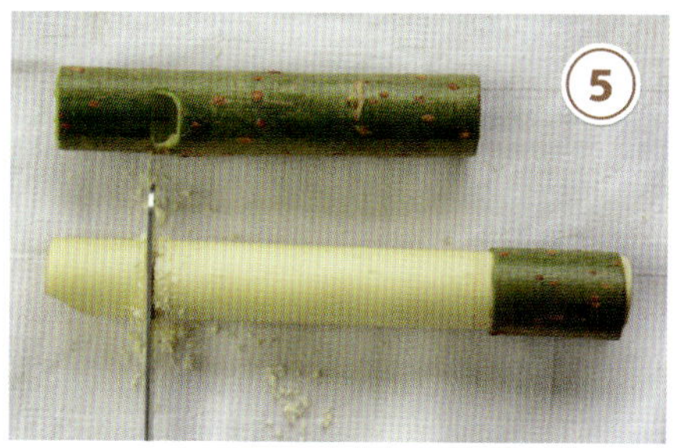

Ist nun die Rinde endlich ab, wird mit der Säge das Holz beim geraden Schnitt der Kerbe abgetrennt und der Schnitt gesäubert **(Abb. 5)**. Vom Mundstückteil werden 2 bis 3 mm der Länge nach abgespalten. Das wird der Luftkanal. Dann wird das Mundstück wieder vorsichtig zurück in die Rinde geschoben **(Abb. 6)**. Der Luftkanal endet jetzt genau beim Pfeifloch. Der lange Teil des Holzes wird befeuchtet und von unten in die Rindenhülse geschoben. Je weiter man ihn hineinschiebt, umso höher wird der Ton.

Wenn die Kinder Glück haben, funktioniert das Pfeiferl auch noch, wenn es schon eingetrocknet ist. Und wenn Opa Glück hat, verhallt die Ohrenqual und das trockene Pfeiferl ist, wie es im folgenden Spruch heißt, nur mehr „für'n finstern Grobn".

Maipfeifensprüche

Früher gab es verschiedene Sprüche, die man im Rhythmus des Klopfens aufsagte. Karl Felber, ein Freund von Opa und ein echter Maipfeiferl-Experte, hat solche Sprüche gesammelt – zum Beispiel:

Wischperl, Wischperl, geh
sunst hau i di in Schnee
sunst hau i di in finstern Grobn
durt tuan di d' Mäus & Rotzn nogn
Wischperl, Wischperl, geh

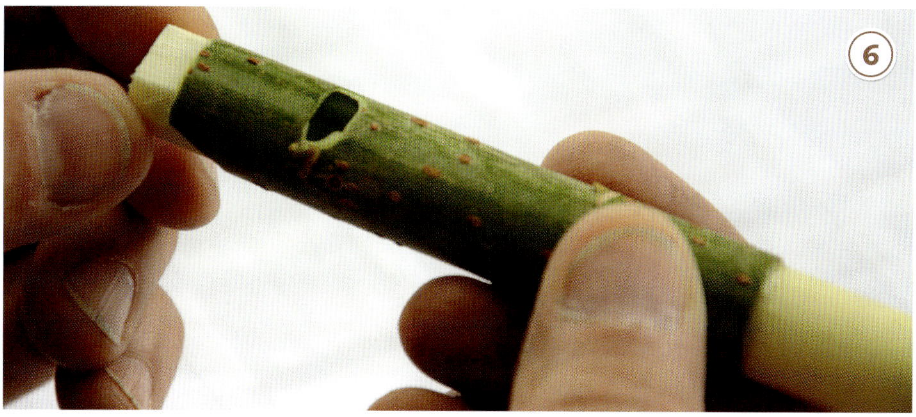

16 STOPPELSCHLEUDER

DAS BRAUCHEN WIR

Die **Schleuder** ist denkbar einfach:

- 1 Holzbrettchen, ca. 150 x 120 x 25 mm als Grundplatte
- 2 Rundstäbe mit 2 cm Durchmesser
- 4 Holzleisten, 80 x 6 x 6 mm
- Gummiringe

Für die **Pfeile**:

- Korken („Stoppel“)
- kleine Metallkugeln
- färbigen Karton
- Hakenband

Für die **Zielscheibe**:

- 1 Holzplatte, ca. 50 x 50 cm
- Bauvlies, ca. 60 x 60 cm
- schwarzen Farbspray

Alleine zur Entspannung oder für einen Wettkampf, das Zielschießen mit der Stoppelschleuder ist ein lustiger Zeitvertreib für alle zwischen drei und hundert Jahren. Die eigentliche Schleuder ist ein alter Hut. Die Idee mit der Zielscheibe mit Klettverschluss hat Tobias, der es leid ist, ständig die Pfeile zu suchen, die von der Zielscheibe abprallen und in irgendeine Richtung davonfliegen.

Schleuder

In das Holzbrettchen werden zwei Löcher mit 2 cm Durchmesser gebohrt. Die Rundstäbe werden auf der Oberseite ca. 5 mm tief eingeschnitten und mit der Unterseite in die Löcher eingeleimt **(Abb. 1)**. Für die „Schleuderstange“ werden die Holzleistchen zurechtgeschliffen und zusammengeleimt **(Abb. 2)**.

Ein oder mehrere Gummiringe werden durch die viereckige Öffnung der Schleuderstange gezogen und beim Schlitz der Rundstäbe eingehängt. Ein Stoppel wird durchbohrt, sodass er ganz locker auf dem gerundeten Teil der Schleuderstange sitzt. Die Schleuder ist somit fertig und die ersten Zielversuche können starten.

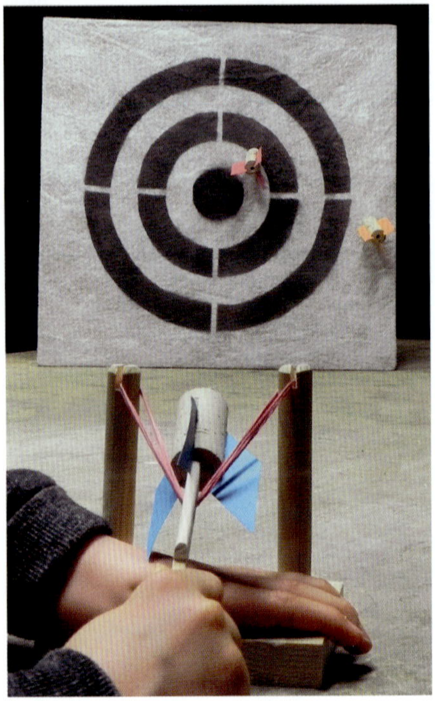

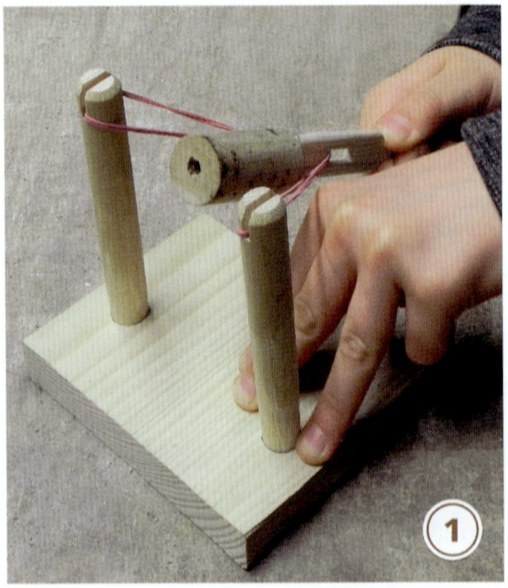

1

Pfeile

Wie schon in der Einleitung erwähnt, hat sich Tobias ein System für die Zielscheibe ausgedacht. Es funktioniert nach dem Prinzip des Klettverschlusses. Dafür muss sich Opa etwas einfallen lassen, damit sich der Stoppel auf seiner Flugbahn nicht dreht. Er entscheidet sich für ein Gewicht vorne im Stoppel und für drei Stabilisatoren auf der Hinterseite. Er bohrt den Stoppel auf der Vorderseite etwas größer auf und drückt in das entstandene Loch eine Bleikugel, wie man sie zum Fischen benützt. Es funktioniert auch mit einer Kugel aus einer leeren Farbspray-Dose **(Abb. 3)**.

Auf die Vorderseite des Stoppels, also über die Kugel, klebt er ein Stück Hakenband von einem Klettverschluss. In den hinteren Teil des Stoppels macht er drei schmale Kerben mit einem Cutter oder einer feinen Säge, Tobias schneidet die

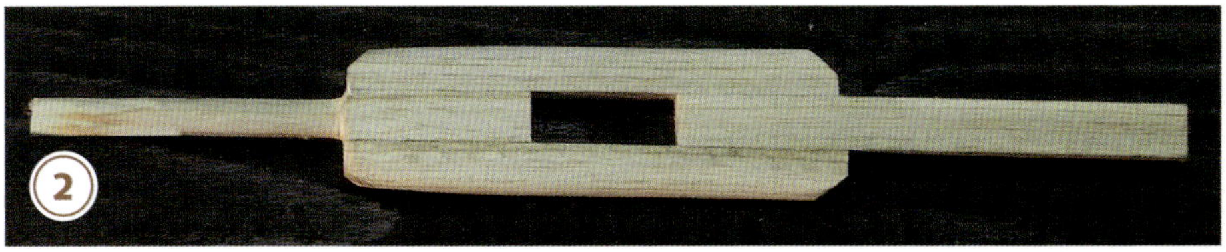

Stabilisatoren aus dünnem, steifem Karton aus und klebt sie in die Kerben.

Zielscheibe

Damit die Stoppel auf der Zielscheibe auch kleben bleiben, wird ein Stück weißes Bauvlies verwendet. So ein Vlies ist beim Baustoffhändler und bei Baufirmen erhältlich. Oma kommt den beiden Sportschützen zu Hilfe und schneidet eine Schablone für die Zielscheibe aus Papier aus. Dann spannt sie das Vlies über eine Holzplatte **(Abb. 4)**. Die Schablone wird mit Stecknadeln auf dem Vlies befestigt **(Abb. 5)**. Das muss sehr sorgfältig geschehen, denn dort, wo die Schablone nicht bündig auf dem Vlies anliegt, wird der Farbrand unscharf. Oma sprüht nicht zu viel Farbe, damit die Haftfähigkeit des Vlieses nicht darunter leidet **(Abb. 6)**.

Spielregeln

Tobias und Opa können es gar nicht erwarten, dass die Farbe trocknet. Und schon läuft das erste Wettschießen. Der äußerste Ring zählt einen Punkt, der innerste fünf Punkte. Außerhalb des äußersten Rings oder wenn der Schuss die Scheibe überhaupt nicht trifft, gibt es natürlich keinen Punkt. Wenn der Stoppel einen Ring nur „anreißt", dann zählt der Punkt schon. Fällt der Stoppel zu Boden, darf der Schuss wiederholt werden. Gewinner ist, wer zuerst 20 Punkte hat. Natürlich gewinnt Tobias fast jede Partie. Opa wird das nächste Mal, wenn Tobias wieder da ist, Revanche verlangen, da wird er aber wahrscheinlich auch wieder verlieren.

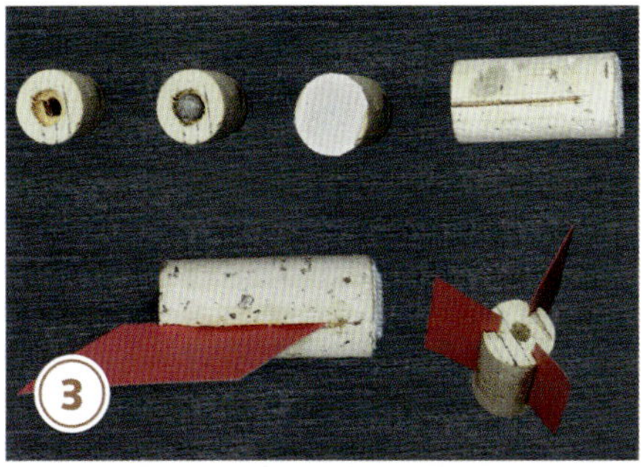

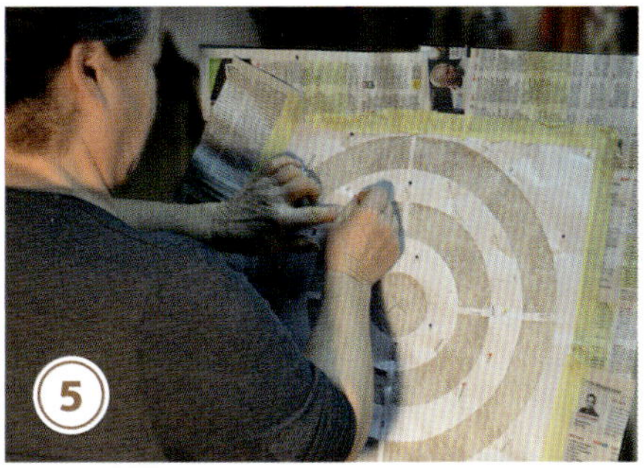

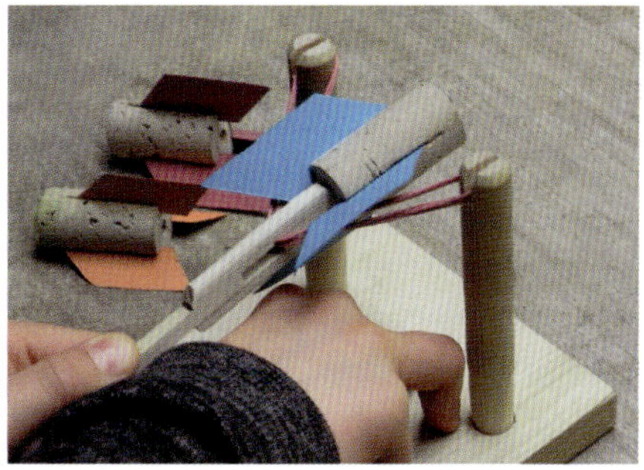

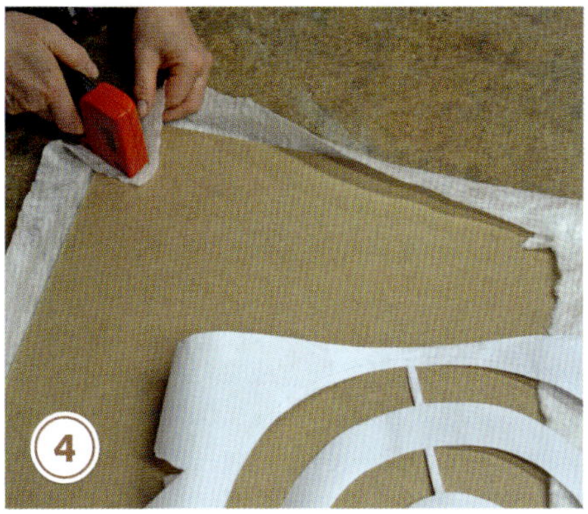

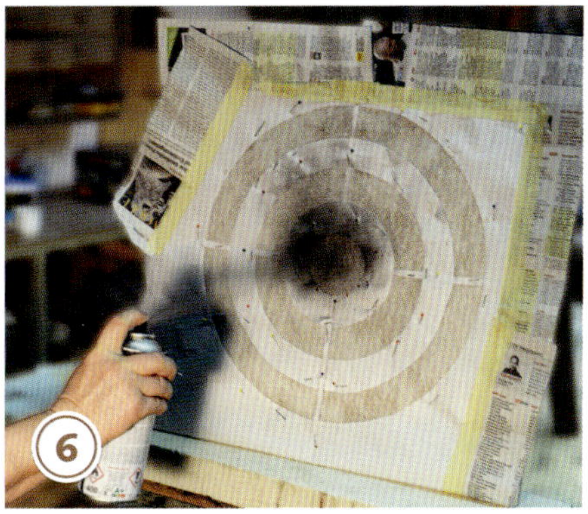

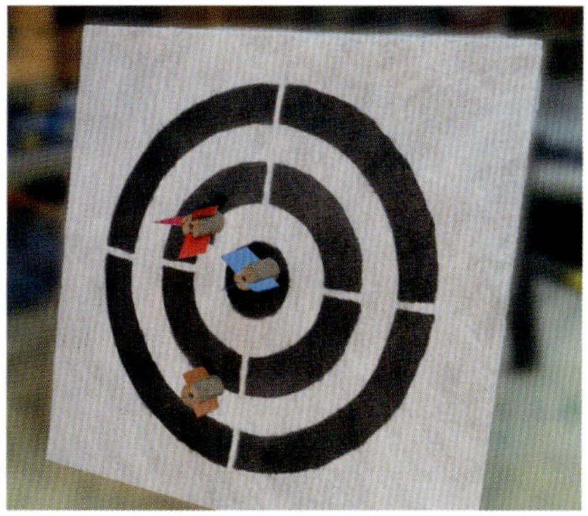

17 RÜHR-MICH-NICHT-AN

DAS BRAUCHEN WIR

- 1 Sperrholzbrettchen, ca. 15 x 25 cm, für die Grundplatte
- Leisten, ca. 2 x 2 cm, für die Grundplatte
- Kupferdraht, Durchmesser mindestens 3 mm, ca. 1 m (Opa zerlegt dazu ein Stück Starkstrom-Kabel)
- Litzendraht, ca. 1 m
- 1 Summer (Elektronikgeschäft)
- 3 Bananenstecker
- 1 Bananenbuchse
- 1 Batteriefach für 2 Mignon 1,5 Volt

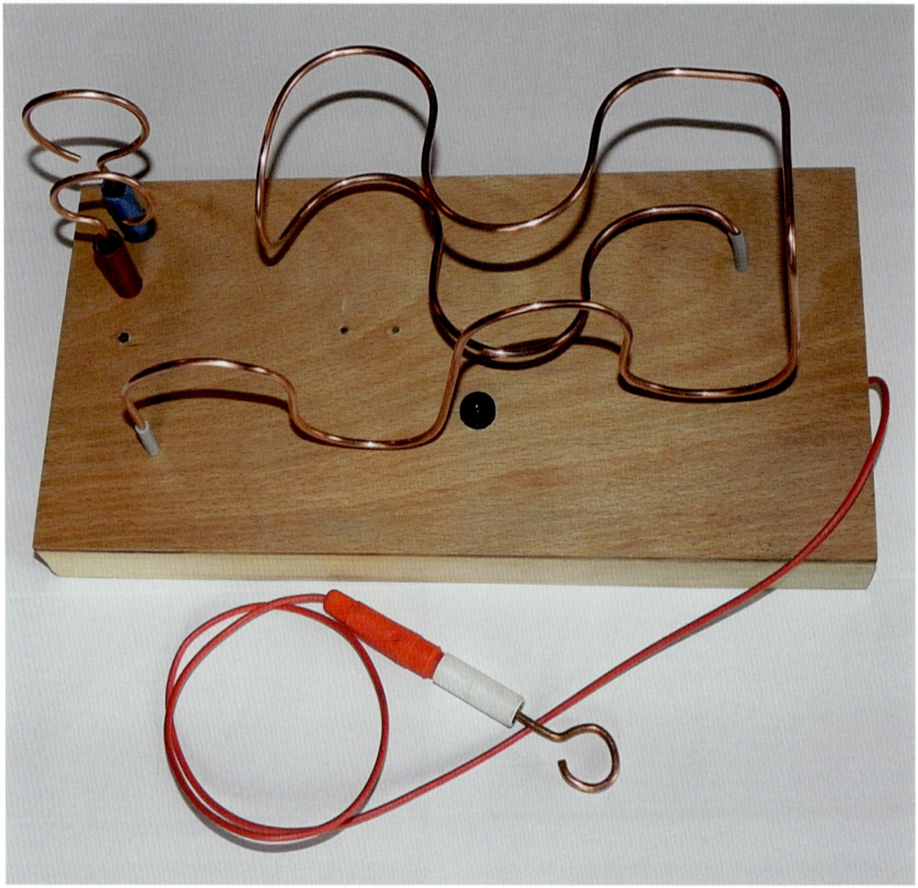

Bei Opa läutet das Telefon. Es ist Felix: „Der Lukas lässt mich niiiiie mit der Klingel spielen! Bitte mach für mich auch was Elektrisches!" Opa berät sich mit Oma, sie hat schließlich die Idee mit dem Rühr-mich-nicht-an. Vielleicht hat dieses Geschicklichkeitsspiel auch einen anderen, richtigen, Namen. Oma und Opa wissen ihn jedenfalls nicht. Umso genauer weiß Opa, wie das Spiel funktioniert. Es geht dabei darum, mit einer Schlinge einem Draht zu folgen, ohne ihn zu berühren. Berührt die Schlinge den Draht, ertönt ein Pfeifton.

Opa leimt die Leisten auf die Grundplatte, sodass unter der Platte ein Hohlraum für die Elektrik entsteht. Dann biegt Opa den „Rühr-mich-nicht-an-Draht" frei nach Phantasie. Die größeren Radien biegt er über ein Kunststoffrohr – Rundholz eignet sich auch **(Abb. 1)**, die kleineren Biegungen macht er mit einer Rundzange **(Abb. 2)**. Zwei kurze Stücke der Isolation werden bei Beginn und Ende über den Draht geschoben. Das ist der „Alarm-freie Raum". Dann steckt er Anfang und Ende des Drahts durch zwei Löcher in der Platte.

Auf der Unterseite der Platte werden die Enden noch mit Blechblättchen an die Leisten geschraubt, damit das Kunstwerk stabil mit der Grundplatte verbunden ist. Für den Summer bohrt er in der Mitte der Platte ein Loch.

Wenn die Größe genau passt, kann der Summer hineingesteckt werden und hält ohne weitere Befestigung.

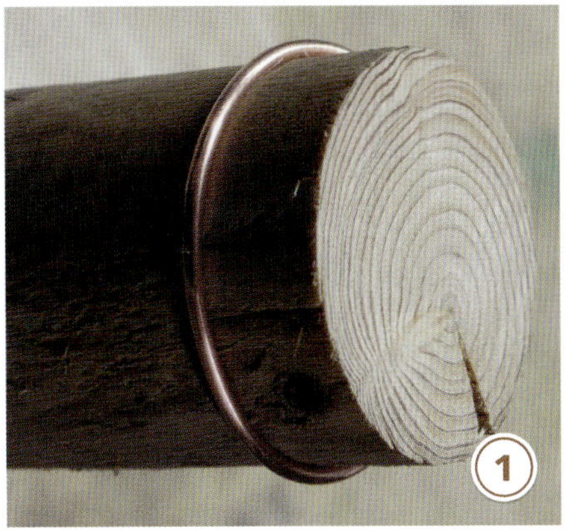

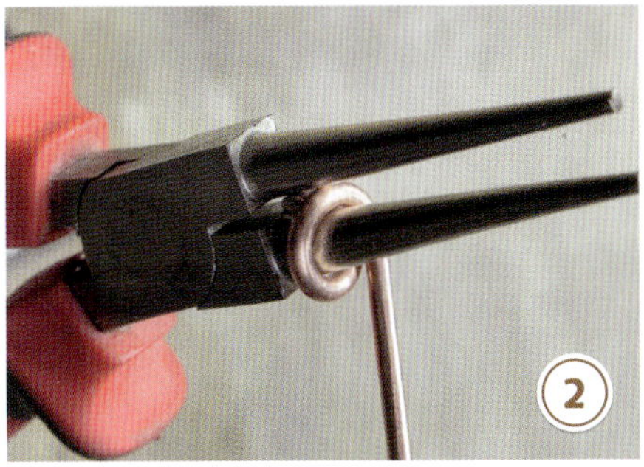

Um das Spiel in verschiedenen Schwierigkeitsgraden spielen zu können, macht Opa drei Griffel mit verschieden großen Schlingen. Als Griff verwendet er die Bananenstecker **(Abb. 3)**. Dann bohrt er drei Löcher in die Platte, in die man die Griffel zur Aufbewahrung stecken kann. Durch ein weiteres Loch in der Platte oder auf der Seite wird ein Stück Litzendraht von ca. 50 cm Länge gezogen, an den die Bananenbuchse angeschlossen wird. Ein Griffel wird in die Buchse gesteckt und schon kann das Spiel beginnen. Allerdings gibt der Summer noch keinen Laut von sich.

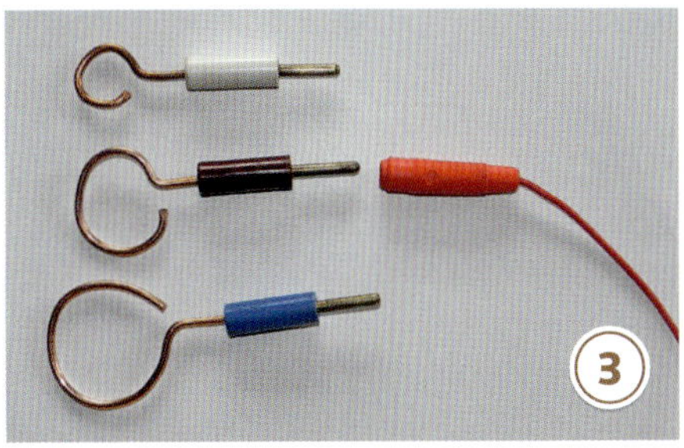

Die Bauteile müssen noch im Hohlraum unter der Grundplatte verdrahtet werden **(Abb. 4)**. Zuerst wird das Batteriefach befestigt, dann lötet Opa einen Draht an den „Rühr-mich-nicht-an-Draht", das andere Ende an das Batteriefach, dann führt er einen Draht vom Batteriefach zum Summer (Achtung auf die Plus-/Minuspole des Summers, sonst wird er nur einen letzten Seufzer tun oder schweigen wie ein Grab) und zuletzt den Griffeldraht zum Summer. Eine Kurzanleitung zum Löten findet man übrigens im Kapitel „Elektrische Klingel" (S. 29).

Auf die Plätze, fertig und los geht's nach dem Motto: „Umarme mich, aber rühr mich nicht an, sonst pfeif ich dir was!"

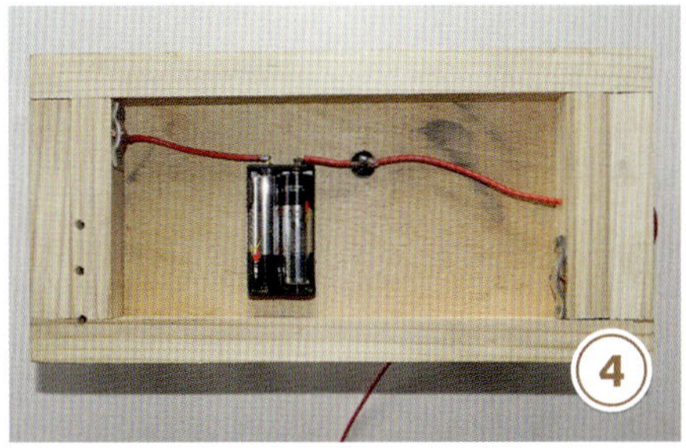

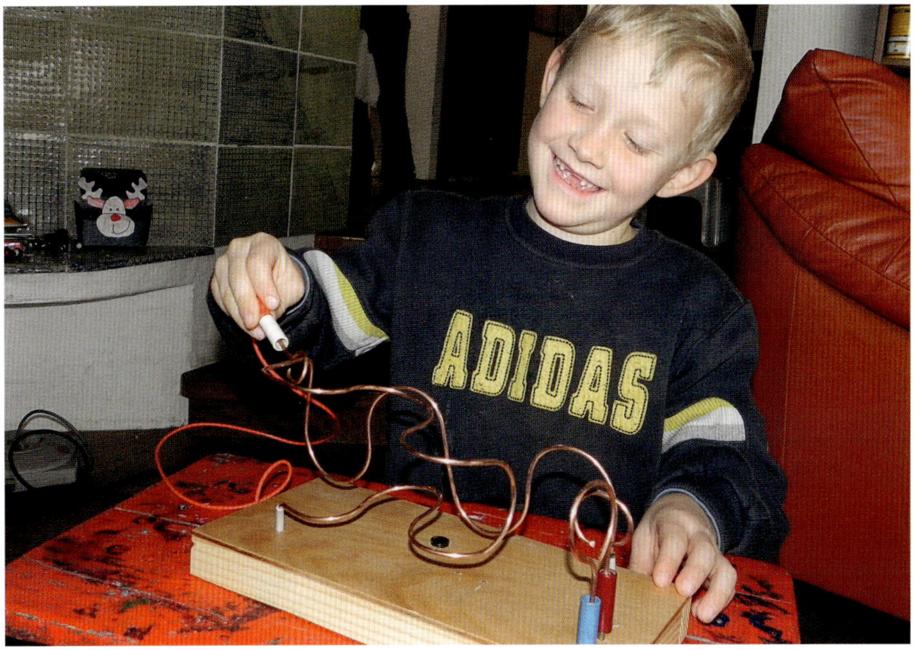

18 TIERPUZZLE

DAS BRAUCHEN WIR

Für ein Tierepuzzle benötigt man:

- 1 Sperrholzplatte, ca. 30 x 20 cm, 10 mm stark, für das Puzzle
- 2 Sperrholzplatten, ca. 30 x 20 cm, 5 mm stark, für Boden und Deckel
- Beize und Wachs nach Wahl
- Scharniere und einen Verschluss nach Wahl

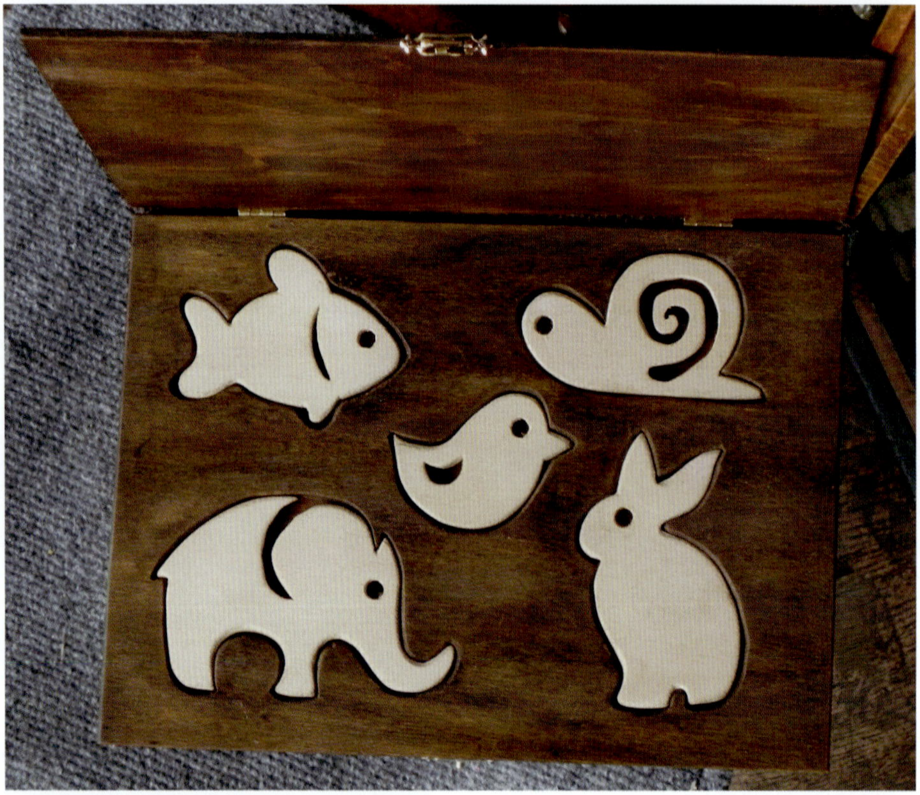

Theresa hat in einigen Tagen Geburtstag und Lukas und Felix wollen für sie ein Geschenk basteln. Es soll natürlich ein Spielzeug sein, das zu ihrem Alter passt. Vom Segelboot bis zur Ritterburg wird alles in Erwägung gezogen. Aber das alles ist für die zweijährige Theresa zu kompliziert. Oma mischt sich ein und schlägt ein Puzzle aus Holz vor. Da kann Lukas ausgiebig mit seiner Laubsäge schneiden und auch für Felix ist genug zu tun.

Oma zeichnet die Tiere auf die Sperrholzplatte, Felix bohrt die Löcher zum Einfädeln der Laubsäge mit einem Drillbohrer **(Abb. 1)**. Da sowohl die Tiere als auch das Holz, aus dem sie herausgeschnitten werden, noch gebraucht werden, muss er die Löcher genau auf den gezeichneten Linien bohren und nicht irgendwo mitten in den Tieren. Die Augen der Tiere bohrt Opa mit einem Holzbohrer. Der Holzbohrer muss sehr scharf sein und das Brettchen muss fest auf eine Holzunterlage gedrückt werden, in die ein kleines Stück weiter gebohrt wird. Das verhindert, dass das Sperrholz auf der Unterseite aufreißt. Theresa möchte auch helfen, nicht ahnend, dass hier ein Geschenk für sie gebastelt wird **(Abb. 2)**.

Dann kommt Lukas' großer Auftritt. Er schneidet die Tiere mit der Laubsäge aus **(Abb. 3)**. Das Laubsägetischchen findet er im Moment nicht, aber das hält den Improvisator nicht auf. Lukas hat schon einige Übung mit der Laubsäge, Opa muss ihn trotzdem immer wieder daran erinnern, die Säge schön gerade zu halten. Lukas begreift bald, warum das so wichtig ist. Je schräger der Schnitt ist, umso schwerer gehen die Tiere aus dem Brettchen heraus. Beim Schneiden von schwierigen Stellen, zum Beispiel spitzen Ecken, fährt Lukas einmal mit einem Stück Seife über das Sägeblatt. Dann geht es wie geschmiert.

Nun schneiden sie noch die zwei weiteren Brettchen mit 30 x 20 cm aus. Die brauchen nicht so dick zu sein, es reicht

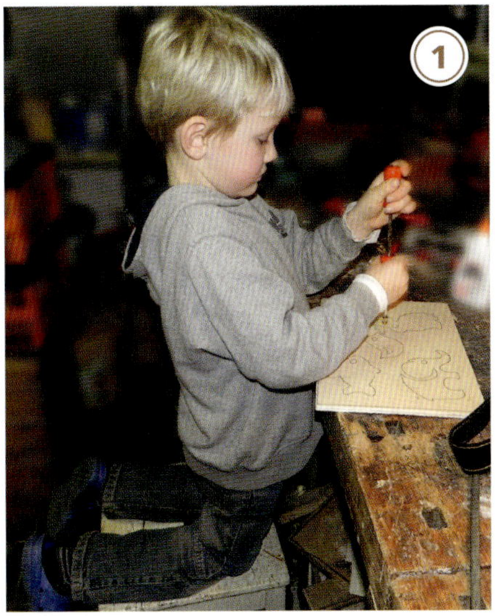

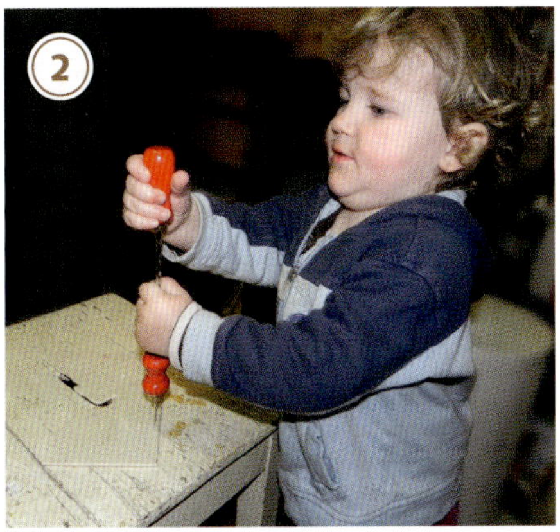

ein 5 mm starkes Sperrholz. Ein Brettchen wird der Boden, eines der Deckel. Die Ränder der drei Brettchen werden jetzt noch nicht geschliffen.

Opa gibt den Buben eine kleine Rundfeile und eine Halbrundfeile. Nun werden die Tiere und die Negativformen sauber nachgefeilt. Es sollen die Unebenheiten vom Schneiden verschwinden und vor allem sollen die Tiere leicht in die Negativform hineinpassen. Alle Kanten werden leicht abgerundet, damit sich Theresa beim Spielen nicht verletzt. Außerdem sieht das gut aus. Zuletzt werden die Ränder noch mit Schleifpapier (Körnung 100), das über den Zeigefinger gewickelt wird, nachgeputzt. Das ist mehr Arbeit, als es sich anhört, und bald steht Opa allein in der Werkstatt und schiebt eine Nachtschicht. Na, wenigstens hat er ein Radio, da wird ihm nicht so langweilig.

An einigen Stellen hat das Sperrholz Fehler. Die bessert Opa mit Holzkitt aus. Er nimmt einen Teelöffel Schleifstaub, ein paar Tropfen Wasser und ein paar Tropfen Kaltleim und mischt mit einer kleinen Spachtel gut durch. Mit dieser Paste bessert er die Stellen im Holz aus **(Abb. 4)**. Am nächsten Morgen sind diese Stellen hart und können nachgeschliffen werden. Wenn Opa einmal nicht so viel Zeit hat, härtet er den Kitt mit einem Haarfön aus.

Als Nächstes werden die Oberflächen bearbeitet. Die Kinder wischen die Teile mit einem Tuch, das in warmes Wasser getaucht wurde, ab. Wenn das Holz wieder komplett trocken ist, ist es wieder ziemlich rau, weil sich feine Holzfasern aufgerichtet haben. Außerdem

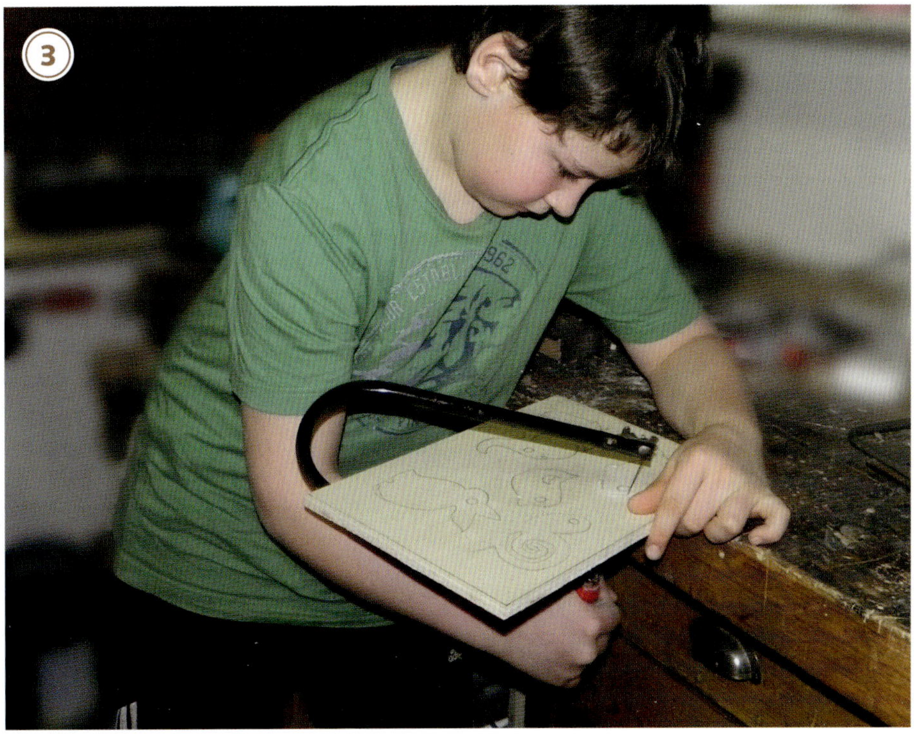

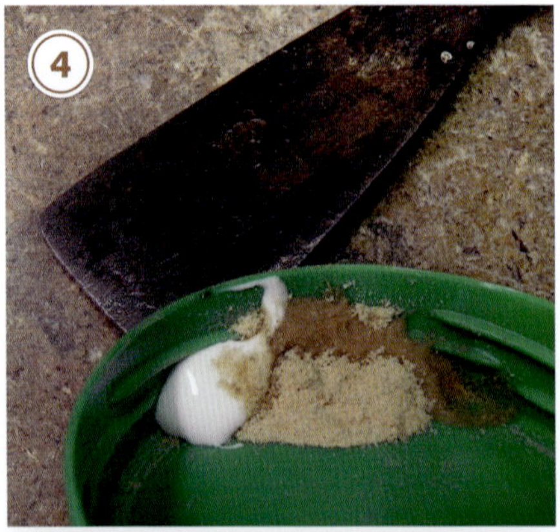

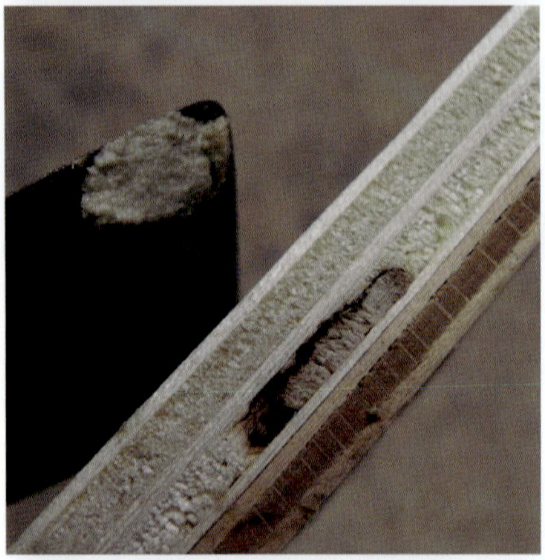

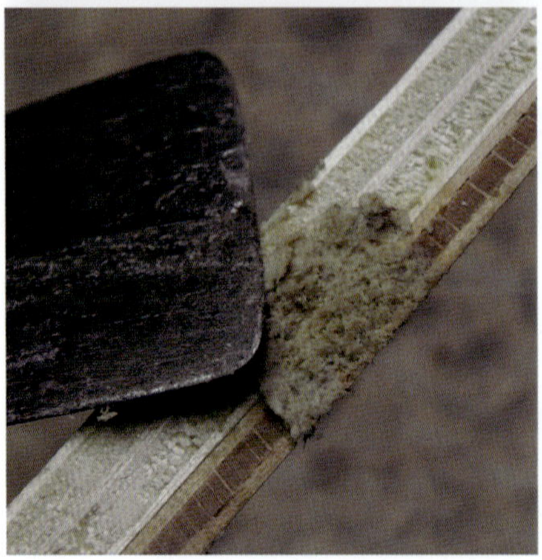

sind Druckstellen und Kratzer im Holz aufgequollen und kaum noch sichtbar. Nun werden die Oberflächen geschliffen. Dazu wird ein ganzes Stück Schleifpapier (Körnung 100) auf den Tisch gelegt und die Tiere und Brettchen darauf in Faserrichtung geschliffen, bis alle Bleistiftstriche weg sind und das Holz sauber ist. Danach noch einmal mit Schleifpapier der Körnung 200 schleifen und anschließend sauber entstauben. Das geht am bestem mit Druckluft, aber auch Puste und ein feuchtes Tuch erfüllen diesen Zweck.

Nun wird das Brettchen mit den Negativformen auf die Bodenplatte geleimt. Dabei achten die Buben darauf, nicht zu viel Leim aufzutragen, damit beim Zusammenpressen der Brettchen kein Leim in die Negativformen gedrückt wird. Dort würde dann nämlich die Beize nicht angreifen und das würde hässliche helle Flecken geben. Dann werden alle drei Brettchen mit Schraubzwingen zu einem Block zusammengespannt und die Seitenränder werden geschliffen. Das hat den Vorteil, dass dann alle Brettchen genau gleich groß sind.

Die Holzarbeit ist jetzt fertig und es fehlt nur noch eine passende Oberfläche. Felix möchte die Tiere bemalen, Oma findet eine gewachste Oberfläche toll. Schließlich wird beschlossen, die Tiere naturfarbig zu lassen, das restliche Holz dunkel zu beizen und dann alle Teile zu wachsen.

Auf Opas Farbregal steht ein Einweckglas mit kleinen Briefchen. In diesen Briefchen sind verschiedene Holzbeizen. Manche werden in heißem Wasser aufgelöst, manche in Spiritus. Die Buben suchen eine Farbe aus und mischen die Beize nach Gebrauchsanweisung mit 250 ml Spiritus. Dann kommen eine alte Folie auf den Werktisch und Gummihandschuhe über die Finger. Die ausgeschnittenen Tiere, die ja naturfarbig bleiben sollen, bringt Opa in Sicherheit. Denn Spritzer von der Beize ziehen so tief ins Holz ein,

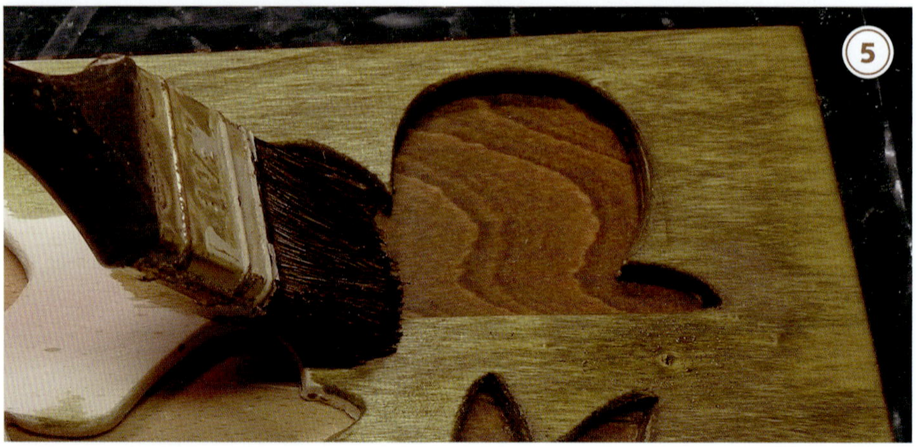

dass sie nicht einmal mehr abgeschliffen werden können. Nach einer Probebeizung auf einem Stück Abfallholz wird die Beize satt mit einem Pinsel in Faserrichtung aufgetragen **(Abb. 5)**. Sie zieht schnell ins Holz ein. Stellen, wo die Beize stehen bleibt, werden mit dem trockenen Pinsel verteilt oder mit einem Tuch abgewischt. Dadurch wird die Oberfläche relativ gleichmäßig eingefärbt.

Wenn die Beize vollständig trocken ist, wird das Holz gewachst. Das verschließt die Poren im Holz, das Holz verschmutzt dadurch nicht so leicht und bekommt einen seidigen Glanz. Da Opa Bienenwachs verwendet (erhältlich im Farbfachhandel und im Baumarkt), riecht das fertige Puzzle außerdem sehr gut. Das Wachs wird mit Pinsel oder Stoffballen aufgetragen und dann mit Bürste oder Tuch poliert. Der Deckel wird mit zwei Scharnieren und einem Verschluss, Teile, die Opa im Bastelgeschäft kauft, befestigt und fertig ist das Puzzle. Alle sind schon neugierig, was Theresa zu ihrem Geschenk sagen wird.

P. S.: Wie man sieht, war sie begeistert.

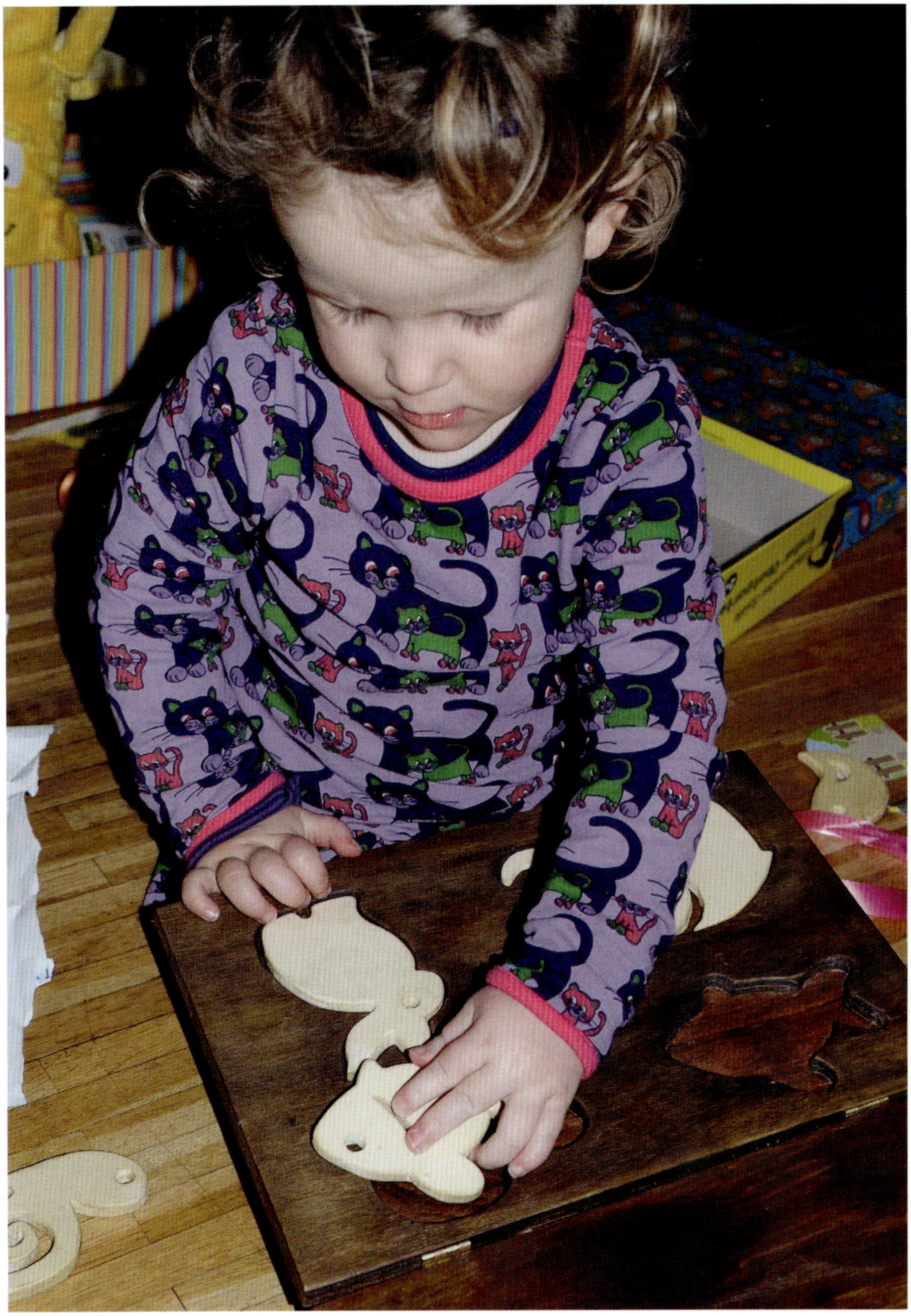

19 TRAPP-TRAPP-ORAKEL

DAS BRAUCHEN WIR

- 1 Holzleiste (Weich- oder Hartholz), 10 x 10 mm, ca. 30 cm lang
- 1 Eisstiel aus Holz
- 1 Nagel
- 1 Rundstab, bleistiftdick

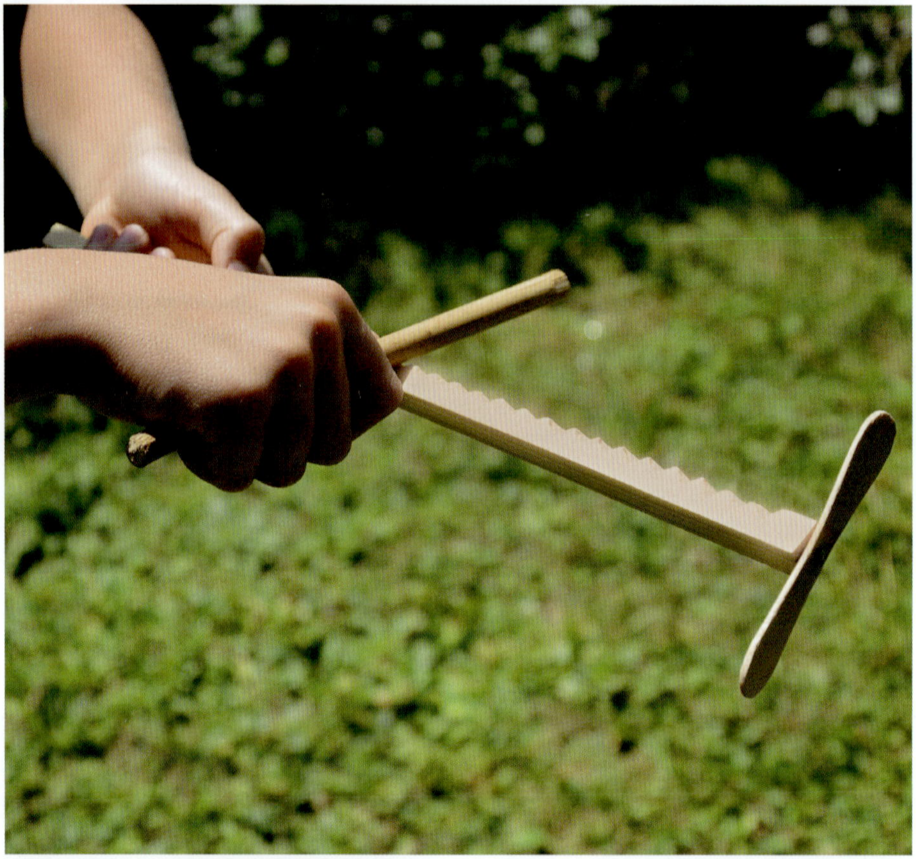

„Opa, kommt heute Tante Lisa aus Wien? Kommt Onkel Michi auch mit? Glaubst du, hat er ein neues Spiel auf seinem Laptop? Wann kommen sie? Weißt du sicher, ob sie kommen? Was könnte ich inzwischen machen, damit die Zeit schneller vergeht?" Opa hat eine Idee: „Frag doch das Trapp-Trapp." Drei Sekunden verdutzte Pause. Dann geht es erst richtig los: „Was ist ein Trapp-Trapp?" „Das ist ein Orakel." „Was ist ein Orakel?" „Das sagt die Zukunft voraus." „Hast du so ein Orakel?" „Nein, aber wir können eines basteln." Feuer und Flamme!

Opa nimmt die Holzleiste und zeichnet über ca. zwei Drittel der Leiste regelmäßige Kerben an. Tobias spannt die Leiste in den Schraubstock und kann jetzt seiner Lieblingsbeschäftigung nachgehen: Sägen. Er sägt die Kerben mit einer Feinsäge aus **(Abb. 1)**. Man könnte die Kerben auch mit einem dünnen, scharfen Schnitzmesser schneiden **(Abb. 2)**. Geht schneller, aber sägen ist lustiger und die Verletzungsgefahr ist nicht so groß.

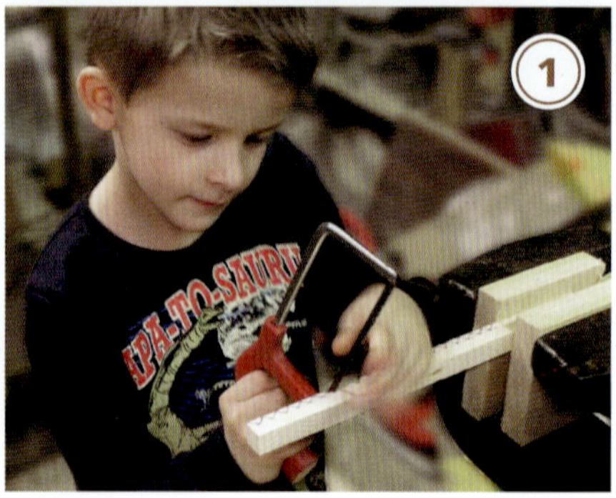

1

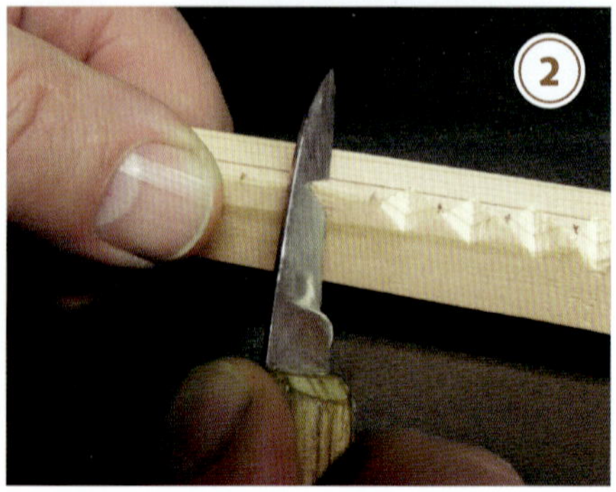

2

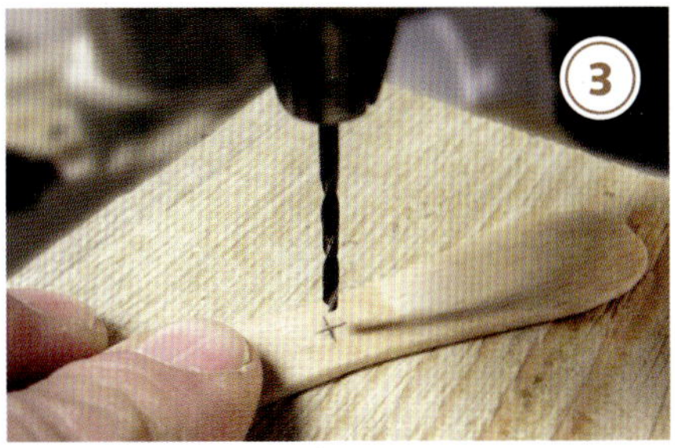

Dann muss Oma ein Eis am Stiel aus der Tiefkühltruhe holen. Erstens braucht der kleine Bastler eine Pause, zweitens wird der Eisstiel gebraucht. Opa zeichnet den genauen Mittelpunkt auf dem Eisstiel an und bohrt ein Loch in den Stiel. Natürlich darf Tobias den Hebel der Ständerbohrmaschine bedienen, Opa hält den Stiel dabei fest **(Abb. 3)**. Das Loch ist etwas größer, als der Nagel dick ist, mit dem der Stiel wie ein Propeller auf die Stirnseite der Leiste genagelt wird. Der Propeller muss sich ganz leicht drehen lassen. Jetzt richtet Opa noch einen Rundstab in der Größe eines Bleistifts und fertig ist das Trapp-Trapp.

Opa erklärt, man könne jetzt das Trapp-Trapp befragen und mit dem Bleistift über die Kerben schaben. Dreht sich der Propeller nach rechts, heißt das „ja", dreht er sich nach links, heißt es „nein". Tobias betrachtet eindringlich das Holz und spricht langsam und deutlich:

„Kommt heute Tante Lisa?" Und schon schnurrt der Propeller nach rechts. Und jetzt ist auch sicher, dass Onkel Michi mitkommt, denn der Propeller schnurrt wieder nach rechts. Und Computerspiel wird er keines dabeihaben, denn der Propeller dreht sich plötzlich nach links.

Der Trick

Leider rührt sich der Propeller nur bei Opa und nicht, wenn Tobias über die Kerben schabt. Darum entschließt sich Opa, nachdem sie lange genug das Trapp-Trapp befragt haben, den Trick zu verraten. Natürlich muss Tobias versprechen, das Geheimnis für sich zu behalten. Gleichzeitig mit dem Rundstab reibt man auch mit dem Daumen fest über die Leiste. Reibt der Daumen auf der Oberseite der Leiste, dreht sich der Propeller nach links, reibt der Daumen auf der Unterseite, dreht sich der Propeller nach rechts. Tobias übt eine Zeit lang und siehe da, es funktioniert auch bei ihm. Jetzt nichts wie ab zu Oma, die wird staunen! Und das Trapp-Trapp wird ihr sagen, dass da noch ein Eislutscher im Gefrierfach liegt.

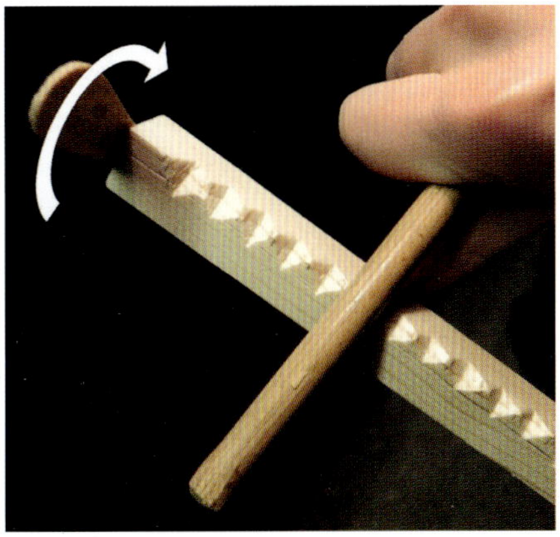

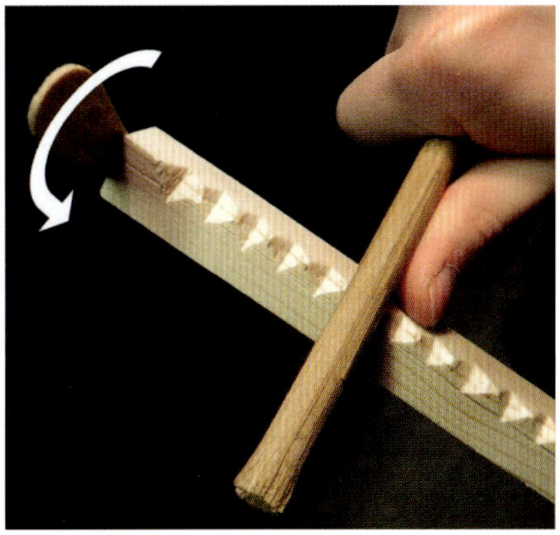

20 PUPPENHAUS-EINRICHTUNG

Vielleicht wundern Sie sich, dass Oma und Opa eine Puppenhaus-Einrichtung basteln, ohne vorher ein Puppenhaus zu bauen. Tatsächlich existiert das Puppenhaus schon seit 30 Jahren. Opa hatte es seinerzeit für die Mutti von Hannah gebaut. Die letzten 25 Jahre hat es allerdings auf dem Dachboden dahingedümpelt. Dabei ist die ganze Einrichtung kaputt oder verloren gegangen. Als nun kürzlich Hannahs Mama auf dem Dachboden etwas suchte, stieß sie auf das alte Puppenhaus. Sofort wurden Oma und Opa dazu verurteilt, das Haus für Hannah zu renovieren und eine neue Einrichtung zu bauen.

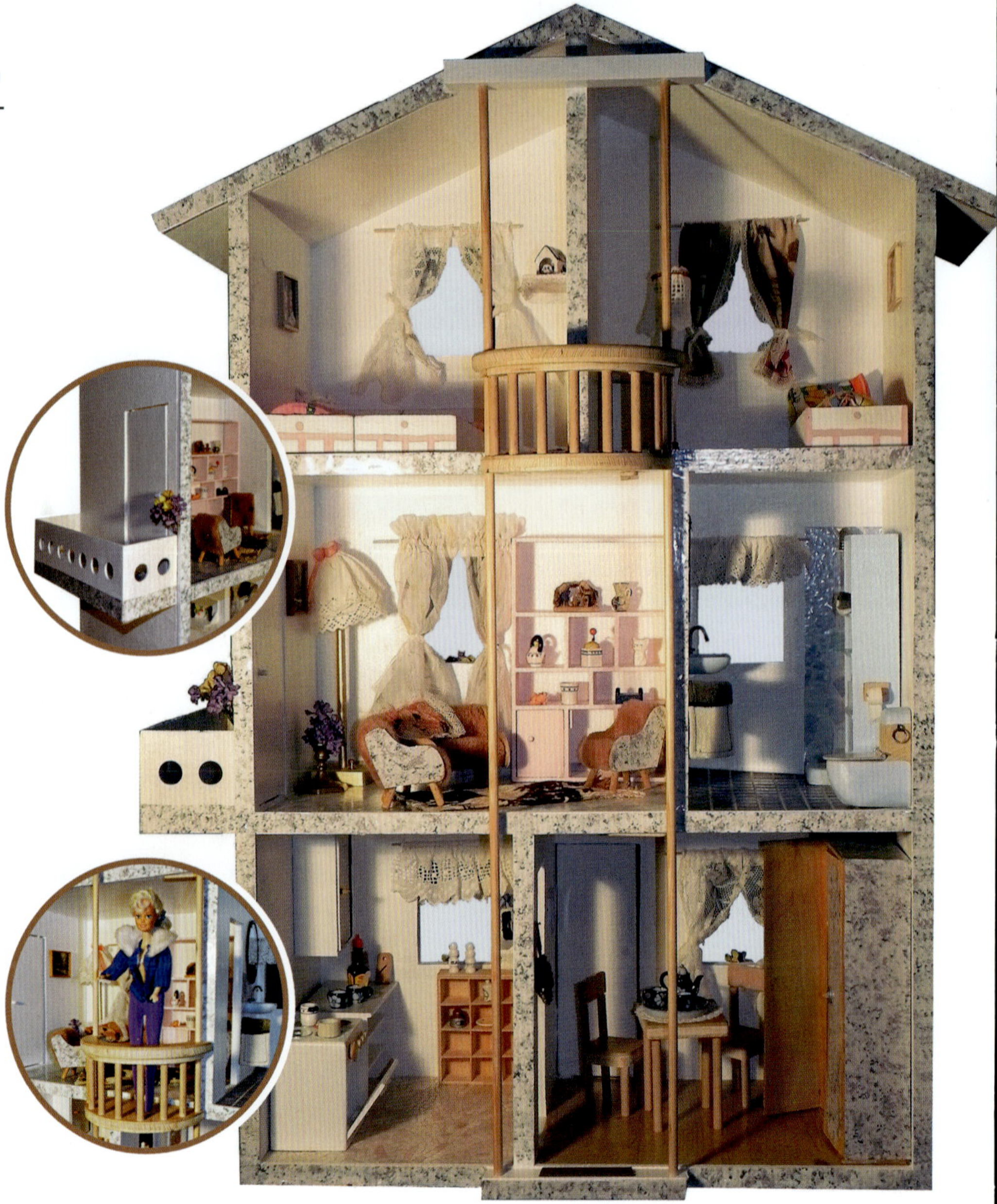

Da Hannah das Puppenhaus zum Geburtstag bekommen sollte, der schon in einigen Tagen ist, wird beschlossen, das Projekt ohne Kinder in Abendschichten durchzuziehen. Weiters sollten die Hauptmängel, an denen sich Hannahs Mutti als Kind so gestoßen hatte, beseitigt werden: Das Haus hatte keinen Balkon, keinen Lift und kein WC.

In dieser Geschichte werden Sie vergeblich eine genaue Bauanleitung, Stücklisten oder Maße suchen. Es sollte lediglich eine illustrierte Ideensammlung sein für den Fall, dass Sie, liebe Oma oder lieber Opa, auch in die glückliche Situation kommen, so etwas basteln zu müssen (es macht unheimlichen Spaß!). Nachfolgend Anregungen für Einrichtungsstücke und Tipps zum Besser-, Schneller- oder Schönermachen.

Ideen für Einrichtungsstücke eines Puppenhauses

Für die Böden der Räume verwendet Oma Reste von Kunststoffbodenbelägen, die sie bei einem Raumausstatter bekommt. Sie klebt die Bodenbeläge mit Doppelklebeband fest. Die Vorhänge, Bettwäsche etc. näht sie aus Stoffresten. Für die Stirnseiten der Wände schneidet sie Streifen aus einer Klebefolie. Allerdings stellt sich nachträglich heraus, dass die Streifen nur mit zusätzlichem Einsatz eines Alleskleber dauerhaft an ihrem Platz bleiben.

Balkon

Der nachträgliche Balkon wird an die Hauswand angedübelt. Zum Anzeichnen der Dübellöcher verwendet Opa „Dummy-Dübel“. Das sind Metallzylinder mit einer Spitze auf einer Seite. Opa bohrt zwei Dübellöcher in die Balkonplatte, steckt Dummydübel in die Löcher, drückt den Balkon zur Hauswand und die Spitzen markieren, wo in der Hauswand die Löcher gebohrt werden müssen **(Abb. 1)**. Diese Vorgehensweise funktioniert schnell und genau. Wichtig ist, die Löcher so gut wie möglich im rechten Winkel zum Holz zu bohren. Bei kleineren Werkstücken, wie zum Beispiel bei der Balkonplatte, spannt Opa dazu die Bohrmaschine in einen Bohrständer ein.

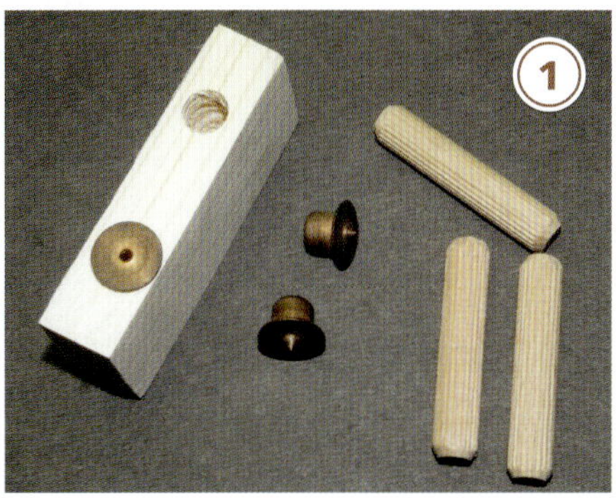

Aufzug

Der Aufzug läuft auf zwei Rundstäben, die am Boden und am Dach **(Abb. 2)** in Holzbrettchen eingeleimt sind. Die Holzbrettchen sind ebenfalls ans Haus gedübelt. Auf dem Brettchen am Boden liegt eine Fußmatte aus Schaumgummi, die eigentlich die Aufgabe hat, den Aufzug zu dämpfen, wenn er frei hinunterfällt **(Abb. 3)**. Die Rundstäbe, die exakt parallel laufen müssen, werden mit trockener Seife eingerieben, damit der Aufzug nicht eckt. Die Löcher im Aufzugkorb, durch die die Rundstäbe laufen, müssen natürlich eine Spur größer als die Rundstäbe sein **(Abb. 4)**. Auf der Unterseite jeder Geschoßdecke sind kleine Riegel, die nach vorne gedreht werden können, damit der Lift dort stehen bleibt und nicht ins Erdgeschoß hinunterfällt **(Abb. 5)**.

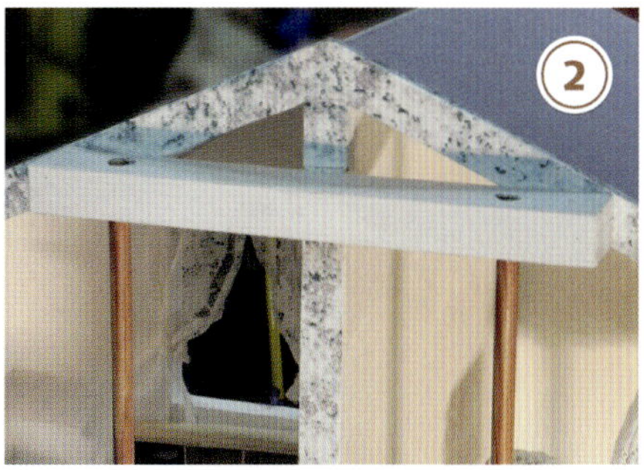

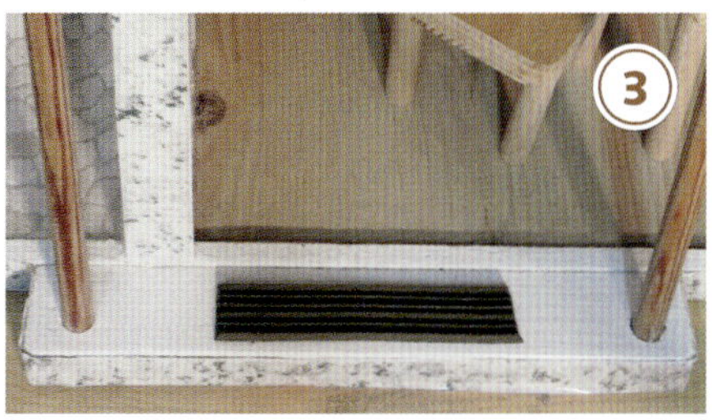

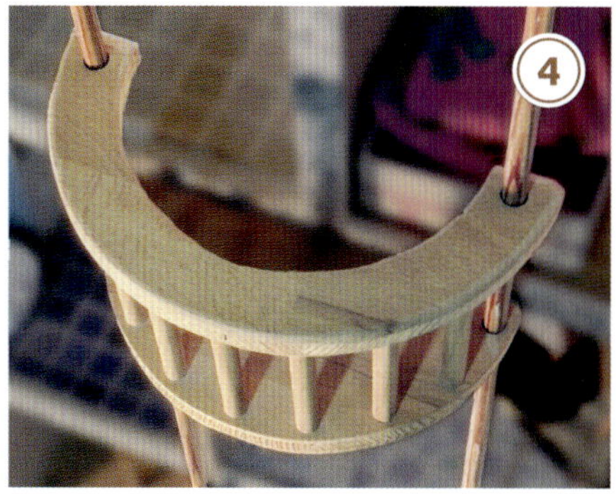

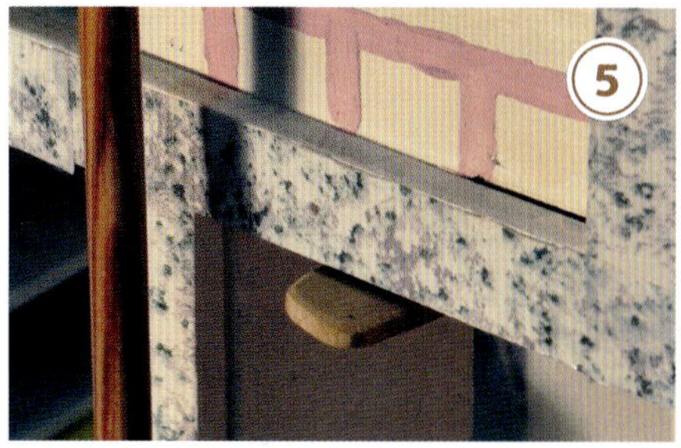

Sessel und Tisch

Für Sessel und Tisch verwendet Opa Reste von Fertigparkett **(Abb. 6)**. Dieses hat eine schöne Oberfläche und ist wie Sperrholz verleimt. Die Sitzfläche des Sessels wird etwas größer zugeschnitten, in die Ecken werden die Löcher für die Beine gebohrt und die Beine (Rundstäbe) werden eingeleimt. Danach wird die Sitzfläche so zugeschliffen, dass die Rundstäbe sichtbar, aber nicht angeschliffen werden. Das macht recht wenig Arbeit und sieht trotzdem sehr professionell

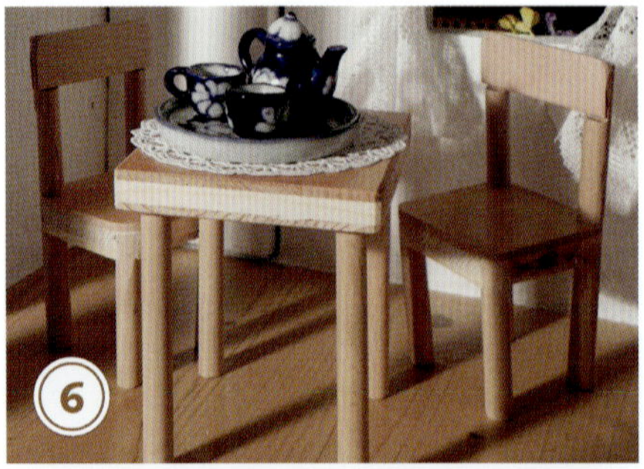

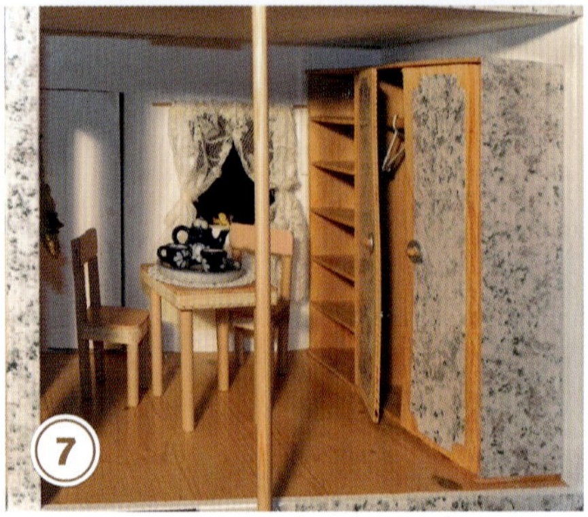

aus **(Abb. 7)**. Allerdings verwendet Opa eine kleine Bandschleifmaschine. Sie hat auf einer Seite ein Schleifband, auf der anderen Seite einen runden Schleifteller für ganz genaue Arbeiten. Ein relativ billiges Gerät, das Opa aber nicht missen möchte. Ein Bild davon sieht man im Kapitel „Bumerang“ (S. 20).

Sofa

Jedes Polstermöbel **(Abb. 8)** besteht aus zwei Massivholzbrettchen, die, wie auf dem Bild zu sehen, zugeschliffen und verleimt werden. Links und rechts wird ein Seitenteil aus dünnem Sperrholz aufgeleimt. Die Polsterung besteht aus Spannteppichstückchen aus einem Musterkatalog **(Abb. 9)**. Schräg eingebohrte Möbelbeine sind keine Hexerei **(Abb. 10)**. Voraussetzung ist die Verwendung eines Holzbohrers und keines Metallbohrers. Der Holzbohrer hat einen Mitteldorn, der ein „Wandern“ der Bohrerspitze verhindert. Opa holt bei solchen schrägen Bohrungen auch Oma zu Hilfe. Sie steht seitlich von ihm und sagt ihm an, wie er die Bohrmaschine halten muss, damit der Winkel ungefähr passt.

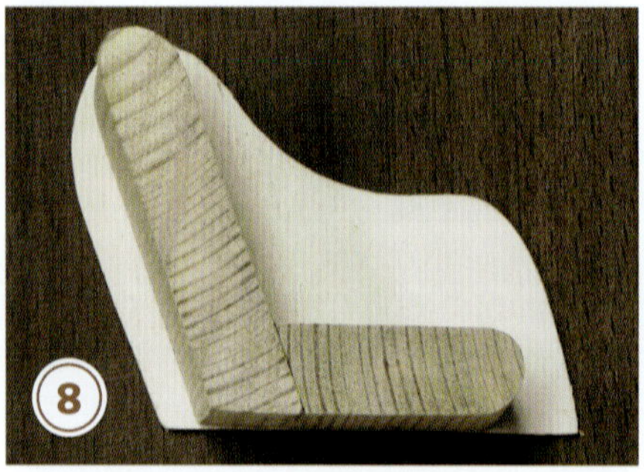

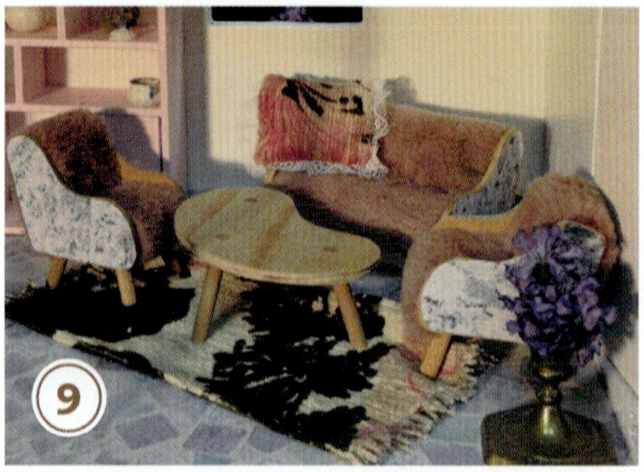

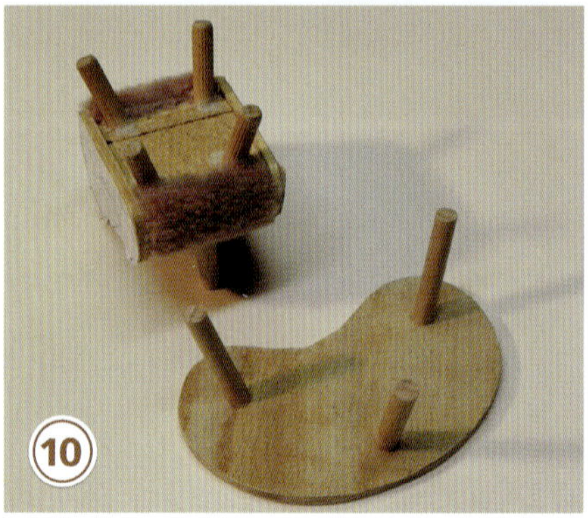

Schränke und Kästen

Türen für Schränke, Kästen etc. befestigt Opa mittels dünner Rundstäbe. Das sieht besser aus als Scharniere und ist wesentlich robuster, da die Schrauben der Scharniere in den dünnen Brettchen nicht lange halten. Beim Schrank wird ins Boden- und Deckenbrett ein Loch gebohrt, das eine Spur größer ist als der Rundstab. Ebenso oben und unten in die Türe, diesmal genau in der Stärke des Rundstabes. In die Löcher der Türe streicht Opa mit dem Finger Leim, hält die Türe an die richtige Stelle im Kasten und klopft vorsichtig oben und unten ein Stückchen Rundstab in die Löcher. Den

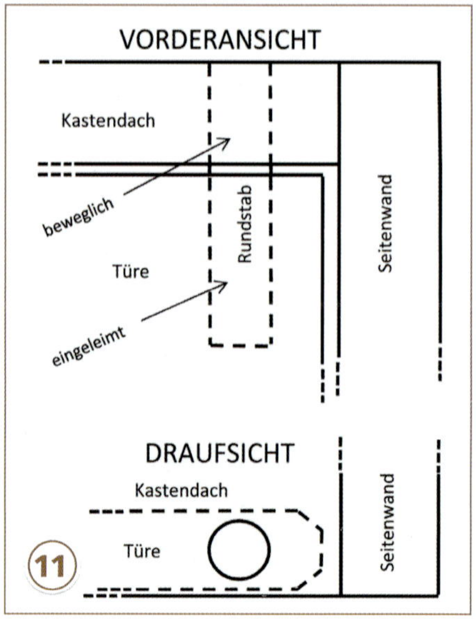

noch überstehenden Rundstab schneidet er ab und schleift ihn glatt. Bevor der Leim anzieht, bewegt er die Türe noch einmal, damit sie nicht durch Leimreste festklebt **(Abb. 11)**.

Badeinrichtung

Waschbecken **(Abb. 12)**, WC-Muschel und Brausetasse schnitzt und schleift Opa aus Lindenholz. Dieses Holz lässt sich in jede Richtung gut schneiden und schnitzen ohne zu splittern, zu brechen oder auszureißen. Die Vertiefungen schnitzt er mit einem sogenannten „Blumeneisen" **(Abb. 13)** und schleift sie mit über den Finger gewickeltem Schleifpapier glatt.

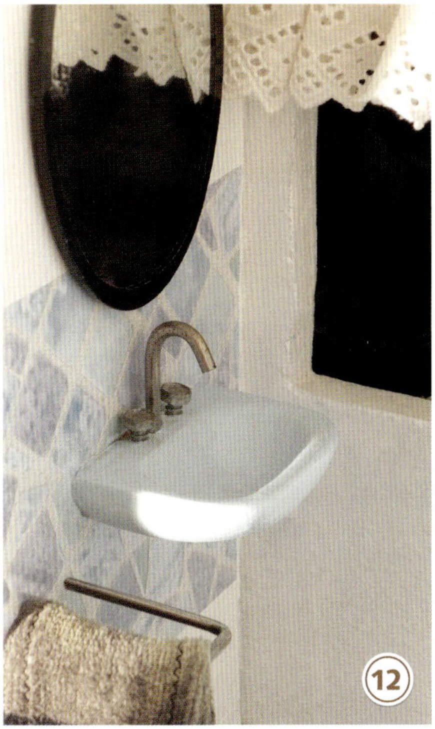

12

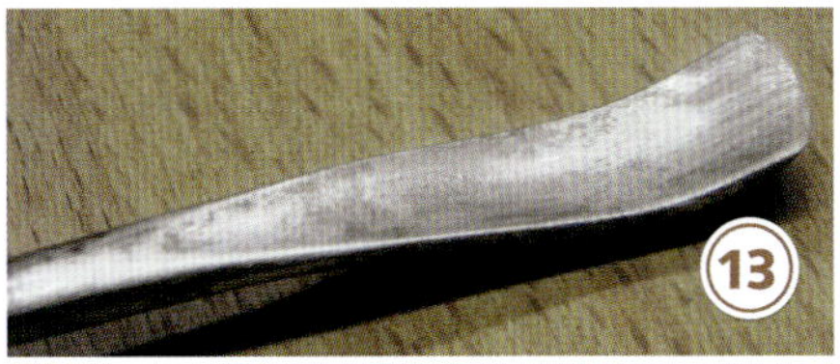

13

Der WC-Deckel lässt sich natürlich öffnen **(Abb. 14)**. Der Mechanismus dazu besteht aus einem dünnen Rundstab auf dem Deckel und zwei (kräftigen) Drahtschlingen auf dem Spülkasten **(Abb. 15)**. Der Draht für den WC-Papierhalter stammt von einer Büroklammer. Der Spiegel über dem Waschbecken kommt aus einer alten Rasierapparat-Kassette, der Rand ist aus schwarzem Isolierband gefertigt. Das legt sich wie ein Rahmen vorne und hinten um den Spiegel, wenn es straff genug um den Spiegel gespannt wird.

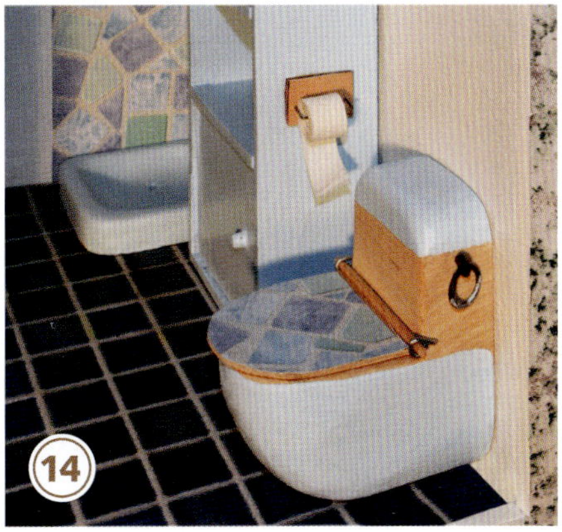

14

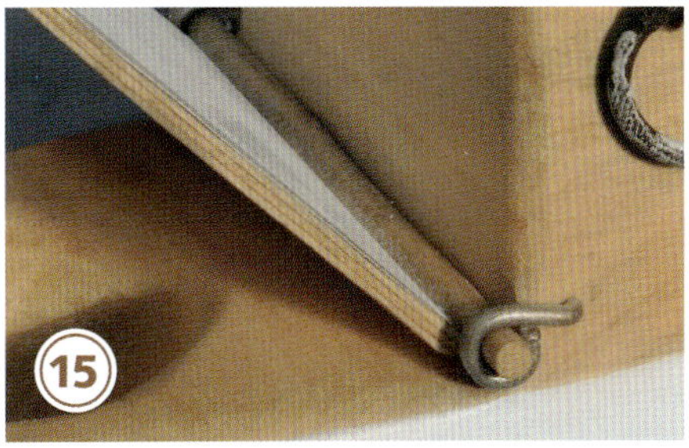

15

Stehlampe

Die Stehlampe funktioniert mit einem LED-Lichtchen. Der Lampenständer ist aus einem hohlen Bambusröhrchen, durch das der Draht geleitet wird **(Abb. 16)**. Im Fuß der Lampe ist ein kleiner Druckschalter, im Hohlraum unter dem Fuß eine Knopfzelle **(Abb. 17)**.

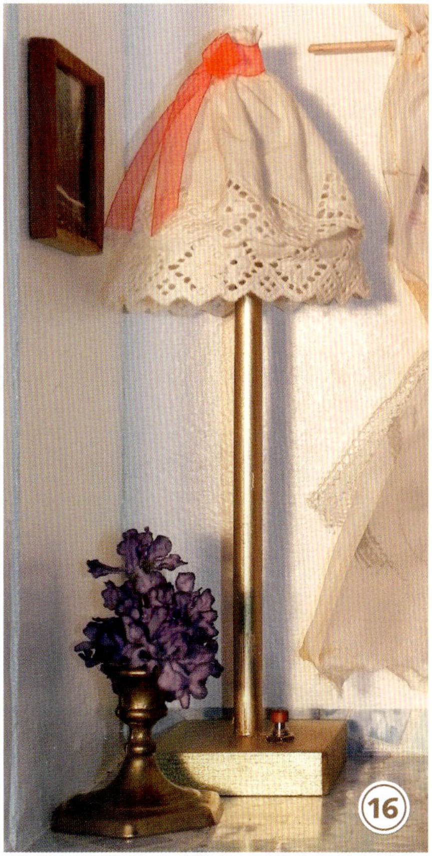

16

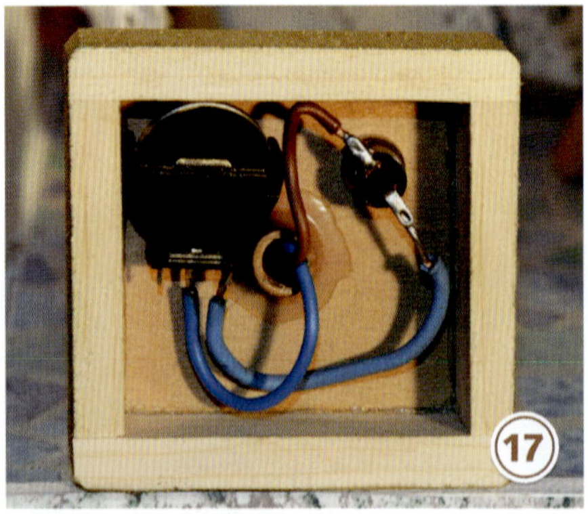

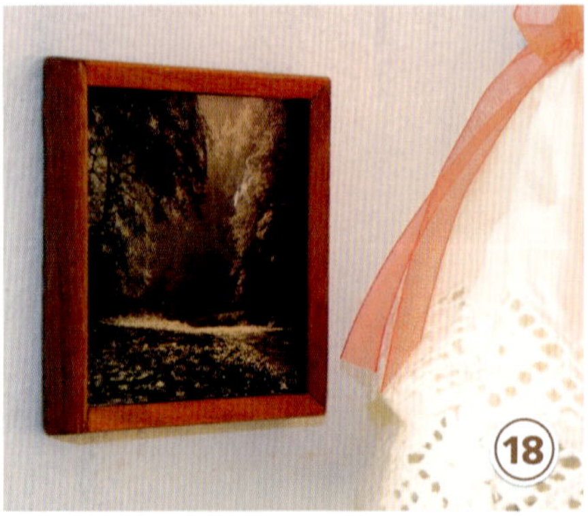

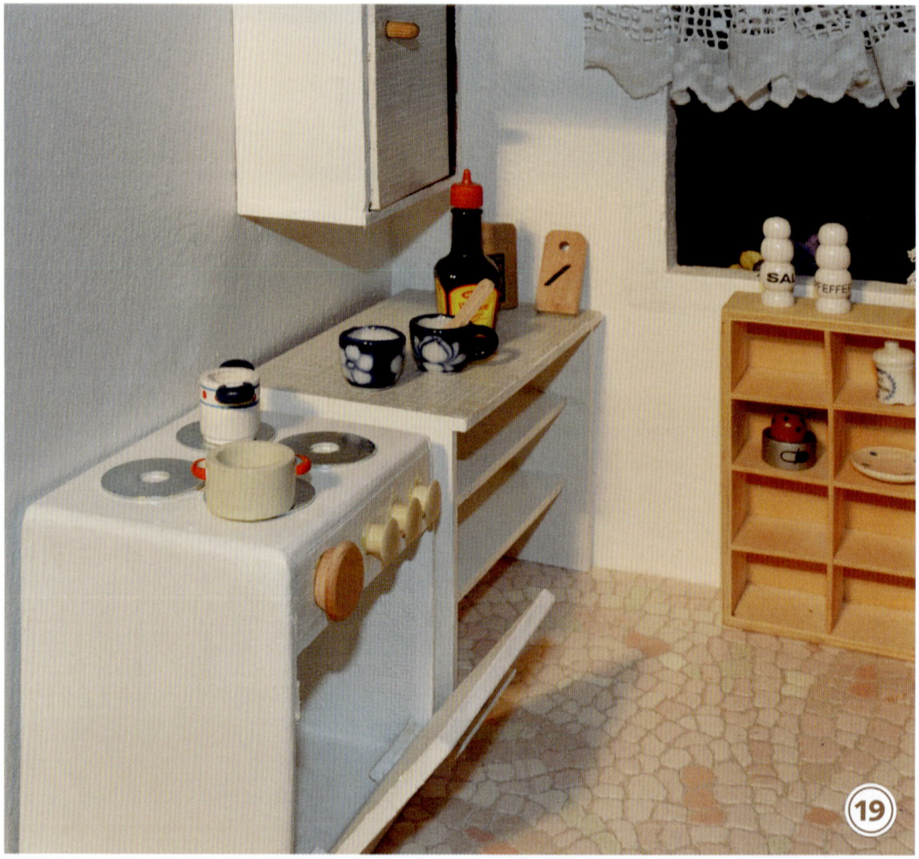

Bilder

Die Bilder bestehen aus Brettchen, die mit kleinen Leisten als Bilderrahmen umleimt sind. Die Leisten sind natürlich in Gehrung geschnitten. Oma schneidet kleine Bildchen von Fotos aus und klebt sie auf die Brettchen **(Abb. 18)**.

Backrohr

Das Backrohr des Herdes kann man öffnen, die Schalter sind aus kleinen Holzknöpfen, die normalerweise zum Verschließen von Schraublöchern verwendet werden. Für die Herdplatten verwendet Opa Beilagscheiben **(Abb. 19)**.

Kinderbettchen

Etwas für gute Augen und ruhige Hände ist das Kinderbettchen. Die Löcher in den Leisten müssen nämlich wirklich genau angezeichnet und genauso genau gebohrt werden **(Abb. 20 & 21)**. Am besten mit Bohrständer mit Tiefenanschlag. Unbedingt einen Holzbohrer verwenden und keinen Metallbohrer. Der Holzbohrer hat einen Mitteldorn, den man punktgenau aufsetzen kann. Mit der Spitze des Metallbohrers trifft man nie genau den markierten Punkt. Außerdem ist das

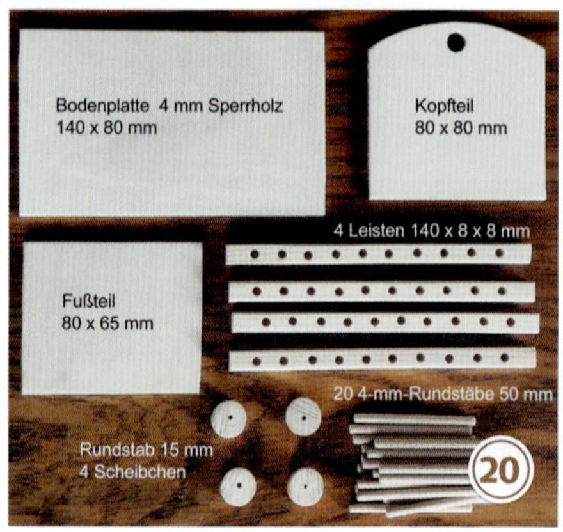

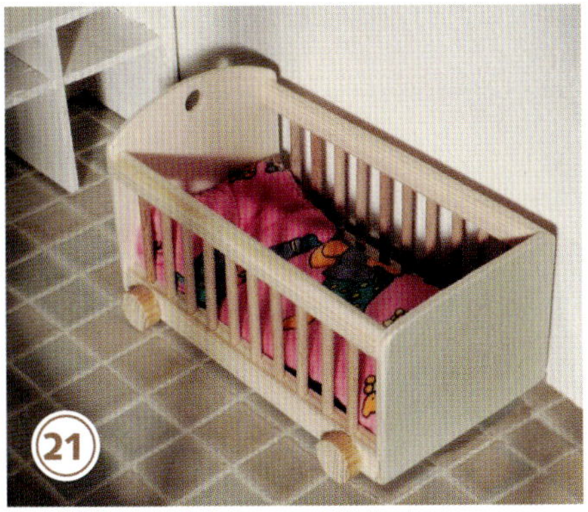

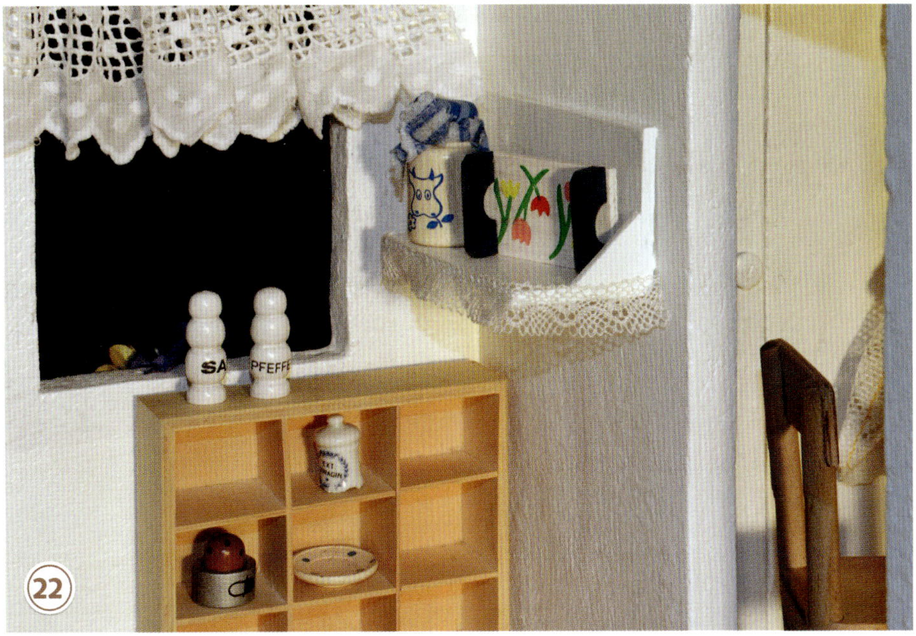

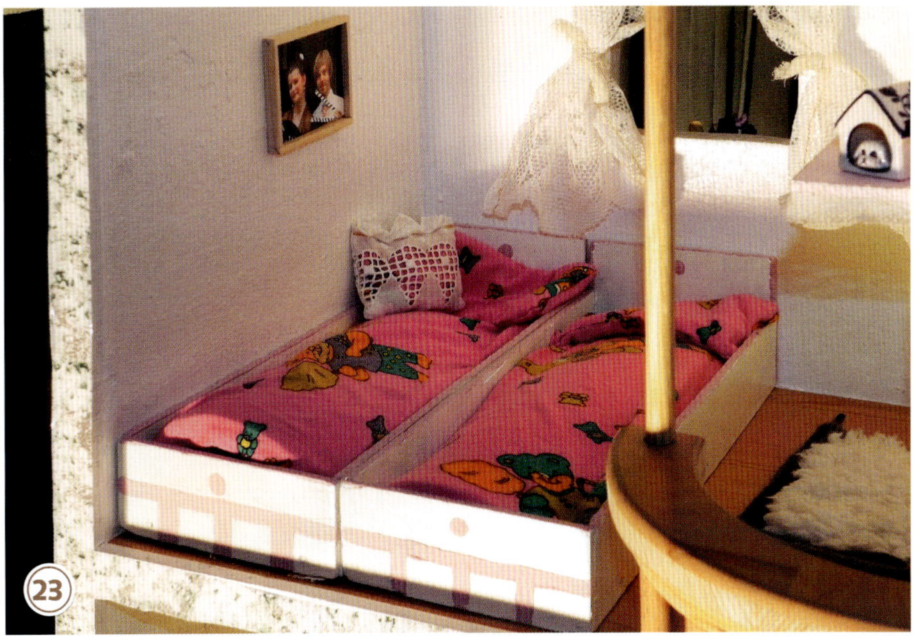

Loch des Metallbohrers immer eine Spur kleiner und der Rundstab passt dann nicht in das Loch.

Der letzte Feinschliff

Oma und Opa reinigen noch das alte Puppenhaus und die restlichen Möbel **(Abb. 22 & 23)** und stellen die neue Einrichtung auf. Eine Zeit lang stehen sie davor wie kleine Kinder, Opa hat sich ja im Griff, aber Oma würde am liebsten mit dem Puppenhaus spielen.

21 WASSERRAD

DAS BRAUCHEN WIR

Pro Wasserrad benötigt man:

- 1 quadratische Leiste, ca. 10 cm lang
- 4 gleich große Brettchen
- 2 größere Nägel

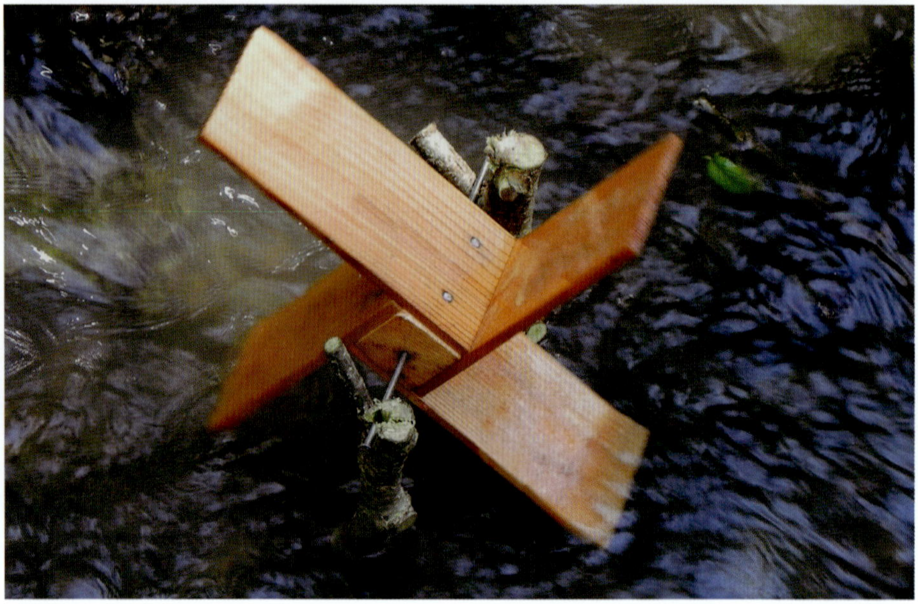

Die Bande ist wieder einmal vollzählig übers Wochenende bei Oma und Opa. Die beiden größeren Buben durchstöbern gleich einmal die Werkstatt und beginnen, kleine Holzabfälle zusammenzunageln. Sie wissen selbst nicht genau, ob es ein Flugzeug oder Schiff werden soll und sind ob des Resultats nicht besonders glücklich. Da sind wieder einmal die Ideen von Opa gefragt.

Es ist ein heißer Sommertag und was liegt näher, als dass man etwas macht, das mit Wasser zu tun hat. Opa schlägt ein Wasserrad vor und die Kinder jubeln. Natürlich braucht jeder sein eigenes Wasserrad, was bei diesem bescheidenen Materialaufwand auch kein Problem ist.

Opa schneidet die Teile zu und die Bande kann schon beginnen, die Schnittflächen etwas nachzuschleifen. Dazu werden Schleifpapierstreifen mit relativ grober Körnung über Schleifklötze aus Holz gespannt. Beim Nageln will Hannah den Buben um nichts nachstehen und nagelt ihr Wasserrad selbst. Lukas darf nur halten **(Abb. 1 & 2)**.

Zum Schluss zeichnet Opa mit einem Lineal die Diagonalen auf die Stirnseiten der Leisten, damit können die Nägel in den Mittelpunkt eingeschlagen werden. Opa hilft etwas nach, damit die Nägel einigermaßen gerade sind und sich die Räder dann schön rund drehen. Jeder kennzeichnet noch sein Rad mit seinem Anfangsbuchstaben, Felix bemalt seines gleich rundherum mit Filzstift.

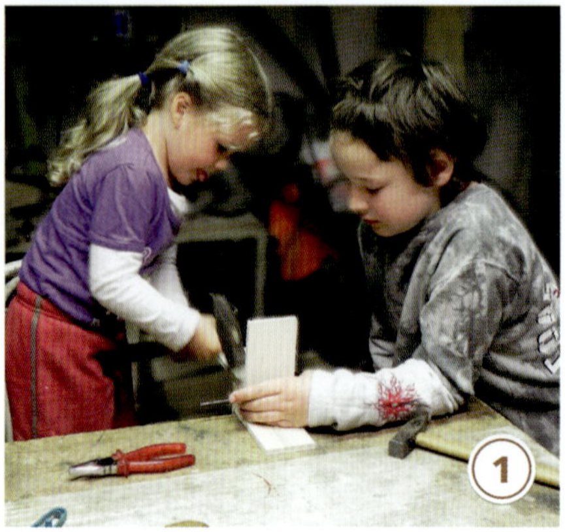

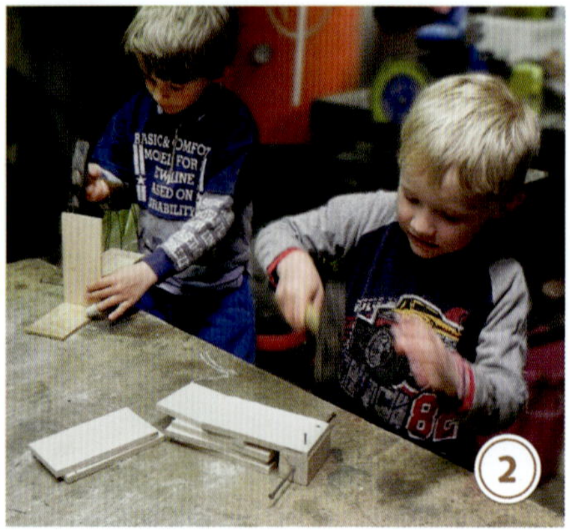

Oma hat inzwischen eine Jause gerichtet. Die wird in die kleinen Rucksäcke gepackt. Schließlich sind es ja ungefähr 30 Minuten bis zum Bach. Dort wird gleich eine Stelle gesucht, wo das Wasser etwas schneller fließt. Opa hat auf seinem Taschenmesser eine kleine Säge und schneidet Astgabeln zurecht, die in den Boden gesteckt werden und als Lager für die Wasserräder dienen. Die Räder in die Gabeln gelegt und schon drehen sie sich munter und gleichmäßig. Die Kinder jubeln vor Freude, schauen noch eine Zeit lang zu und dann kommt der Hunger.

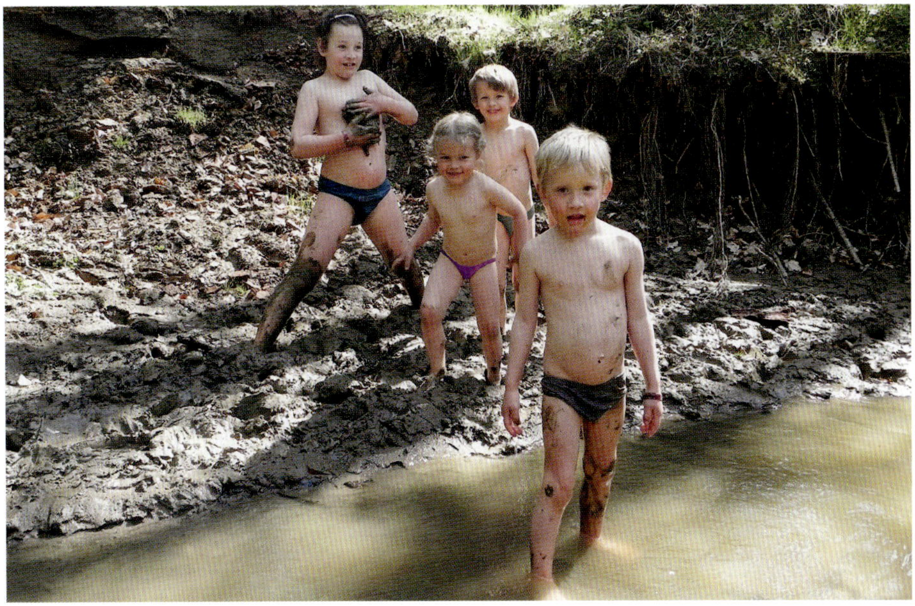

Zum Abschluss gibt es eine lustige Schlammschlacht am Bachrand. Aber das ist schon wieder eine andere Geschichte.

22 ZEICHENKOHLE

Opa macht heute einen Spaziergang durch seinen Wald. Er schaut, ob es dürre Bäume gibt. Diese kranken oder abgestorbenen Bäume wird er dann umschneiden und Brennholz daraus machen. Die Bande begleitet ihn und Opa zeigt den Kindern die verschiedenen Baumarten. Er erzählt, dass es in Österreich einige hundert verschiedene Baumarten gibt, weltweit sogar an die 30.000.

In seinem Wald wachsen „nur" 14 verschiedene Arten. Es gibt Nadelbäume und Laubbäume. Opa weiß, dass die Nadelbäume ein weiches Holz haben und die Laubbäume ein hartes. Hartholz ist viel schwerer als Weichholz. Die Laubbäume verlieren im Herbst die Blätter, die meisten Nadelbäume nicht. Und er erzählt, wozu man die einzelnen Holzarten verwendet. Die Kinder staunen, was Opa alles weiß.

Aus dem **Ahornholz** **(Abb. 1 & 2)** werden Möbel, Musikinstrumente, Parkett (Fußboden) und Tischplatten erzeugt. In Kanada wird aus dem Ahornbaum der Ahornsirup gewonnen.

Die **Birke** **(Abb. 3 & 4)** ist das einzige Holz, das, ohne vorher getrocknet zu werden, im Ofen brennt. Aus ihr werden Furniere und Sperrholzplatten gemacht.

Aus der **Buche** **(Abb. 5 & 6)** macht man Parkett, Spielzeug oder Möbel, das Holz ist sehr hart.

Die **Esche** **(Abb. 7 & 8)** hat ein zähes Holz. Das eignet sich gut für Sportgeräte, Schier, Hack- und Schaufelstiele.

Die **Eiche** **(Abb. 9 & 10)** hat ein sehr hartes Holz und wird für Parkett, Möbel und Furniere verwendet. Früher hat man aus den Samen, den Eicheln, Kaffee gemacht.

Aus der **Fichte** **(Abb. 11 & 12)** werden im Sägewerk Bretter geschnitten, die hauptsächlich beim Hausbau verwendet werden.

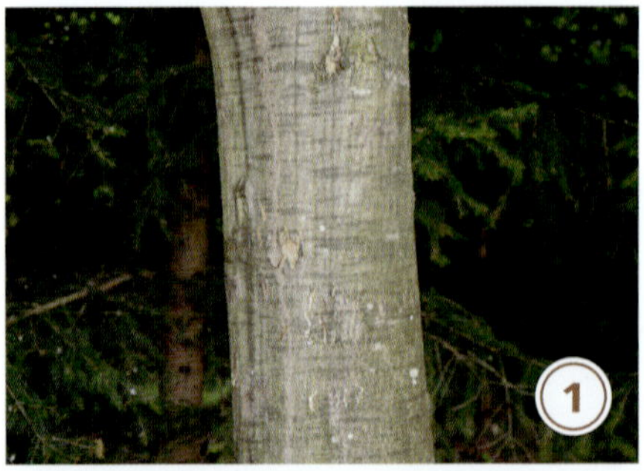

1

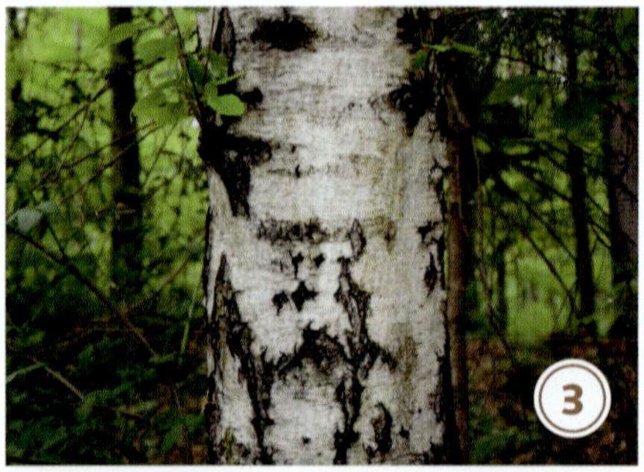

3

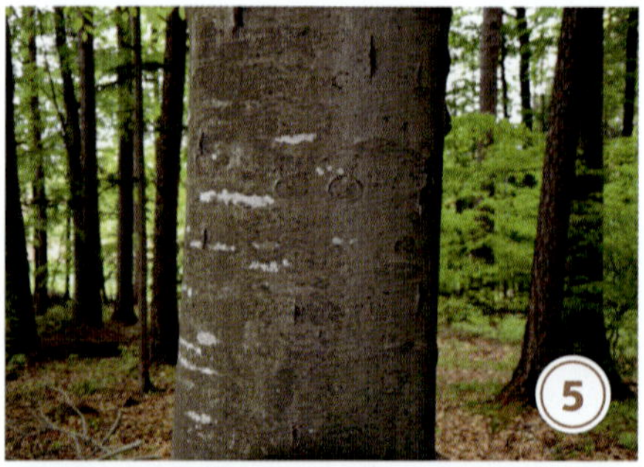

5

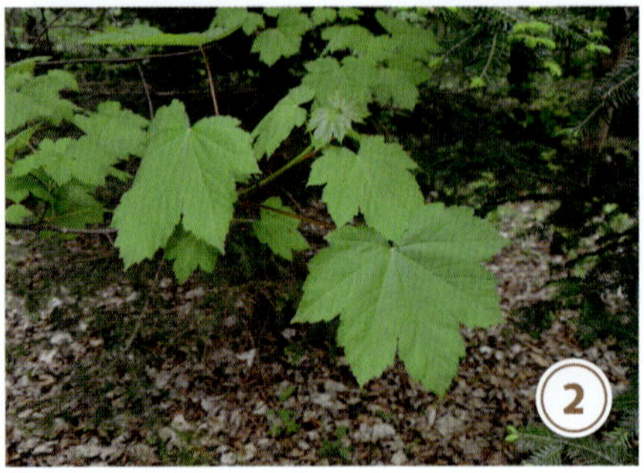

2

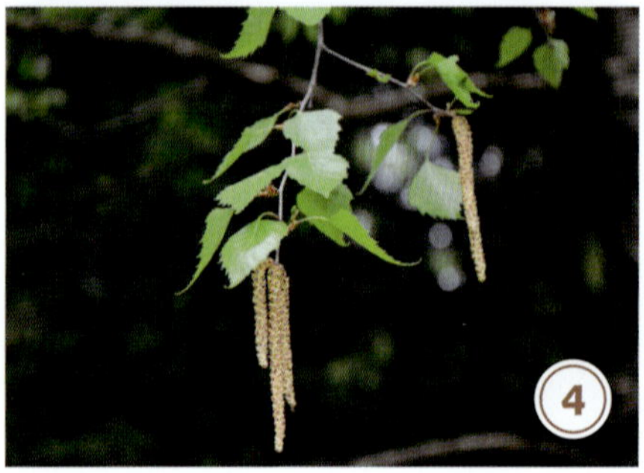

4

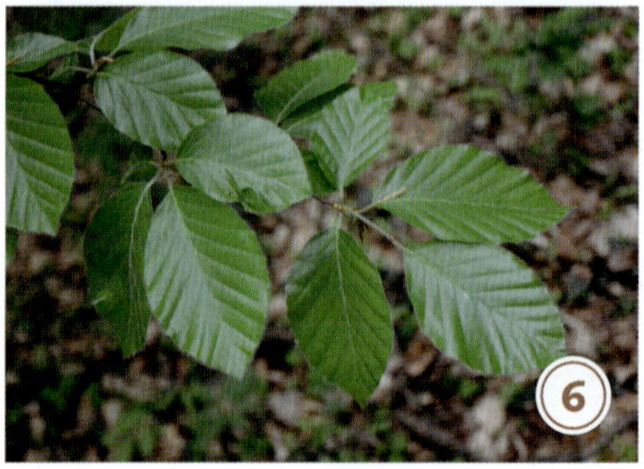

6

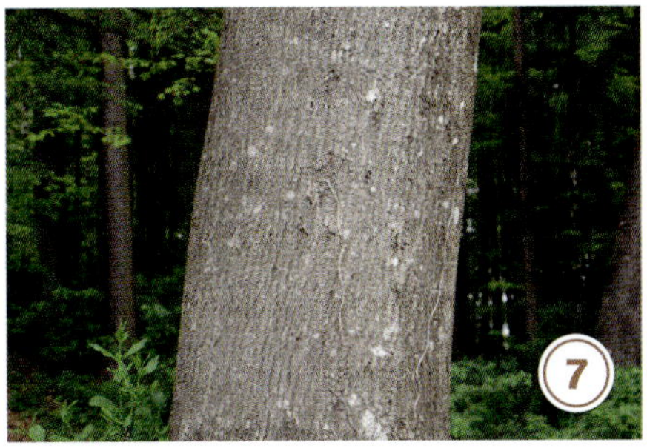

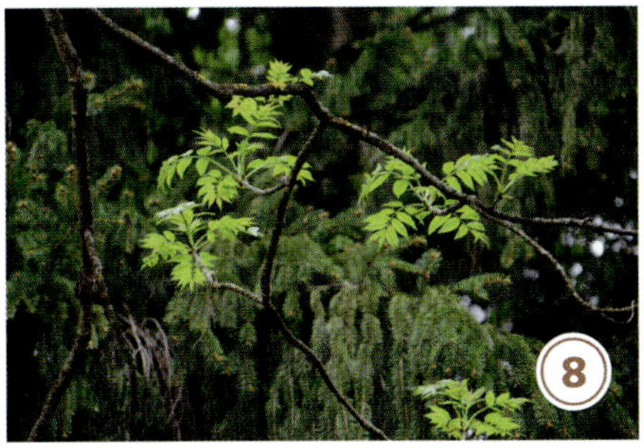

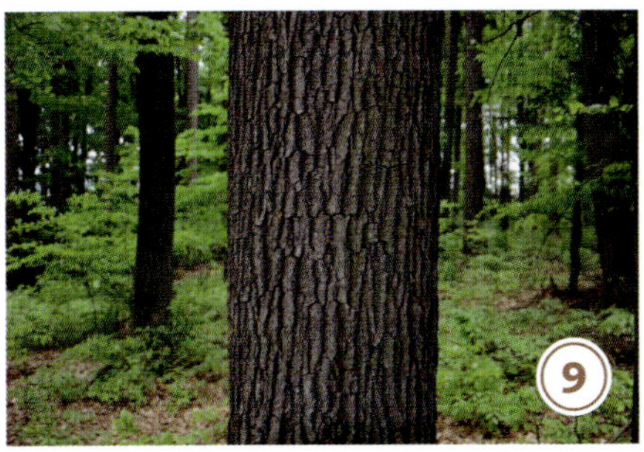

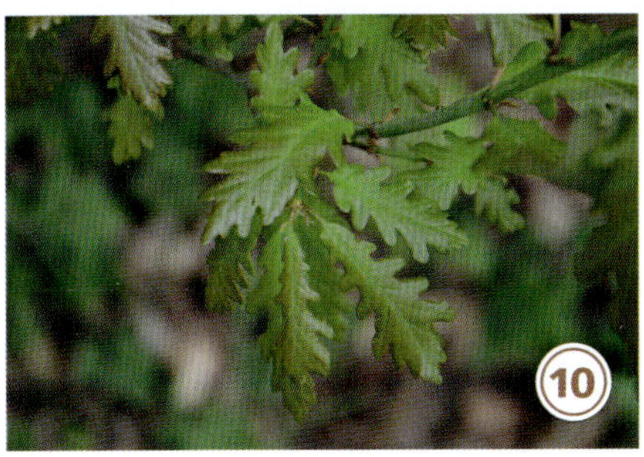

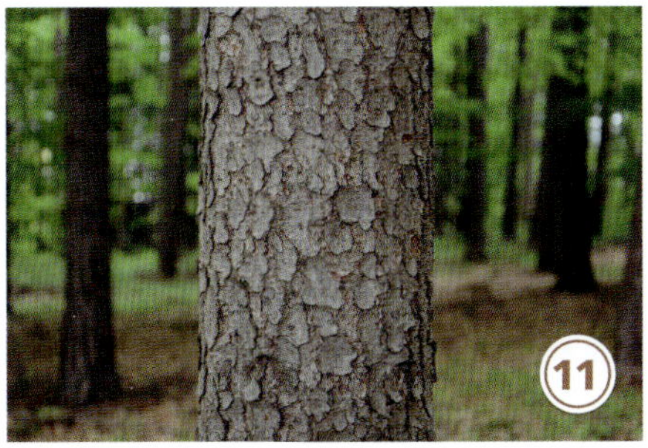

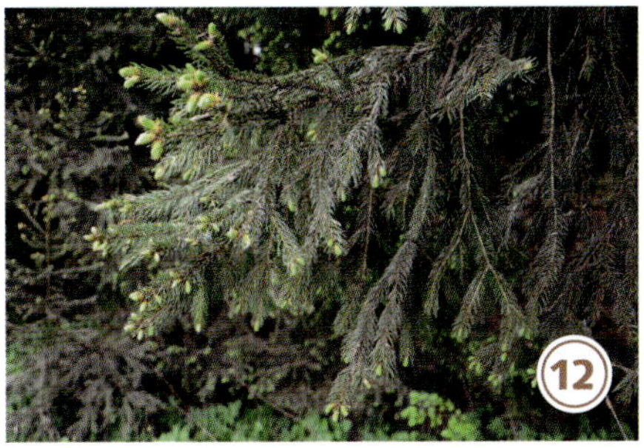

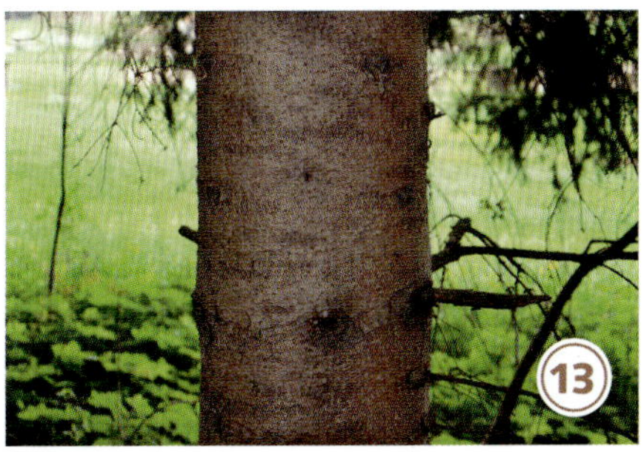

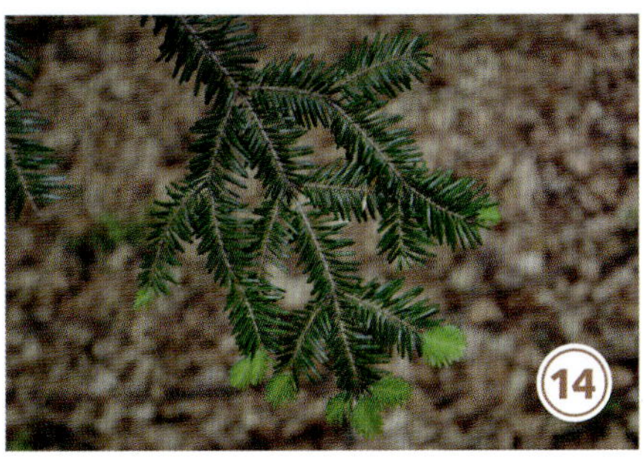

Auch die **Tanne (Abb. 13 & 14)** wird für Bretter verwendet und natürlich als Christbaum.

Aus **Kiefernholz (Abb. 15 & 16)** werden Papier und Spanplatten erzeugt.

Die **Lärche (Abb. 17 & 18)** (nicht zu verwechseln mit dem Vogel Lerche) liefert Bretter, die durch den hohen Harzgehalt sehr witterungsbeständig sind. Sie verliert im Gegensatz zu den anderen Nadelbäumen im Herbst ihre Nadeln.

Aus der **Linde (Abb. 19 & 20)** werden Kochlöffel, Schneidbretter und Schnitzereien gemacht. Oma macht aus den Lindenblüten einen Tee gegen Grippe.

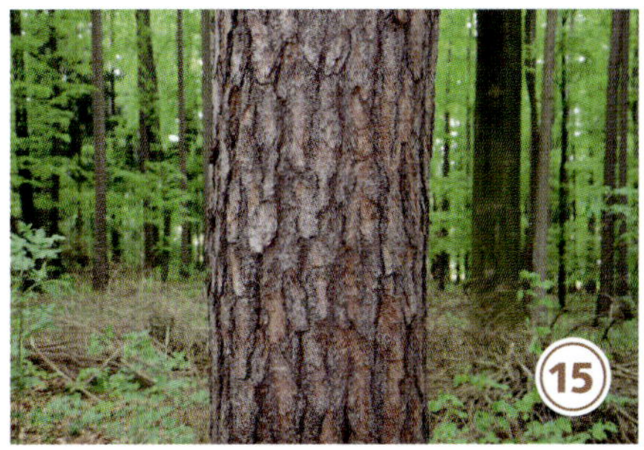

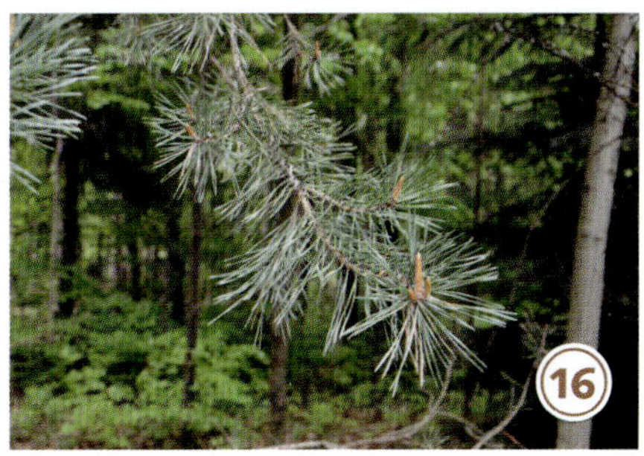

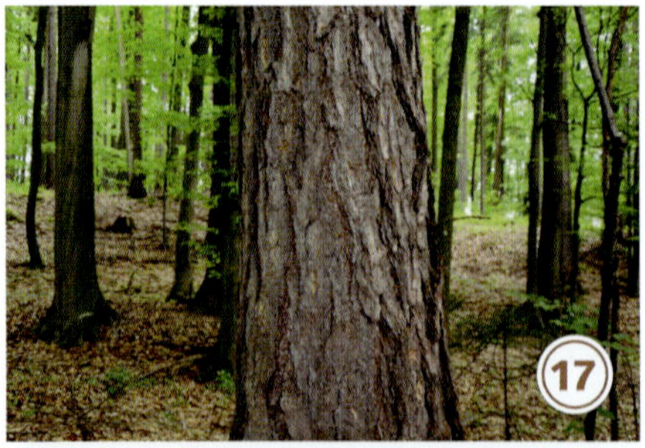

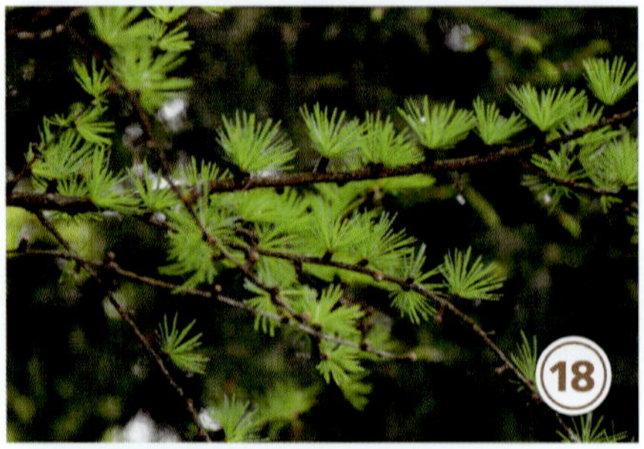

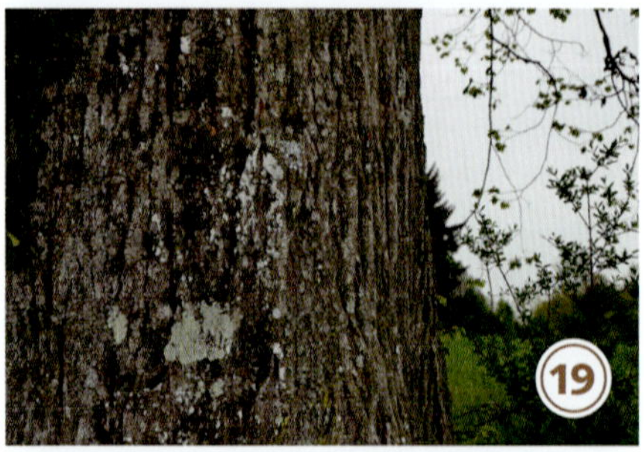

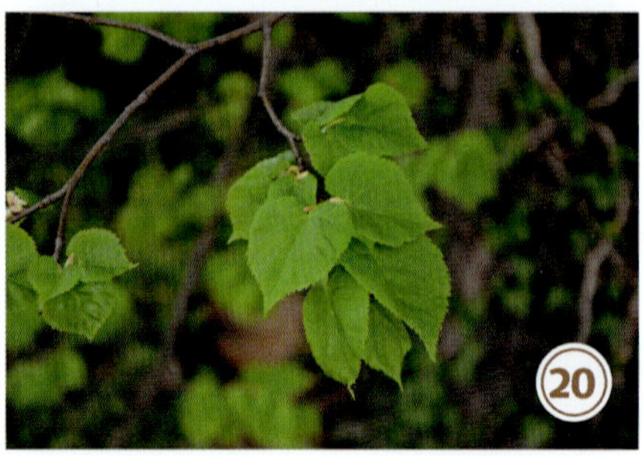

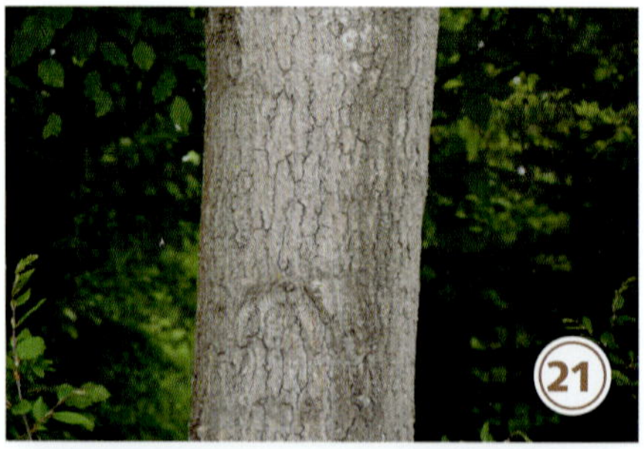

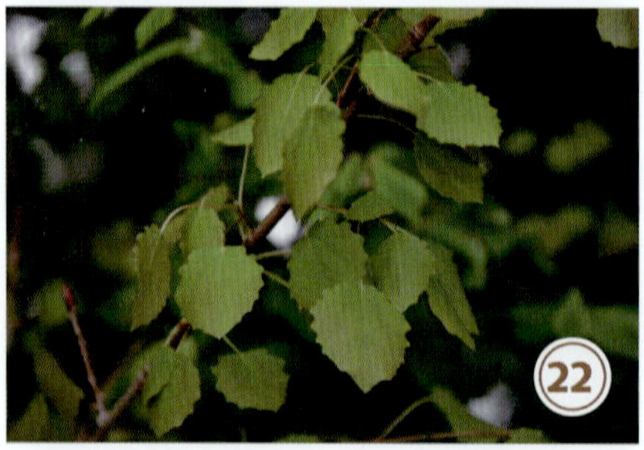

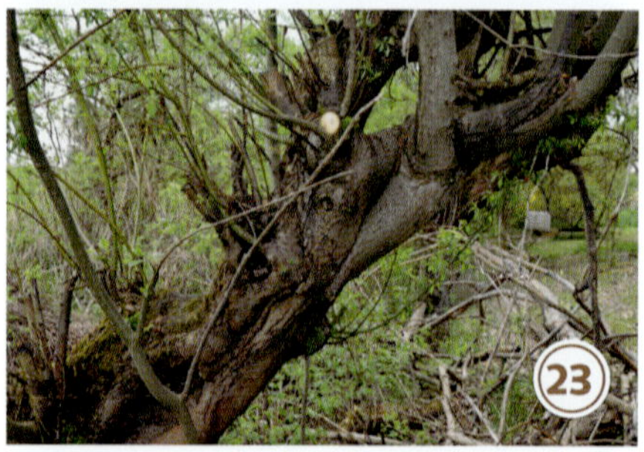

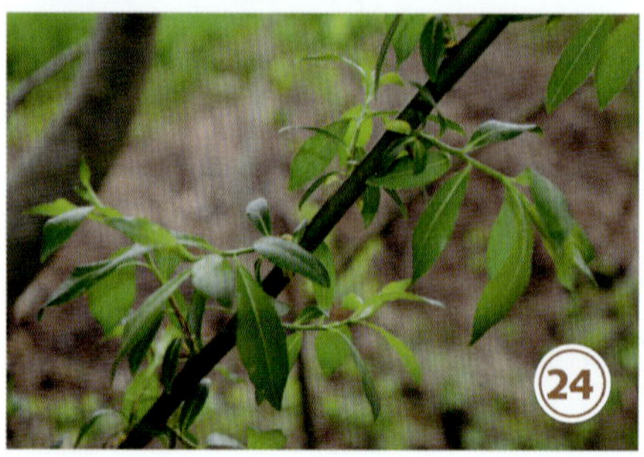

Die **Pappel** **(Abb. 21 & 22)** ist für Streichhölzer, Essstäbchen, Holzwolle und Papier gut geeignet. Der Baum wächst sehr schnell.

Die **Weide** **(Abb. 23 & 24)** wird gepflanzt zur Bodenbefestigung, zum Flechten von Körben, als Heilpflanze, für Spanplatten und Sperrholz. Auch unsere Palmbuschen (siehe S. 11) kommen von der Weide.

Und natürlich wird Holzkohle aus Holz gemacht. Felix schlägt vor, dass sie einen Holzstoß machen, ihn anzünden und wenn er abgebrannt ist, die Holzkohle einsammeln. Die will er dann seinem Papa zum Grillen mitbringen. Lukas muss lachen, denn er weiß, dass da nur Asche übrig bleiben würde. Opa erklärt, man müsse das Holz erhitzen, ohne dass Sauerstoff dazukommen kann. Das nennt man trockene Destillation. Dabei entsteht Holzkohle und Holzgas.

Felix gibt nicht auf. „Dann machen wir eben Grillkohle und Gas!" Opa meint, Grillkohle könne er nicht machen, aber sie könnten Zeichenkohle machen.
Die Kinder sind sofort dafür. Aber aus welchem Holz macht man Zeichenkohle? Das weiß selbst Opa nicht und er schlägt vor, dass sie verschiedene Holzarten sammeln und dann testen, welches Holz am besten geeignet ist. Sie suchen am Boden nach Ästen verschiedener Bäume und dann ab in die Werkstatt.

Die Kinder schneiden von den Ästen Stücke ab und Opa spaltet von jeder Holzart ein paar Stücke ab. Ratlosigkeit.

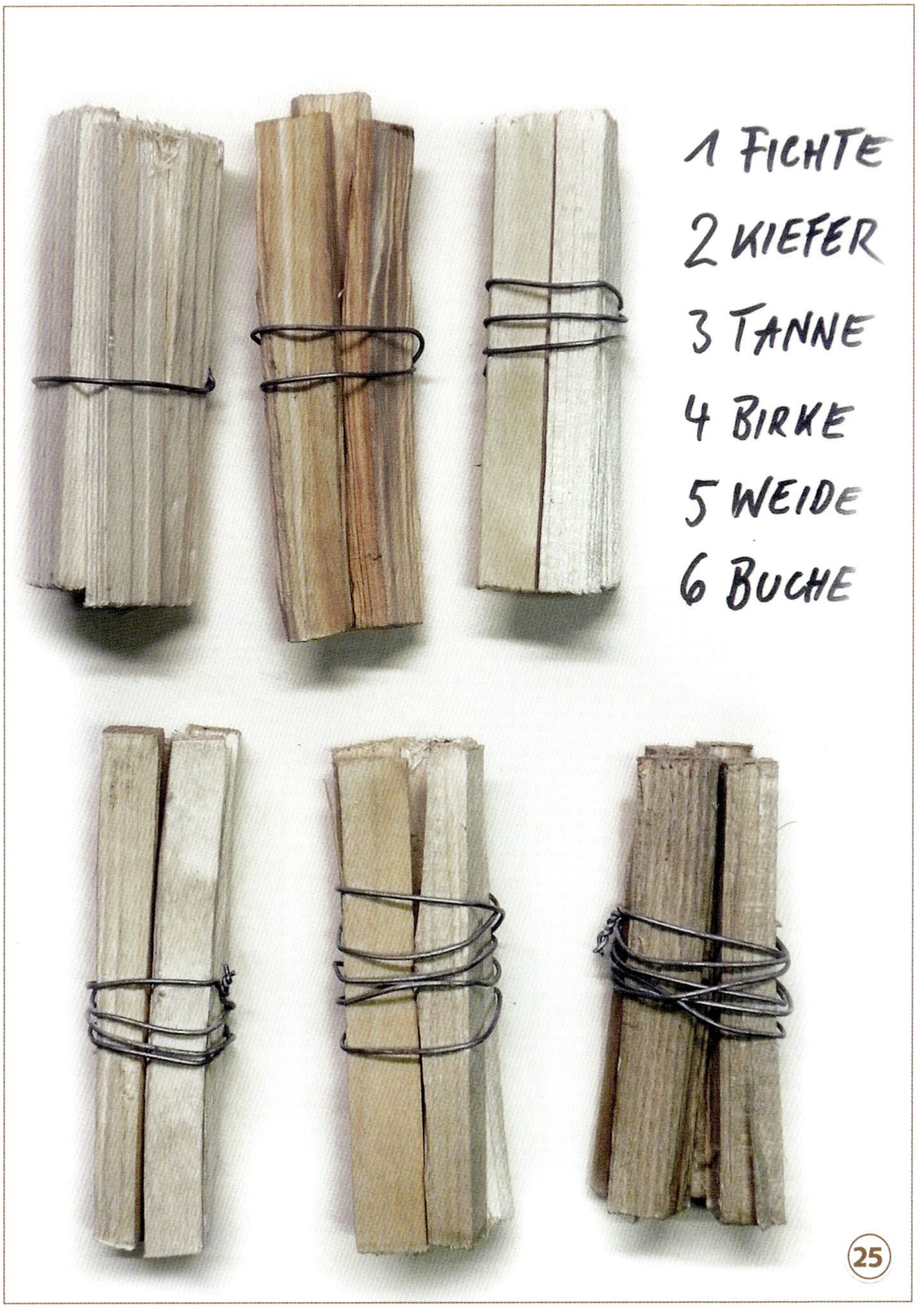

Wie sollen sie die Stücke kennzeichnen, sodass sie auch bei der Kohle noch wissen, aus welchem Holz sie ist? Lukas hat die rettende Idee. Die Holzstücke mit Draht mit unterschiedlicher Schlingenanzahl zusammenbinden. Und das ganze wird protokolliert **(Abb. 25)**. Opa sucht inzwischen eine alte Farbdose, in der keine Farbreste mehr sind. Dann kommen die Pakete in die Dose **(Abb. 26)**. In den Dosendeckel werden mit einem Nagel ein paar Löcher geschlagen, durch die dann das Gas entweichen kann. Den Deckel fest auf die Dose drücken, damit er durch den Druck des Gases nicht aufspringt.

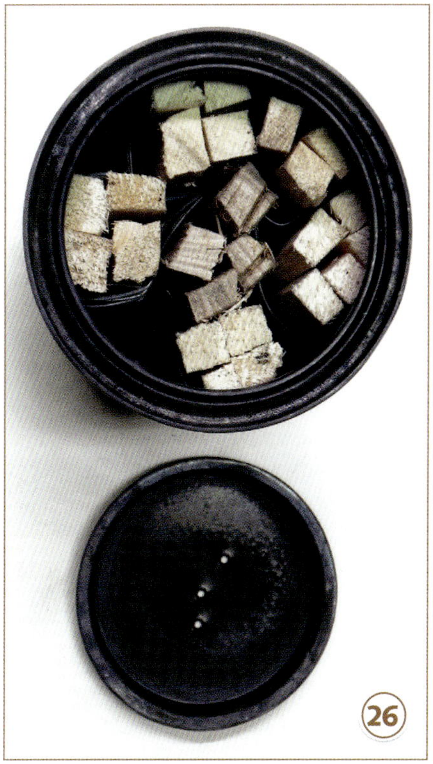

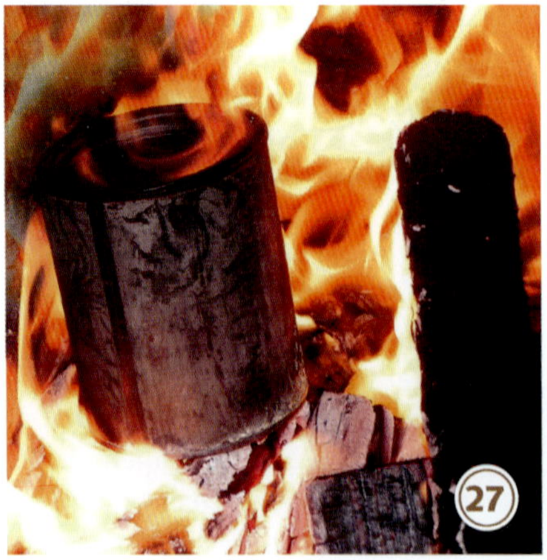

Jetzt kommt der Teil, auf den sich die Kinder am meisten freuen. Sie machen auf dem Feuerplatz ein schönes Lagerfeuer. Mitten in das Feuer kommt die Dose **(Abb. 27)**. Schon bald pfeift aus den Löchern im Deckel ein weißer Rauch, der sich entzündet und eine Flamme wie ein Schweißgerät hat. Opa sagt, die Kohle ist fertig, wenn kein Rauch mehr aus der Dose kommt. Oma hat eine gute Idee, wie die Wartezeit schneller vergeht. Sie bringt Würste und Spieße und die Kinder grillen ihr Mittagessen.

Inzwischen kommt auch kein Rauch mehr aus der Dose und Opa holt die Dose mit einer langen Zange aus der Glut. Er stellt sie in die Wiese zum Abkühlen und beschwört die Kinder, die heiße Dose ja nicht zu berühren. Nach einiger Zeit testet er vorsichtig, ob die Dose schon abgekühlt ist. Dann ist es so weit. Die Kinder sind ganz aufgeregt, was da jetzt wohl zum Vorschein kommen wird. Tatsächlich ist aus den Holzstücken Holzkohle geworden **(Abb. 28)**.

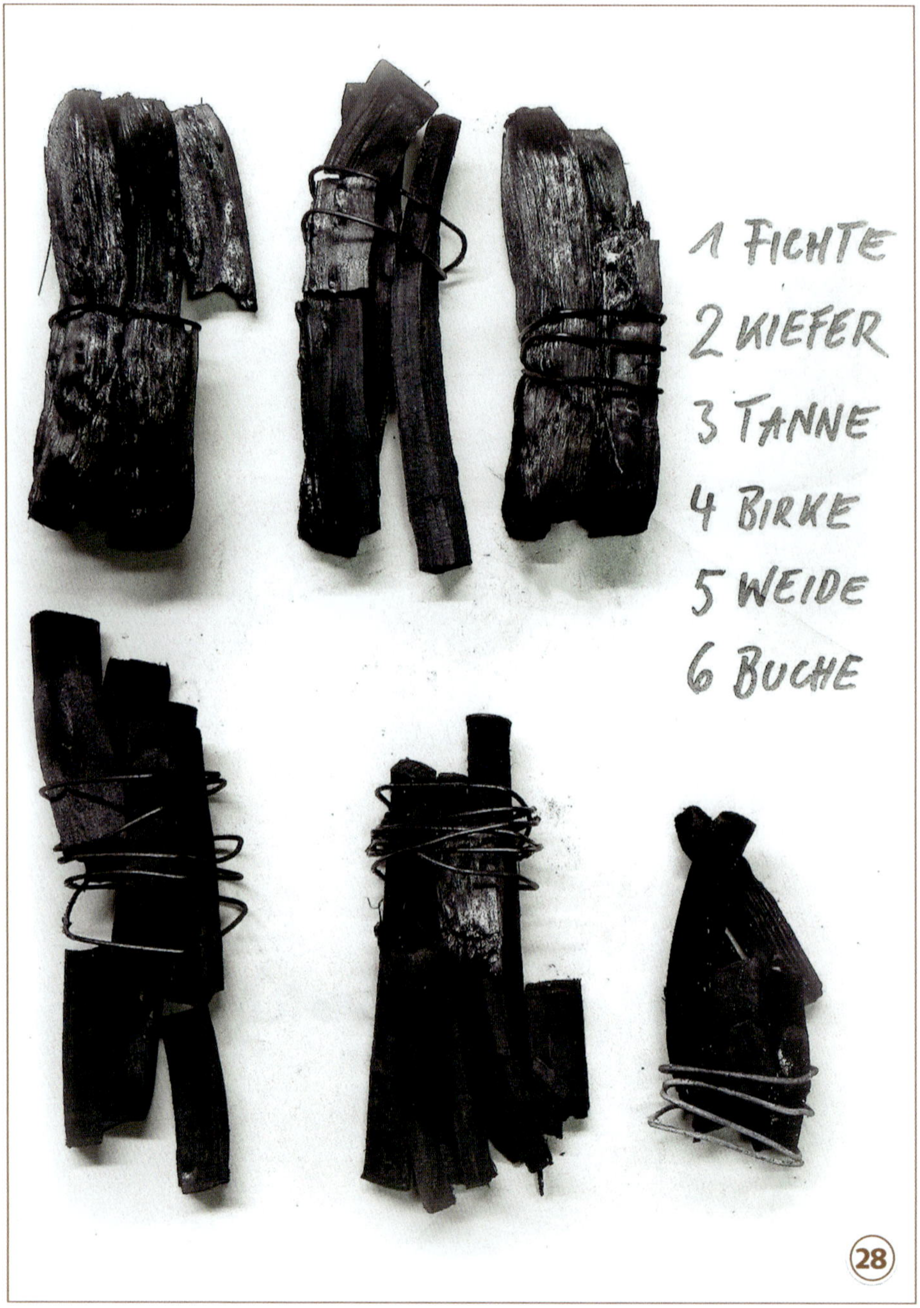

Jetzt wird getestet, welche Holzart am besten zum Zeichnen geeignet ist. Nach langem Probieren sind sie sich einig. Es sind Birke und Weide. Und schon entstehen die ersten Meisterwerke. Da sich die Kohle auf dem Papier leicht verwischen lässt, wird die fertige Zeichnung „fixiert". Einen Fixierspray gibt es im Künstlerbedarfgeschäft. Billiger und genauso wirksam ist Omas Haarspray, den sie dafür opfert.

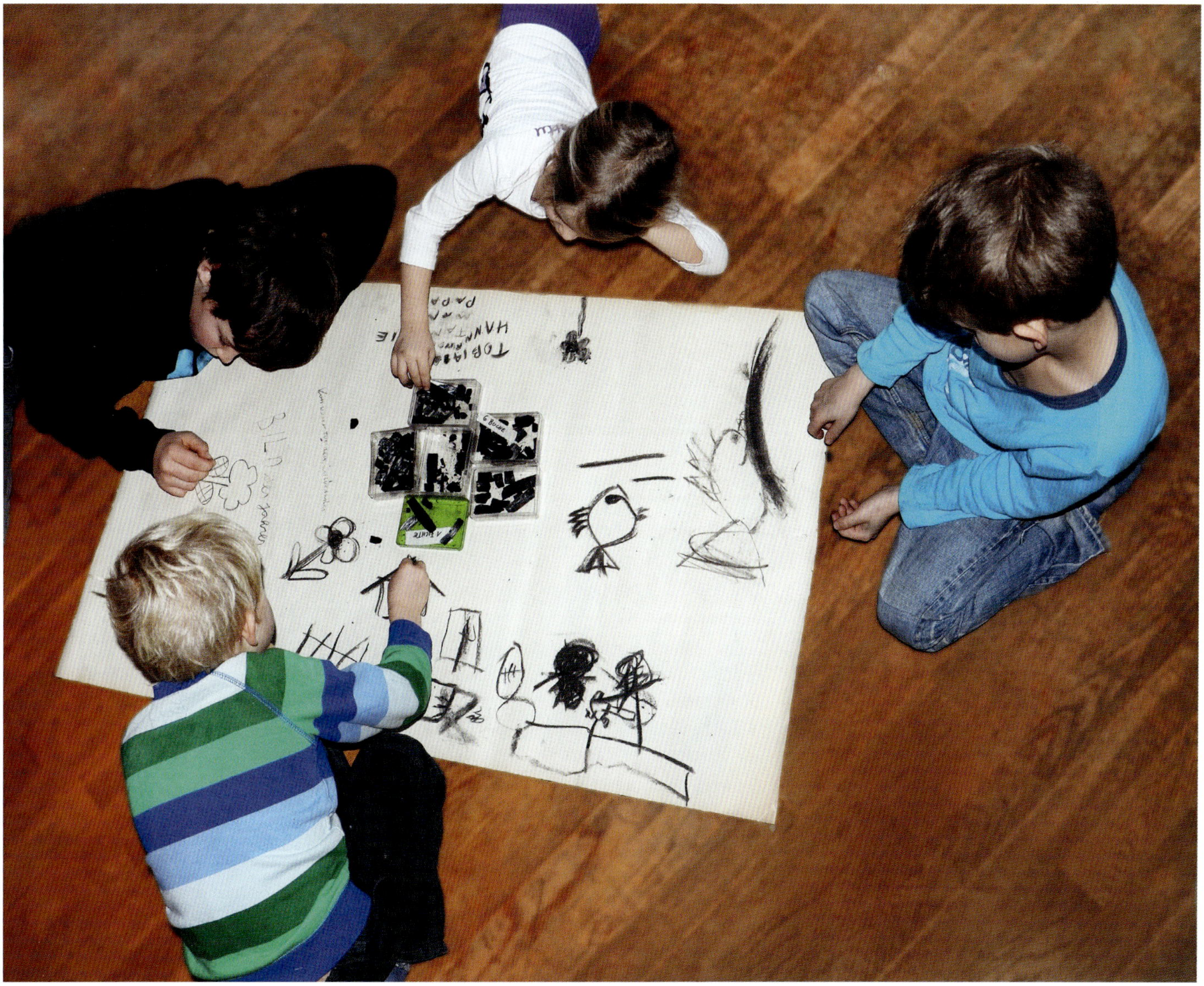

23 GARTENHAUS

Opa hat schon vor einigen Jahren für Tobias und Hannah ein Gartenhaus gebaut. Voriges Jahr eines für Lukas und Felix. Jetzt sind Theresa und Lena an der Reihe. Sie können zwar noch nicht mithelfen, dafür scharren die Buben, die gerade wieder einmal „Urlaub“ bei Oma und Opa machen, schon in den Startlöchern. Sie wollen das Haus als Überraschung für Theresa und Lena bauen.

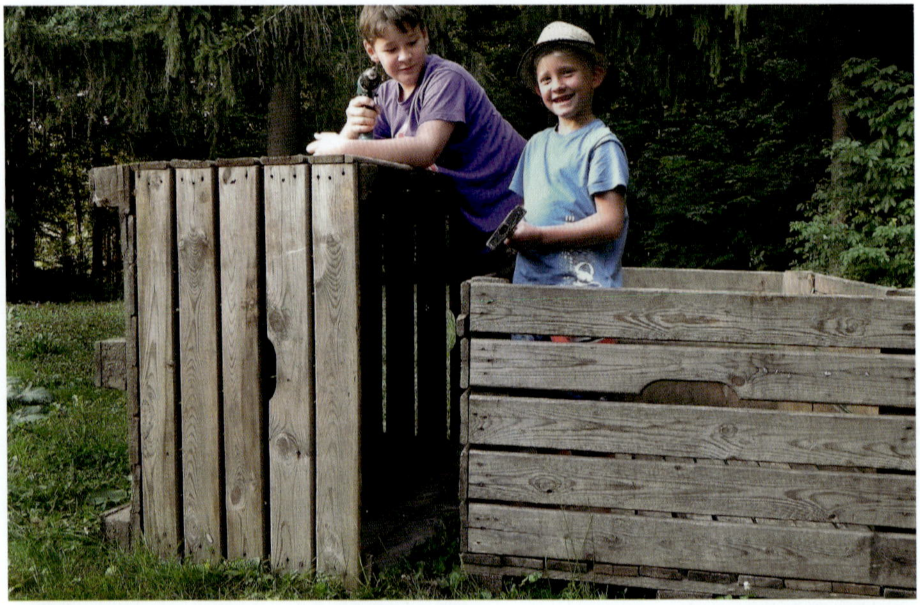

Doch zuerst muss das Material besorgt werden. Opa hat schon Routine im Gartenhausbauen, er braucht nicht lange zu planen und weiß schon auswendig, was er braucht.

Ein Akku-Schrauber ist das Wichtigste. Sehr praktisch ist weiterhin eine Kappsä-

DAS BRAUCHEN WIR

- 2 große Kisten (Diesmal sind es Obstkisten, die Opa ein Nachbar geschenkt hat. Sie haben den Vorteil, dass sie einen Palettenunterbau haben und der Boden damit besser vor Feuchtigkeit geschützt ist.)
- je nach Kistengröße 4 oder 6 Betonplatten, 50 x 50 cm, auf die das Haus gestellt wird. Damit hat das Holz keinen Erdkontakt und bleibt länger haltbar.
- Dachlatten, 30 x 50 mm, gehobelt: 4 Stück für Eckverbindungen (Länge = doppelte Kistenhöhe), weiters Dachlatten für Türstock, Türrahmen und Fensterstöcke
- 2 Scharniere und 1 Griff für die Tür
- Firstpfette: Holzstaffel, 50 x 80 mm, Länge = Kistenlänge + 40 cm für Saumüberstand
- 2 Dreischichtplatten für das Dach (Länge = Kistenlänge + 40 cm Saumüberstand, Breite = halbe Kistenbreite + 20 % für 35°-Dachneigung + 15 cm für Traufenüberstand)
- Bitumenschindeln für die Deckung (Die Menge rechnet der Verkäufer im Baumarkt nach der Größe der Dachfläche aus.) Alternativ kann natürlich auch Dachpappe verwendet werden.
- Etwa 150 Stück Schrauben (Länge der Schrauben = Schmalseite Dachlatte plus Wandstärke Kiste), zusätzlich einige längere Schrauben (10 cm) für die Dachbefestigung und einige kürzere für die Scharniere
- Opa verwendet Spanplattenschrauben mit Torx-Senkkopf. Der Senkkopf verschwindet plan im Holz, vorausgesetzt die Rutschkupplung des Akku-Schraubers ist auf die richtige Stärke eingestellt. Durch das Torx-System können die Schrauben beliebig oft ein- und ausgeschraubt werden, ohne dass Schraube oder Bit beschädigt werden.
- verzinkte Dachpappennägel, 25 mm
- eventuell Farben oder Holzschutzlasur für Wände, Tür- und Fensterstöcke

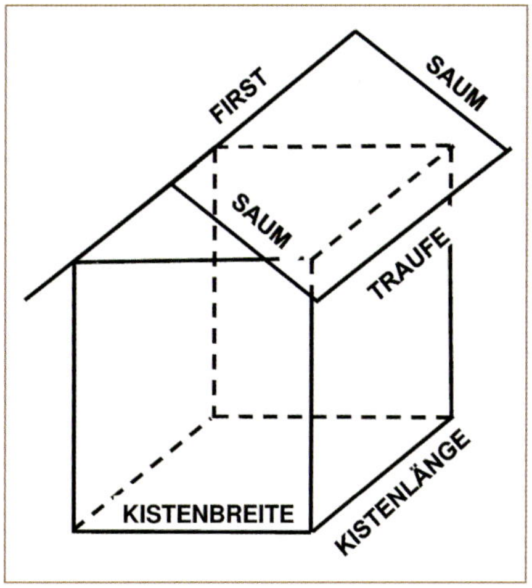

ge. Mit ihr können die Dachlatten sauber und im rechten Winkel abgelängt werden. Natürlich geht es auch mit dem Fuchsschwanz. Zum Ausschneiden der Türe und der Fenster brauchen wir eine Stichsäge.

Von einer Kiste wird der Palettenunterbau entfernt. Es macht den Buben Spaß, mit dem Nageleisen rohe Kräfte walten zu lassen. Opa und Lukas heben diese Kiste mit dem Boden nach oben auf die zweite Kiste. Damit sie auch dort bleibt, werden an den vier Ecken Dachlatten angeschraubt. Auch Fensterstöcke und Türstock werden auf die Kisten geschraubt und auch die Tür selbst wird mit Dachlatten umrandet **(Abb. 1)**. Opa achtet darauf, dass zwischen Türstock und Türumrandung 5 mm bleiben. Sonst würde die Tür beim Auf- und Zumachen klemmen.

Jetzt kann Lukas zeigen, wie geschickt er schon ist. Er schneidet mit der Stichsäge die Fenster und die Tür heraus **(Abb. 2)**.

Die anderen Buben setzen sich aus Protest vor den Fernseher, weil sie mit der Stichsäge noch nicht arbeiten dürfen. Es dauert aber nicht lange und sie sind wieder da und helfen, die scharfen Kanten der Dachlatten abzuschleifen **(Abb. 3)**, damit sich Theresa und Lena beim Spielen nicht verletzen können.

Beim „Anschlagen" der Tür muss genau gearbeitet werden, soll sie später auch richtig funktionieren. Opa heftet ein 5 mm dickes Brettchen (man kann auch einen Karton nehmen) provisorisch als Abstandhalter an die Vorderseite des Türstocks. Dann klemmt er die Tür in geöffnetem Zustand mit zwei Schraubzwingen an den Türstock und schraubt die zwei Scharniere an **(Abb. 4)**. Die Schraubzwingen können wieder weg und die Tür lässt sich tatsächlich bewegen, ohne zu klemmen oder zu schleifen.

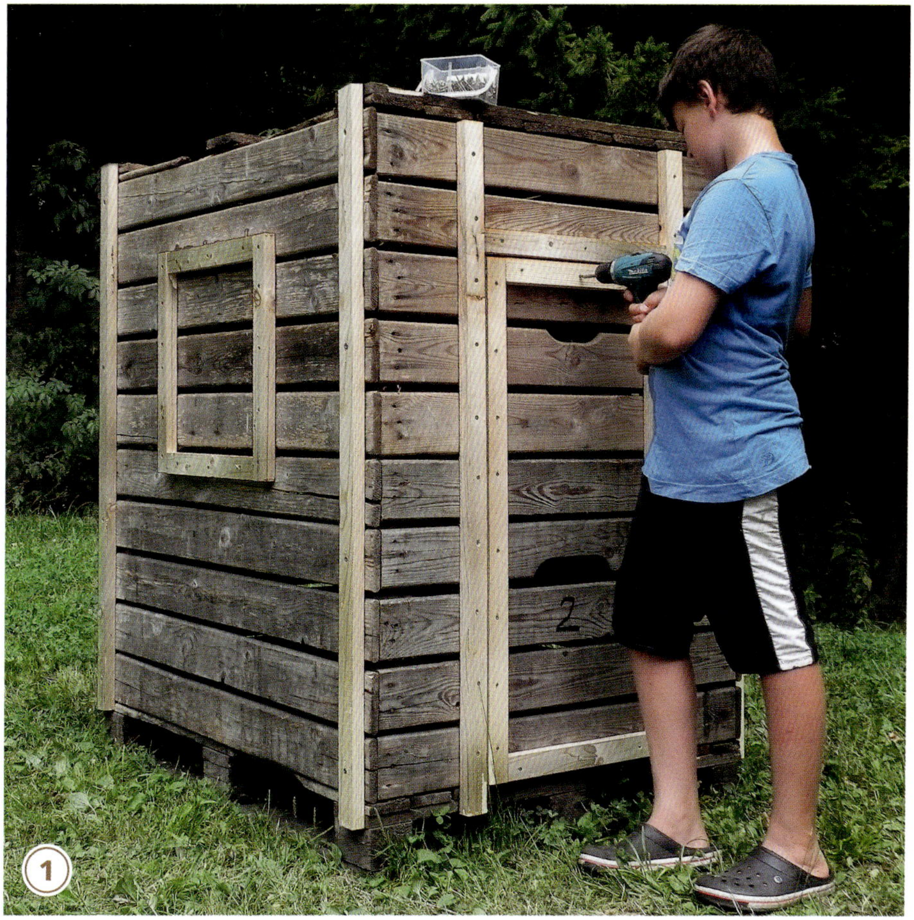

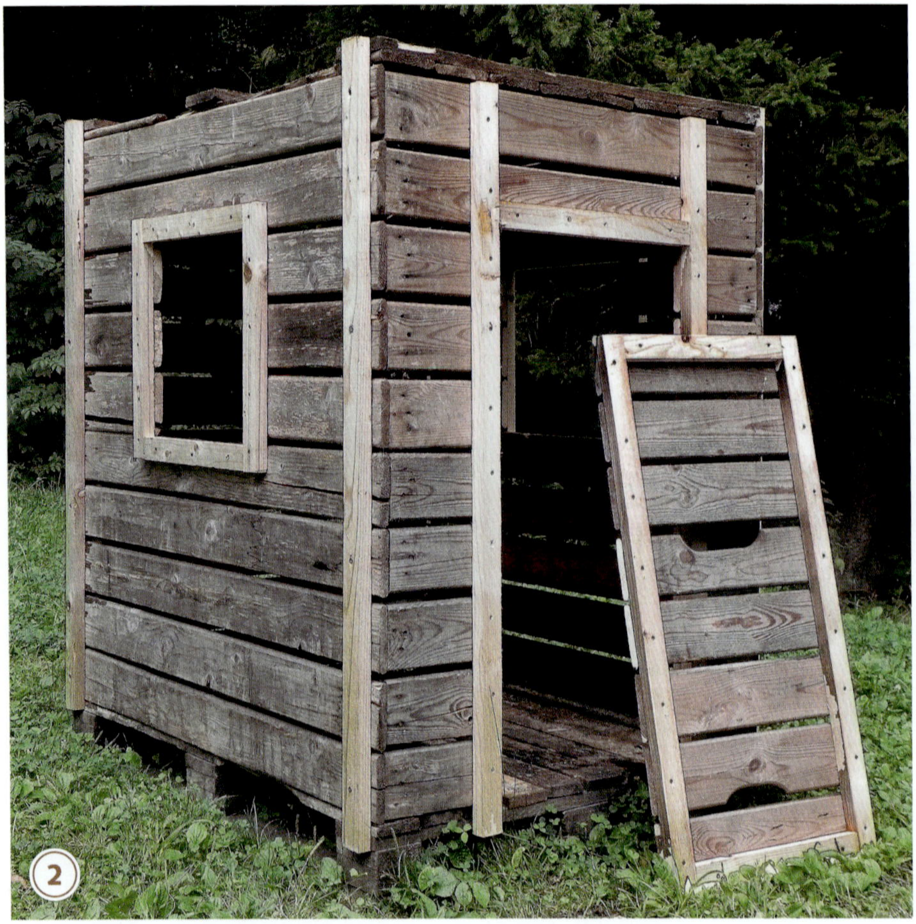

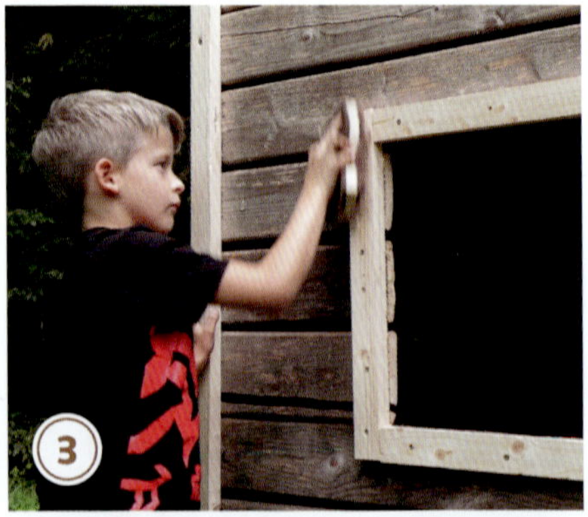

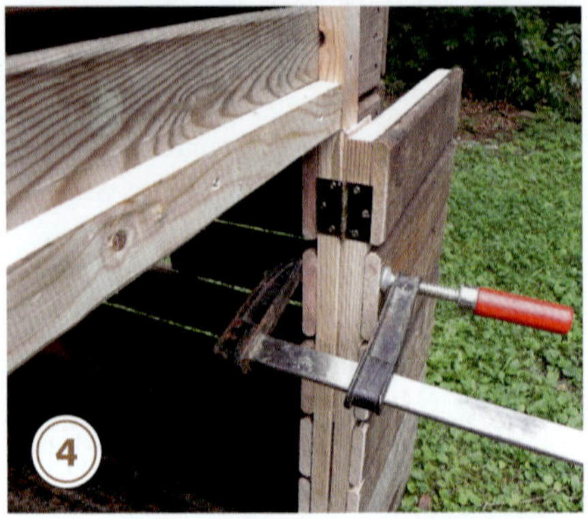

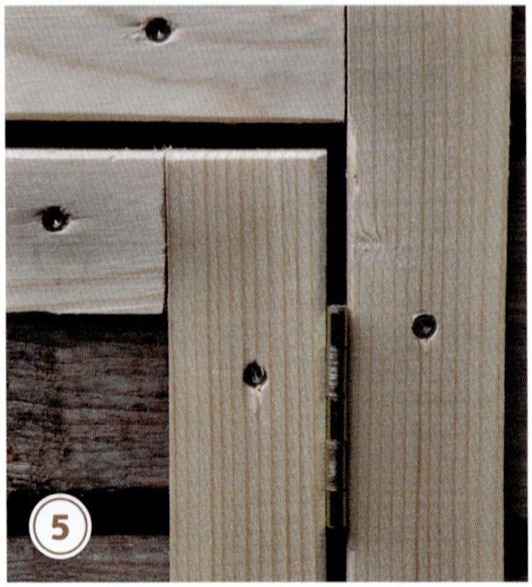

Das Abstandbrettchen kommt auch wieder weg. Durch das Brettchen entstand die Fuge zwischen Tür und Türstock und Platz für die Scharniere **(Abb. 5)**.

Auf der den Scharnieren gegenüberliegenden oberen Ecke wird im Hausinneren ein ca. 3 x 10 cm großer Blechstreifen angeschraubt. Das ist der Türanschlag, der verhindert, dass die Tür nach innen aufgeht, wodurch die Scharniere ausgerissen werden würden **(Abb. 6)**.

An manchen Stellen stehen im Inneren des Hauses Spitzen von den Schrauben heraus, die Opa mit einem Einhand-Winkelschleifer abschneidet bzw. wegschleift. Dazu setzt Opa eine Schutzbrille auf und zwängt sich höchstpersönlich in das Haus, was die Buben sehr amüsant finden.

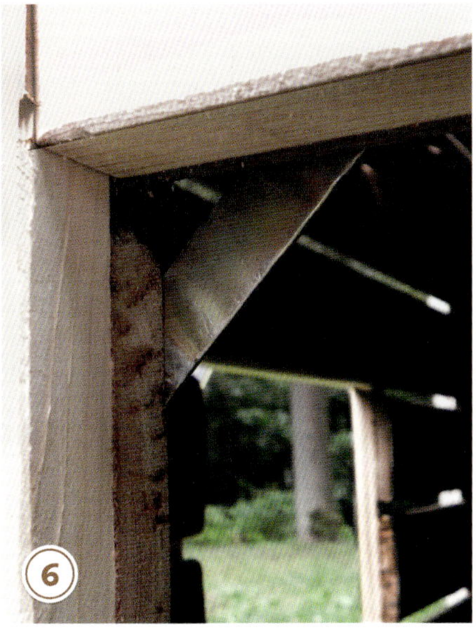

Der „Rohbau" ist nun bis auf das Dach fertig. Das Haus ist inzwischen jedoch so schwer geworden, dass es kaum mehr von der Stelle bewegt werden kann. So beschließen sie, das Haus zum endgültigen Standort im Garten von Theresa und Lena zu transportieren und dort erst das Dach zu bauen.

Die Firstpfette wird auf das auf der Zeichnung gezeigte Profil zugehobelt oder mit einer Tischkreissäge zugeschnitten. Die Dachplatten werden mit der Firstpfette verschraubt. Das funktioniert am besten, wenn die Dachplatten dabei hochkant auf den Boden gestellt werden und mit Schraubzwingen Pfette und Platten zusammengehalten werden. **(Abb. 7)**

Damit die Schrauben dann beim Aufsetzen des Dachs auf das Haus nicht ausreißen bzw. die Dachneigung nicht mehr verändert wird, werden die beiden Dachplatten mit einer Hilfslatte stabilisiert **(Abb. 8)**. Die beiden Nägel nicht ganz einschlagen, sie werden dann ja wieder entfernt.

Das Dach wird auf das Haus gesetzt und mit den langen Schrauben an allen vier Ecken angeschraubt. Jetzt kann die Hilfslatte wieder entfernt werden.

Zum Schneiden der Bitumenschindeln richtet Opa ein Metallllineal, ein Rollmaß und einen Cutter. Opa schneidet die Schindeln, Felix ist der Logistiker und

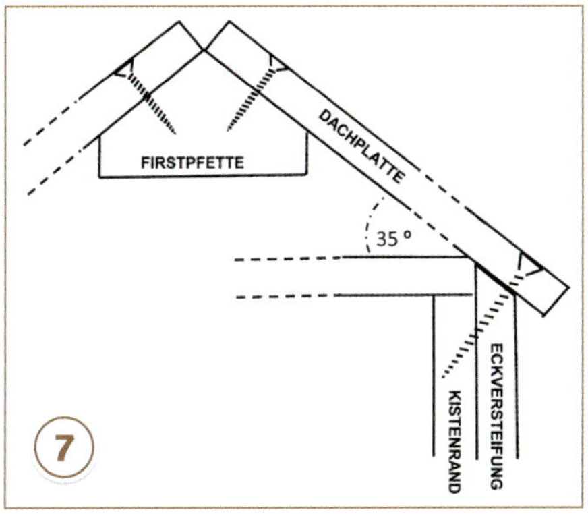

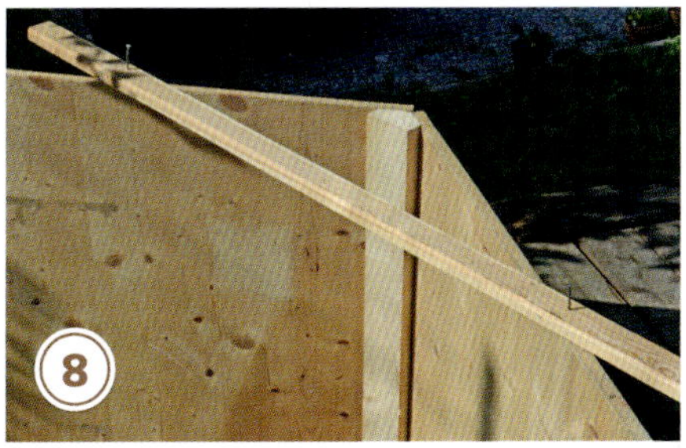

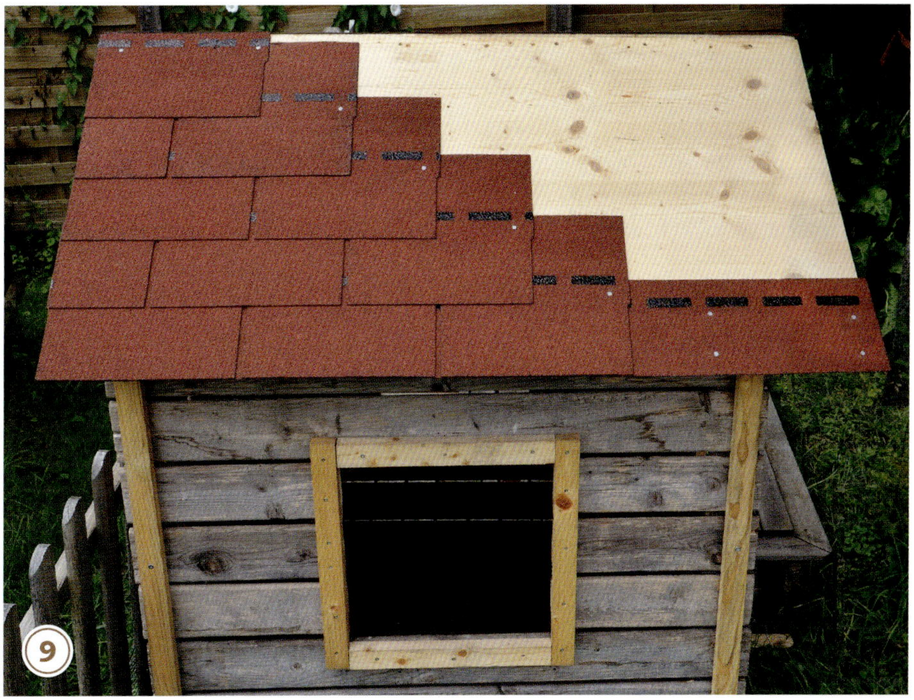

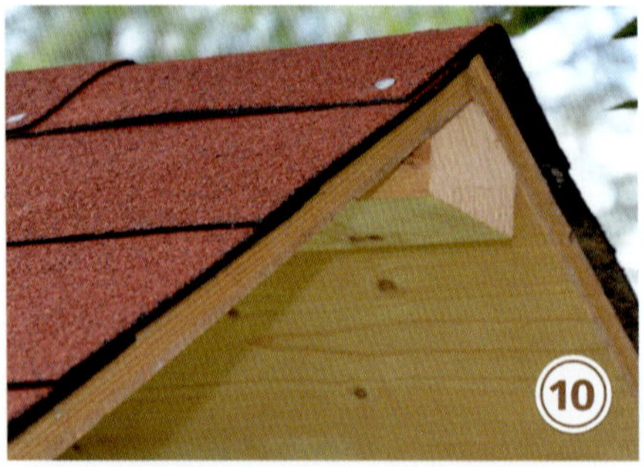

Lukas nagelt. Die Dachdeckung sollte bei Saum und Traufe ca. 2 cm über das Dach hinausstehen, damit das Wasser beim Abtropfen nicht das Holz berührt. Zuerst wird entlang der Traufe ein Streifen angebracht, von dem die Schindelzungen abgeschnitten sind. Darauf kommt die erste Reihe ganzer Schindeln, darüber seitlich um eine halbe Zunge versetzt die nächste Reihe usw. bis zur obersten Reihe, die der Länge nach passend zugeschnitten werden muss **(Abb. 9)**. Das Nageln erfolgt knapp unter den Bitumenstreifen. Dadurch sind die Nägel später nicht mehr sichtbar. Der untere Rand der Schindeln verklebt mit dem Bitumenstreifen der unteren Schindel. Lukas meint, die Streifen kleben nicht richtig. Aber Opa kann ihn beruhigen, die Verklebung erfolgt erst, wenn einmal kräftig die Sonne daraufscheint.

Zum Schluss kommen noch die Firstkappen auf das Dach. Dazu verwenden die fleißigen Dachdecker die Schindelzungen, die sie bei den Traufenstreifen abgeschnitten haben. Sie werden über den First gebogen und auf beiden Seiten niedergenagelt. Die nächste Kappe überdeckt der Länge nach die vorige um einige Zentimeter **(Abb. 10)**.

Die Buben und natürlich auch Opa sind richtig stolz auf das schöne Dach. Nach dem Umzug der Baustelle in Theresas und Lenas Garten konnte das Geheimnis vor den beiden ja noch gewahrt werden, sie konnten sich unter der riesigen Kiste nichts vorstellen. Aber jetzt mit Dach … Nach kurzem Jubelgeschrei säuselt Theresa Opa ins Ohr: „Aber eine Küche brauche ich da drinnen schon mit Herd und Spüle und … und ... und …“

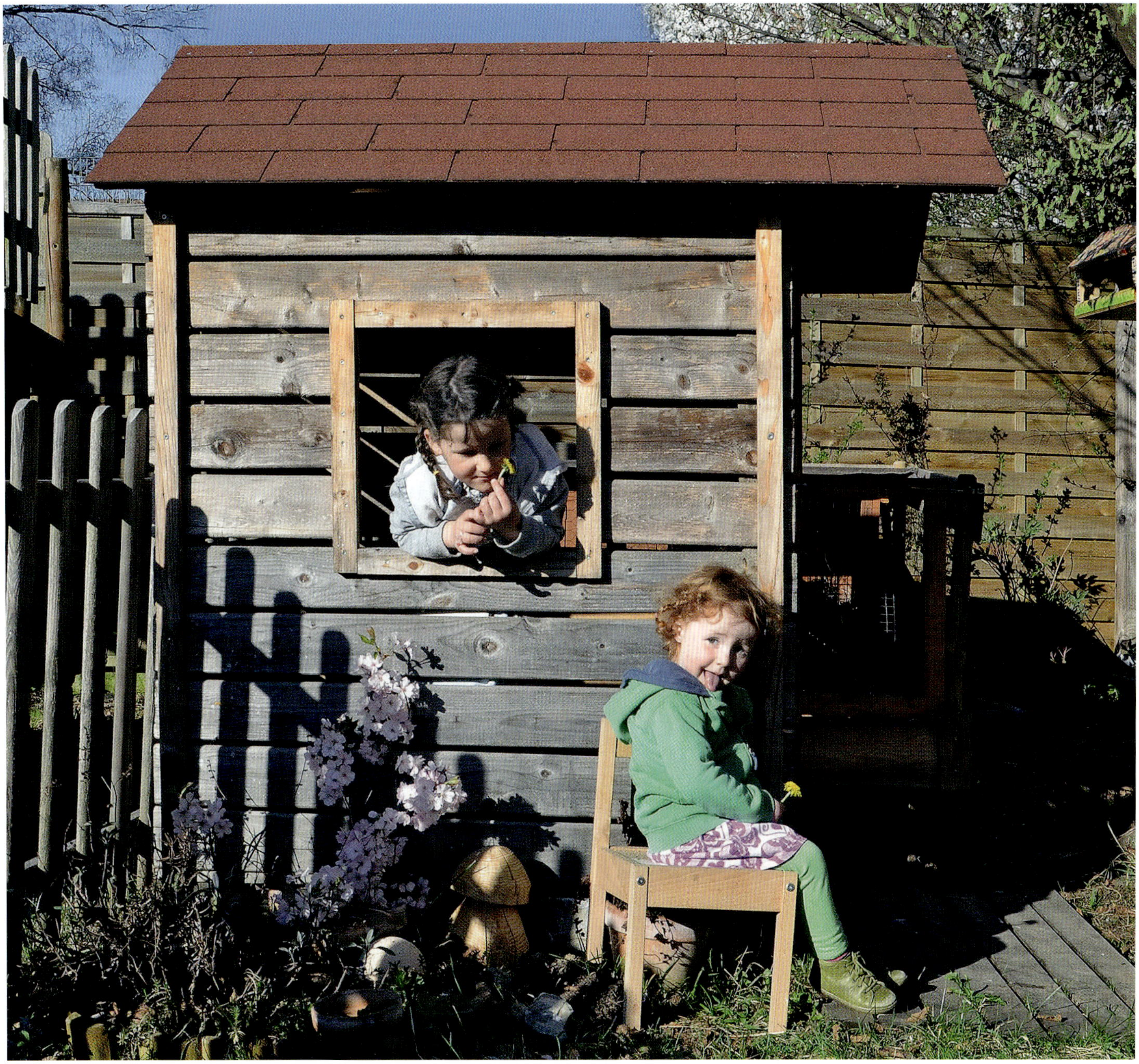

24 KAUFMANNSLADEN

Hannah möchte gerne ihrer Cousine Lena zum Geburtstag einen Kaufmannsladen schenken. Erste Anlaufstelle sind natürlich Oma und Opa und die haben, wie üblich, gleich einmal einige gute Ideen parat. Oma als Profi für Auf- und Wegräumen schlägt eine Ladeneinrichtung vor, die man zum Wegräumen ineinander verschachteln kann. So hat man dann nur eine „Kiste", in der alles drinnen ist. Da sind Opas graue Zellen ganz schön gefordert. Aber in einer schlaflosen Nacht reift das Projekt in Opas Kopf wie ein edler Käse.

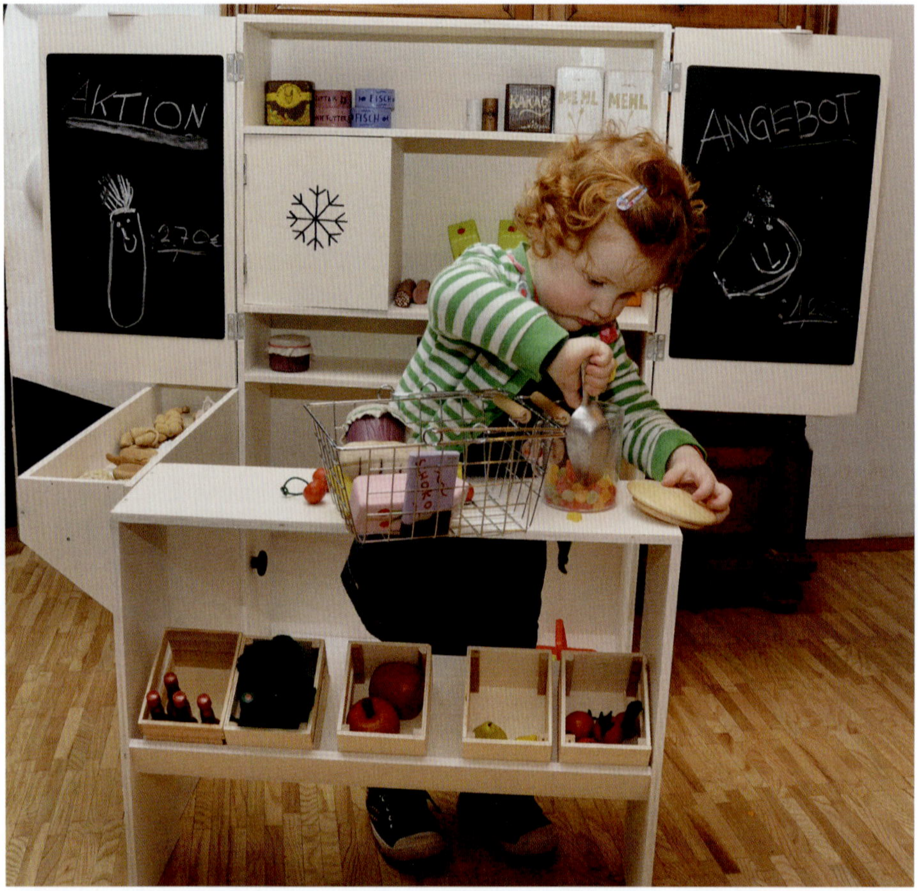

Er wird eine 10-mm-Pappel-Sperrholzplatte verwenden. Buche wäre zwar härter und damit widerstandsfähiger, aber auch teurer, schwerer und vor allem nicht so plan wie die Pappelplatte.

Die Standardgröße von Sperrholzplatten ist 2520 x 1520 mm. Auf der Grafik ist ein Vorschlag abgebildet, wie die Teile des Kaufmannsladens materialschonend ausgeschnitten werden können **(Abb. 1)**.

Wie schon aus der Stückliste erkennbar, besteht der Kaufmannsladen aus drei Elementen: dem Regal, dem Pult und einem Seitenteil. Das Seitenteil dient gleichzeitig zur Verbindung von Regal und Pult und sichert so die Elemente vor dem Umkippen. Omas Wunsch, dass die Elemente bei Nichtgebrauch ineinander verschachtelt werden können, hat Opa natürlich berücksichtigt.

Genug der Theorie, jetzt geht's los. Opa zeichnet auf der Innenseite der Seiten-

NÄGEL UND LEIM

Die Teile mittels Nägel und Tischlerleim miteinander verbinden. Die Nägel sind nicht für die Stabilität notwendig, sondern sie sollen verhindern, dass die Teile beim Leimen verrutschen. Außerdem erspart man sich die Schraubzwingen beim Leimen, da die Nägel für den notwendigen Anpressdruck sorgen. Im Fall, dass das Holz nicht farbig lackiert werden soll, sondern nur mit Klarlack, sollten statt normaler Nägel Wagnerstifte verwendet werden. Die haben nur einen ganz kleinen Kopf, den man kaum sieht.

DAS BRAUCHEN WIR

Regal

- Rückwand (**Pos. 1**)
  1 x: 1.000 x 600 cm
- Seitenteile (**Pos. 2**)
  2 x: 1.000 x 180 cm
- Dach + Böden (**Pos. 3**)
  5 x: 580 x 180 cm
- Wand Kühlschrank (**Pos. 4**)
  1 x: 240 x 165 cm
- Tür Kühlschrank (**Pos. 5**)
  1 x: 237 x 210 cm
- Fensterläden (**Pos. 6**)
  2 x: 298 x 520 cm

Pult

- Seitenteile (**Pos. 7**)
  2 x: 465 x 180 cm
- Arbeitsfläche (**Pos. 8**)
  1 x: 575 x 180 cm
- Schrägregal (**Pos. 9**)
  1 x: 555 x 175 cm
- Regalleiste (**Pos. 10**)
  1 x: 555 x 40 cm

Seitenteil

- Rückwand (**Pos. 11**)
  1 x: 600 x 475 cm
- Boden Lade (**Pos. 12**)
  1 x: 525 x 140 cm
- Rand Lade (**Pos. 13**)
  1 x: 525 x 60 cm
- Seitenteile Lade (**Pos. 14**)
  2 x: 170 x 140 cm

Sonstiges

- Sperrholz, 5 mm stark, ca. 250 x 80 mm
- Nägel, 35 mm
- 2 Sterngriffschrauben mit Sterngriffmuttern
- 6 Scharniere mit Schrauben
- 2 Rundkopfholzschrauben, 4 x 30 mm
- 2 Holzdübel, 5 mm
- Leim, Farbe oder Lasur, evtl. Spachtelkitt, Kreidetafelfolie (Dekorationsgeschäft) oder Kreidetafelfarbe (Bürobedarfsgeschäft)

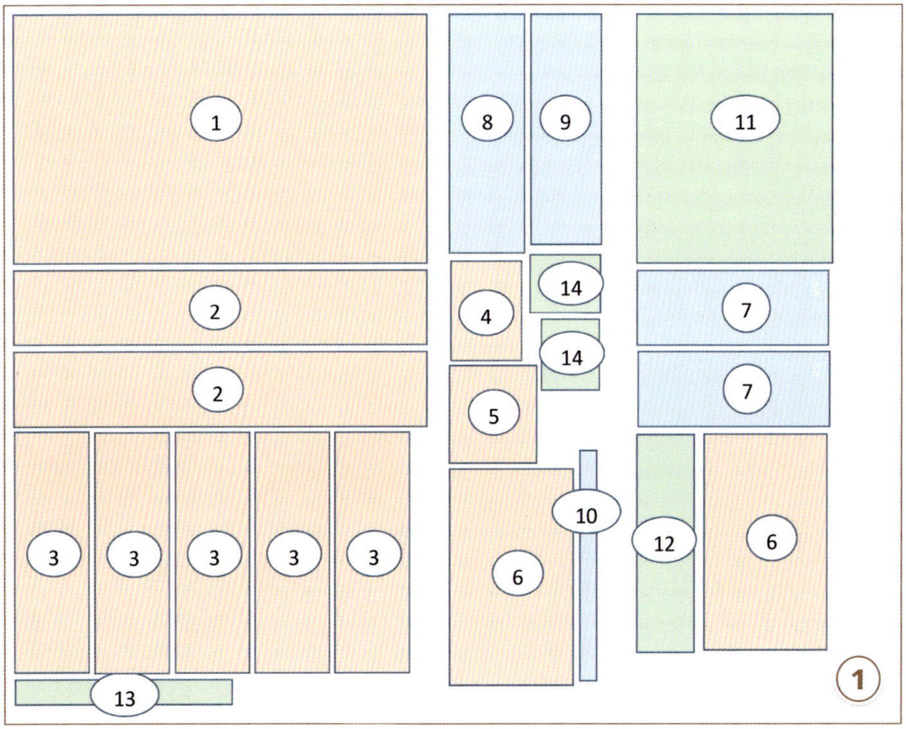

1

ZUSCHNITT

Die Holzteile kann ein Tischler zuschneiden bzw. bieten auch manche Baumärkte den Zuschnitt an. Für alle Bastler, die selbst zuschneiden wollen, hier einige Tipps. Die Platte hat schön beschnittene Ränder und man kommt leicht in Versuchung, von einer Ecke ausgehend den Winkel zu übernehmen.

Achtung! Verlassen Sie sich nicht darauf, dass die gekaufte Platte im Winkel ist. Und da eine Plattensäge in einer Bastelwerkstatt eher nicht zu finden sein wird, bleibt nur der gute alte Zimmermannswinkel. Damit kann auf einen Rand der Platte ein rechter Winkel geschlagen werden, von dem ausgehend dann die auszuschneidenden Teile vorgezeichnet werden.

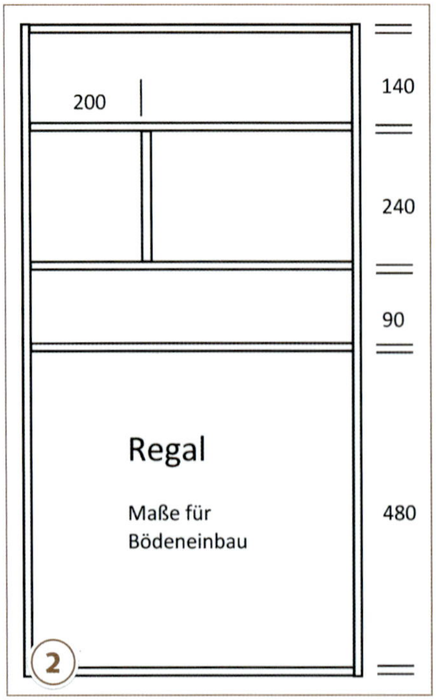

wände des **Regals** an, wo die Oberkanten der Regalböden anstoßen sollen. Auf der Außenseite der Seitenwände zeichnet er feine Linien, wo später genagelt wird **(Abb. 2)**. Für diese Arbeit braucht man einen Winkel mit Anschlag. Da das Holz 10 mm dick ist, sind diese Markierungen um 5 mm verschoben gegenüber den Linien auf der Innenseite der Wände. Beim Messen muss genau gearbeitet werden, sonst werden die Nägel auf der anderen Seite gleich wieder Frischluft schnuppern. Lieber drei Mal messen als einmal Nagel herausziehen oder gar das Teil neu zuschneiden.

Danach werden die Nagelstellen auf der Rückwand eingezeichnet. Das Einzeichnen der Seitenwände und Böden auf der Vorderseite der Rückwand des Regals kann man sich sparen, denn beim Aufnageln der Rückwand ist sowieso nur die Rückseite sichtbar.

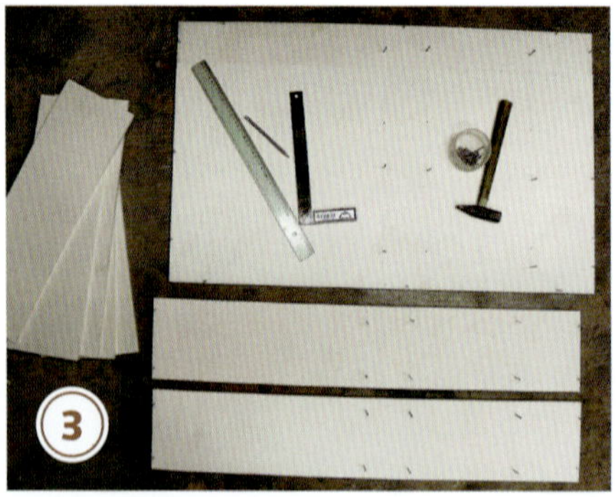

Das Verleimen des Regals sollte in einem Zug erfolgen und da aber die Offenzeit des Leims begrenzt ist, bereitet Opa alle Teile soweit wie möglich vorher vor. Er schlägt alle Nägel in Seitenteile und Rückwand so weit in das Holz, dass die Spitzen gerade noch nicht auf der anderen Seite herausragen **(Abb. 3)**. Falls doch, müssen sie wieder zurückgeschlagen werden, sonst lassen sich die Teile beim Leimen nicht einrichten. Für kurze Leimverbindungen reichen zwei Nägel, für lange drei. Mit dem mittleren Nagel bei längeren Abschnitten kann man gebogenes bzw. verzogenes Holz gerade richten.

Während Hannah Leim auf die Seitenkanten der Böden streicht, nagelt Opa die Seitenwand des Regals auf die Böden **(Abb. 4)**. Dann wird das Ganze umgedreht und die zweite Seitenwand wird geleimt und genagelt **(Abb. 5)**. Bevor der Nagel ganz versenkt ist, stoppt Opa

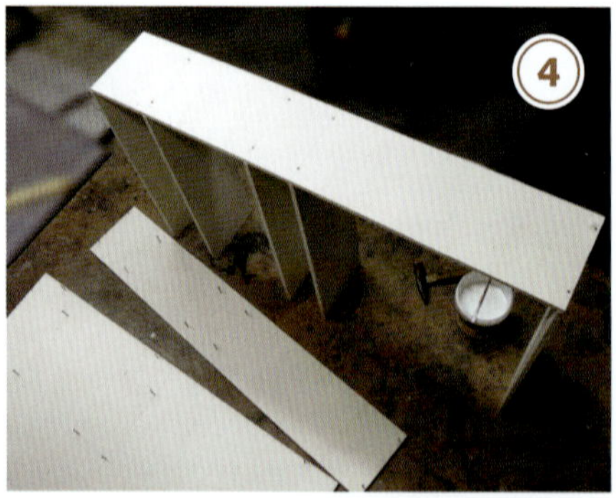

und kontrolliert, ob er nicht danebengegangen ist. Wenn ja, was sogar ihm manchmal passiert, hat er noch ein paar Millimeter, wo er die Beißzange ansetzen kann. Wenn der Nagel ganz im Holz ist, kann man ihn nur mehr von der anderen Seite her mit einem Durchschläger so weit zurückklopfen, dass man ihn mit der Zange zu fassen bekommt. Der Durchschläger sieht aus wie ein Körner, anstatt spitz ist er jedoch vorne flach. Zuletzt noch die Rückwand auf Seiten und Böden montieren und fertig ist das Regal **(Abb. 6)**.

Als nächstes Element wird das **Pult** **(Abb. 7)** montiert. Zuerst die Regalleiste auf das Schrägregal nageln **(Abb. 8 & 9)**,

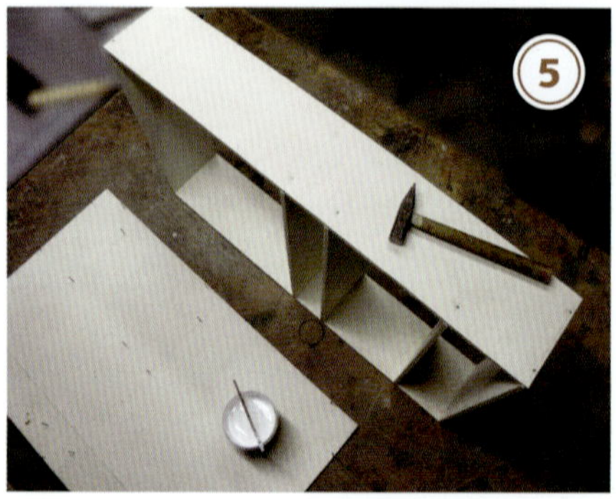

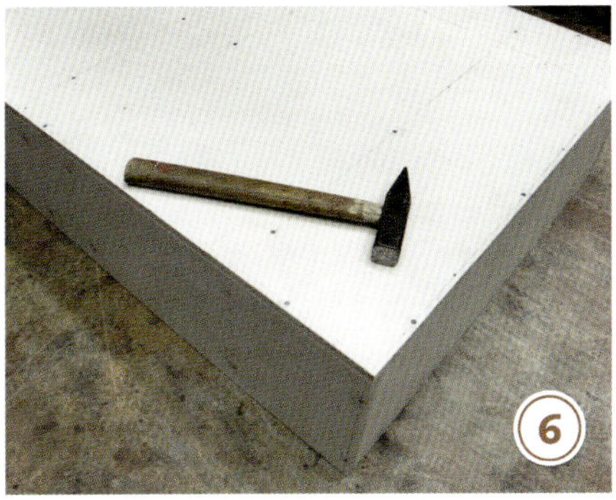

6

dann die Seitenwände auf das Schrägregal und zum Schluss die Arbeitsfläche auf die Seitenwände **(Abb. 10)**.

Das dritte Element, das **Seitenteil**, besteht aus einer Rückwand mit Lade. Die Seitenwand der Lade ist gleichzeitig Stütze und wird, wie auf der Zeichnung **(Abb. 11)** zu sehen, schräg abgeschnitten. Leimen, nageln, fertig **(Abb. 12)**.

Jetzt gleich einmal ausprobiert, ob die Verschachtelung funktioniert: Das Pult wird in den Unterteil des Regals geschoben und das Seitenteil mit der Lade voran in das Pult. Opa ist sichtlich zufrieden und brummt: „Sitzt, passt, wackelt und

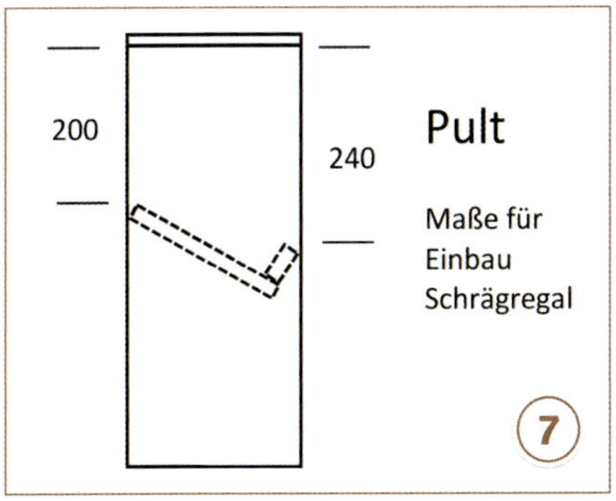

7

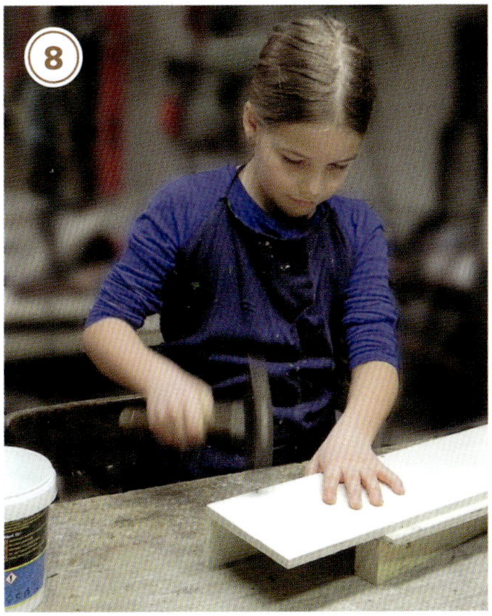

8

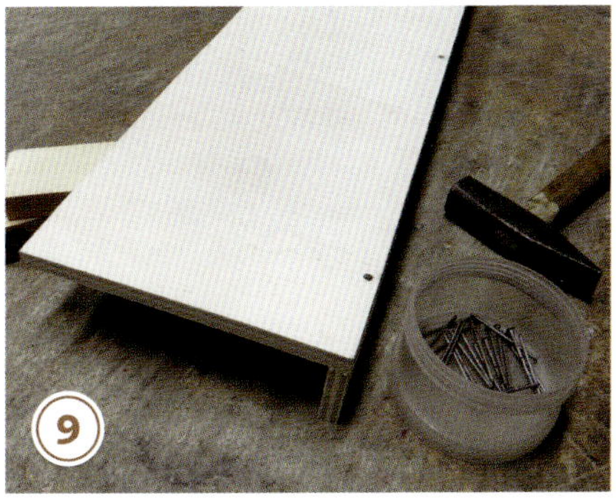

9

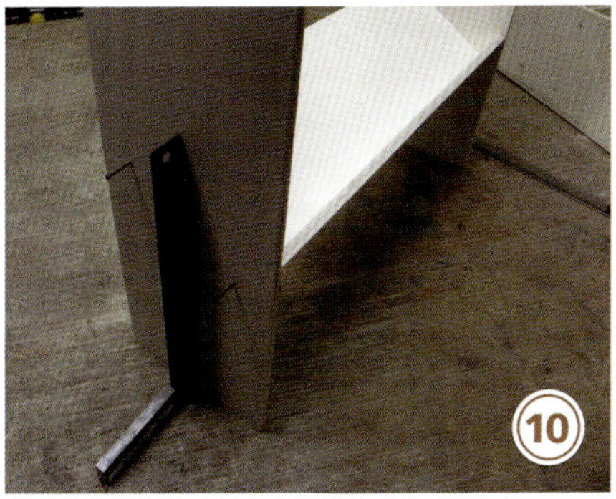

10

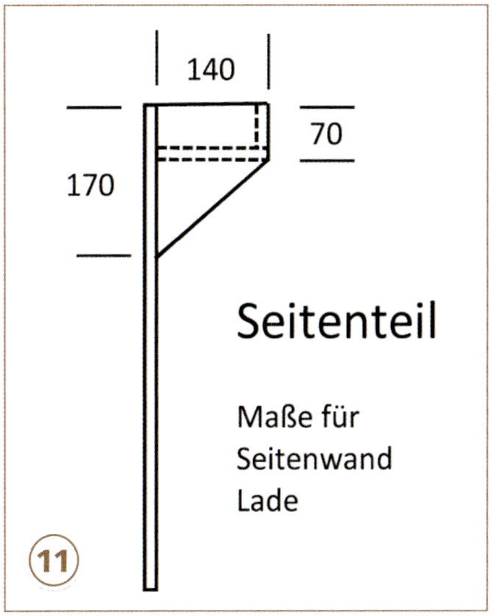

11

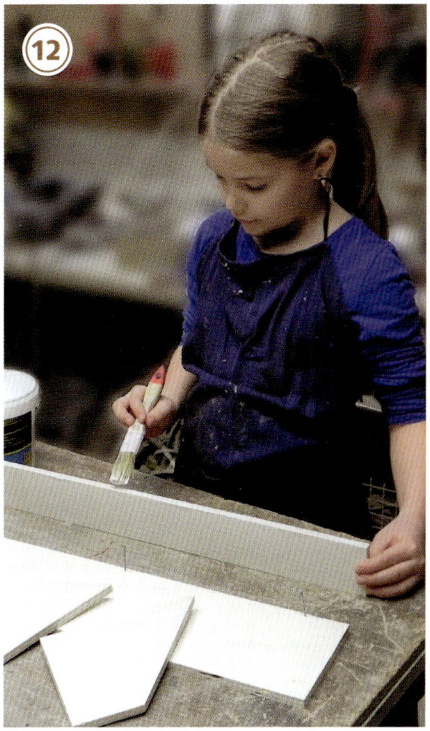

12

hat Luft." Falls es wo klemmt, könnte man schon leicht nachschleifen. Wenn es schlimm klemmt, sind Teile falsch zugeschnitten oder Opas Stückliste hat falsche Maße …

Spaß beiseite, die drei Elemente werden jetzt aufgestellt, sodass das Seitenteil mit je 10 cm das Regal und das Pult überschneidet **(Abb. 13)**. Dann werden die Elemente mit zwei Schraubzwingen provisorisch festgeklemmt, damit die Löcher für die Sterngriffschrauben gebohrt werden können **(Abb. 14)**. Der Durchmesser der Löcher soll um 1 mm größer als der der Schrauben sein. Beim Bohren unbedingt auf der anderen Seite ein Stück Abfallholz dazuklemmen oder wenigstens fest andrücken, damit das Sperrholz beim Bohren nicht splittert. Wenn die Schrauben zu lange sind, werden sie mit einer Eisensäge oder einer Flex auf die richtige Länge zugeschnitten. Danach die vordersten 3 mm der Schrauben spitz zufeilen, sonst lassen sie sich nicht in die Muttern drehen.

Zum Anschlagen der **Fensterläden** werden in den Seitenwänden des Regals

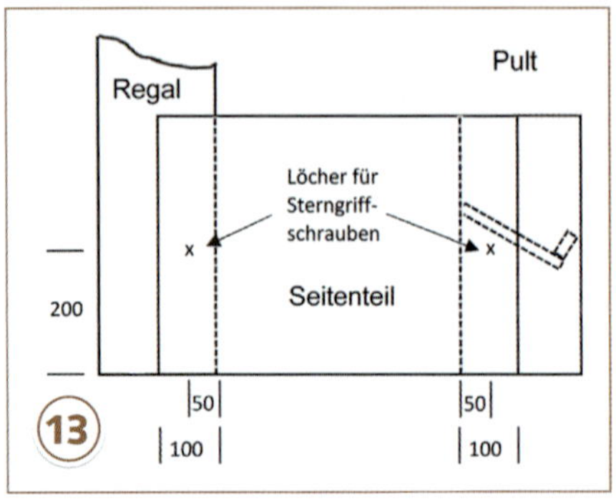

13

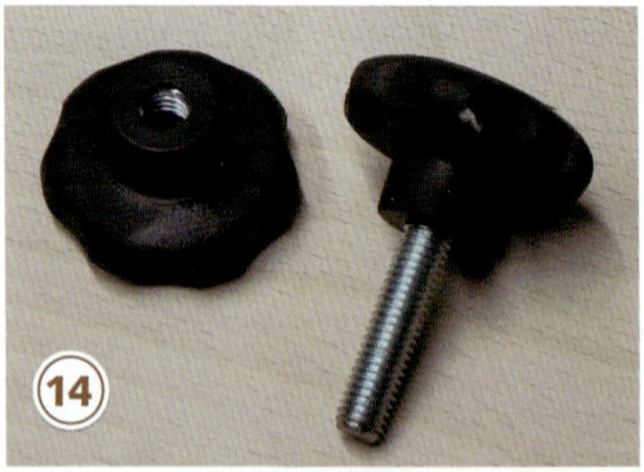
14

Ausnehmungen für die Scharniere benötigt, damit später kein Spalt zwischen Fensterladen und Regal entsteht. Opa spannt ein Stück Hartholz mit Schraubzwingen ca. 3 mm tiefer an das Sperrholz und arbeitet die Aussparung zuerst mit einer Raspel und dann mit einer Feile heraus **(Abb. 15)**. Das Hartholz dient als Tiefenbegrenzer für die Feile und als Schutz gegen das Splittern. Er achtet penibel darauf, dass er nur in Richtung Hartholz feilt. Ein einziger Feilenhub in die falsche Richtung und das Sperrholz splittert sofort.

Das Regal liegt auf dem Rücken, nun werden vier Holzklötze mit 18 cm Höhe vorbereitet, auf diese wird ein Fensterladen so daraufgelegt, dass er eben mit der Seitenwand des Regals ist. Der Fensterladen liegt parallel zum Regal und wird jetzt um die Breite der Scharnierrolle vom Regal weggerückt **(Abb. 16)**. Hier ist wirklich Genauigkeit gefragt, sonst hängt dann der Fensterladen entweder schief oder schneidet seitlich nicht richtig mit der Wand des Regals ab. Wenn die Lade eingerichtet ist, mit einem Dorn die Position für die Schrauben markieren und die Scharniere anschrauben. Jetzt kommt die Stunde der Wahrheit, die Läden werden zum ersten Mal geschlossen und man sieht, wie genau man gearbeitet hat.

Falls die Schrauben auf der Rückseite des Holzes herausragen, werden sie mit einem Einhand-Winkelschleifer abgeschnitten **(Abb. 17)**. Dabei können die Kinder natürlich nicht helfen. Außerdem braucht man schon etwas Gefühl, um die Schrauben so abzuschneiden bzw. abzuschleifen, dass nichts mehr aus dem Holz ragt, andererseits soll das Holz aber auch nicht beschädigt oder von der Trennscheibe verkohlt werden.

Beim Anschlagen der **Kühlschranktür** ist zu beachten, dass die beiden Scharniere nicht über die Seitenwand des Regals

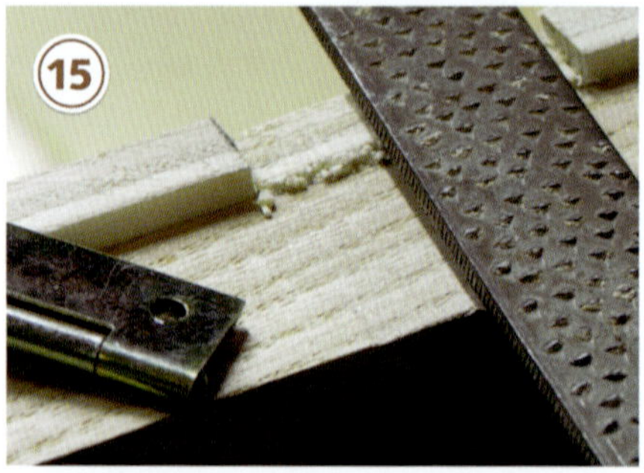
15

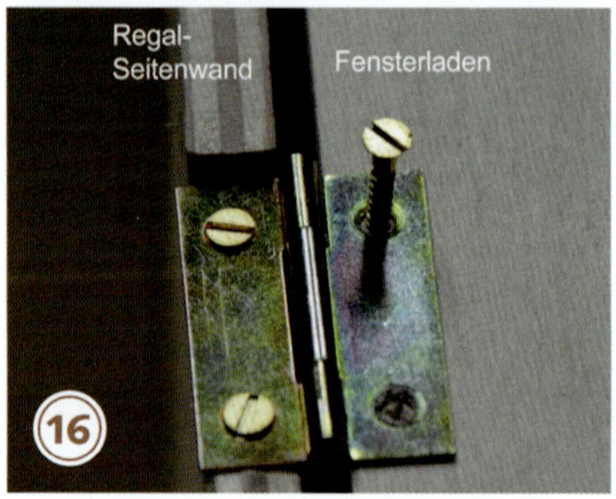

16

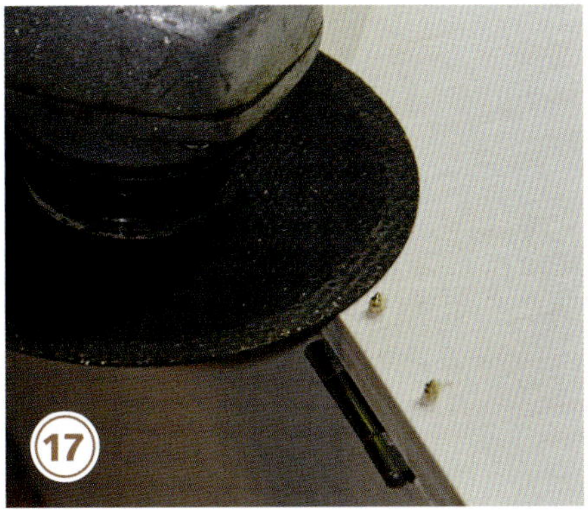

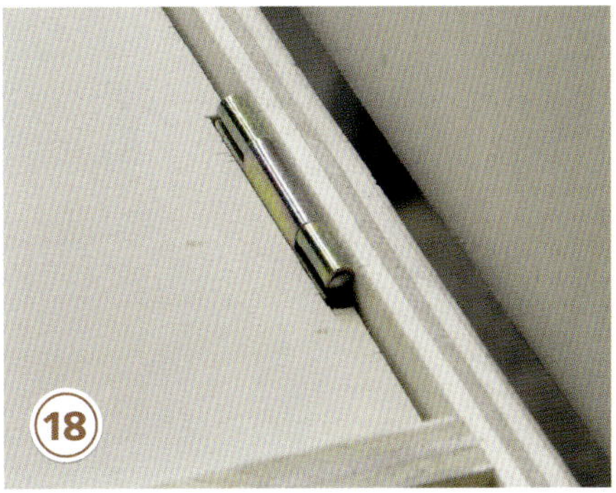

ragen, da sonst die Fensterläden nicht schließen **(Abb. 18)**.

Werden die Fensterläden zu weit geöffnet, würden die Scharniere ausbrechen. Daher hat sich Opa einen Mechanismus ausgedacht, mit dem die Fensterläden im geöffneten Zustand arretiert werden können, im geschlossenen Zustand können sie verriegelt werden. Ein Holzbrettchen wird auf der Oberkante der Seitenwand des Regals mit einer Schraube beweglich befestigt. Auf der Oberkante des Fensterladens ragt ein 5 mm starker Holzdübel ca. 10 mm heraus. Wird das Brettchen bei geöffnetem Laden bei diesem Dübel eingehängt, kann der Laden nicht mehr weiter nach hinten gedrückt werden. Wird das Brettchen bei geschlossenem Laden beim Dübel eingehängt, lässt sich der Laden nicht mehr öffnen.

Aus 5 mm Sperrholz zwei Brettchen zuschneiden **(Abb. 19)**. Die Ecken rund schneiden oder schleifen. Die ungefähren Maße für die Bohrungen und die Stellen für Schraube und Dübel sind zwar auf der Zeichnung ersichtlich, sollten aber unbedingt durch Ausprobieren selbst genau ermittelt werden **(Abb. 20)**. Auf der zweiten Seite des Regals den gleichen Mechanismus seitenverkehrt einbauen.

Die Bohrungen im Brettchen sollten so groß sein, dass sich das Brettchen bei der Schraube leicht bewegt und auch leicht

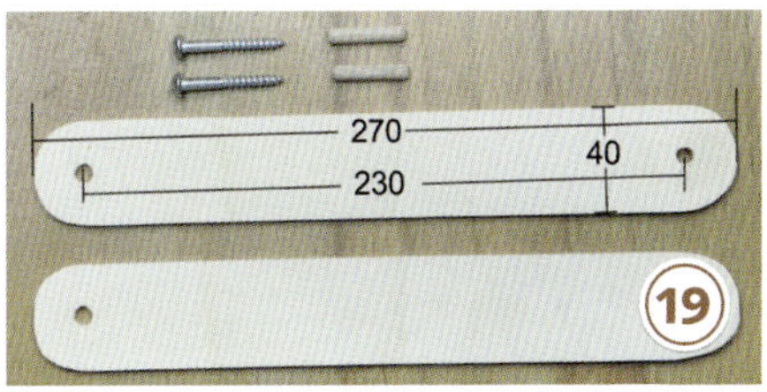

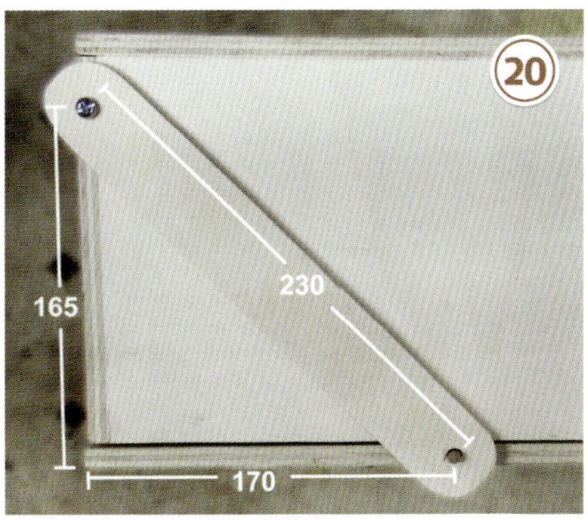

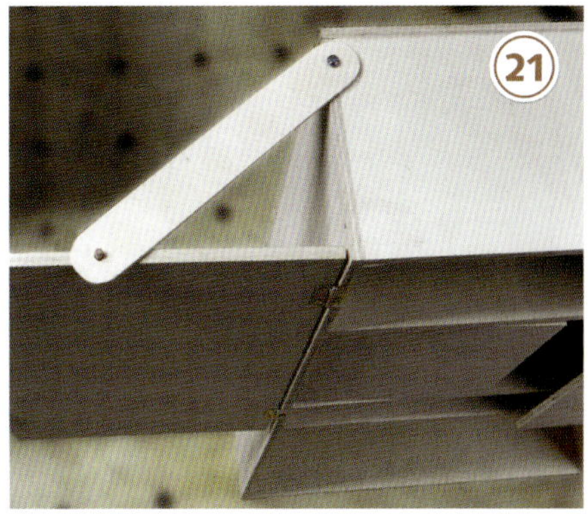

beim Dübel einrastet **(Abb. 21)**. Beim Einbau von Dübel und Schraube nicht zu klein vorbohren, damit das Sperrholz nicht gesprengt wird. Auch in das Bohrloch für die Schraube Leim geben, das verfestigt das Holz um die Schraube herum.

Aber jetzt befindet man sich auf der Zielgeraden. Opa verkittet falsch gebohrte Löcher, Schrammen und Fugen im Holz und überschleift die Flächen mit einem Schwingschleifer. Dann streicht Hannah den Laden mit weißem Lack. Oma kauft in einem Geschäft für Bürobedarf eine Folie, die man als Kreidetafel verwenden kann. Daraus schneidet sie mit Lineal und Cutter zwei Stücke, die mit Montagekleber auf die Innenseiten der Fensterläden geklebt werden. Dort können dann die kleinen Verkäuferinnen ihre Sonderangebote aufmalen.

Einrichtung für den Einkaufsladen

Hannah ist froh, dass der Laden endlich fertig ist. Sie hat jetzt die ganze Woche jeden Nachmittag mit Opa in der Werk-

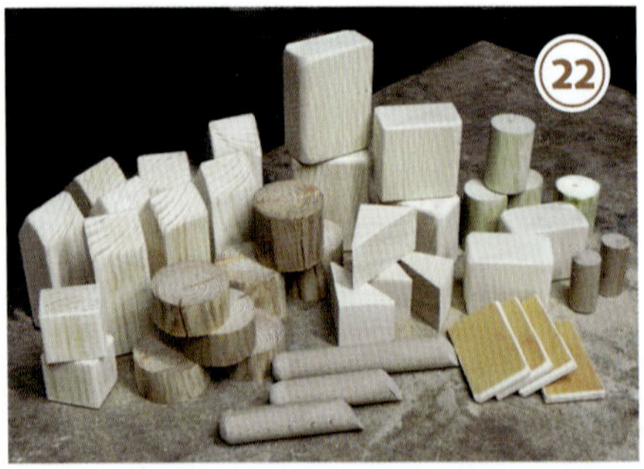

statt verbracht und in drei Tagen ist das Geburtstagsfest von Theresa und Lena. Und dabei muss sie noch die ganzen Lebensmittel für den Laden machen. Aber da werden schon Oma und Tante Lisa auch kräftig mit anpacken. Auch Opa wird noch nicht seines Amtes enthoben. Er schneidet mit der Tischkreissäge Stücke von verschiedenen Leisten und Rundstäben ab und freut sich dabei, dass das Holz in seiner Abfallkiste doch noch Verwendung findet **(Abb. 22)**. Tobias schleift die Kanten mit der kleinen Bandschleifmaschine. Jetzt können Oma und Hannah endlich loslegen.

Hannah bemalt die Holzstücke mit Acrylfarben **(Abb. 23)**. Diese decken gut, sind nicht giftig und einmal getrocknet, ist die Farbe nicht mehr wasserlöslich. Beim Beschriften der Lebensmittel ist Tante Lisa behilflich und das Resultat lässt sich sehen. Damit die Teile nicht so schnell verschmutzen bzw. damit sie abwaschbar sind, werden sie noch mit wasserlöslichem Klarlack gestrichen oder besprüht **(Abb. 24)**.

Die Teile für die Gemüsesteigen schneidet Opa aus 4 mm starkem Sperrholz. Auf die Seitenteile leimt er 4 mm vom Rand entfernt Vierkantleisten **(Abb. 25)**. Die Dimension der Leisten ist unwesentlich, Opa nimmt für solche Zwecke Stiele von Silvesterraketen, die er beim Spazierengehen gefunden hat. Im nächsten Schritt leimt er die Seitenteile auf die Bodenplatte und die unteren Seitenbrettchen auf die Vierkantleisten. Zum Schluss werden die oberen Seitenbrettchen angeleimt und mit Wäscheklammern fixiert, bis der Leim fest ist **(Abb. 26)**.

Hannah schneidet aus grünem Filz Salatblätter **(Abb. 27)** und bindet sie mit einem Spagat zu Salatköpfen. Für die Tomaten streicht sie Holzkugeln rot an **(Abb. 28)** und klebt Blätter aus grünem Filz drauf **(Abb. 29)**.

Salzteig-Rezept

Inzwischen knetet Oma einen Salzteig **(Abb. 30)**, aus dem das Gebäck entstehen soll.

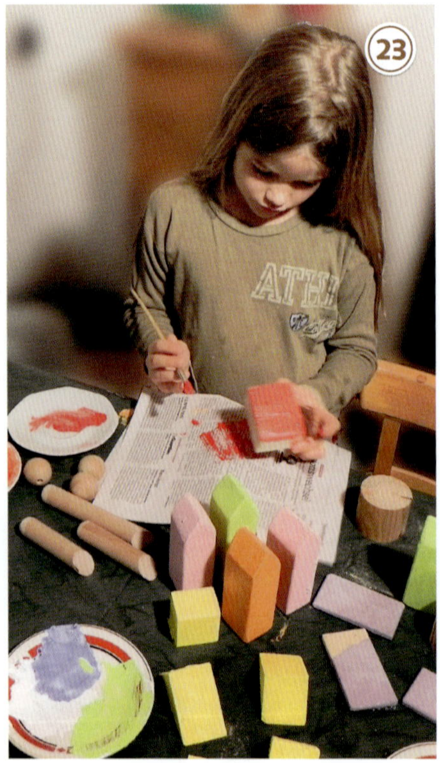

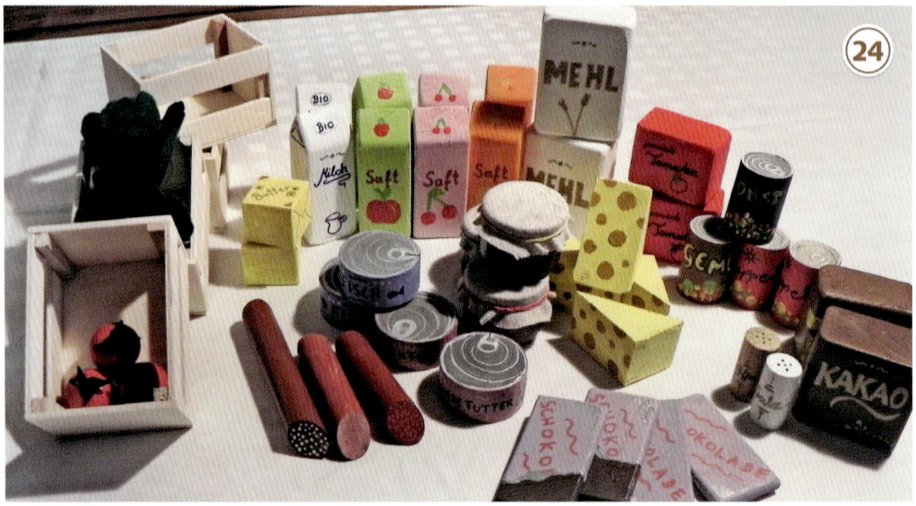

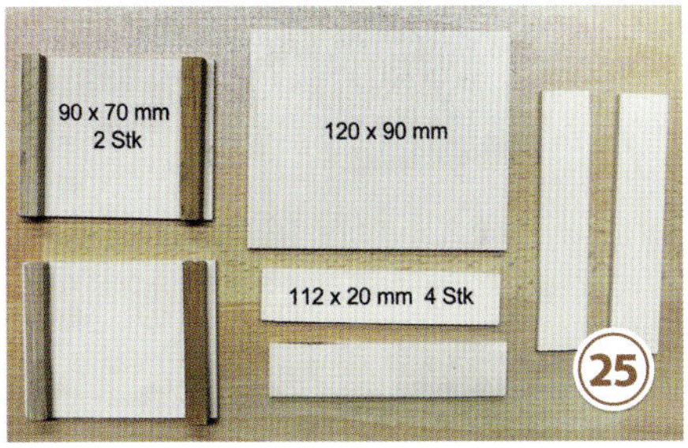

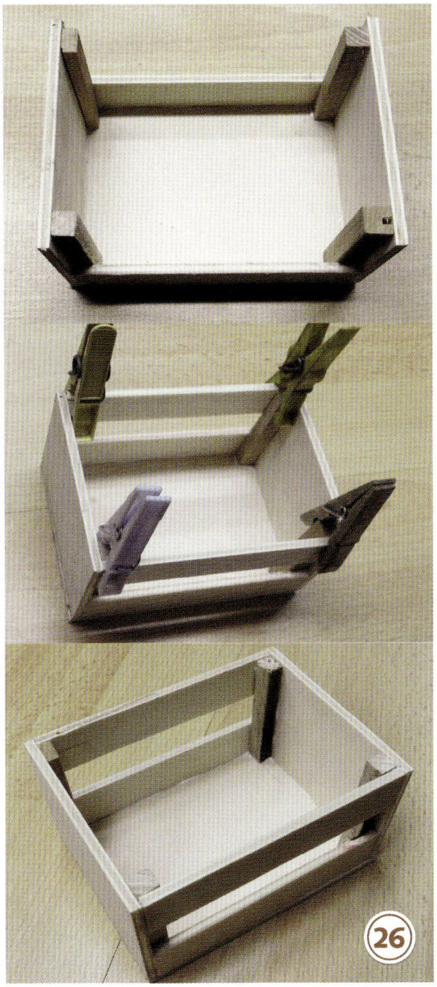

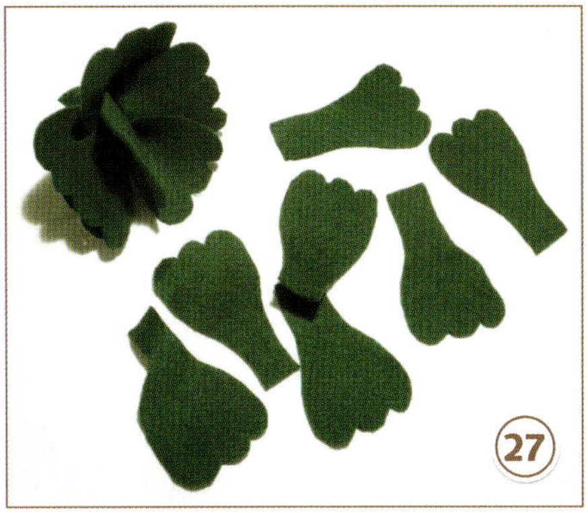

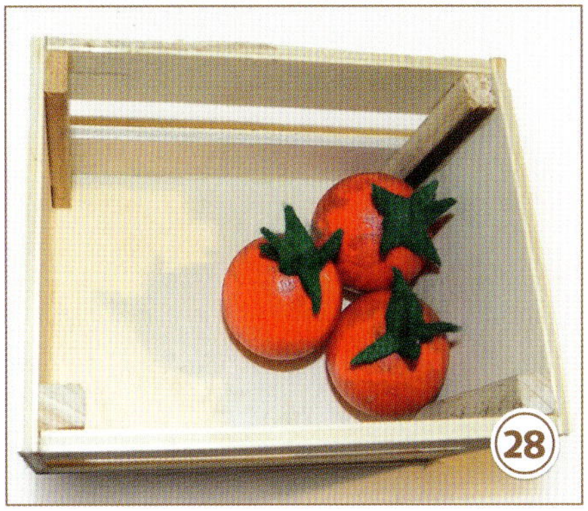

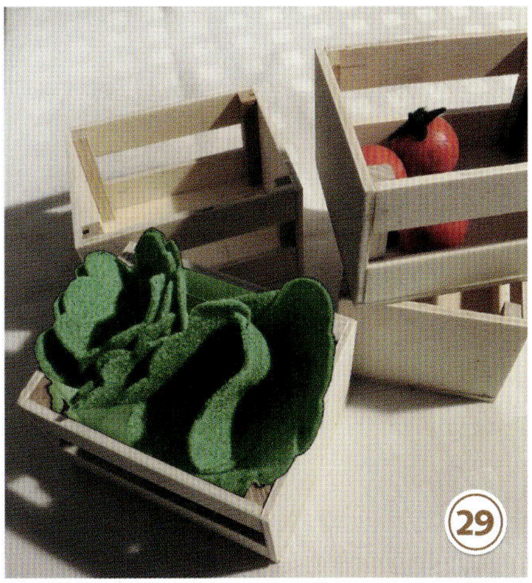

Dazu braucht sie:
2 Becher Roggenmehl
1 Becher Maisstärke
1 Becher Salz
3 EL geruchsneutrales Speiseöl

Das Roggenmehl hat den Vorteil, dass es nach dem Backen schon die richtige goldbraune Farbe hat und das Gebäck braucht nicht mehr bemalt zu werden. Die Maisstärke und das Öl machen den Teig schön glatt und verhindern, dass die Oberfläche beim Backen rissig wird. Oma vermischt die Zutaten in einer

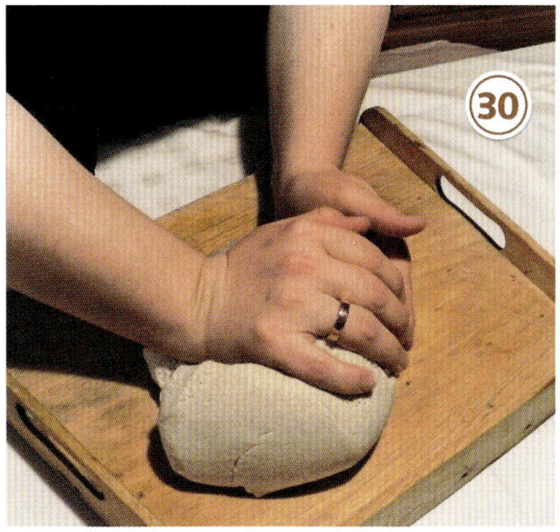

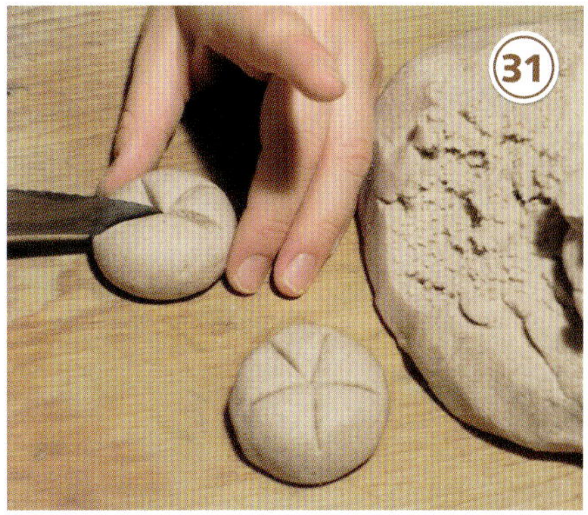

Schüssel und rührt langsam lauwarmes Wasser dazu, bis der Teig klumpig ist. Dann wird er geknetet, bis er geschmeidig ist. Aus dem Teig kann jetzt das Gebäck geformt werden **(Abb. 31)**. Oma weiß auch, wie Mohnweckerl geflochten werden **(Abb. 32)**.

Das Gebäck kommt auf ein Backblech **(Abb. 33)** und wird bei 150 °C im Backofen eine Stunde pro 5 mm gebacken. Die dickeren Teile sind in unserem Fall 15 mm dick, also beträgt die Backzeit drei Stunden.

Sollte das Gebäck nicht die richtige Farbe haben, kann es natürlich auch mit Acrylfarben bemalt werden. Auf alle Fälle sollte der Salzteig noch mit farblosem Lack gestrichen werden, da er sonst Wasser aus der Luft anzieht und mit der Zeit weich wird **(Abb. 34)**.

Fertig zum Spielen

Hannah freut sich, dass der Kaufmannsladen doch noch rechtzeitig zum Geburtstagsfest fertig geworden ist. Und ganz besonders freuen sich Oma und Opa über ein paar leuchtende Kinderaugen.

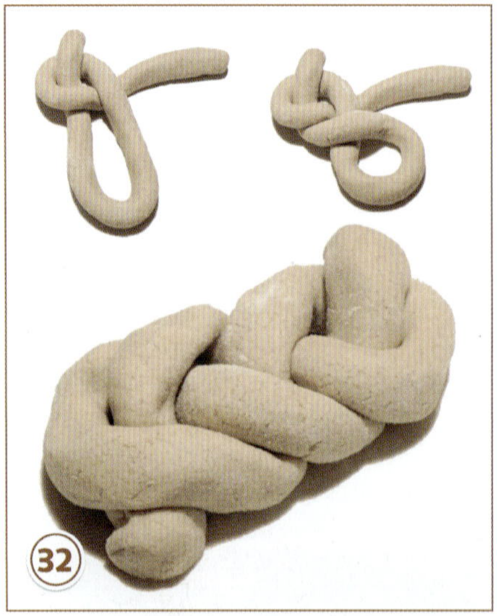
32

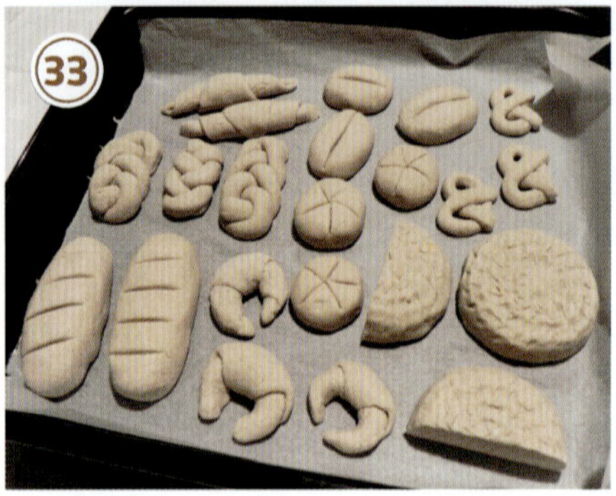
33

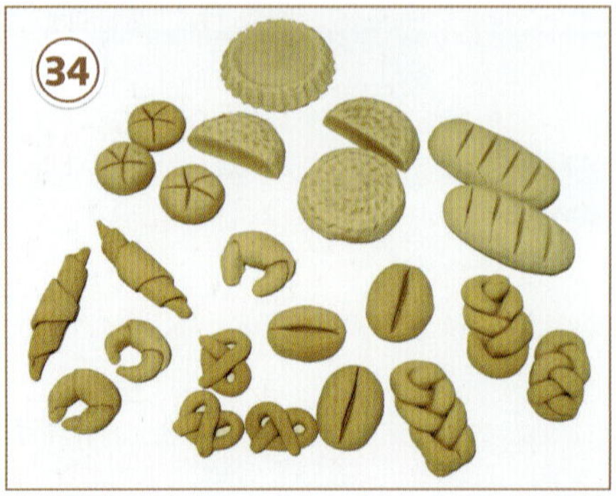
34

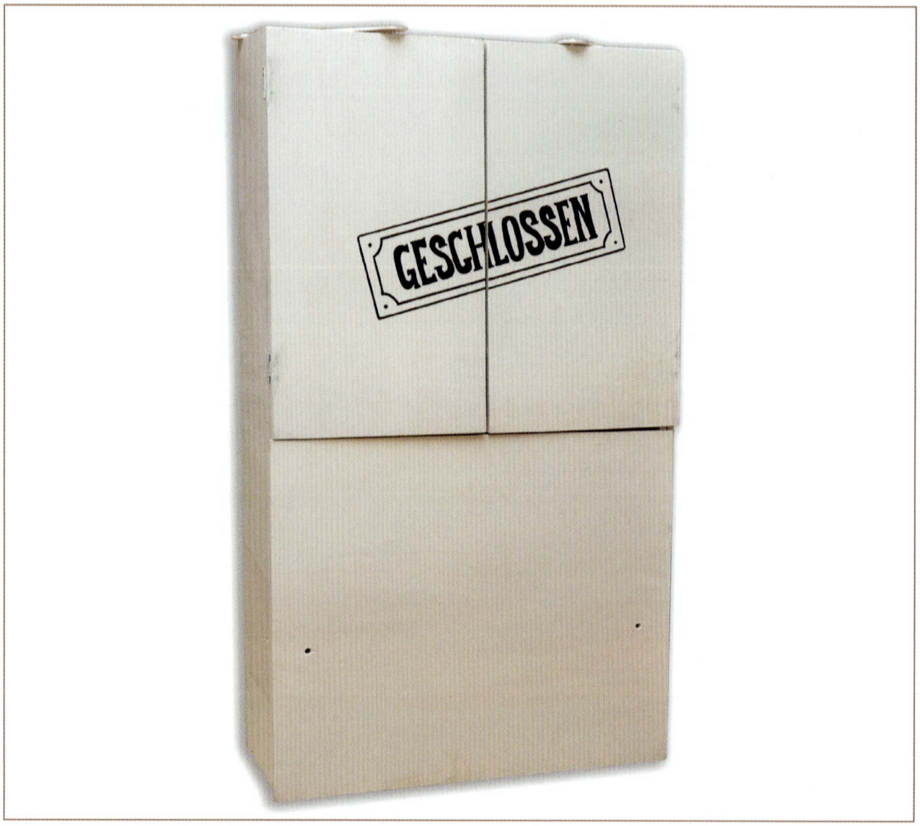

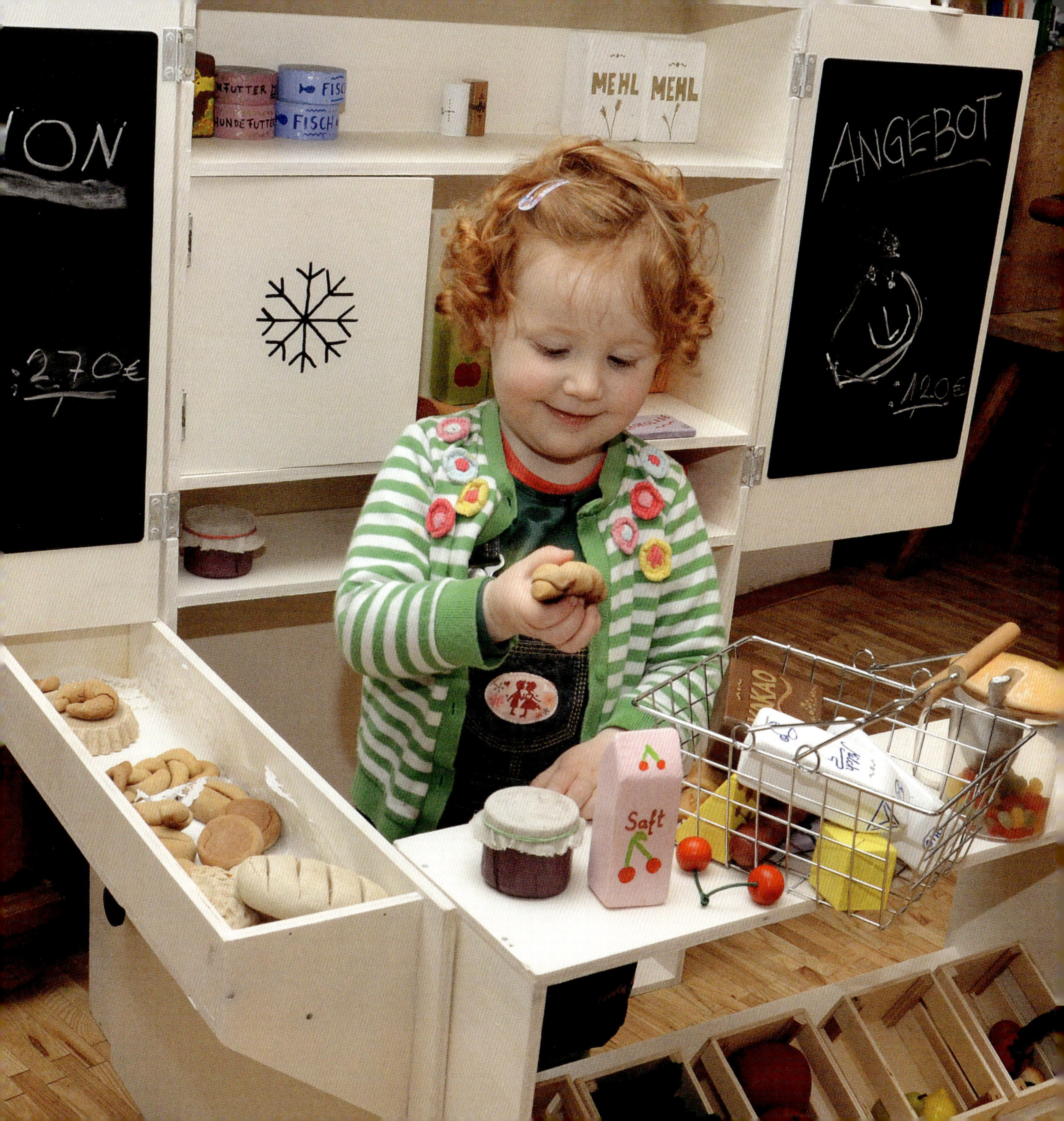
MEHL
MEHL
ANGEBOT
Saft

25 INSEKTENHOTEL

DAS BRAUCHEN WIR

- Füllmaterial, wie Heu, Stroh, Rinde, Holzleisten, Rundholz etc.
- 1 Dreischichtplatte für die Rückwand, 80 cm hoch
- Hasenstallgitter für die Vorderseite (oder verzinktes viereckiges Gitter)
- Holzabfälle für die Wände, die Seiten- und Trennwände, den Boden und das Dach
- Nägel
- U-Haken
- Teichfolie, Bitumenschindeln oder beschieferte Dachpappe

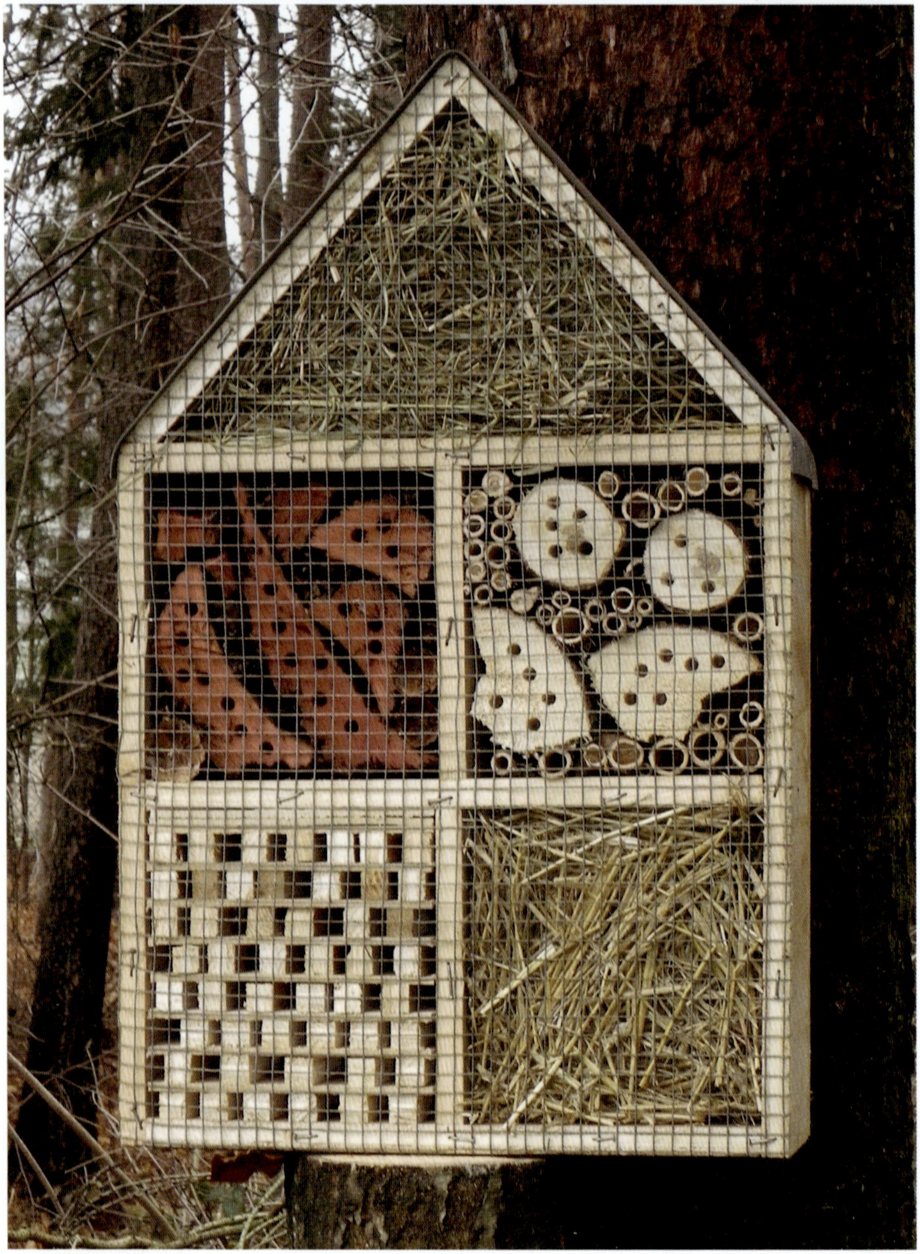

Opa kann sich nicht erinnern, dass alle zusammen jemals so viel Spaß gehabt hätten als beim Bau des Insektenhotels. Dabei beginnt alles an einem trostlosen Herbstsamstag. Die Bande ist vollzählig da. Die Kinder hocken vor dem Fernseher und streiten darum, welches Programm sie sich reinziehen sollen. Auf den Vorschlag von Oma, ins Freie zu gehen, spielen sie taub und geben gar keine Antwort. Nächster Vorschlag von Oma: eine Weihnachtskrippe zu bauen, schließlich ist Weihnachten nicht mehr fern. Ohne vom Fernseher wegzusehen, kommt wenigstens eine Antwort von Lukas: „Das haben wir eh schon voriges Jahr gemacht."

Nächster Versuch von Oma: ein Insektenhotel. Jetzt ist es Felix, bei dem die

Botschaft angekommen ist. Er holt sofort Papier und Bleistift und beginnt, einen Plan zu zeichnen. Die anderen brauchen keinen Plan, aber es entwickelt sich eine hitzige Diskussion darüber, was alles ins Insektenhotel hinein soll.

Lukas besteht auf einem Ziegel mit vielen Löchern. Das hat er schon einmal so gesehen. In Ermangelung eines solchen gelingt es Opa erfolgreich, ihm klar zu machen, dass sich die Insekten im warmen Holz viel wohler fühlen als im kalten Ziegel. Felix erklärt seinen Plan beziehungsweise die vielen Räume, die er gezeichnet hat. Erstaunlich ist ein Raum mit zwei Tassen. Felix erklärt, diese seien für Marmelade und Honig. In einem Hotel muss es schließlich ja auch Frühstück geben.

Während Oma mit den Kindern in den Wald geht, um nach „Rohstoffen" zu suchen, beginnt Opa schon mit den Vorbereitungsarbeiten. Auch ihn freut die Sache, denn er hat alles, was gebraucht wird, im Haus. Außer der Rückwand besteht der Rest sogar ausschließlich aus Abfällen. Die Rückwand schneidet er mit der Tischkreissäge aus einer Dreischichtplatte. Die Größe wird bestimmt von

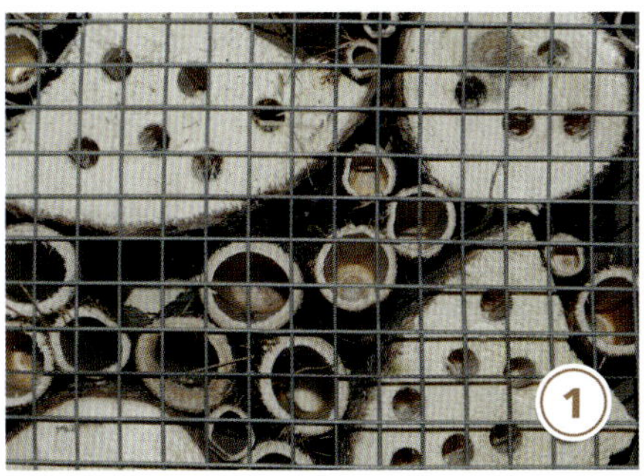

einem Rest Hasenstallgitter, das für die Vorderseite des Hotels gebraucht wird. Eine Höhe von 80 cm erweist sich nachträglich als recht günstig, da ein größeres Hotel schon zu schwer geworden wäre. In den Baumärkten gibt es übrigens verzinkte viereckige Gitter in Stücken und sechseckige „Hasenstallgitter" in Rollen.

Danach schneidet Opa 12 cm breite Streifen aus Holzabfällen für die Wände und längt diese passend ab. Inzwischen ist die Bande mit ihrer Beute zurück und es wird beschlossen, die fünf Räume wie folgt zu füllen: Heu, Rinde, Rundholz, Holzleisten und Stroh.

Aber jetzt geht's ans Eingemachte. Die drei Buben hämmern drauf los und nageln die Wände auf die Rückwand. Das ist gar nicht so einfach, denn es müssen durch die Rückwand die Seitenwände getroffen werden und so mancher Nagel schnuppert auf der anderen Seite der Rückwand wieder Luft.

Jetzt werden die Räume befüllt. Opa stellt bei der Kappsäge den Anschlag auf 12 cm und schneidet von Leistenresten, dicken Rindenstücken und Rundhölzern Stücke ab. Die dekorativen, hohlen Röhren sind übrigens getrocknete Stiele vom Knöterich, den Oma im Garten einmal gepflanzt hat und jetzt nicht mehr los wird **(Abb. 1)**.

Lukas, der „Große", darf schon die Kappsäge bedienen, er kennt die Sicherheitsbestimmungen und Opa überwacht natürlich jeden Handgriff mit Argusaugen. Besonders kurze Stücke, wo die Hände zu nahe am Sägeblatt sind, schneidet Opa selbst.

Aber auch Tobias und Felix dürfen schon Maschinen bedienen: Sie bedienen den Hebel der Ständerbohrmaschine und bohren die Löcher in die Rinden- und Rundholzstücke, die mit einem Maschinenschraubstock vorher fixiert werden. Es sollten übrigens nur scharfe Holzbohrer verwendet werden. Da die Löcher relativ tief werden, werden die Bohrer sonst zu heiß und dadurch beschädigt.

Hannah leimt die Leistenstückchen mit Zwischenabständen in einen der Räume. Nach jeder Schicht kommt eine dünne Deckplatte. Lukas gibt zu, dass dieser Raum besser aussieht und seinen Zweck besser erfüllt als der ursprünglich geplante Ziegel.

Wenn alle Räume befüllt sind, wird das Hotel auf die Rückwand gelegt und Theresa stopft mit Begeisterung Heu und Stroh in die zwei noch freien Räume. Danach wird das Gitter als Abdeckung daraufgenagelt. Das geht am besten mit U-Haken. Da Opa aber keine zu Hause hat, verwenden die Buben kleine Nägel, die nur halb eingeschlagen und dann umgebogen werden. Das Gitter verhindert nicht nur, dass der Inhalt des Hauses wieder herausfällt, sondern auch, dass das Insektenhotel von anderen Tieren, wie Vögel, Eichhörnchen usw., geplündert wird. Das überstehende Gitter wird mit einer Blechschere abgeschnitten und die noch vorstehenden kleinen „Spieße" werden mit dem Hammer umgeschlagen.

Schutzmaßnahmen

An die Kreissäge und Hobelmaschine lässt Opa niemanden. Außerdem hat Opa einige alte Holzfällerhelme mit Gehörschutz, die die Kinder aufsetzen müssen, wenn eine laute Maschine läuft. Auch Schutzbrillen werden, wenn nötig, verwendet.

Noch ein Dach drauf und dann ist das Werkstück fertig. Opa verwendet für das Dach Reste einer alten Teichfolie. Sie erfüllt ihren Zweck absolut, schöner wären allerdings Bitumenschindeln oder eine beschieferte Dachpappe.

Nachgeschichte: Die Kinder sind vom Insektenhotel so begeistert, dass sie sich nicht einigen können, wer es mit nach Hause nimmt. Jetzt wird noch ein zweites gebaut. Die Eltern dürfen nichts davon erfahren, denn die Insektenhotels gibt es als Weihnachtsgeschenke.

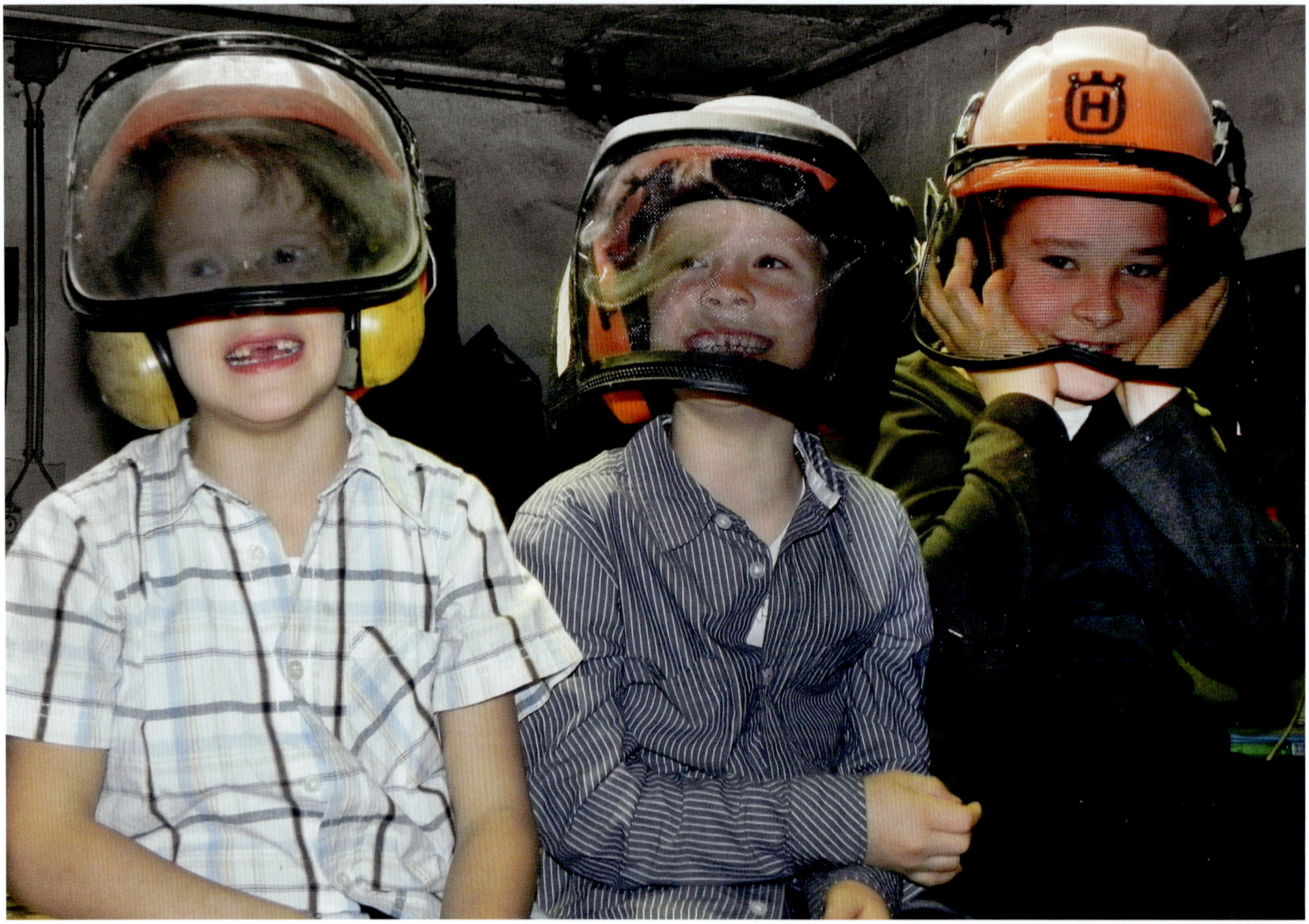

26 HOLLERBÜCHSE

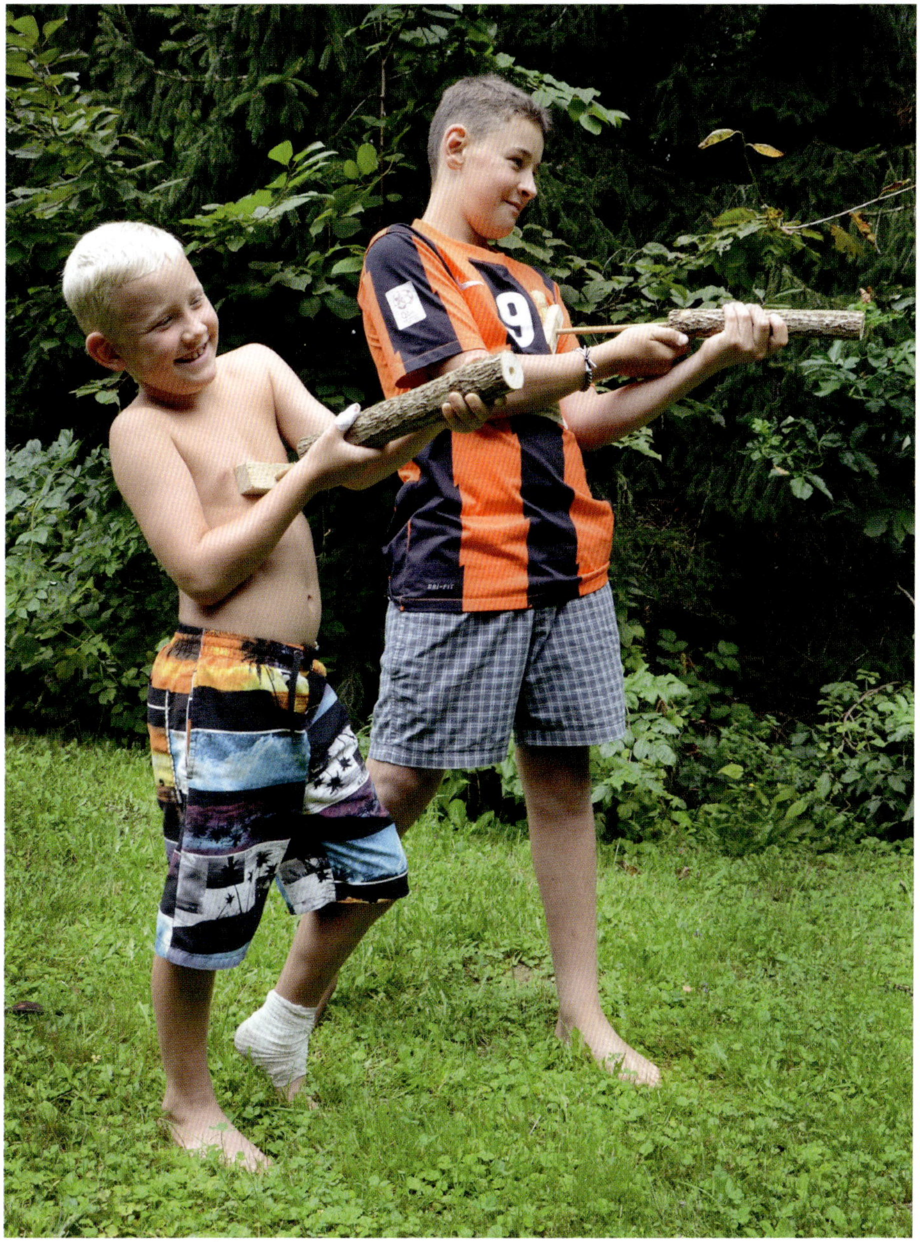

DAS BRAUCHEN WIR

- Holunderäste, ca. 5 cm dick, 30 bis 40 cm lang
- Rundstäbe
- 1 kleines Brettchen
- Installateurhanf

Opa erinnert sich an ein Spielzeug aus seiner Kindheit, das heute kaum jemand mehr kennt. Es ist die Hollerbüchse, sie macht einen tollen Knall und Ziel- oder Weitschießen kann man auch damit. Das Prinzip dabei ist, dass in ein Rohr auf jeder Seite ein Stopfen kommt. Der hintere Stopfen wird ruckartig durchs Rohr gedrückt. Durch den dabei entstehenden Luftdruck wird der vordere Stopfen mit einem lauten Knall aus dem Rohr geschossen.

Hinter dem Haus, am Waldrand, wächst ein Holunderstrauch **(Abb. 1)**. Im Frühsommer holt Oma dort immer die Hollerblüten für die Hollerstrauben (Holunderblüten in Backteig) und für den Hollersaft. Heute suchen Opa und die Buben einige Äste, die schön gerade und ungefähr 5 cm dick sind. Daraus schneiden sie 30 bis 40 cm lange Stücke zu. Dann geht's ab in die Werkstatt.

Opa zeigt den Kindern den Kanal in der Mitte des Astes, der mit einem weichen, weißen Mark gefüllt ist **(Abb. 2)**. Dieses Mark muss heraus, damit die Büchse einen „Lauf" bekommt. Am

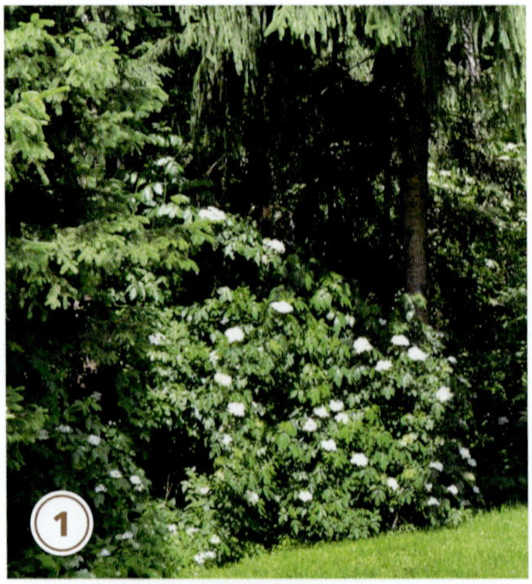

1

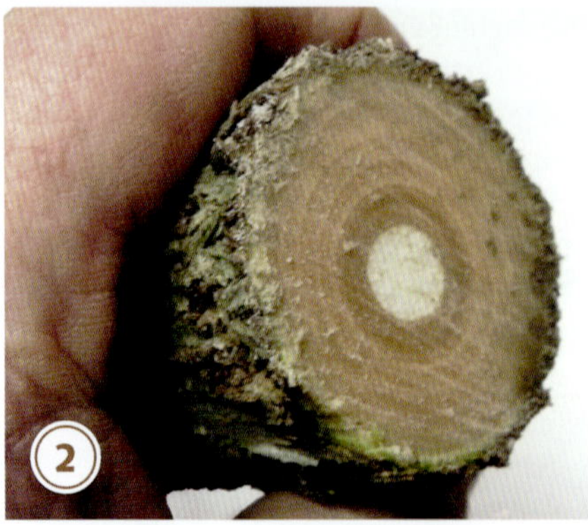

2

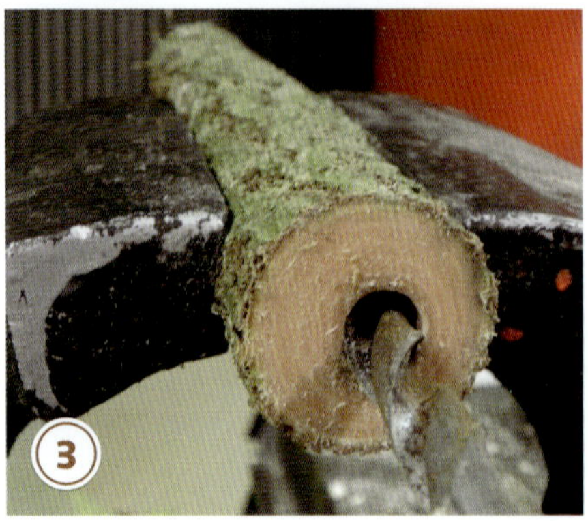

3

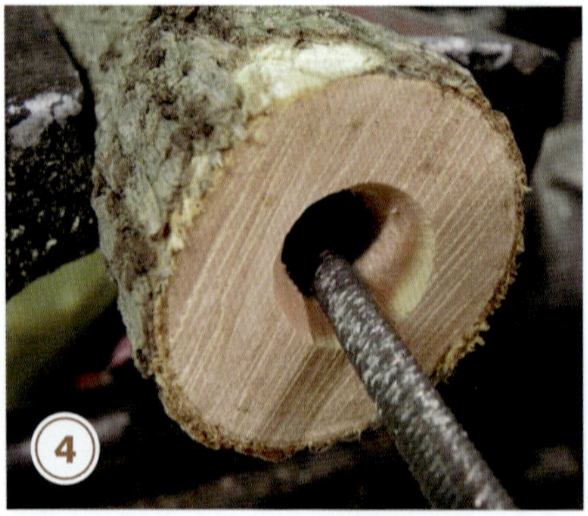

4

besten funktioniert das mit einem langen Bohrer. Der kann ruhig auch stärker als der Kanal sein. Je größer der Durchmesser des Laufs ist, umso lauter wird die Büchse krachen. Opa verwendet einen 12-mm-Bohrer **(Abb. 3)**. Er bohrt immer nur ein paar Zentimeter, dann zieht er den Bohrer mit den Spänen wieder heraus, damit der Bohrer nicht stecken bleibt. Außerdem wird der Bohrer sehr heiß und muss immer wieder abkühlen. Wenn die Bohrung fertig ist, wird das Loch auf einer Seite noch ein wenig trichterförmig mit einer Rundfeile aufgefeilt **(Abb. 4)**. Opa sagt, wenn die Büchse erst geladen ist, wird man schon sehen, wozu das gut ist.

Endlich sind die drei Büchsen fertig und Opa macht die Kolben für die Büchsen. Er nimmt dazu Rundstäbe und leimt sie an einem Ende in ein kleines Brettchen **(Abb. 5)**. Die Länge des Stabes berechnet sich aus der Länge der Büchse plus die Länge, die im Brettchen steckt, minus 3 cm. Die 3 cm sorgen dafür, dass der hintere Stopfen nach einem Schuss vorne in der Büchse stecken bleibt und gleich als Geschoß für den nächsten Schuss dient.

Für die Stopfen wird Installateurhanf benötigt. Den gibt es im Baumarkt oder beim Wasserinstallateur. Ein Stück Hanf aus dem Zopf ziehen und das Stück mit der Schere abschneiden. Dann den Hanf kurz mit Geschirrspülmittel kneten und daraus einen 2 bis 3 cm langen festen Stopfen formen **(Abb. 6)**. Beim Hineinstecken des Stopfens in die aufgefeilte Seite des Rohrs wird er noch fester verdichtet. Er darf ruhig streng in die Büchse gehen. Den Stopfen mit dem Kolben bis

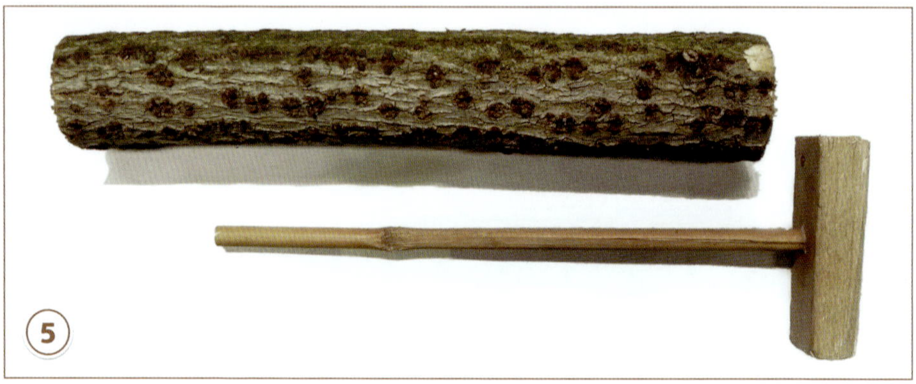

5

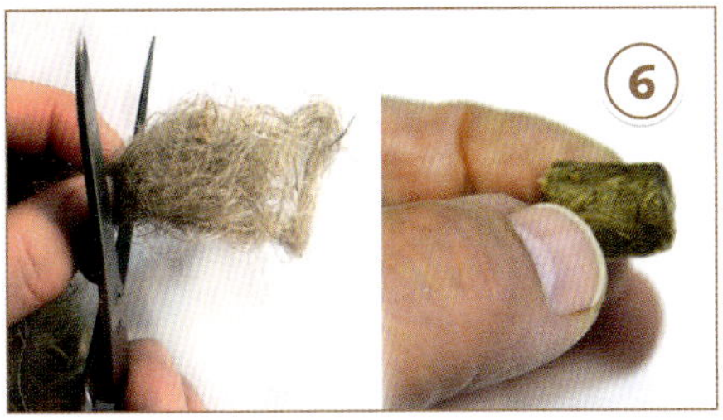

zum Anschlag in die Büchse schieben. Den Stopfen sieht man jetzt auf der anderen Seite der Büchse. Nun einen zweiten Stopfen hinten in die Büchse stecken. Damit ist die Büchse schussbereit.

Opa erklärt den Buben, wie die Büchse funktioniert: Kolben beim Stopfen, der im aufgefeilten (= hinteren) Ende der Büchse steckt, anlegen, Brettchen zum Bauch drücken und Büchse ruckartig zum Körper ziehen. Dadurch schiebt der Kolben den hinteren Stopfen durch das Rohr nach vorne. Im Rohr wird der Luftdruck dadurch so groß, dass der vordere Stopfen mit einem Knall hinausschießt. Nun ist der hintere Stopfen vorne als Geschoß und hinten wird wieder der Stopfen hineingesteckt, der gerade vorne rausgeflogen ist.

Spielregeln

Bevor die Buben jetzt losballern, gibt es eine „Schützenbelehrung“ durch den Opa. „Ziele niemals auf Menschen oder Tiere!“ Jeder der Buben muss einzeln dieses Versprechen ablegen, obwohl sie es vor Erwartung kaum mehr aushalten können. Einen Ratschlag von Opa müssen sie sich auch noch anhören: „Schieße nur dorthin, wo du deinen Stopfen wieder findest!“ Dann geht's raus auf die Wiese und die erste Büchse kracht schon. Und da sich doch viele Stopfen verkrümeln, ist bald ist auch der erste Zopf Hanf verbraucht …

27 STEINPILZE

DAS BRAUCHEN WIR

Für die Steinpilze benötigt man:

- längliche und flache Steine für die Pilze
- dicken Draht, 5 cm und 15 cm lang
- Montagekleber

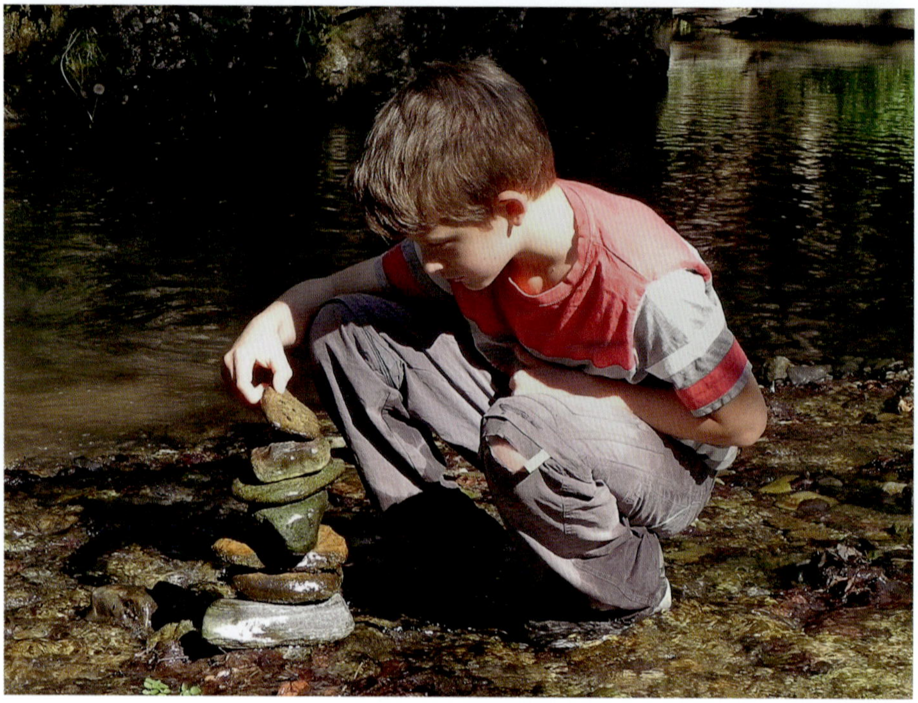

Nein, es werden keine Pilze im Wald gesucht. Trotzdem handelt diese Geschichte im wahrsten Sinn des Wortes von Steinpilzen. Eigentlich ist es Tobias, der durch Zufall den ersten Pilz entdeckt. Er und Opa machen eine Wanderung durch die südoststeirische Raabklamm und Tobias baut im Bach „Steinmandln". Das sind Türme aus Steinen, die man früher als Wegweiser aufgestellt hat. Zufällig legt er zwei Steine übereinander, die aussehen wie Pilzstiel und Kappe. Von da an werden nur noch Steine gesammelt, die sich zum Pilzbauen eignen. Und die kommen alle in Opas Rucksack. Opa meint, noch nie so einen schweren Rucksack getragen zu haben. Beim Nachhausegehen erzählt Tobias schon, wo er die Steinpilze überall aufstellen will.

Die ersten Exemplare wachsen alsbald in Omas Blumenbeet. Tobias ist nicht ganz sicher, ob sich Oma anfangs überschwänglich über die vermeintlich echten Steinpilze freut oder ob sie Spaß macht. Auf alle Fälle fallen die Kappen bei der leichtesten Berührung wieder von den Stielen und unsere Pilzexperten sind gefordert, dagegen eine Lösung zu finden.

Opa schneidet mit einer Flex mit Steintrennscheibe die Spitzen der Pilzstiele ab. Dadurch entsteht schon einmal ein besserer Sitz der Kappe auf dem Stiel. Erster Versuch mit der Heißklebepistole: Fehlschlag. Die Steine sind zu glatt, der Kleber hält nicht fest genug. Es folgen weitere Versuche mit Silikon – auch nicht viel besser.

Dann hat Opa die zündende Idee. Er bohrt in Stiele und Kappen mit dem Steinbohrer Löcher. Beim Einspannen in den Schraubstock geht schon der erste Stein in die Brüche, was aber keine Rolle spielt, Opa hat ja einen ganzen Rucksack voll. Die nächsten Steine wickelt

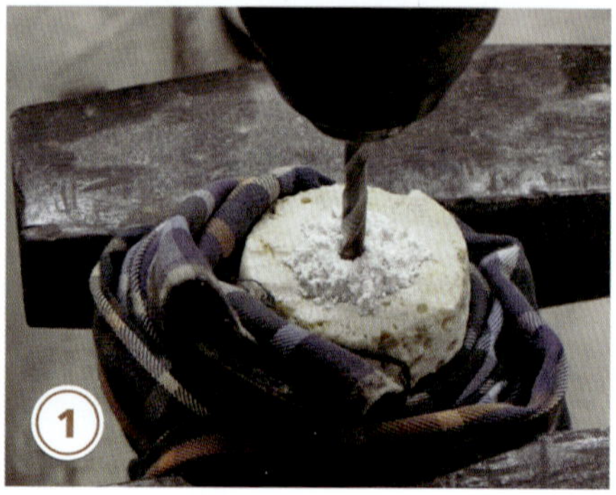
1

er in Stofflappen. Das verhindert das Splittern und Brechen. Er verwendet eine Schlagbohrmaschine, bohrt aber ganz ohne Druck **(Abb. 1)**. Das Gewicht der Bohrmaschine reicht schon aus. Bei den Stielen bohrt er auf der Unterseite und auf der Oberseite ein Loch. Die Bohrlöcher spült er mit Wasser aus, damit der Bohrstaub gründlich entfernt wird.

Danach schneidet er von einem dicken Draht ca. 5 cm lange Stücke ab und gleich viele 15 cm lange. Er drückt Montagekleber in die Löcher der Steine, steckt die Drahtdübel hinein und verbindet so Stiele mit Kappen **(Abb. 2)**. Die langen Drahtstücke klebt er in die Unterseite der Stiele. Damit können die Pilze in die Erde gedrückt werden und fallen nicht mehr so leicht um. Jetzt noch einen Tag ruhig stehen lassen, bis der Kleber fest ist, und fertig sind die Steinpilze.

Zum Schluss noch ein Witz von Tobias, den Opa dem werten Leser nicht vorenthalten will: *Ein Pilz sagt zum anderen: „Ich bin so einsam." Der andere entgegnet: „Ich nicht, ich habe einen Wurm!"*

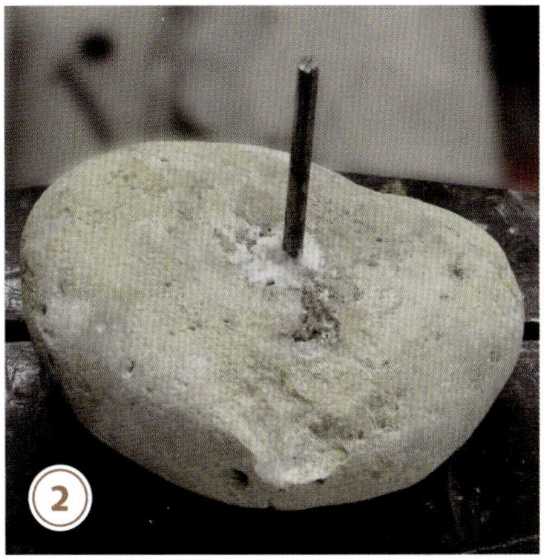

2

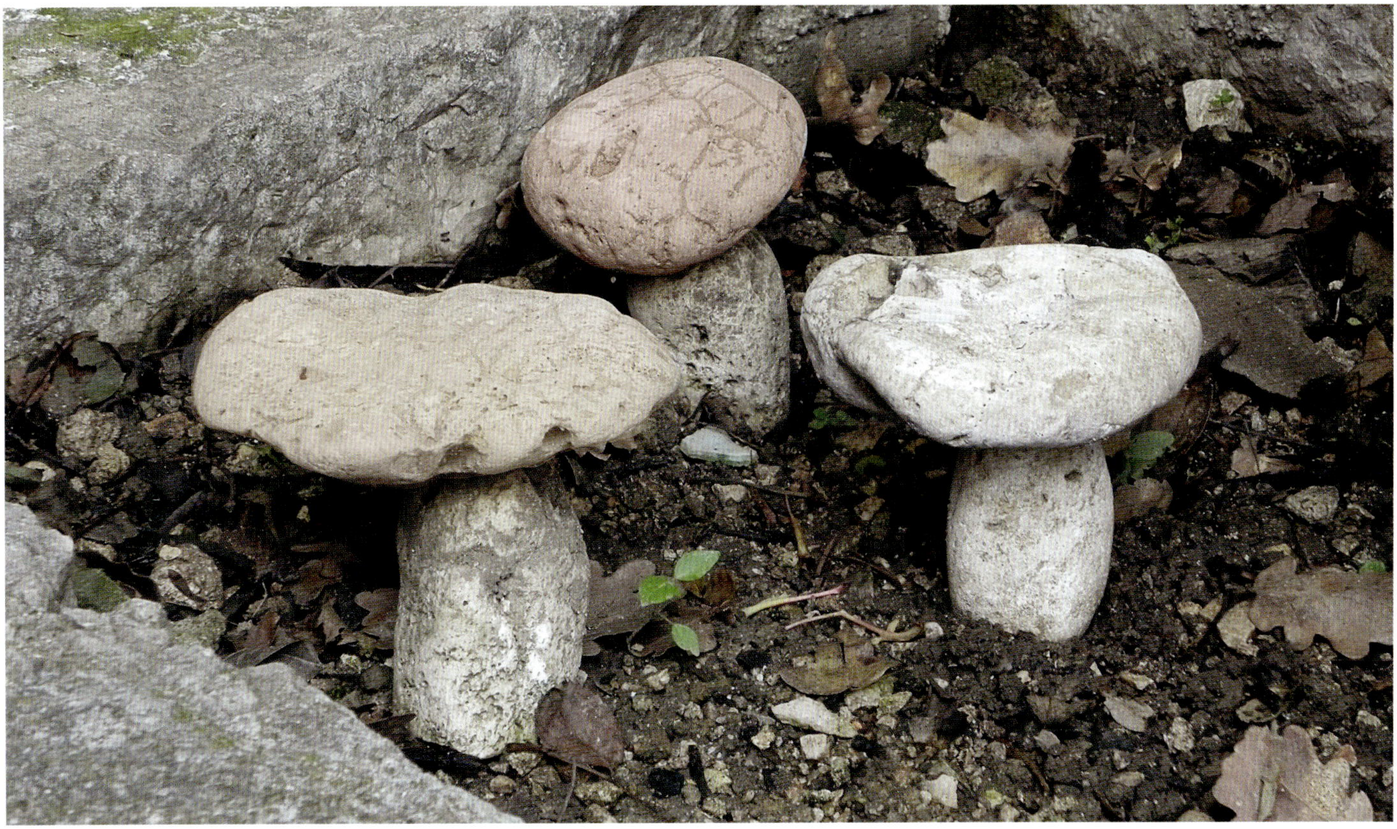

28 GEHEIMSCHRIFT-SCHEIBE

DAS BRAUCHEN WIR

- 2 Stk. Karton
- Bleistift, dünnen Filzstift
- 1 Schraube mit Mutter und Beilagscheibe
- 1 Scheibchen Rundstab

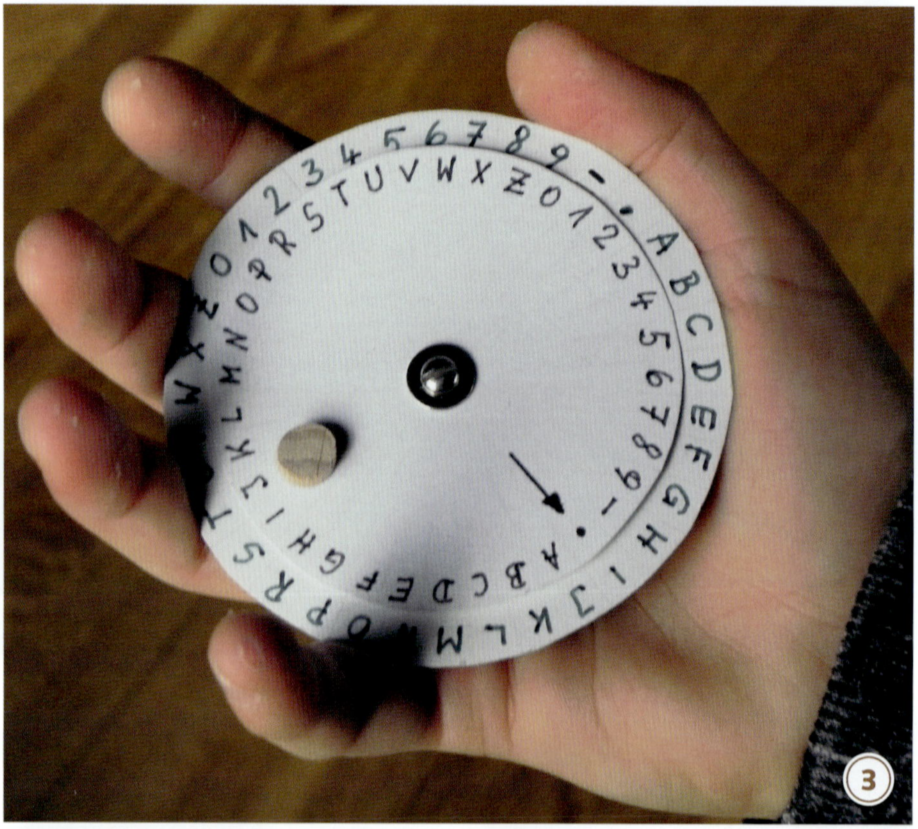

Lukas zeigt Opa voller Stolz seine Geheimschrift, die er erfunden hat. Er hat sich für jeden Buchstaben ein neues Zeichen einfallen lassen. Sein Schulfreund hat dieselbe Tabelle und so können sie sich jetzt verschlüsselte Nachrichten senden. Seine Bedenken sind nur: Was wäre, wenn er die Tabelle irgendwo liegen lasse und ein „Feind" fände sie! Dann wären sie aufgeflogen und die Tabelle wäre auch wertlos. Opa weiß Rat, er kennt eine Verschlüsselung, die man nur mit zusätzlichem Code-Wort entziffern kann. Und noch dazu braucht man nicht einmal neue Buchstaben zu erfinden.

Er gibt Lukas einen Karton, der zeichnet darauf mit einem Winkelmesser von 0 bis 180° alle 10° eine Markierung **(Abb. 1)**. Dann zieht er von jeder Markierung aus eine Linie durch den Mittelpunkt. So kommt er auf insgesamt 36 Spalten. Jetzt zeichnet er mit einem Zirkel einen Kreis mit einem Radius von 40 mm und einen mit 32 mm. Auf einem zweiten Karton macht er dasselbe, jedoch mit den Kreisradien 32 und 25 mm.

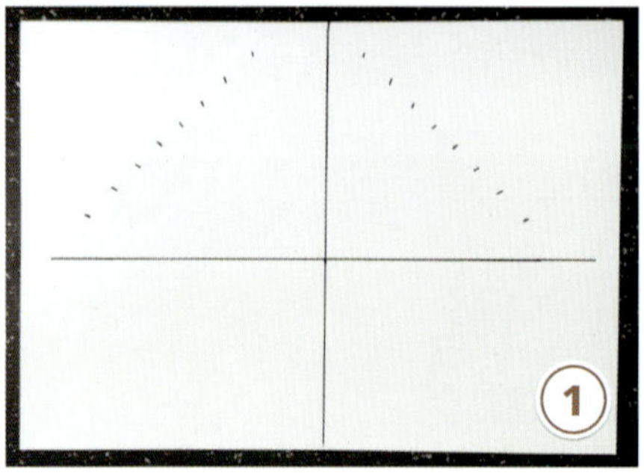

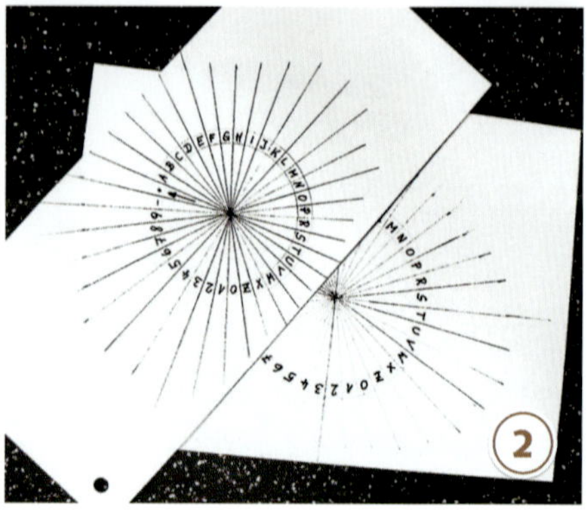

In beide Scheibenringe schreibt er mit feinem Filzstift das Alphabet und die Ziffern 0 bis 9 sowie ein Symbol für Leerzeichen und Punkt **(Abb. 2)**. Da das jedoch insgesamt 38 Zeichen wären, lässt er das Q und das Y weg. Die kommen sowieso nur selten vor und man kann sie gut umschreiben mit KW und I. Genauso kann man die Umlaute umschreiben, zum Beispiel statt Ö OE. Und wen kümmert es, wenn man statt dem „ß“ nur ein S oder zwei S oder SZ schreibt. Die Lehrerin sieht diese Geheimschriften sowieso nicht. In der Spalte, wo der Punkt steht, macht Lukas auf der kleinen Scheibe einen Pfeil. Die Bleistiftstriche können jetzt ausradiert werden. Die beiden Scheiben werden ausgeschnitten, in der Mitte ein Loch gestochen und die Scheiben mit einer kleinen Schraube, Beilagscheiben und einer Mutter zusammengeschraubt. Damit man die Scheibe besser drehen kann, wird ein Scheibchen eines Rundstabes daraufgeklebt **(Abb. 3)**. Fertig ist die Geheimschrift-Scheibe.

So funktioniert die Scheibe

Opa erklärt Lukas, wie die Scheibe funktioniert. Zuerst muss sich Lukas ein Code-Wort ausdenken. Lukas wählt „Indianerzelt“. Als Geheimtext möchte er „15 Uhr bei Höhle“ schreiben. Er schreibt die Wörter auf ein kariertes Blatt, genau untereinander. Wenn das Code-Wort zu kurz ist, schreibt man es einfach noch einmal dazu. Jetzt dreht er den Pfeil zum ersten Buchstaben des Code-Wortes, also zu „I“. Dann wählt er auf der kleinen Scheibe das erste Zeichen des Textes, das ist „1“ und liest auf der großen Scheibe das verschlüsselte Zeichen, also „-“. Das schreibt er in die dritte Zeile. Dann stellt er den Zeiger auf „N“ und liest bei „5“ das Zeichen „H“ usw. Die fertige verschlüsselte Mitteilung lautet „-HC4I6DT4NK2ZTLVF“ und ist ohne Code-Wort absolut nicht zu knacken, auch nicht, wenn die Geheimschrift-Scheibe in Feindeshand fallen sollte. Den verschlüsselten Text kann man gleich vom karierten Blatt als Mitteilung abreißen, den Rest vernichten **(Abb. 4)**. Das Code-Wort sollte natürlich immer wieder geändert werden.

Auf die Frage, ob Lukas die Scheibe für seinen Freund basteln wird oder ob der selbst eine macht, antwortet Lukas: „Eigentlich brauchen wir nur eine Scheibe, wir sind sowieso immer zusammen.“ Im nächsten Moment muss er lachen, denn wenn er ständig mit seinem Freund beisammen ist, bräuchte er eigentlich keine Geheimschrift.

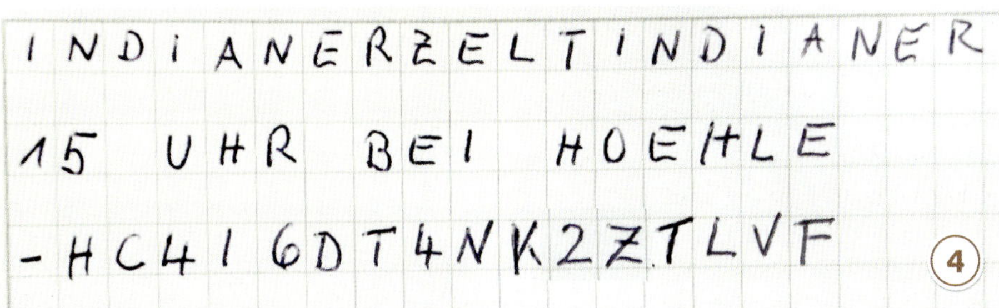

4

Die Entschlüsselung funktioniert ähnlich. Das Codewort wird in die erste Zeile geschrieben, der verschlüsselte Text in die zweite. Zeiger auf „I“, aber jetzt auf dem äußeren Ring das „-“ suchen und auf dem inneren „1“ ablesen und in die dritte Zeile schreiben usw. Bei einiger Übung kann man auf diesen Zettel verzichten und nur mehr den verschlüsselten Text aufschreiben bzw. beim Entschlüsseln nur den entschlüsselten Text.

Noch eine Verschlüsselung

Opa weiß noch eine Verschlüsselung, die ist zwar nicht so sicher, aber dafür für längere Texte geeignet. Man wickelt einen schmalen Papierstreifen, es kann auch eine Papierschlange vom Fasching sein, auf ein Stück Rundstab. Dann wird die Mitteilung darauf geschrieben **(Abb. 5)** und der Streifen wird wieder abgewickelt **(Abb. 6)**. Fertig ist die verschlüsselte Mitteilung. Die Sicherheit dabei besteht darin, dass der Empfänger der Nachricht einen Rundstab mit gleichem Durchmesser haben muss, damit er die Mitteilung lesen kann.

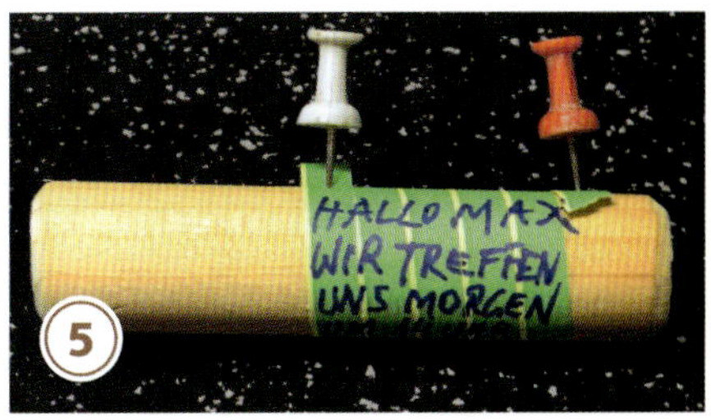

5

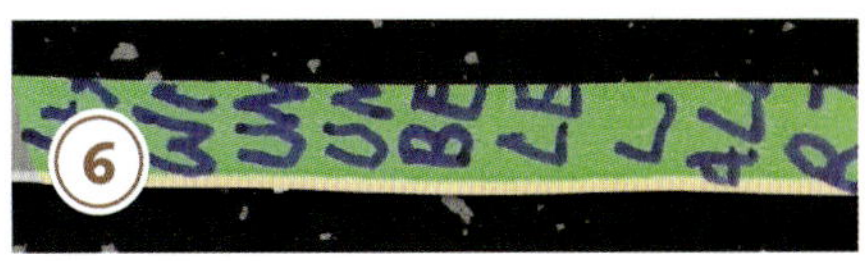

6

29 BLUMENPRESSE

Hannah ist Sammlerin und kein Schneckenhaus, keine Glasperle, kein glitzernder Stein und kein Stoffmuster entgeht ihrer Sammelwut. Man kann sich daher vorstellen, was in ihr vorgeht, wenn sie eine leuchtende Blumenwiese sieht. Umso trauriger ist sie, wenn ihre Eroberungen nach kurzer Zeit welk und unansehnlich werden.

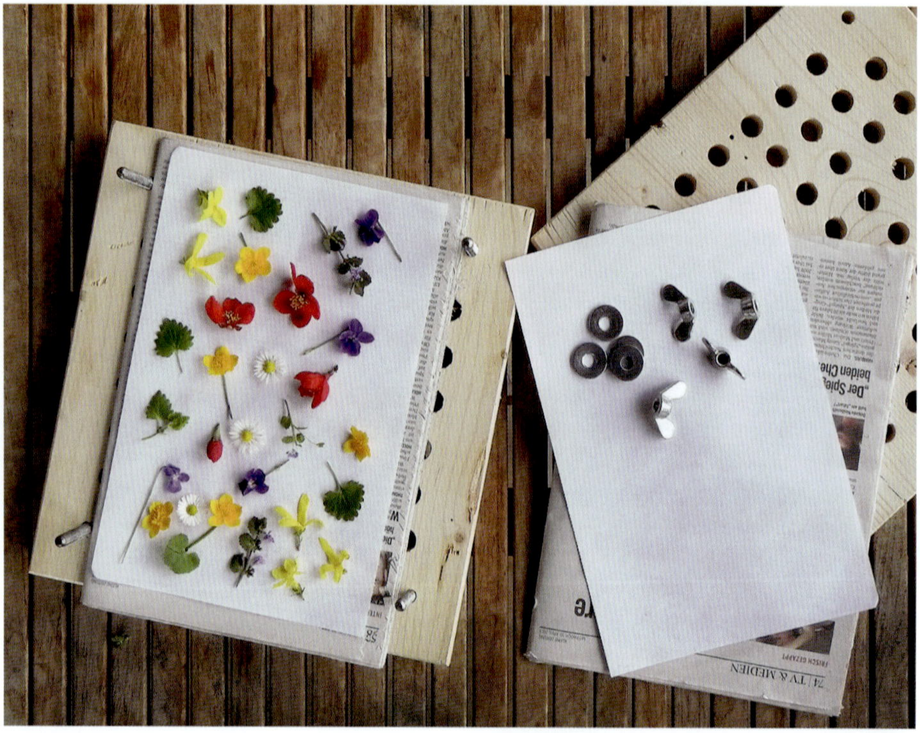

Oma erzählt ihr, dass sie, als sie selbst noch ein Kind war, Blumen gepresst hat. Die Blumen sind dann ganz trocken, sehen hübsch aus und können nicht mehr welken. Oma hat die Blumen in ein Heft geklebt und beschriftet. So eine Pflanzensammlung nennt man Herbarium. Man kann aber auch Bilder, Grußkarten, Geschenkanhänger, Lesezeichen, Einladungen, Tischkärtchen und viele andere Dinge mit den gepressten Pflanzen basteln. Hannah ist sofort begeistert und Oma freut sich, dass es jemanden gibt, an den sie ihr umfangreiches Wissen weitergeben kann.

Sie weiß, dass sich zum Pressen vor allem zarte, dünnfleischige Pflanzen wie Stiefmütterchen, Schneeglöckchen, Veilchen, Staticen, Gänseblümchen, aber auch Klee, Gräser, Blätter und Kräuter eignen. Hannah fragt bei jeder Blume, die sie pflückt, ob sie zum Pressen geeignet ist. Oma sagt jedes Mal: „Probieren geht über Studieren."

Hannah sammelt die Pflanzen vormittags oder nachmittags. Am Morgen sind sie noch zu feucht, zu Mittag welken sie und am Abend blühen sie nicht mehr so hübsch. Bei regnerischem Wetter lässt sie es lieber bleiben. Einmal gepflückt, sollten die Pflanzen so rasch wie möglich gepresst werden.

Kleinere Blüten sehen in Frontalansicht hübsch aus. Hannah drückt dazu die Blüten vor dem Pressen mit dem Zeigefinger vorsichtig in die richtige Position. Große Blüten kommen in Seitenansicht besser. Sollen Blumen mit dicken Fruchtknoten in Seitenansicht gepresst werden, ist es ratsam, die Blumen mit einem scharfen Messer oder einer Rasierklinge der Länge nach zu spalten. Das macht lieber Oma.

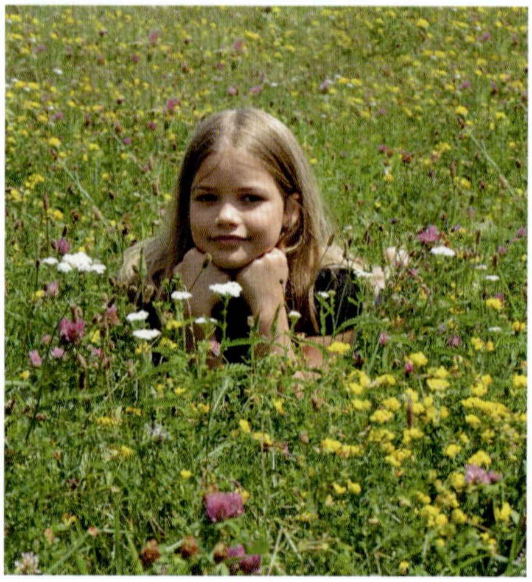

SONNENLICHT

So empfindlich die Pflanzen auf Wärme reagieren, wenn sie einmal gepflückt sind, so wichtig ist es, sie während des Trocknens warm zu halten. Der beste Platz dafür ist die sonnige Fensterbank. Die Pflanzen trocknen dann schneller und die Farben bleiben besser erhalten. Die fertig getrockneten Pflanzen sollten dann aber auf keinen Fall mehr längere Zeit dem Sonnenlicht ausgesetzt werden, da die Farben sehr schnell ausbleichen. Diese Tatsache ist besonders zu berücksichtigen, wenn man einen Platz für ein Bild mit getrockneten Pflanzen aussucht.

Blumen trocknen im Buch

Die einfachste Art ist, die Pflanzen in ein Buch zu legen und mit weiteren Büchern zu beschweren. Das tut aber weder den Büchern gut noch den Pflanzen. Die Buchseiten werden durch die Feuchtigkeit gewellt und von den Pflanzen gefärbt. Andererseits wird die Feuchtigkeit den Pflanzen zu langsam entzogen und die Pflanzen werden durch den Fäulnisprozess braun, bevor sie trocken sind.

Ein rascher Wasserentzug ist die einzige Möglichkeit, die Farben einigermaßen zu erhalten. Man sollte daher zumindest einige Blätter Zeitungspapier unter und über die Pflanzen legen und zusätzlich direkt unter und über die Pflanze ein Blatt Löschpapier. Das leitet die Feuchtigkeit rascher ab und die Druckerschwärze der Zeitung kommt mit den Pflanzen nicht in Berührung. Anstatt des Löschpapiers kann man auch Küchenrollenpapier verwenden, aber nur, wenn dieses Papier komplett flach ist, also kein Relief hat. Jede Falte überträgt sich nämlich unmittelbar auf die Pflanze.

Die Pflanzen dürfen sich beim Pressen untereinander nicht berühren, da sie sonst zusammenkleben.

Bau einer Blumenpresse

Da Opa im Geschäft keine Schrauben mit durchgehendem Gewinde bekommt, kauft er eine M8-Gewindestange und vier Muttern und macht daraus die Schrauben selbst **(Abb. 1)**.

Aus den Beilagscheiben macht Opa sogenannte „Tellerfedern". Das geht rasch und kostet nichts. Dazu spannt er die Beilagscheibe zwischen eine Stahlkugel und ein Hartholzbrettchen in den Schraubstock und dreht diesen so fest zu, bis sich die Beilagscheibe leicht aufkegelt **(Abb. 2)**. Die Tellerfeder verteilt den Druck dann besser auf die Platten der Presse und die Flügelmutter lässt sich reibungsloser festziehen.

Beide Platten werden gemeinsam mit einer dritten „Dummyplatte" mit vier dünnen Stiften provisorisch zusammengenagelt, damit alle Bohrungen durch beide Bretter gleichzeitig gemacht werden können. Die Bohrtiefe wird so eingestellt, dass der Bohrer noch ein Stück in die Dummyplatte bohrt. Das verhindert ein Aussplittern auf der Unterseite der unteren Platte. In jedes Eck der Platten kommt ein Loch für die Schrauben. Diese

DAS BRAUCHEN WIR

Oma erklärt, wie die Trockenpresse aussah, die sie als Kind hatte, und Opa muss natürlich sofort eine bauen. Das Werkstück ist aber keine Großbaustelle:

- 2 Weichholz-Sperrholzplatten, 15 bis 20 mm dick, ca. 30 x 30 cm
- 4 Sechskantschrauben, M8 100 mm
- 4 Flügelmuttern
- 8 Beilagscheiben

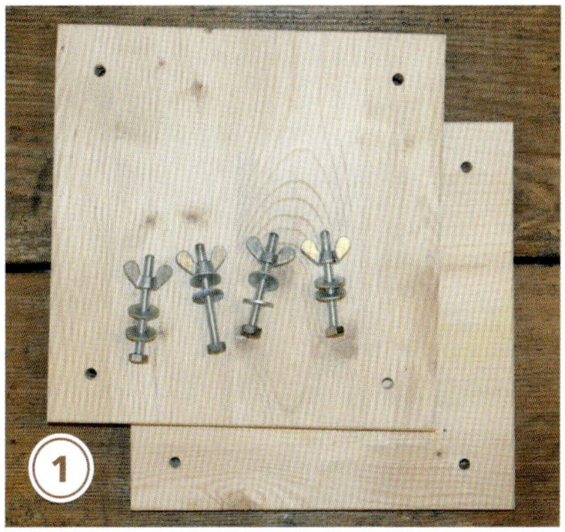
1

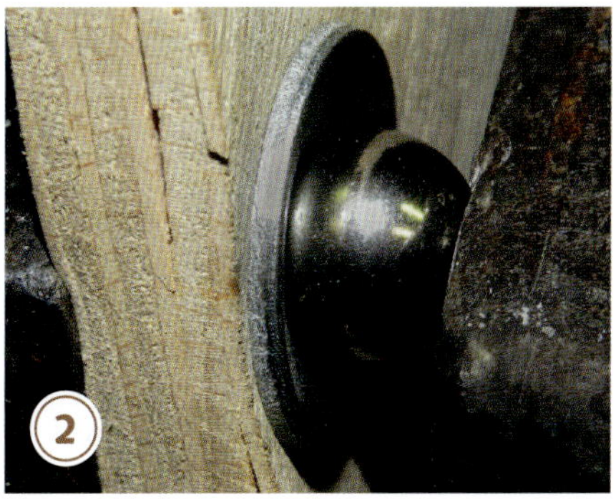
2

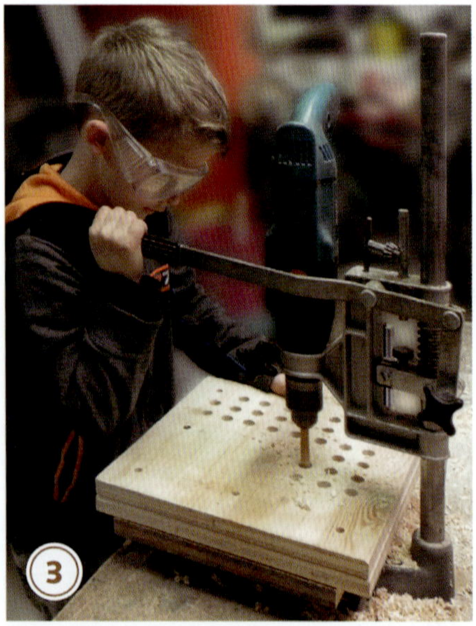

Stellen misst Opa besonders genau aus, damit später beim Zusammenbau der Presse die Löcher von Ober- und Unterbrett immer genau übereinander liegen, egal wie man die Bretter dreht. Dann zeichnet er ein 3x3-cm-Raster auf die Platte zum Bohren der 15 mm großen Lüftungslöcher. Darauf freut sich schon Tobias. Er steht besonders auf die „spanabhebenden Arbeitsgänge" **(Abb. 3)**. Die Platten werden nicht lackiert, sie sollen auch ihren Beitrag zur Feuchtigkeitsaufnahme leisten.

So funktioniert die Blumenpresse

Opa zeigt seiner „Blumenfee" den Zusammenbau bzw. die Befüllung der Presse **(Abb. 4)**.

Die Schrauben sind lang genug, sodass man auch mehrere Lagen Pflanzen gleichzeitig pressen kann (nach dem Zeitungspapier oben käme dann wieder

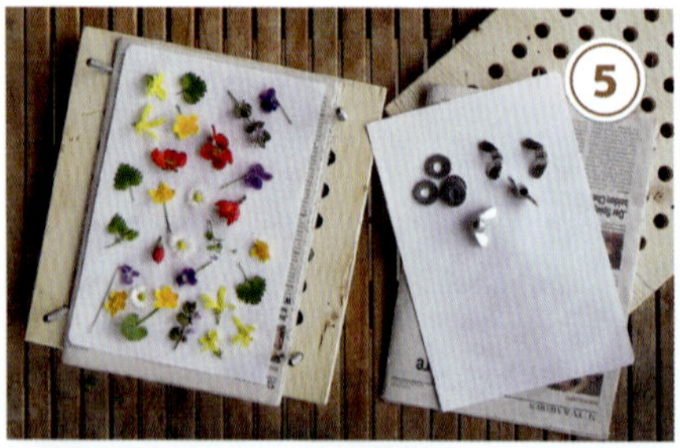

Löschpapier). In diesem Fall sollten die Pflanzen nicht immer in der Mitte aufgelegt werden, sondern besser über die gesamte Fläche verteilt **(Abb. 5)**.

Die Flügelmuttern müssen mit Gefühl zugedreht werden. Ist der Druck auf die Pflanzen zu groß, werden dickere Teile, insbesondere die Fruchtknoten, zerquetscht. Ist der Druck zu gering, haben flachere Teile der Pflanze keinen Kontakt zum Löschblatt, verschrumpeln oder schimmeln. Auf jeden Fall sollte der Druck von Tag zu Tag erhöht werden. Die Presse wird hochkant aufgestellt bzw. irgendwo schräg angelehnt, damit die Luftlöcher schön „atmen" können.

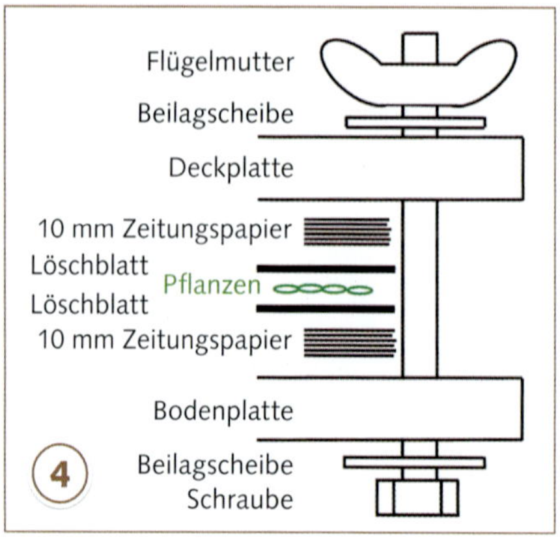

Das Zeitungspapier wird bei saftigen Pflanzen schon nach wenigen Stunden zum ersten Mal gewechselt. Es kann natürlich getrocknet und wiederverwendet werden. Eine Woche lang wird es täglich, danach alle zwei bis drei Tage gewechselt. Das Öffnen der Presse macht die Wartezeit für Hannah erträglicher und dabei können Pflanzenteile, die sich mit dem Papier verklebt haben, vorsichtig gelöst werden. Hannah verwendet dazu eine Pinzette (am besten eine Briefmarkenpinzette), da die Farben der Pflanzen unter der Berührung mit der Haut leiden. Hannah hebt die Blüten beim Fruchtknoten an, nicht bei den Blütenblättern. Je nachdem wie dickfleischig die Pflanzen sind, sind sie nach zwei bis drei Wochen trocken und können vorsichtig vom Papier gelöst werden.

Für Hannah kommen die ersten brauchbaren Erfolge beim Blumenpressen gerade rechtzeitig zum Muttertag. Sie beschließt, für ihre Mama ein Blumenbild zu basteln. Sie sucht aus Omas Riesenfundus ein Stück Karton und einen Bilderrahmen. Oma zeigt ihr, wie man die Blumen hübsch arrangieren kann. Hannah macht mit einem feinen Pinsel und Tischler-Kaltleim viele kleine Tupfen auf die Blüten, Stängel und Blätter und drückt diese dann mit den Fingerspitzen vorsichtig auf den Karton **(Abb. 6)**. Der Tischlerleim hat den Vorteil, dass er nicht so rasch trocknet und die Künstlerin sich Zeit lassen kann. Über das fertige Bild wird eine dünne Plastikfolie gelegt, darüber einige Zeitungen und das Ganze wird 30 Minuten beschwert bzw. leicht gepresst. Dann ist der Leim trocken. Die

Plastikfolie verhindert, dass Pflanzen oder Karton mit der Zeitung verklebt.

Bevor das Bild in den Rahmen kommt, wird es mit farblosem Sprühlack mehrmals lackiert, damit die Pflanzen noch besser kleben und geschützt sind. Dieser Arbeitsschritt ist bei Grußkarten, Lesezeichen usw. natürlich noch wichtiger, denn ohne Oberflächenschutz wäre von den grazilen Pflanzenteilen bald nichts mehr zu finden.

Auch die getrockneten Pflanzen in einem Herbarium müssen entsprechend geschützt werden. Oma erzählt, dass sie die beklebten Kartons in Klarsichthüllen gesteckt hat, die sie dann in einem Ordner abgeheftet hat. Sie meint, es sei schade, dass es damals das Folieren noch nicht gegeben hätte. Vielleicht würde dann ihre Sammlung heute noch leben.

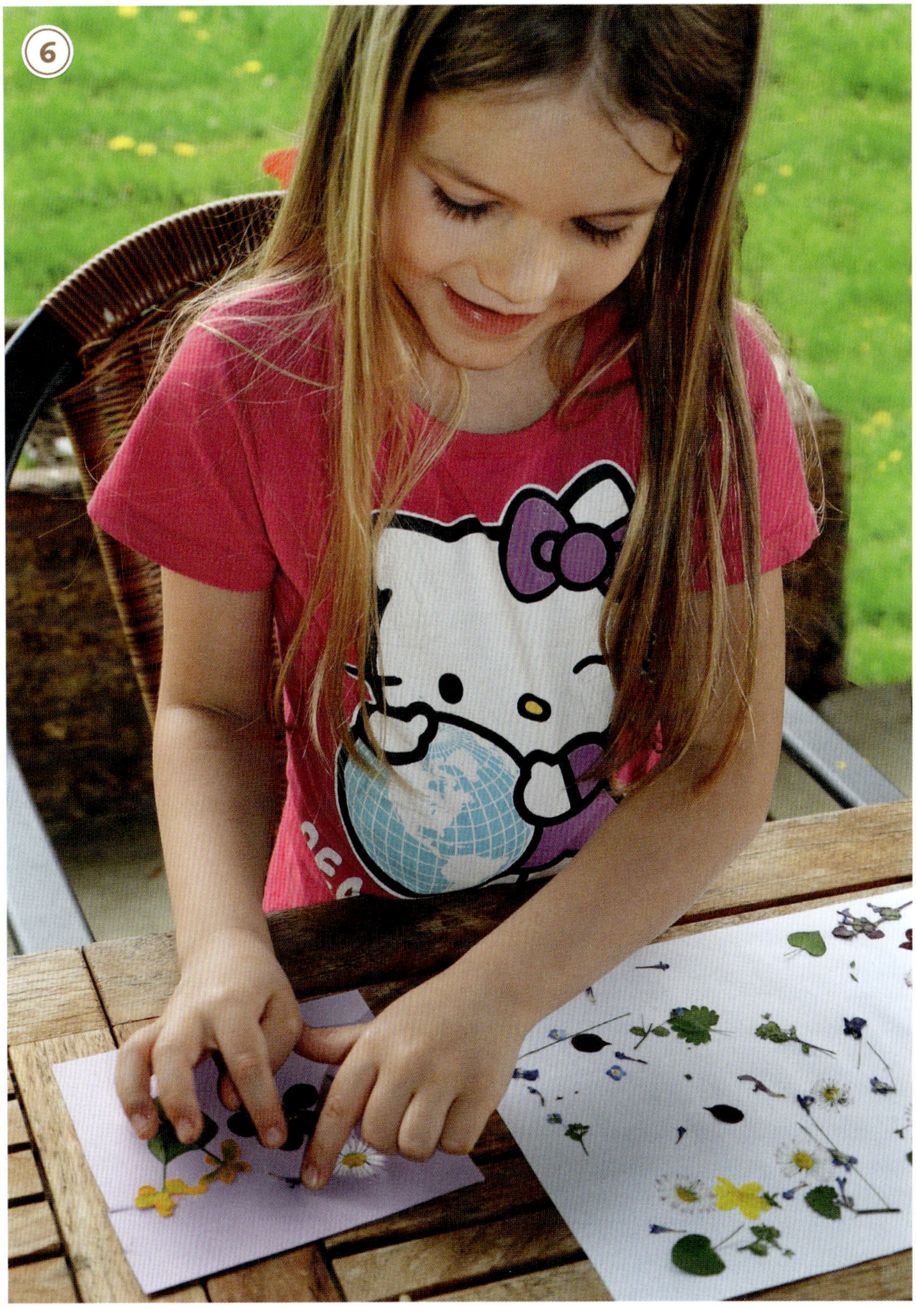

30 PAPPMASCHEE-FIGUREN

DAS BRAUCHEN WIR

Für die Pappmaschee-Figuren benötigt man:

- 1 Stück extrudierte Polystyrol-Platte (ist härter und besser zu bearbeiten als die geschäumte Platte)
- steifen Draht, den man gerade noch ohne Zange biegen kann
- alte Zeitungen
- Klebeband (wie man es zum Abdecken bei Malerarbeiten verwendet)
- Tapetenkleister
- Farben (vorzugsweise Acrylfarben)

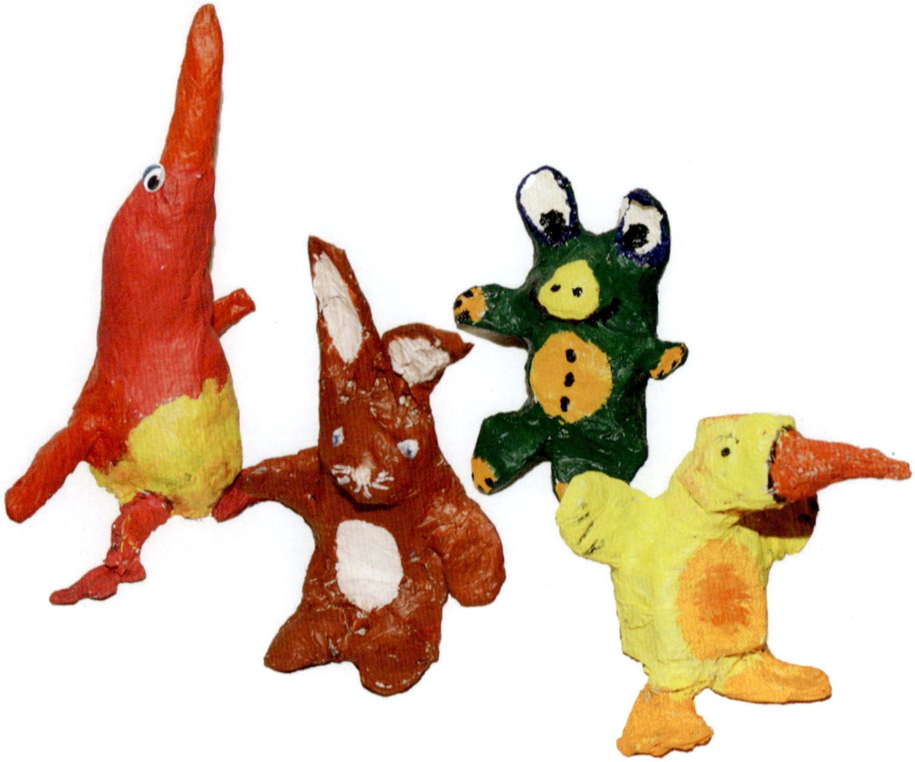

We proudly present: Pinguin mit Sonnenbrand, Osterhase im Herbst, Grünmonster mit Bauchdeckel und Ente mit Scharfblick. Ein Riesenspaß für kleine und große Kinder. Achtung! Matschbekleidung dringend empfohlen wie auch großflächige Abdeckung des Arbeitsbereichs mit Plastikfolie oder Ähnlichem.

Opa schneidet aus der Polystyrol-Platte verschieden große Stücke, dann darf er sich verdrücken, worüber er nicht wirklich böse ist. Oma biegt Drahtstücke zurecht und hilft den Kindern, die Plattenstücke zu Figuren zusammenzustecken **(Abb. 1)**. Natürlich hat jedes Kind seine eigenen Wünsche, die hier umgesetzt werden müssen. Theresa möchte unbedingt ihren Papa bauen, lässt sich dann aber auf einen Bären umstimmen, aus dem später ein Hase wird.

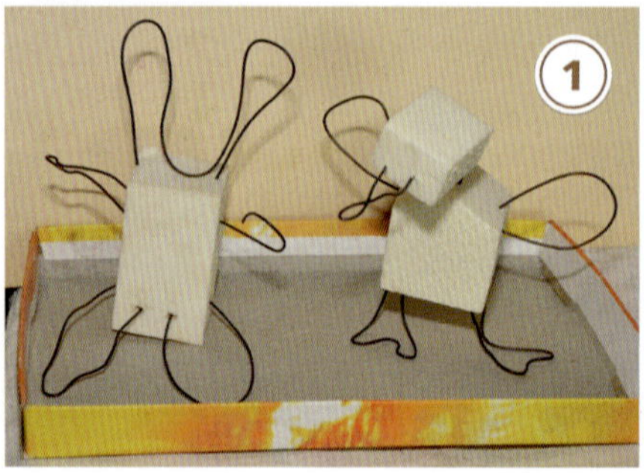

Die Kinder zerknüllen jetzt Zeitungsblätter zu Würsten, die sie um die Figuren wickeln und mit dem Klebeband fixieren **(Abb. 2)**. Dadurch bekommen die Figuren schon einmal eine ungefähre Form.

Oma rührt inzwischen den Tapetenkleister an. Sie nimmt ein Gefäß mit Wasser und schüttet unter ständigem Rühren langsam den Kleister dazu. Sie hält sich an die Mengen laut Verpackung. Nach 20 Minuten Rasten ist der Kleister schön zäh. Jetzt geht's ans Eingemachte. Jedes Kind massiert seine Figur ausgiebig mit Kleister ein und klebt

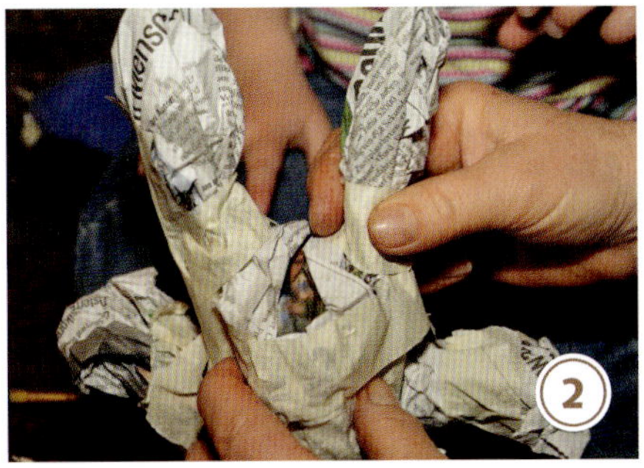

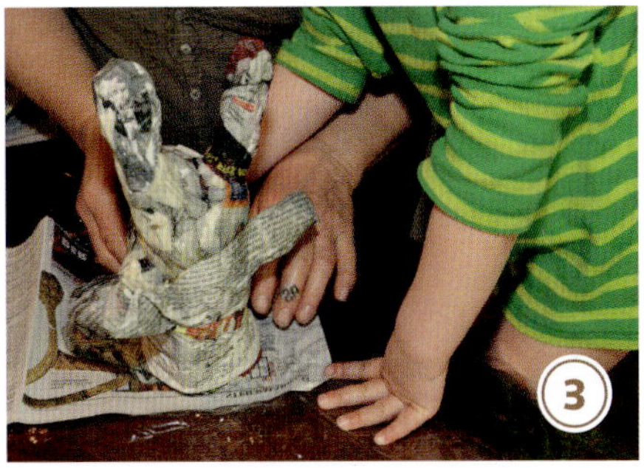

dabei weitere Schichten von Zeitungspapier auf **(Abb. 3)**. Damit lässt sich die Figur modellieren und erhält ihr endgültiges Aussehen **(Abb. 4)**.

Dem aufmerksamen Betrachter wird nicht entgehen, dass sich Theresa ihrer Hose bereits entledigt hat. Die bräuchte man jetzt nur noch trocknen und sie würde von selbst stehen. Tatsächlich werden jetzt die Figuren an einer warmen, luftigen Stelle zum Trocknen aufgestellt. Nach zwei Tagen sind sie ausgehärtet und können bemalt werden. Dazu werden Acrylfarben verwendet. Dispersionsfarben sind ebenso wasserlöslich und ungiftig, haben aber bei weitem nicht die Leucht- und Deckkraft.

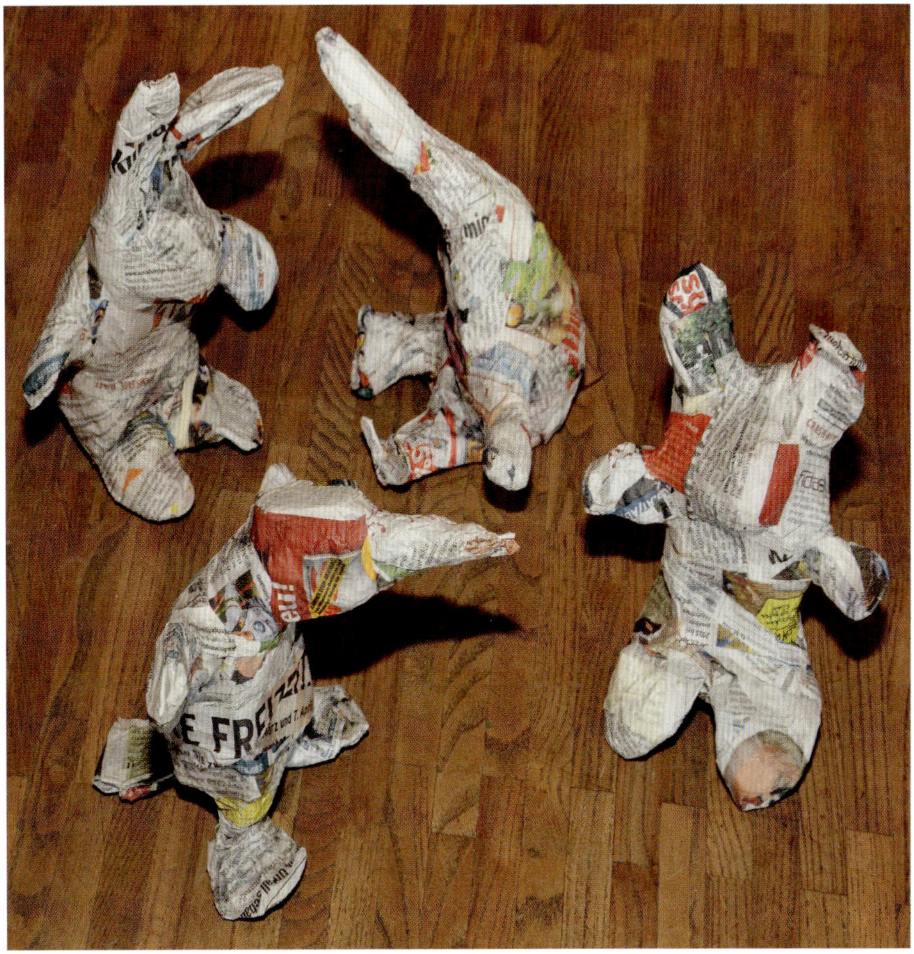

31 FLUGDRACHEN

Im Gegensatz zu vielen anderen Spielsachen, die heute niemand mehr kennt, sind die Flugdrachen bis heute aktuell geblieben. Man kann sie heute sogar in High-Tech-Varianten mit Fiberglasgestänge und Kunststoffbespannung kaufen. Opa wird aber mit den Kindern den guten alten Papierdrachen mit Holzleistengerüst bauen. Schließlich macht das Basteln mindestens genauso viel Spaß wie das Fliegen.

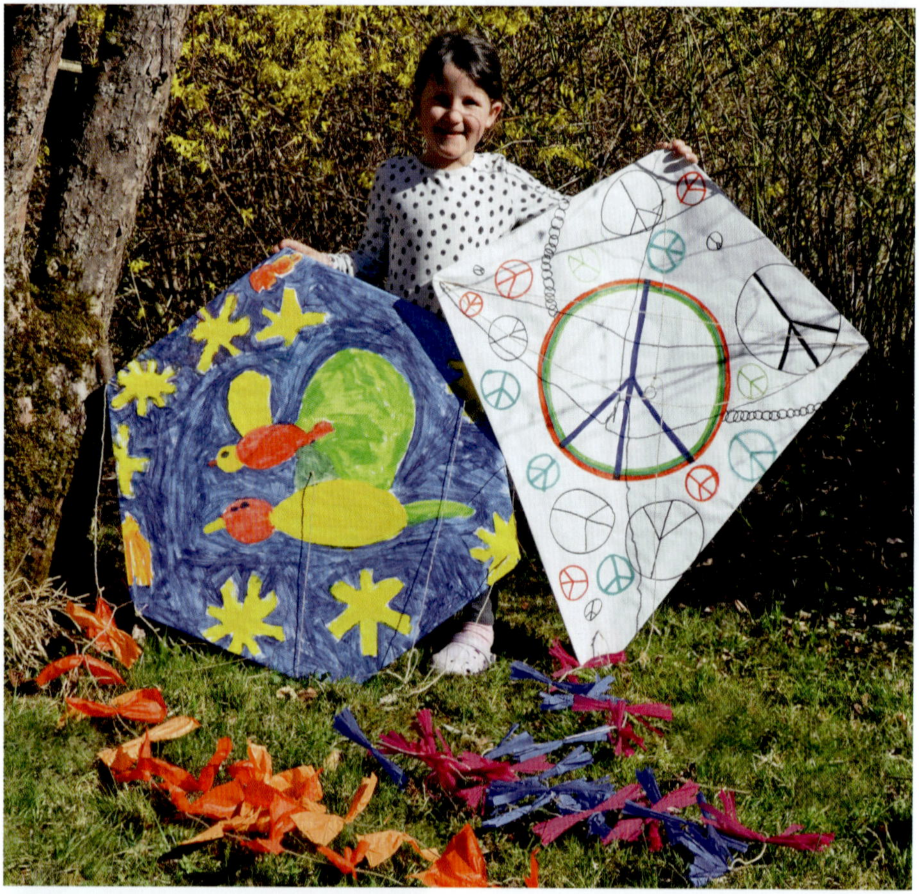

Sechseckiger Drache

Theresa will einen sechseckigen Drachen bauen. Opa richtet das Material (siehe unten), Felix hilft beim Messen **(Abb. 1)** und sie schneiden von der Leiste drei 80 cm lange Stücke ab. Die Enden der Leisten werden etwas abgerundet und mit einer Feile eingekerbt, damit die Schnur, die später um den Drachen gespannt wird, in diesen Kerben zu liegen kommt **(Abb. 2)**. Auf den Mittelpunkt der Leisten streichen sie etwas Leim, legen die Leisten übereinander und fixieren sie genau am Mittelpunkt

DAS BRAUCHEN WIR

- 3 Fichtenholzleisten, 15 x 2 mm, 80 cm lang
- Schnur (Spagat)
- Leim
- 1 kleinen Nagel
- weißes Packpapier
- 1 Schlüsselring
- Krepppapier

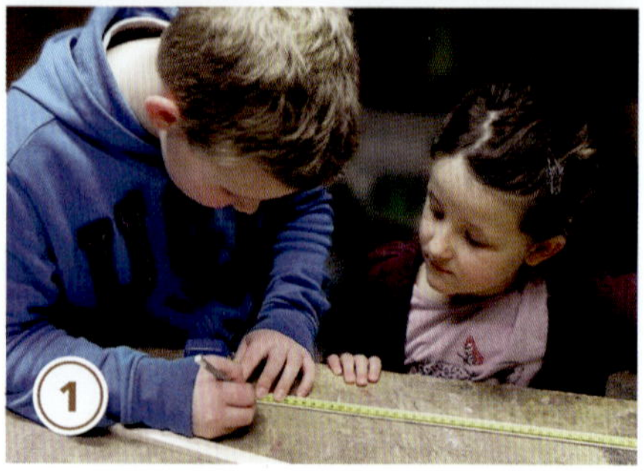

1

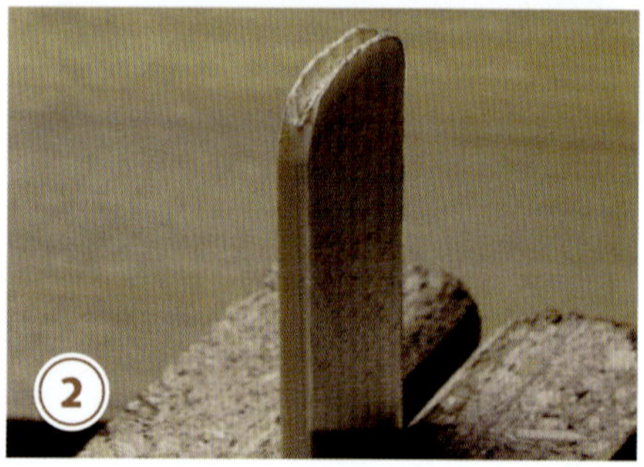

2

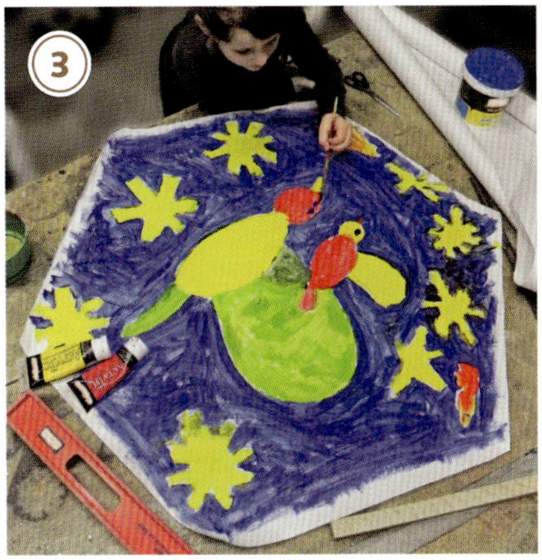

provisorisch mit einem kleinen Nagel. Bevor der Leim anzieht, werden die Leisten so gedreht, dass von einer Leistenspitze zur nächsten ein Abstand von 40 cm entsteht. Damit erhalten sie ein perfektes Sechseck. Ist der Leim trocken, wird der Nagel herausgezogen. Um die Leisten herum wird eine dünne, feste Schnur (Spagat) gespannt und der Anfang mit dem Ende verknotet. Auf den Knoten und in die gefeilten Leistenrillen kommt ein Tropfen Leim oder Kleber zur besseren Stabilität. Der Drache wird auf weißes Packpapier gelegt. Etwa 5 cm außerhalb der Schnur einen Bleistiftstrich ziehen und die Drachenbespannung aus dem Papier ausschneiden.

Jetzt kommt Theresas große Stunde. Sie bemalt das Papier mit Acrylfarben **(Abb. 3)**. Opa kann sich nicht vorstellen, dass sie beim Drachenfliegen noch mehr Freude haben wird als beim Malen.

Wenn das Kunstwerk trocken ist, wird es umgedreht, die weiße Seite kommt also nach oben und die Leisten werden darauf gelegt. An den Ecken werden vom Papier V-förmige Keile ausgeschnitten. Der überstehende Rand des Papiers wird entlang der Schnur umgeschlagen und festgeklebt **(Abb. 4)**.

Wird jetzt von „oben" gesprochen, dann bezieht sich das auf das Gemälde, sonst steht das Kunstwerk zum Schluss

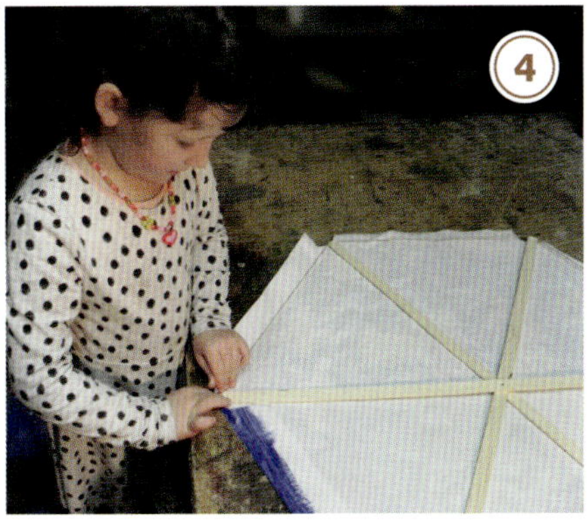

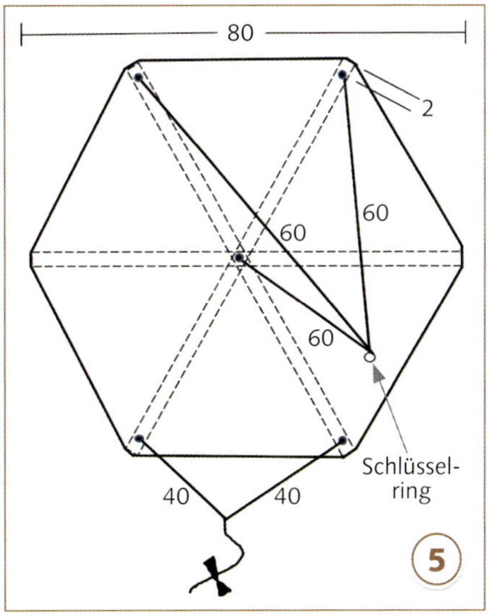

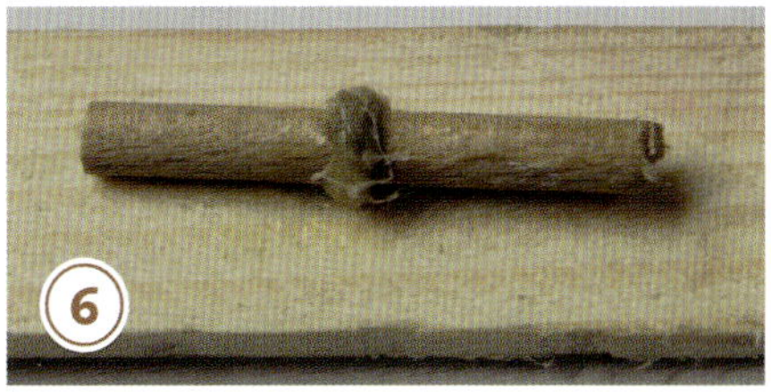

auf dem Kopf. Also, in die zwei oberen Leistenenden je ein Loch bohren, 2 cm von den Spitzen entfernt. Das Gleiche bei den zwei gegenüberliegenden Enden machen und zuletzt ein Loch im Mittelpunkt des Drachens bohren **(Abb. 5)**.

Für die Befestigung einer Schnur am Drachengerüst am Ende der Schnur eine kleine Schlinge machen und diese durch das Loch in der Leiste ziehen. Sollte sich die Schlinge dagegen wehren, einen dünnen Draht nehmen, eine Schlinge daraus formen und damit die Spagatschlinge durch das Loch ziehen. Auf der anderen Seite der Leiste einen kleinen Knebel durch die Schlinge stecken und Knebel und Spagat mit einem Tropfen Leim oder Alleskleber fixieren **(Abb. 6)**.

Achtung!

Die Schnürung erfolgt auf der bemalten Seite des Drachens, sonst sieht man nichts vom Kunstwerk, wenn der Drache in der Luft ist.

Einen Spagat von ca. 1,5 m Länge vorbereiten und in der Mitte einen kleinen Schlüsselring einknüpfen. Die Enden des Spagats werden so in den zwei oberen Löchern verknüpft, dass der Schlüsselring

60 cm von den Löchern entfernt ist. Jetzt noch einen Spagat vom Schlüsselring zum Loch im Mittelpunkt des Drachens spannen. Auch hier soll der Schlüsselring 60 cm vom Loch entfernt sein. Am Schlüsselring wird dann später die Drachenschnur eingehängt. Jetzt noch 80 cm Spagat in die zwei unteren Löcher knüpfen. Dort wird dann der Drachenschwanz angeknüpft.

Zum Schluss wird der Drachenschwanz gebaut. Natürlich wird dieser in der Luft toll aussehen, aber die Hauptaufgabe des Drachenschwanzes ist es, den Drachen in der Luft zu stabilisieren, damit er sich nicht im Kreis dreht oder zu viel herumzappelt.

Das ist ganz besonders beim Sechseckdrachen wichtig. Der Schwanz soll ca. 4 m lang sein und muss einen hohen Luftwiderstand haben. Dazu beidseitig Fransen in färbiges Krepppapier schneiden, das Band in 10 cm breite Stücke schneiden und jedes Stück zu einer Quaste drehen. Die Quasten im Abstand von 10 cm auf die Schnur knüpfen. Nach Adam Riese werden also 40 Quasten benötigt.

Der Schwanz wird mit der Mitte der unteren Schlaufe verknotet.

Klassischer Viereckdrache

Felix ist schon ganz unrund, Theresas Drache ist fertig und bei seinem sind noch nicht einmal die Leisten zugeschnitten. Jetzt geht's aber hurtig dahin. Wie schon gehabt, werden die Enden der Leisten gerundet, Kerben eingefeilt und die Leisten anschließend im rechten Winkel übereinandergeleimt. Wenn der Leim fest ist, wird ein Spagat um das Drachengerüst gespannt und bei den Ecken bzw. bei den eingefeilten Rillen festgeklebt oder geleimt. Das Gerüst dann auf Papier auflegen, das Papier 5 cm größer zuschneiden, anschließend das Gerüst

DAS BRAUCHEN WIR

Für einen Viereckdrachen benötigt man:

- 2 Fichtenholzleisten, 15 x 2 mm, 100 und 80 cm lang
- Leim
- Spagat
- weißes Packpapier
- 1 Schlüsselring
- Krepppapier

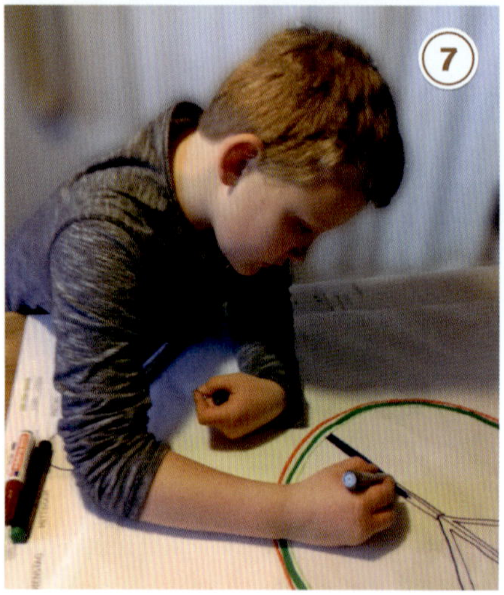

wieder entfernen und das Papier bemalen oder bekleben. Nun wird das Papier umgedreht, das Gerüst daraufgelegt, die Ecken werden eingeschnitten, der Papierüberstand wird über dem Spagat umgeschlagen und festgeklebt.

Felix verliert beim Bemalen nicht viel Zeit. Er macht einen „Friedensdrachen" **(Abb. 7)**. Was das genau sein soll, verrät er nicht. Wichtig ist, dass er schnell fertig ist. Ihn interessiert das Fliegen mehr, als hier lange herumzuklecksen.

Die Bohrungen und Verschnürungen sind beim klassischen Drachen etwas anders als beim Sechseckdrachen. Man braucht je eine Bohrung 2 cm innerhalb der Enden der kurzen Leisten, eine Bohrung 2 cm innerhalb des unteren Endes der langen Leiste sowie je eine Bohrung 10 cm innerhalb beider Enden der langen Leiste **(Abb. 8)**.

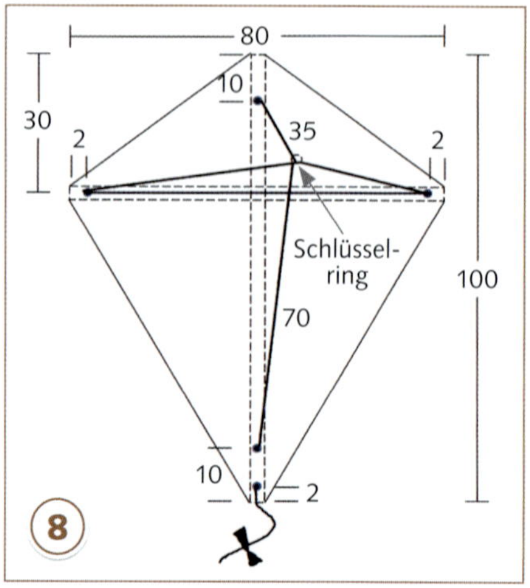

Auch hier nicht vergessen, dass die Verschnürung auf der bemalten Seite erfolgt. Nun einen Spagat durch ein Loch in der kurzen Leiste ziehen und festknüpfen.

Das andere Ende durch das Loch auf der anderen Seite der kurzen Leiste ziehen, den Spagat spannen, bis sich die Leiste leicht durchbiegt **(Abb. 9)**, und auch diese Seite verknoten. Diese leichte Spannung wird die Flugeigenschaften des Drachens wesentlich verbessern. Eine Schnur mit dem Loch am oberen Spitz des Drachens und am anderen Ende mit einem kleinen Schlüsselring verknüpfen. Die Entfernung vom Spitz bis zum Schlüsselring soll 35 cm betragen. Jetzt eine Schnur mit 70 cm vom unteren Loch zum Schlüsselring spannen. Zuletzt je eine Schnur vom Ende der kurzen Leisten zum Schlüsselring spannen. Die Länge muss so gewählt sein, dass, wenn man den Drachen beim Ring anhebt, die kurze Leiste waagrecht hängt. Zuletzt noch den Schwanz angeknotet und fertig ist der Drache.

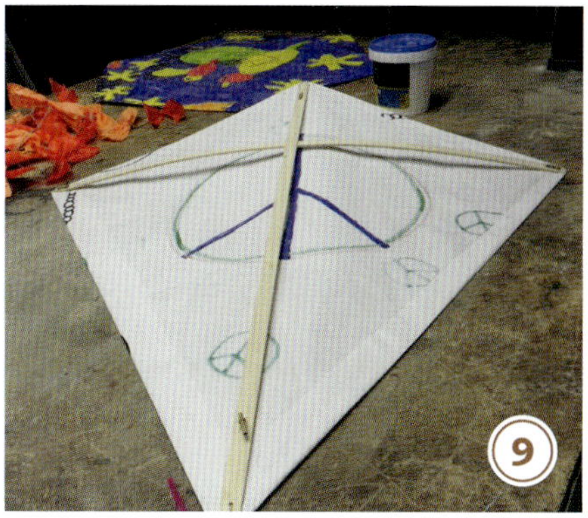
9

Haspel

Die Nylonschnur, die Oma gekauft hat, ist auf einer Kunststoffrolle aufgewickelt. Diese Rolle ist natürlich zum Drachenfliegen nicht geeignet. Darum bastelt Opa mit den Kindern noch schnell eine Haspel (siehe unten).

Die Leisten werden links und rechts an das Brettchen geleimt oder genagelt. Durch die Leisten werden zwei 8 mm große Löcher ca. 4 cm tief gebohrt, in die die Rundstäbe eingeleimt werden. In das Brettchen zuletzt noch ein kleines Loch zum Verknüpfen der Nylonschnur mit der Haspel bohren **(Abb. 10)**. Der Drache soll ja nicht samt der Schnur davonfliegen, wenn die Schnur ganz abgewickelt wird. Die Kinder spulen jetzt die Nylonschnur von der Rolle auf die Haspel um. Das geht ganz schnell, denn wenn man die Haspel bei den Rundstäben hält, kann man sie wie eine Kurbel drehen.

Da auch die Schnur auf der Haspel einen kleinen Schlüsselring hat, lassen sich

DAS BRAUCHEN WIR

- Nylonschnur
- 2 Leisten, 2 x 1 cm, 20 cm lang
- 1 Brettchen, ca. 6 x 15 x 2 cm
- 2 Rundstäbe, 8 mm, 10 cm lang
- Leim oder kleine Nägel
- 1 kleinen Schlüsselring

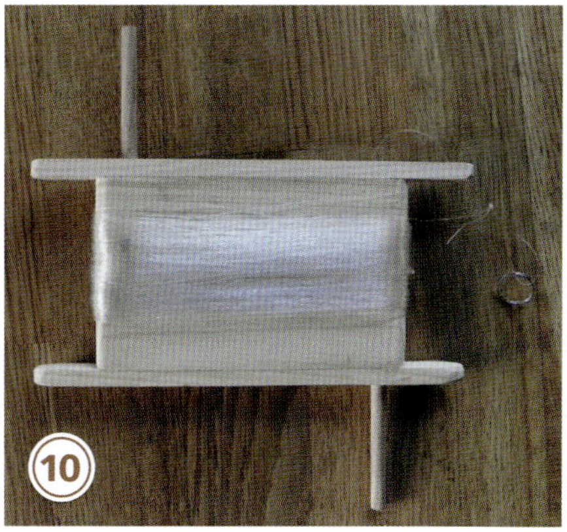
10

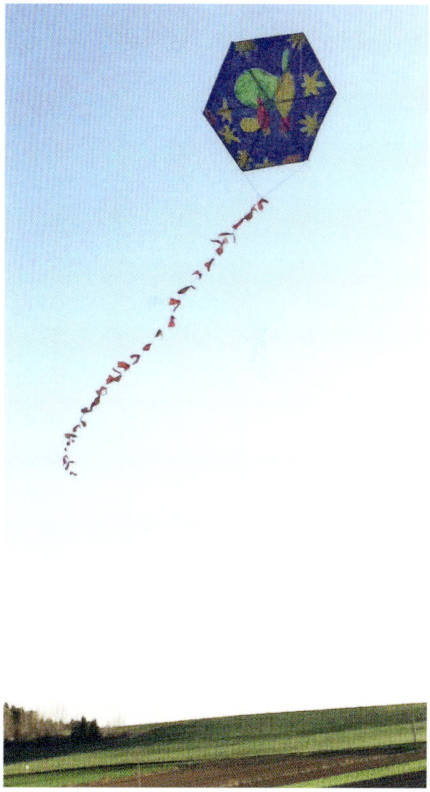

die Drachen leicht ein- und aushängen und es reicht eine Haspel für mehrere Drachen. Natürlich vorausgesetzt, die Drachen sollen nicht gleichzeitig in der Luft sein. Bevor sich die Mannschaft zum Jungfernflug aufmacht, erklärt Opa noch einige Grundregeln.

Der richtige Wind macht's

Damit ein Drache steigt, braucht man etwas Wind. Eine Windgeschwindigkeit von 10 km/h reicht für so leichte Drachen schon aus. Man erkennt sie daran, dass sich die Blätter und kleine Zweige auf den Bäumen bewegen. Wenn der Drachen einmal in der Luft ist, geht die Post ab. Je höher er steigt, umso stärker ist nämlich der Wind. Aber jetzt geht's los! Oma steht gegen den Wind und hält den Drachen. Theresa geht mit der Haspel ca. 10 m weiter. Auf Kommando lässt Oma den Drachen los und Theresa läuft ein paar Schritte. Der Wind drückt den Drachen in die Höhe, Theresa bleibt stehen und braucht nur mehr Leine zu geben. Felix wartet inzwischen ungeduldig auf die Haspel. Vielleicht hätten sie doch zwei bauen sollen.

Grundregeln für das Drachenfliegen

- Suche eine große, freie Fläche ohne Bäume, Straßen, parkende Fahrzeuge oder Eisenbahngeleise.
- Es dürfen keine Stromleitungen in der Nähe sein. Wenn sich die Schnur in einer Stromleitung verfängt, ist nicht nur der Drachen futsch, sondern der Drachenführer kann einen Stromschlag bekommen. Das kann tödlich sein!
- Keine Äcker und ungemähten Wiesen betreten.
- In der Nähe von Flughäfen ist Drachenfliegen verboten.
- Der Drache darf maximal 100 m hoch steigen.
- Abstand zu anderen Drachen halten, sonst können sich die Schnüre verheddern.
- Zuschauer müssen in der Richtung stehen, aus der der Wind kommt, sonst können sie durch abstürzende Drachen verletzt werden.
- Wenn ein Gewitter aufzieht, nicht Drachen fliegen bzw. den Drachen sofort einholen. Es besteht die Gefahr, dass ein Blitz in den Drachen einschlägt. Auch das kann für den Drachenlenker tödlich sein.

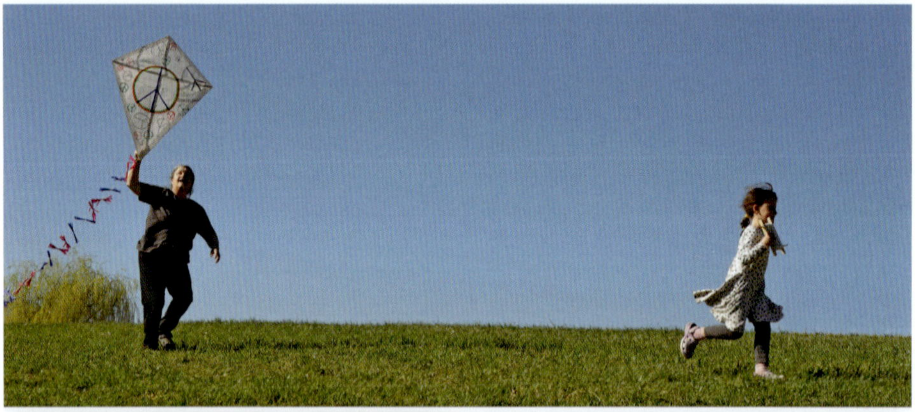

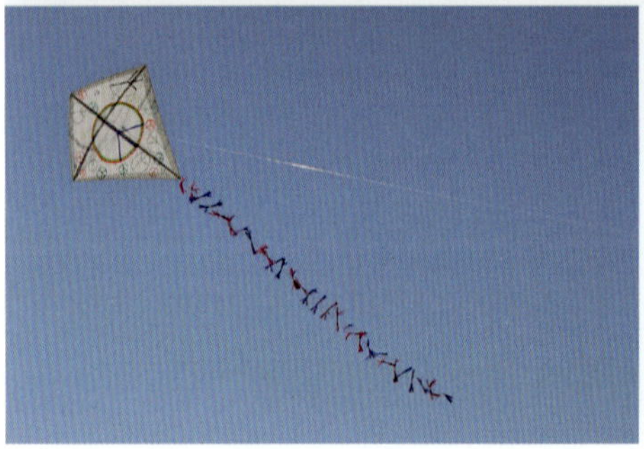

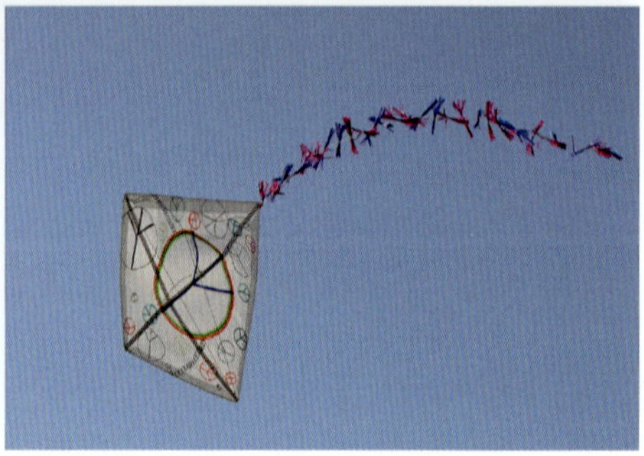

32 STEINSCHLEUDER

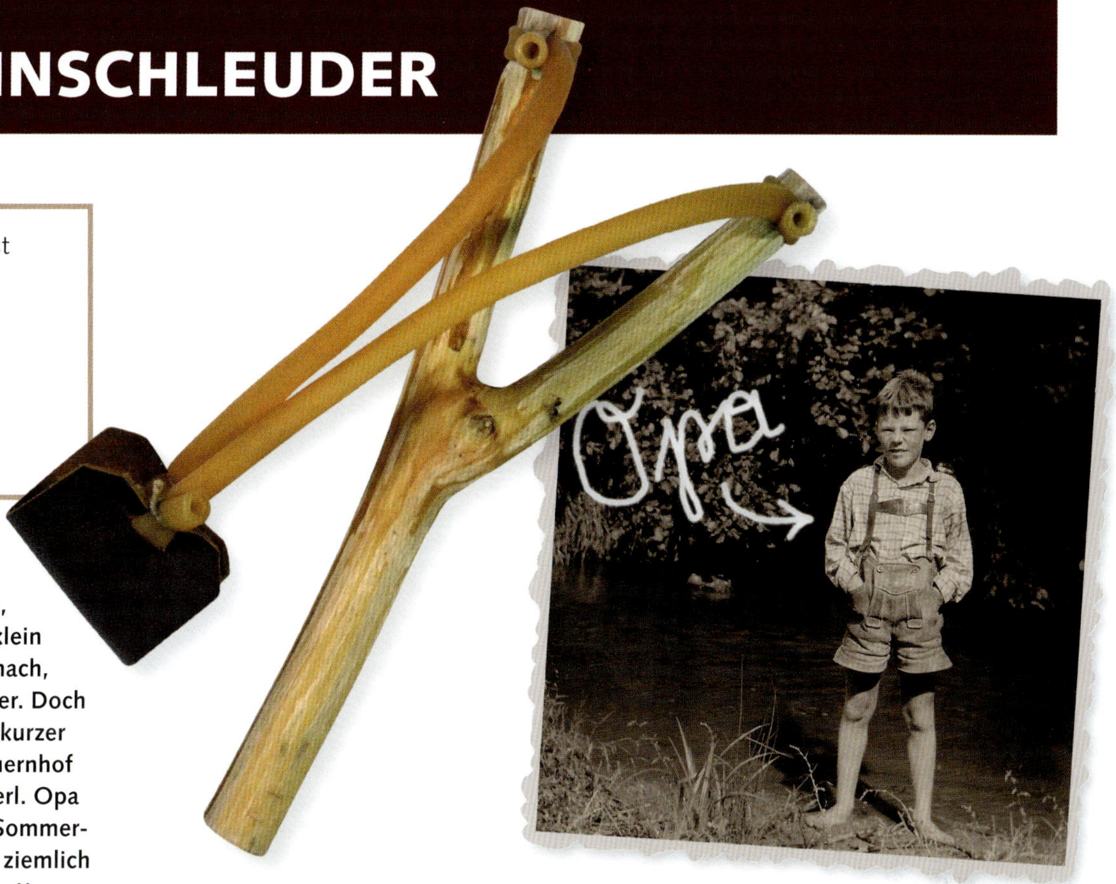

DAS BRAUCHEN WIR

Der Materialaufwand dafür ist denkbar gering:

- 1 Zwiesel von einem Haselstrauch
- 1 Gummiband
- 1 Stück Leder
- Spagat

Felix ist auf Spurensuche. „Opa, womit hast du gespielt, als du klein warst?“ Opa denkt einige Zeit nach, denn das ist schon sehr lange her. Doch plötzlich sieht er sich wieder in kurzer Lederhose, barfuß, auf dem Bauernhof von Onkel Hans und Tante Peperl. Opa durfte viele Jahre hindurch die Sommerferien dort verbringen. Das war ziemlich toll und aufregend. Außerdem hatten Tante und Onkel selbst sieben Kinder, davon drei Buben.

Um Felix' Frage zu beantworten, gräbt Opa in Gedanken in den Taschen seiner Lederhose und erzählt, was da alles zum Vorschein kommt. Da ist einmal ein Taschenmesser, ein sogenannter „Kreuzerfeitl“. Den zu haben, war ein Muss. Einige schöne Steine, dann kommt ein Korkstoppel zum Vorschein, der ist noch vom letzten Fischen. Das war damals eine der Hauptbeschäftigungen der Kinder und problemlos ohne Genehmigung im Bach neben dem Bauernhaus möglich. Einige kleine Glas- und Tonkugeln sind immer bereit für ein Kugelspiel mit den anderen Kindern. Ja, und ganz tief unten im Hosensack ist das Goldkettchen mit einem kleinen Kreuz, das ihm seine Mutter immer um den Hals hängt, wenn er länger von zu Hause weg ist, und das er aber dann immer gleich in die Tasche steckt, weil die anderen Buben auch kein Kettchen haben.

Aber da ist noch etwas in der Tasche, etwas Sperriges, das aber trotzdem immer dabei sein muss: eine Steinschleuder, damals sagte man „Schnellbüchsl“ dazu. Opa erzählt, dass man damit kleine Steine sehr weit schießen kann und ziemlich genau trifft. Felix und Lukas beschließen sofort, so ein Schnellbüchsl zu bauen.

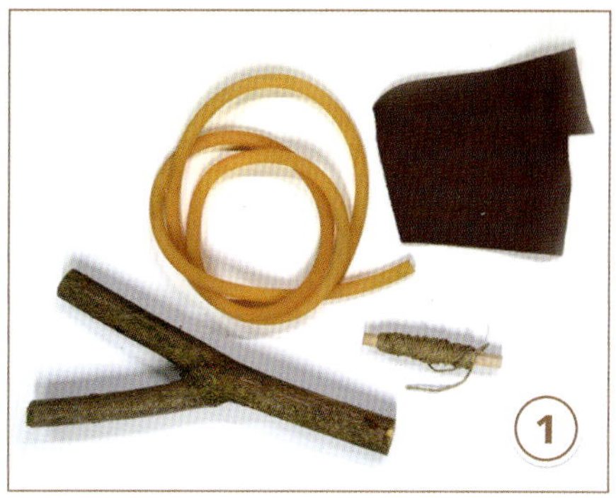

Die Zwiesel sollte eine gleichmäßige Y-Form aufweisen. Als Gummiband hat Opa damals den Gummiring von einem Einweckglas verwendet oder einen alten Fahrradschlauch zerschnitten. Diesmal kauft Opa ein spezielles Gummiband in einem Waffengeschäft. Es ist ein dünner Schlauch, 1 m lang. Das reicht für zwei Steinschleudern. Ferner brauchen sie ein Stück Leder und Spagat (starker Bindfaden) **(Abb. 1)**.

Lukas entrindet einen Zwiesel **(Abb. 2)** und schnitzt dort, wo dann die Gummibänder befestigt werden, ca. 5 mm breite Rillen. Aus dem Leder schneidet er ein 4 x 8 cm großes Stück und macht auf jeder Seite mit einer Klinge einen kleinen Schnitt für die Bänder.

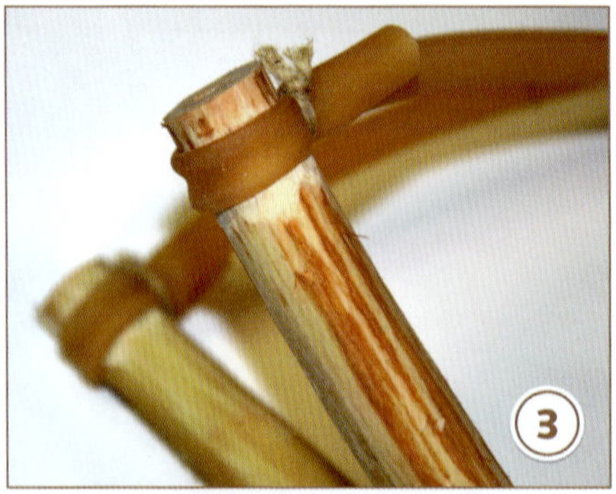

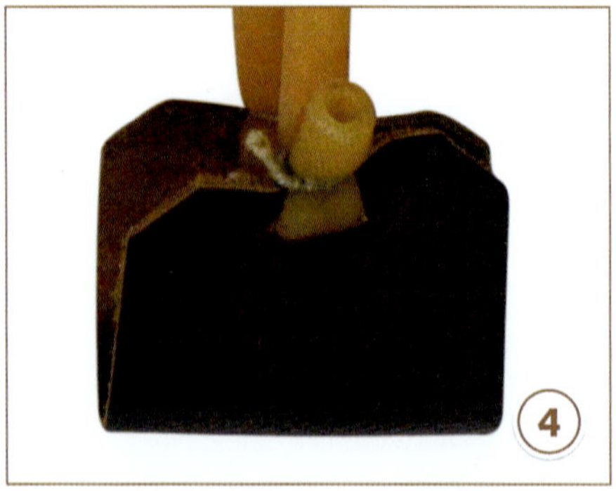

Opa schneidet das Gummiband in vier gleich lange Stücke. Er spannt es straff um das Holz bzw. in die Rille und Lukas bindet den Spagat so fest er kann um das Band **(Abb. 3)**. Dann die zweite Seite des Zwiesels und zum Schluss wird das Leder befestigt **(Abb. 4)**. Fertig ist die erste Steinschleuder. Die Buben sind von der Wirkung der Schleuder fasziniert. Als Geschoße verwenden sie ca. 1 cm große rundliche Steine und die Treffsicherheit ist erstaunlich.

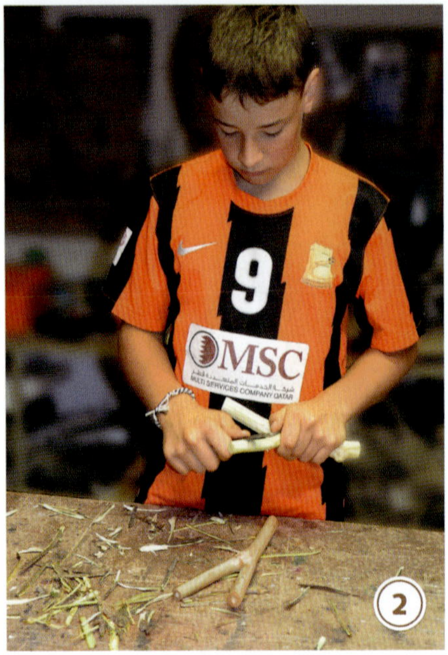

Sicherheitsmaßnahmen

Man darf nicht vergessen, dass es sich bei so einer Schleuder um eine gefährliche Waffe handelt, die mit entsprechender Vorsicht zu verwenden ist. Es versteht sich von selbst, dass nicht auf Menschen oder Tiere geschossen wird. Aber auch der Schütze selbst muss sich schützen, indem er das Leder nicht in Richtung Gesicht zieht **(Abb. 5)**, sondern zur Brust **(Abb. 6)**. Denn wenn der Gummi bricht, schnellt er sonst ins Gesicht oder sogar ins Auge.

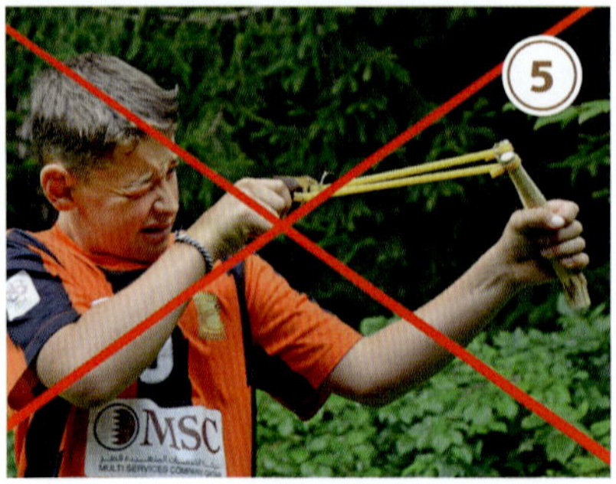

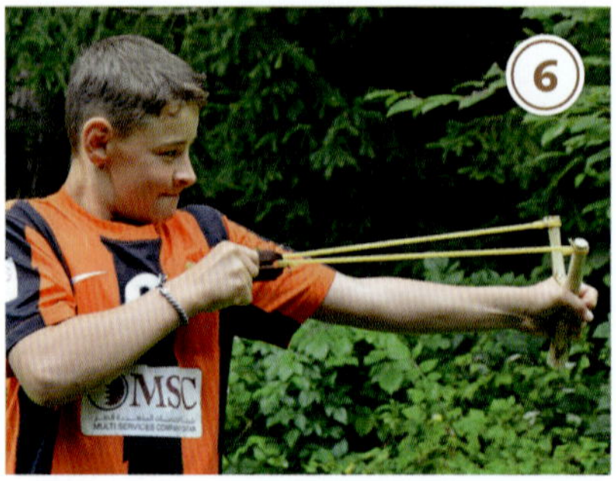

33 LICHTPENDELBILDER

DAS BRAUCHEN WIR

Die beiden brauchen dazu:

- 2 Haken an der Decke im Abstand von ca. 40 cm, und zwar in einem Raum, in dem es stockdunkel ist
- 1 Fotoapparat
- 1 Stabtaschenlampe
- 1 Stück schwarzen Karton
- 1 schwarzes Isolierband
- 1 dünne Schnur

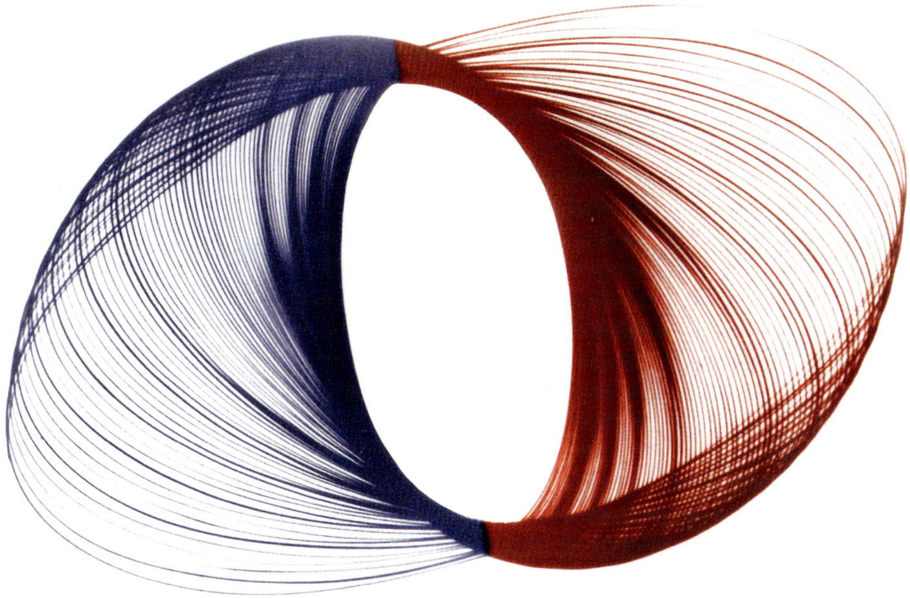

Lukas hat einen eigenen Fotoapparat und macht schon ganz tolle Bilder. Er hat mit Opa eine Fotowanderung geplant, doch das Wetter macht den beiden einen Strich durch die Rechnung. Nachdem er das 27. Foto vom Hund gemacht hat (der Katze war das viele Fotografieren nicht geheuer, die hat sich gleich verzogen), lässt sich Opa ein Schlechtwetterprogramm einfallen und schlägt vor, dass sie Lichtpendelbilder machen. Lukas ist begeistert, obwohl er noch keine Ahnung hat, was ihn erwartet.

Beim Fotoapparat muss eine Dauerbelichtung möglich sein. Das heißt, den Verschluss, der normalerweise das Licht nur für einen Bruchteil einer Sekunde in den Fotoapparat hineinlässt, muss man beliebig lange offen lassen können. Meist ist das die „B"-Einstellung, aber nicht jeder Fotoapparat kann das. Außerdem muss die Entfernung händisch einstellbar sein. Das heißt, der Autofokus, der normalerweise die Entfernung automatisch einstellt, wird auf „manuell" umgestellt.

Die beiden suchen auf dem Programmrad von Lukas' Fotoapparat die „B"-Stellung vergeblich, entdecken dann aber, dass es eine „M"-Stellung (für „manuell") gibt, bei der dann die Zeit auf „BULB" gestellt werden kann. Ein Problem gibt es trotzdem noch: Bei vielen Kameras öffnet sich der Verschluss bei der „B-Stellung" beim ersten Druck auf den Auslöser und schließt beim zweiten Druck. Bei Lukas' Kamera aber bleibt der Verschluss so lange offen, so lange man den Auslöser gedrückt hält. Sobald man den Auslöser loslässt, macht der Verschluss wieder zu. Da man die Hand aber nicht so ruhig halten kann, würde man bei langen Belichtungszeiten das Bild „verwackeln". Opa hat eine Idee: Er bindet ein Stück Gummiband um den Fotoapparat, befestigt daran ein Korkstück mit einer Pinnnadel und dieser künstliche „Finger" drückt jetzt so lange auf den Auslöser, bis er wieder zur Seite geschoben wird **(Abb. 1)**.

Jetzt müssen sie noch die Taschenlampe vorbereiten. Sie schneiden einen Kreis in Größe des Lampenglases aus dem schwarzen Karton. In der Mitte machen sie ein ca. 3 mm großes Loch **(Abb. 2)** und kleben dann die Kartonscheibe mit dem Isolierband auf die Taschenlampe **(Abb. 3)**. Im Finstern kontrollieren sie, ob alles lichtdicht ist, bis auf das Licht, das jetzt noch durch das Loch kommt.

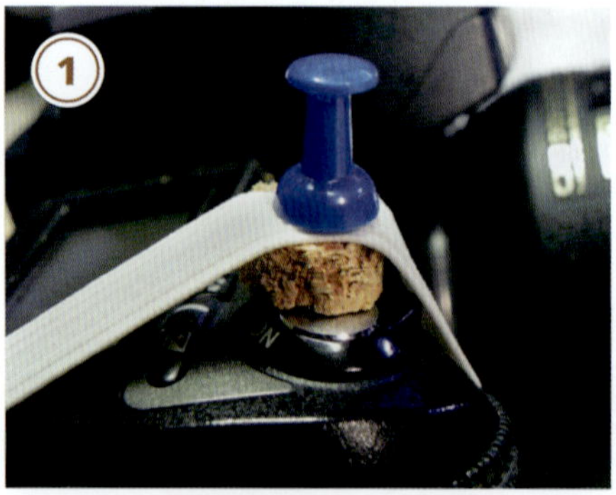

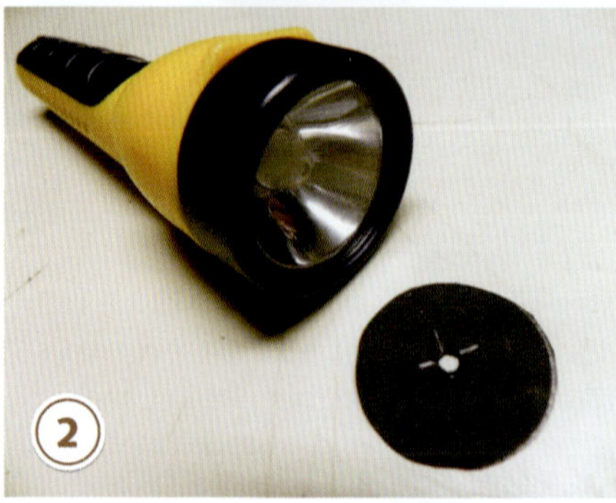

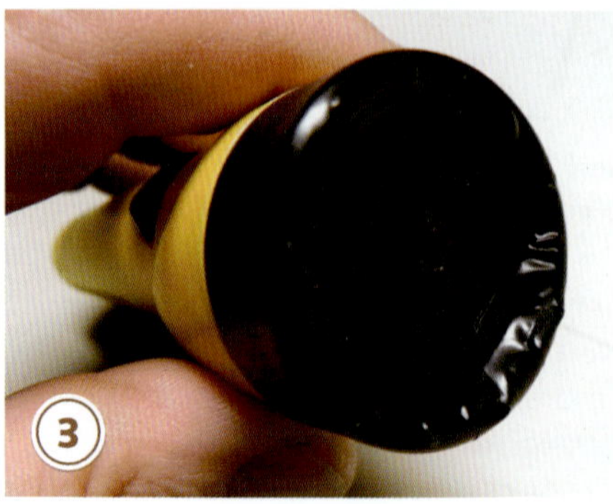

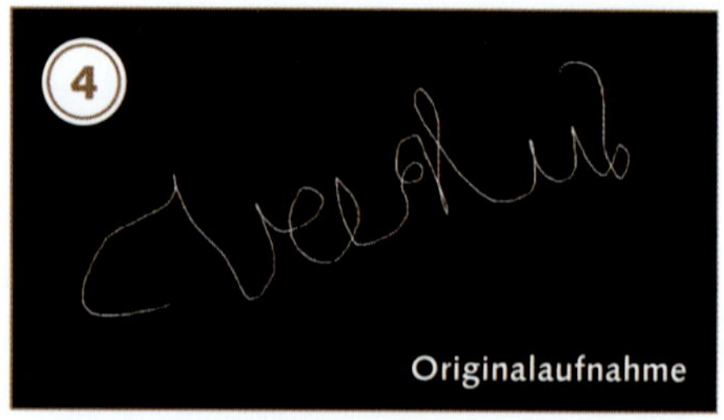

Originalaufnahme

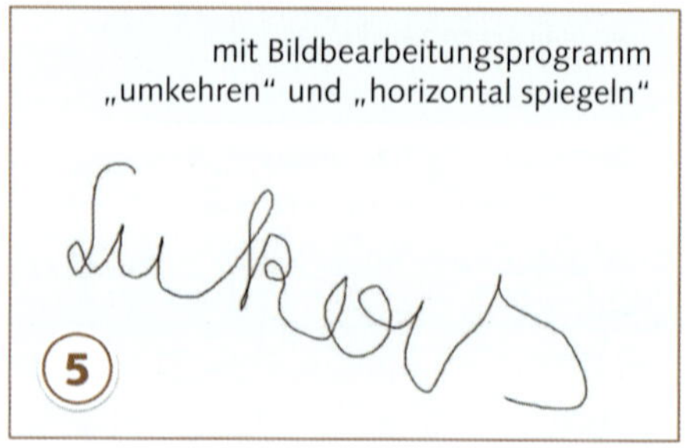

mit Bildbearbeitungsprogramm „umkehren“ und „horizontal spiegeln“

Ab in den Heizraum. Dieser hat kein Fenster und wenn man das Licht abdreht, ist es wirklich stockfinster darin. Gleich einmal ein erster Versuch. Lukas soll mit der Lampe seinen Namen schreiben.

Opa erklärt, das sei Fotografie im wahrsten Sinne des Wortes, denn das Wort Fotografie ist griechisch und bedeutet „mit Licht zeichnen“.

Opa stellt den Fotoapparat auf ein Stativ, Lukas stellt sich mit der Lampe ca. 4 m von Opa entfernt auf. Opa stellt die Entfernung zu Lukas manuell ein, wählt Blende 4, dreht das Licht ab, sucht im Dunklen den Fotoapparat, fällt fast über das Stativ und muss erkennen, dass sie noch eine Person brauchen, die den Lichtschalter bedient. Oma muss her. Oma ahnt schon, dass sie sich da so schnell nicht mehr verdrücken kann, und richtet sich einen Stuhl zum Lichtschalter, damit sie wenigstens sitzen kann bei dieser verantwortungsvollen Tätigkeit.

Zweiter Anlauf. Opa spricht die Kommandos, damit jeder weiß, was gerade passiert und damit auf nichts vergessen wird. „Licht aus – Verschluss auf – Lukas zeichnen – Verschluss zu – Licht an.“ Neugierig stürzen alle zum Display des Fotoapparats und tatsächlich, auf schwarzem Hintergrund sieht man weiße Linien. Lukas ist enttäuscht, dieses Gekritzel ist nicht sein Name. Doch bald wird klar, dass sein Name seitenverkehrt auf dem Bild ist **(Abb. 4)**. Opa beruhigt ihn, er könne am PC mit einem Bildbearbeitungsprogramm das Bild „horizontal spiegeln“, außerdem so zuschneiden, dass der Name in der Mitte des Bildes ist (im Moment klebt er ganz am Rand), und er könne daraus schwarze Schrift auf weißem Grund machen **(Abb. 5)** oder die Schrift sogar einfärben.

Es werden noch weitere Versuche gemacht, Oma zeichnet einen Tannenbaum, Lukas einen Schneemann, bei dem sich ein Auge und die Nase außerhalb des Kopfs befinden. Opa probiert verschiedene Blenden- und Zoomeinstellungen aus und verstellt die ISO-Empfindlichkeit, um ein Optimum zu finden. Allein – Kunstwerke sind keine darunter und darum beschließen sie jetzt, sich auf die Lichtpendelaufnahmen zu stürzen.

Die Lampe wird mit der Schnur an einen der Deckenhaken gehängt und baumelt jetzt ca. 1,5 m über dem Boden. Genau darunter auf dem Boden liegt der Fotoapparat, die eingestellte Entfernung ent-

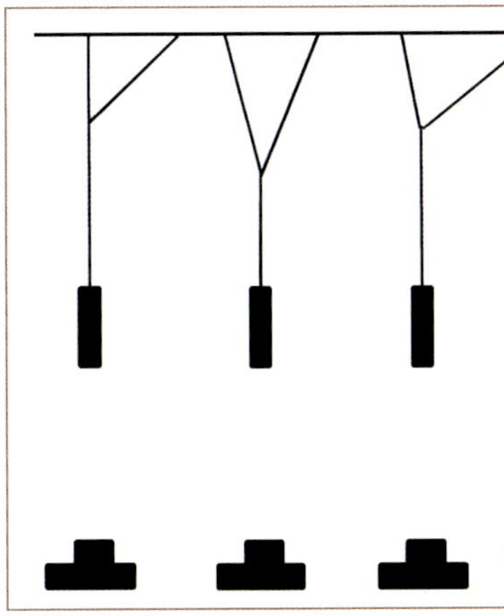

6

spricht dem Abstand zwischen Objektiv und Lampe. Die Kommandos lauten jetzt etwas anders, weil der Verschluss erst aufmachen soll, wenn das Pendel schon schwingt und schon wieder zumachen soll, wenn das Pendel noch in Bewegung ist. „Licht aus – Pendeln – Verschluss auf – Verschluss zu – Licht an – Pendel stopp."

Erstaunlicherweise sind schon bei den ersten Versuchen brauchbare Resultate dabei. Einmal dreht Oma schon beim Kommando „Verschluss auf" das Licht wieder auf. Sie wird von Lukas getadelt und verspricht, sich mehr zu konzentrieren. Lukas und Opa besprechen immer wieder die Resultate und verändern alle möglichen Einstellungen. Wenn ein Bild besonders gelungen ist, schreibt Lukas alle Einstellungen auf, damit er, wenn er später wieder einmal solche Fotos macht, nicht mehr so viel probieren muss. Lukas kommt auf die Idee, das Pendel bei einer Aufnahme mehrmals in verschiedene Richtungen anzustoßen. Das Ergebnis sieht aus wie das Modell eines Atoms. Da das Abstoppen und neuerliche Anstoßen ja nicht mit aufgenommen werden soll, hält Opa in dieser Zeit einen schwarzen Karton über das Objektiv, natürlich ohne dabei den Fotoapparat zu verrücken.

Jetzt wird's aber wirklich kreativ. Opa knüpft eine zweite Schnur vom zweiten Haken zur ersten Schnur. Das Pendel hängt jetzt auf einem Ypsilon. Je nach Schenkellängen des Ypsilons macht das Pendel jetzt Achter oder andere Figuren **(Abb. 6)**. Der Fantasie sind keine Grenzen gesetzt. Zuletzt legt Opa den Fotoapparat auf den Teller eines Plattenspielers, der sich dreht. Das Ergebnis sind jetzt Zeichnungen, die an Blumen erinnern.

Die Zeit vergeht wie im Flug und plötzlich sind über 100 Aufnahmen auf dem Fotoapparat gespeichert. Einige davon werden Opa und Lukas am Computer noch weiter bearbeiten. Sie werden die Bilder „umkehren". Dann ist der Hintergrund weiß und die Linien schwarz. Dann können die Linien eingefärbt werden. Auch bei der Nachbearbeitung kann man sich richtig künstlerisch betätigen. Die schönsten Bilder wird Lukas dann im Fotolabor ausdrucken lassen, einrahmen und verschenken.

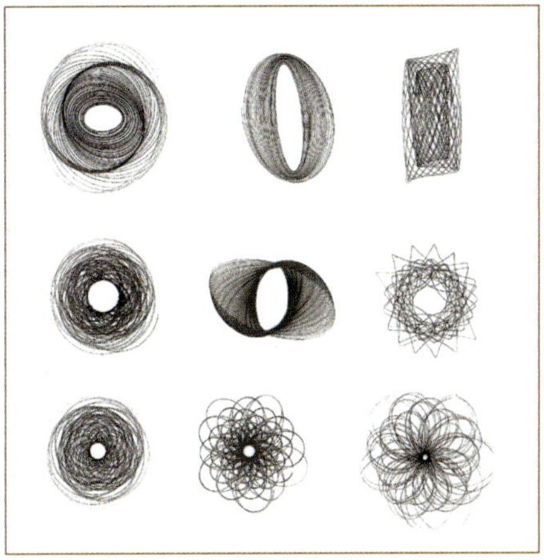

Fehlerursachen

- **Linien zu dick bzw. Überstrahlungen:** Loch auf der Lampe zu groß, Blendenzahl zu niedrig, Abstand zwischen Lampe und Kamera zu gering, ISO-Empfindlichkeit zu hoch.
- **Überstrahlungen Bildmitte:** Zu lange belichtet (Die Linienabstände werden immer enger, je länger das Pendel in Bewegung ist).
- **Linien zu dünn:** Loch auf der Lampe zu klein, Blendenzahl zu hoch, Abstand zwischen Lampe und Kamera zu groß, ISO-Empfindlichkeit zu niedrig, Lampenbatterie zu schwach.
- **Linien außerhalb des Bilds:** Brennweite zu groß, Abstand zwischen Lampe und Kamera zu klein, Pendel zu stark angestoßen.
- **Bild ist zu klein:** Brennweite zu klein, Abstand zwischen Lampe und Kamera zu groß, Pendel zu schwach angestoßen.
- **Linien Bildmitte sind scharf, außen unscharf (oder umgekehrt):** Entfernung nicht genau eingestellt, Blendenzahl zu niedrig (zu wenig Tiefenschärfe).

34 VOGELHÄUSCHEN

DAS BRAUCHEN WIR

- Dreischichtplatte, 19 mm stark, für alle drei Häuschen
- Leisten, 50 x 5 mm, für die Brüstungen
- Leim und Nägel
- Farbe oder Holzlasur

Wie immer, wenn es ein paar schulfreie Tage gibt, treffen sich die Kinder bei Oma zu einem „Kurzurlaub". Diesmal wird nicht beraten, was man basteln könnte, denn Lukas bringt schon einen fixen Auftrag mit, den es abzuarbeiten gilt. Seine Mutter möchte ein neues Vogelhäuschen haben, da das alte schon sehr verwittert ist. Außerdem gehen keine Vögel hinein, da immer die Katze drinnen sitzt. Und er, Lukas, möchte noch nebenbei ein Seifenkistenauto und einen Schibob bauen. Aber das ist eine andere Sache.

Opa zeigt den Kindern einige Bilder von verschiedenen Vogelhäuschen. Lukas entscheidet sich für einen sechseckigen Pavillon, eine echte architektonische Herausforderung. Da wollen plötzlich Hannah und Tobias auch ein Vogelhäuschen bauen. Sie wählen ein „spaciges" Modell, das einen Fliegenpilz darstellt. Da aller guten Dinge drei sind und das Vogelhäuschen von Oma und Opa schon vor einigen Jahren verschwunden ist, entscheidet sich Opa, gleich ein drittes zu bauen. Er wählt ein einfaches Modell, eine passende Arbeit zum Aufwärmen.

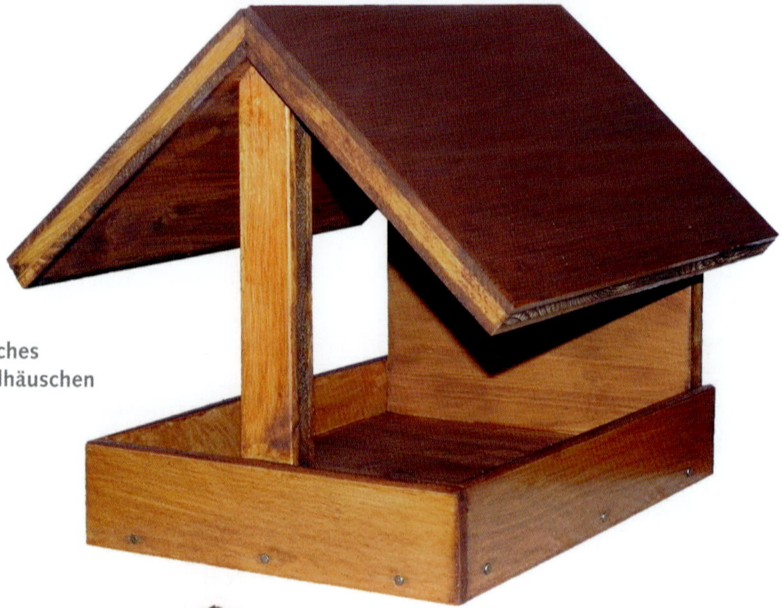

Einfaches Vogelhäuschen

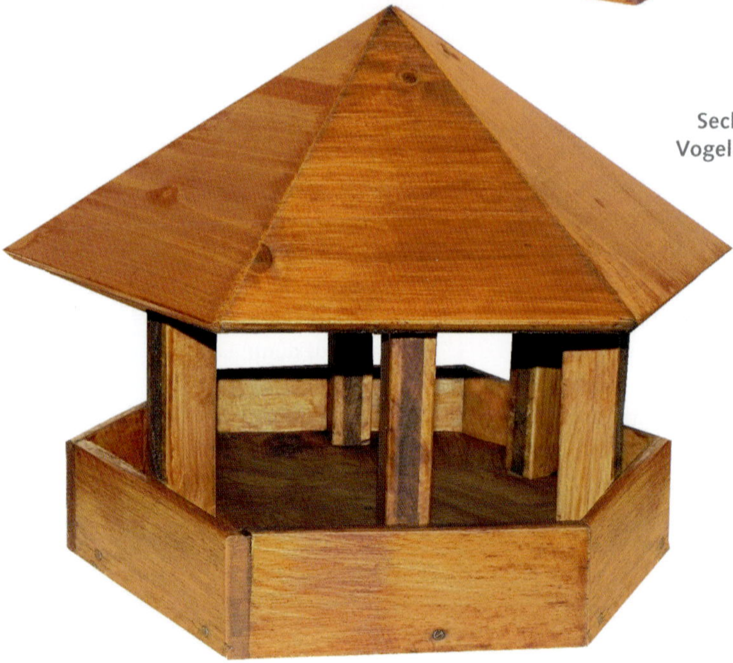

Sechseckiges Vogelhäuschen

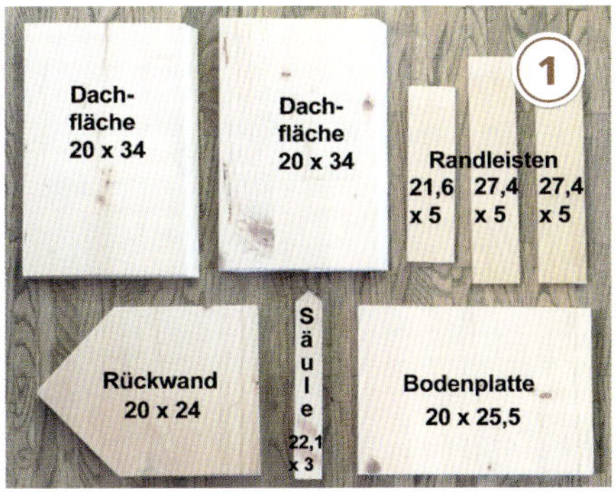

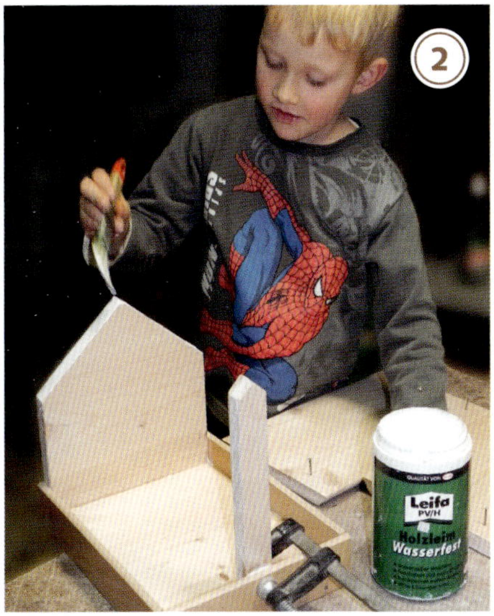

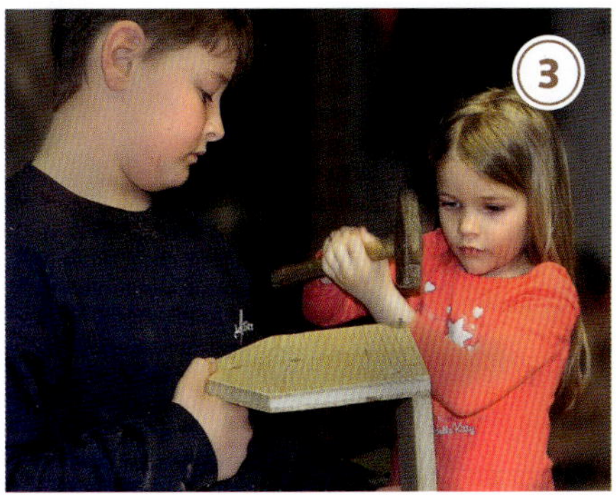

Einfaches Vogelhäuschen

Hier im Bild ist eine Stückliste für das einfache Häuschen abgebildet **(Abb. 1)**. Natürlich können die Maße beliebig abgeändert werden, denn besonders Größe und Dachneigung sind Geschmacksache. Die Teile werden beim Zusammenbau geleimt **(Abb. 2)** und genagelt **(Abb. 3)**. Das Nageln erspart die Schraubzwingen.

Sechseckiges Vogelhäuschen

Wesentlich schwieriger gestaltet sich das sechseckige Häuschen von Lukas und Felix. Das Dach **(Abb. 4)** besteht aus sechs gleichschenkeligen Dreiecken, deren Schenkellänge die Dachneigung bestimmt. Lukas macht ein provisorisches Papiermodell vom Dach und entscheidet sich dann für eine Traufenlänge von 20,9 cm und eine Schenkellänge von 25 cm **(Abb. 5)**. Das ergibt eine optisch gefällige Dachneigung. Die Schenkel der Dreiecke bekommen eine Gehrung verpasst. Opa verwendet dazu eine kleine Abricht-Hobelmaschine, die Gehrung kann aber auch mit einer Tischkreissäge, einer (Hand-)Bandschleifmaschine oder einer Raspel gemacht werden. Bei Verwendung obiger Maße kann übrigens, sofern vorhanden, der Anschlag der Hobelmaschine bzw. das Kreissägeblatt auf 13° gestellt werden. Das Ei des Kolumbus muss ja schließlich nicht jeder neu erfinden.

Um Hobelmaschine und Kreissäge müssen die Kinder übrigens einen weiten Bogen machen, das sind die gefährlichsten Geräte in der Werkstatt. Opa zieht auch sofort nach Gebrauch aus Sicherheitsgründen wieder den Stecker aus der Dose.

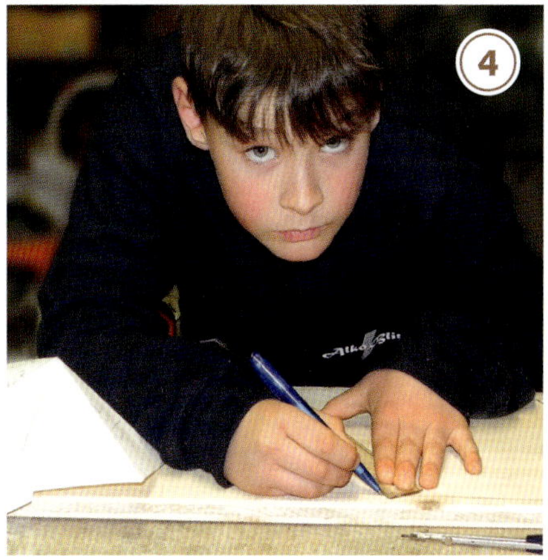

Das nächste Problem bei diesem Dach ist der Zusammenbau. Man kann es nicht nageln, ja man kann es nicht einmal probeweise aufstellen. Lukas, der Tüftler, hat eine Idee. Er legt die Dreiecke auf dem Tisch auf (Gehrungen nach unten) und verbindet die Schenkel mit einem Klebeband. Die letzten zwei Schenkel können natürlich jetzt, wo das Dach noch flach liegt, nicht verbunden werden. Dann dreht er die verbundenen

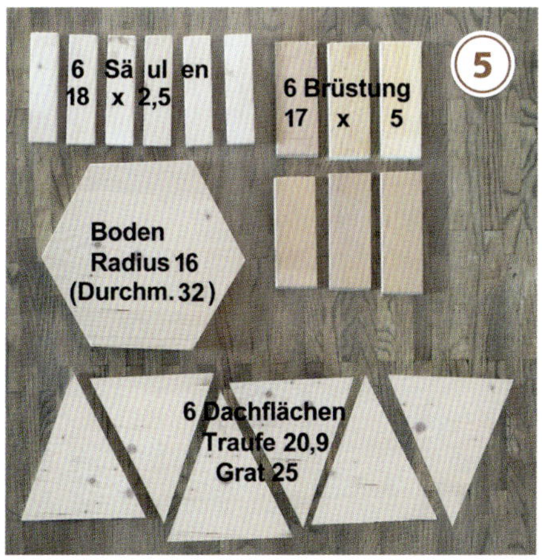

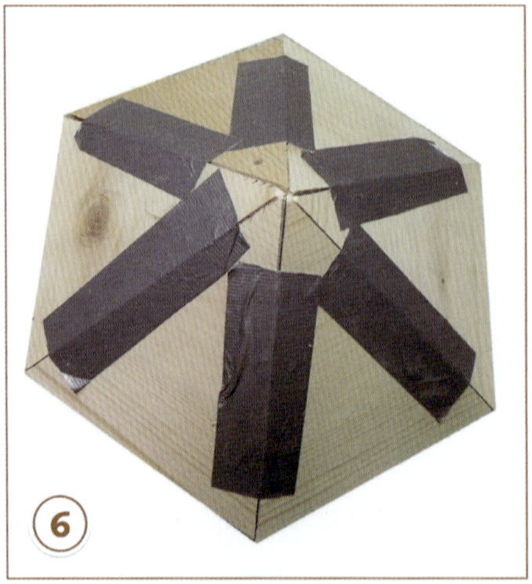

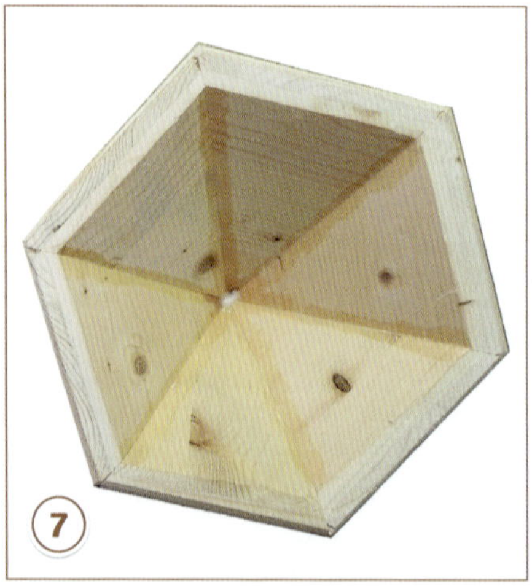

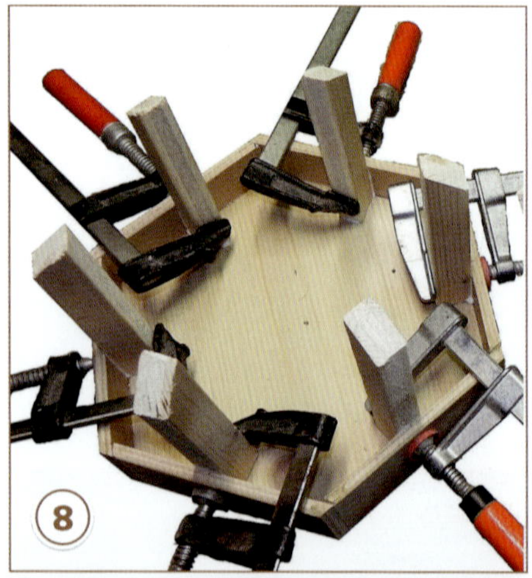

Dreiecke um und streicht Leim in die Gehrungsfugen. Wieder umgedreht, wird das Dach vorsichtig aufgestellt und die letzten zwei Schenkel mit dem Klebeband zusammengeklebt **(Abb. 6)**. Das Dach hat jetzt seine endgültige Form. Bis der Leim fest ist, stellt Lukas das Dach, jetzt wieder auf den Kopf gestellt, in ein Gefäß, sodass es nicht umkippen kann. Dort wo die Gehrungen nicht genau passen und die Fugen etwas breiter sind, streicht er mit dem Finger noch Leim nach. Am nächsten Tag ist der Leim fest und das Dach erstaunlich stabil **(Abb. 7)**.

Die Säulen werden an die Brüstung geleimt **(Abb. 8)** und das Dach wird wieder verkehrt ins Gefäß gelegt. Auf die Säulenköpfe, die ebenfalls schräg zugeschnitten sind, wird üppig Leim gestrichen, dann wird der Boden mit den Säulen in das Dach gestellt und eingerichtet. Dort, wo zwischen Säulenkopf und Dach noch Fugen sind, wird mit dem Finger noch Leim nachgestrichen.

Fliegenpilz-Vogelhäuschen

Das dritte Häuschen ist technisch nicht sehr anspruchsvoll, außer dass die Stichsäge benötigt wird, um die Rundungen zu schneiden **(Abb. 9)**. Hat man sich beim sechseckigen Pavillon das Hirn gemartert, kann man jetzt den Bizeps trainieren. Die Buben bearbeiten abwechselnd mit der Raspel die Schnittflächen, bis alles schön rund ist. Danach wird mit grobem Schleifpapier und zum Schluss mit feinem nachgeschliffen. Der Zusam-

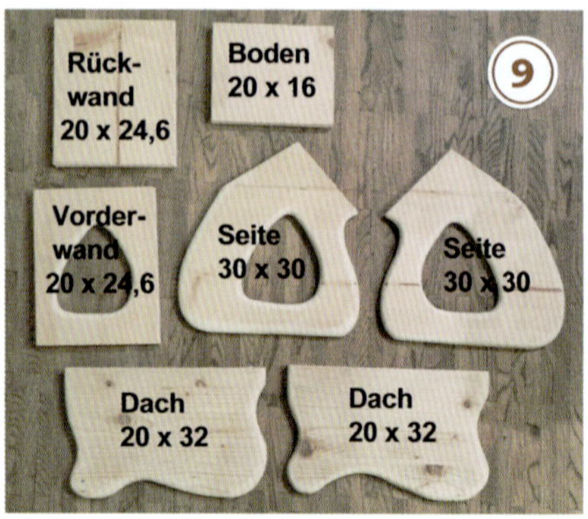

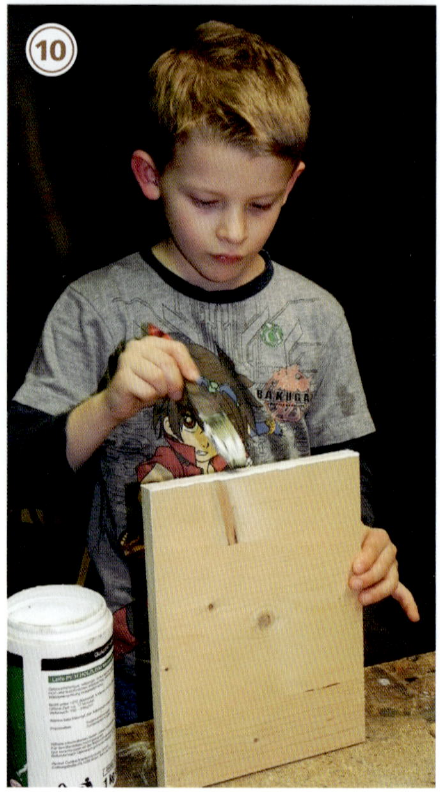

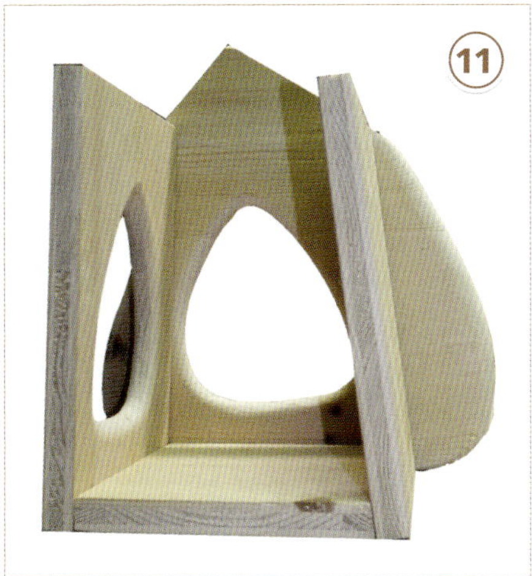

menbau erfolgt wieder durch Leimen mit gleichzeitigem Nageln **(Abb. 10 & 11)**.

Auf die Frage, wie die Häuschen bemalt werden sollen, antwortet Hannah wie aus der Pistole geschossen: „Pink!" Die Buben heulen auf, als hätten sie sich mit dem Hammer auf den Daumen geschlagen. Hannahs Bruder Tobias drückt seine Meinung dazu aus, indem er ein Geräusch imitiert, das jemand macht, wenn ihm das Essen aus dem Gesicht fällt. Opa erinnert daran, dass das Häuschen ja einen Fliegenpilz darstellt und auch so bemalt werden sollte. Lukas möchte sein Meisterwerk nicht unter Farbe verstecken und es wird mit Holzschutzlasur, die Opa schon jahrelang im Kasten stehen hat, gestrichen.

Dem schließt sich Opa mit seinem eigenen Häuschen an und freut sich insgeheim, dass dieses „Großbauprojekt" ausschließlich mit Restmaterialien realisiert werden konnte.

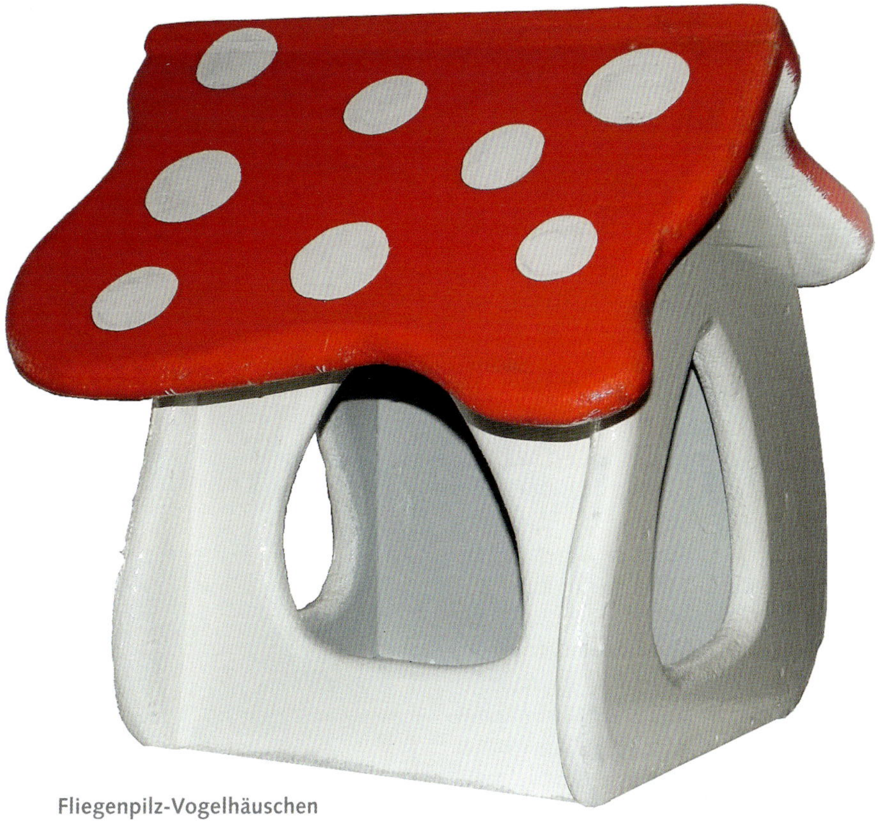

Fliegenpilz-Vogelhäuschen

P.S.: Ein viertes Häuschen, das Opa nachträglich für Theresa baut, darf ob seiner künstlerischen Gestaltung nicht unerwähnt bleiben.

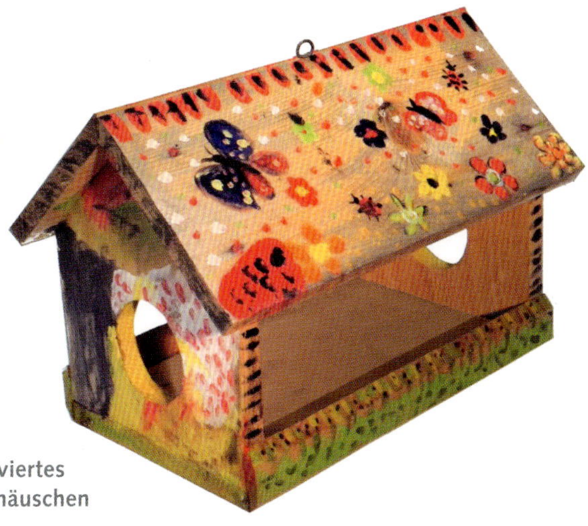

Opas viertes Vogelhäuschen

35 HUFLATTICHPFEIFE

DAS BRAUCHEN WIR

- 1 dicken Huflattichstängel, ca. 15 cm lang
- 1 Stück Ast, in der Stärke des Lochdurchmessers des Stängels

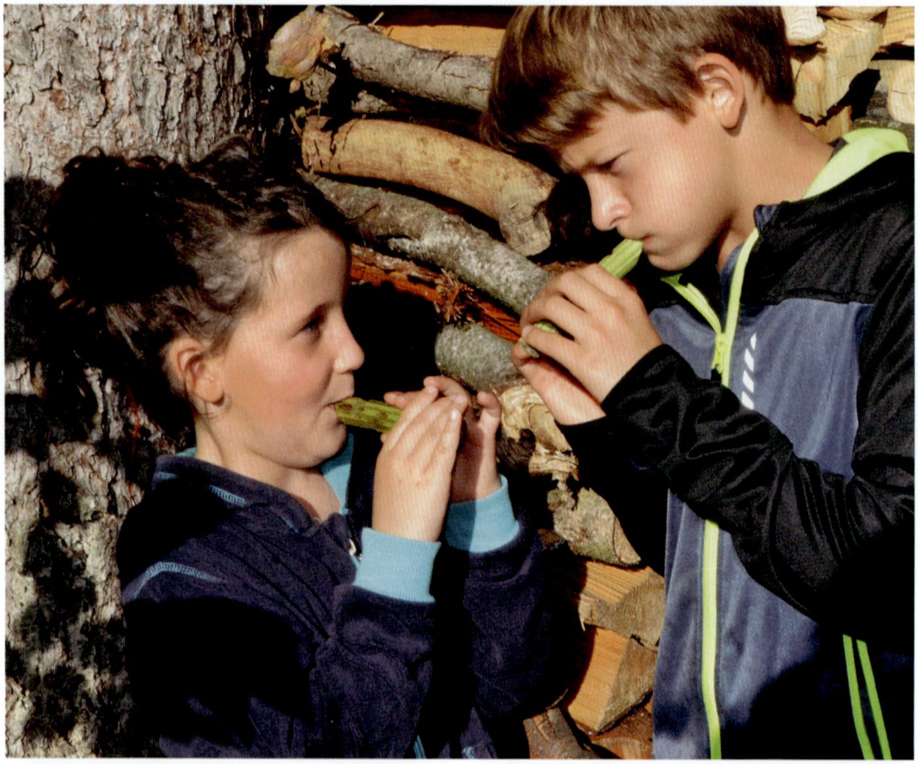

Sonntagmorgen, 7 Uhr, das Telefon läutet. Opa zieht die Bettdecke bis über die Ohren, Oma schläft so fest, dass sie das Läuten gar nicht hört. Doch der Anrufer gibt nicht auf. Hund Elli mischt sich ein und klopft dezent an die Schlafzimmertür. Schließlich gibt sich Opa geschlagen. Es ist Tobias. „Biiiitte Opa, wir wollen wandern gehen, aber Mama muss arbeiten und Papa hat Knieschmerzen.“ Draußen ist herrliches Herbstwetter. Da kann man diese Bitte nicht abschlagen und eine Stunde später sind die Wanderer schon unterwegs.

An einem Bachufer sehen sie viele große Huflattichblätter. Die Kinder haben mit den Blättern, die sie als Hüte verwenden, viel Spaß. Opa fällt beim Abschneiden der Stängel auf, dass sie innen hohl sind **(Abb. 1)**. Das erinnert an eine Flöte und er schlägt vor, mit einem Stängel eine Pfeife zu basteln. Die Kinder schneiden mit Begeisterung Stängel ab und sammeln die mit den größten Löchern.

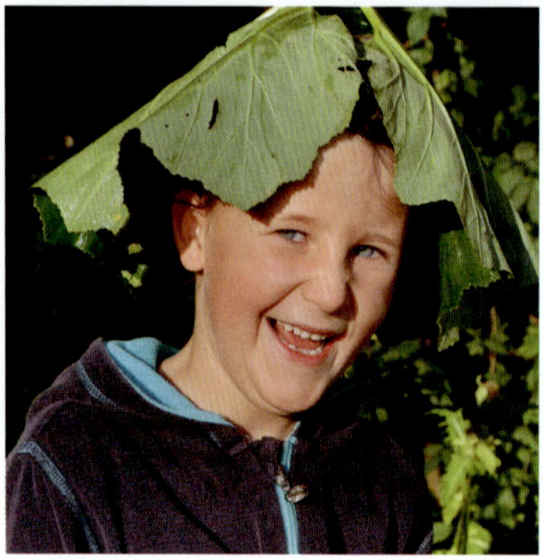

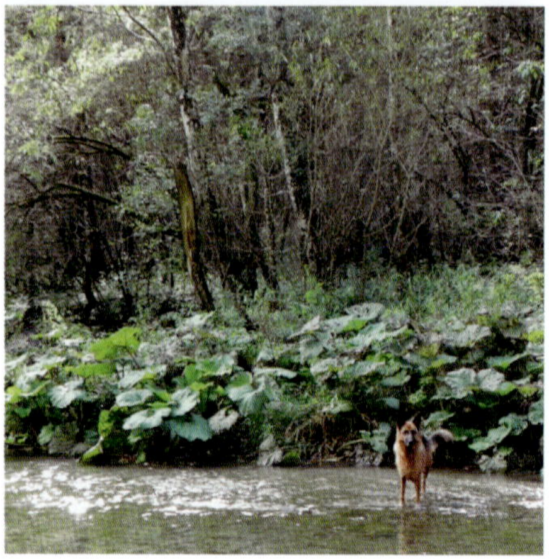

Das Pfeiferl basteln

Opa schneidet von einem Stängel ein ungefähr 15 cm langes Stück ab und macht 3 cm vom Ende entfernt eine

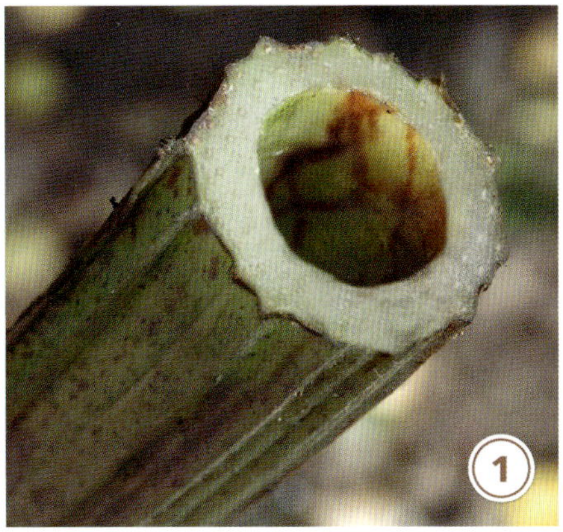

Kerbe, ungefähr halb so tief, wie der Stängel dick ist. Die Kerbe wird auf der Mundseite senkrecht, auf der Vorderseite schräg geschnitten **(Abb. 2)**. Dann kommt der schwierigere Teil: Opa sucht einen Ast, der abgeschält genau in das Loch der Pfeife passt. Zur Not kann das Holzstück ja durch Schaben mit der Klinge angepasst werden. Wenn das Stück aber zu dünn ist, kommt kein Ton aus der Pfeife, ist es zu dick, sprengt es beim Hineinschieben den Stängel. Opa schneidet 3 cm vom Ast ab **(Abb. 3)** und spaltet danach ca. ein Drittel der Länge nach weg **(Abb. 4)**. Dann schiebt er das Holz genau so weit in den Stängel, bis es mit der Kerbe abschneidet **(Abb. 5)**. Die flache Seite des Holzes zeigt dabei nach oben **(Abb. 6)**.

Die fertige Pfeife

Fertig ist die Pfeife und funktioniert auf Anhieb. Opa bläst hinein und alle erschrecken, so laut pfeift sie. Er hilft den Kindern, die Aststückchen abzuschneiden und zu spalten, und siehe da, auch die Pfeifen der Kinder funktionieren. Tobias entdeckt, dass ein anderer Ton entsteht, wenn er die Pfeife vorne zuhält. Er spielt jetzt Feuerwehrauto.

Doch keine gute Idee?

Wieder zu Hause, ist sich Opa nicht mehr so sicher, ob das Pfeifenschnitzen eine gute Idee war. Er kann die Pfiffe schon nicht mehr hören.

Aber das Problem löst sich am dritten Tag von selbst: die Stängel vertrocknen und schrumpfen und kein Ton kommt mehr aus den Pfeifen. Es war ja doch eine gute Idee und eine lustige Sache.

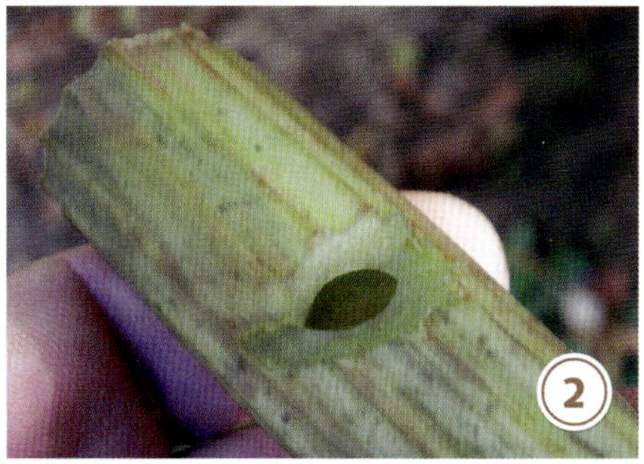

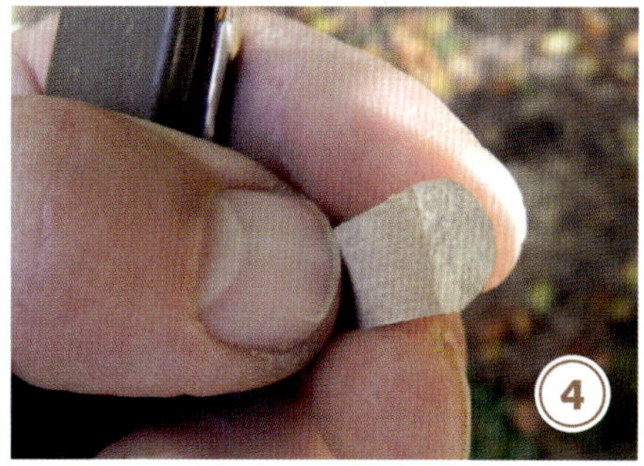

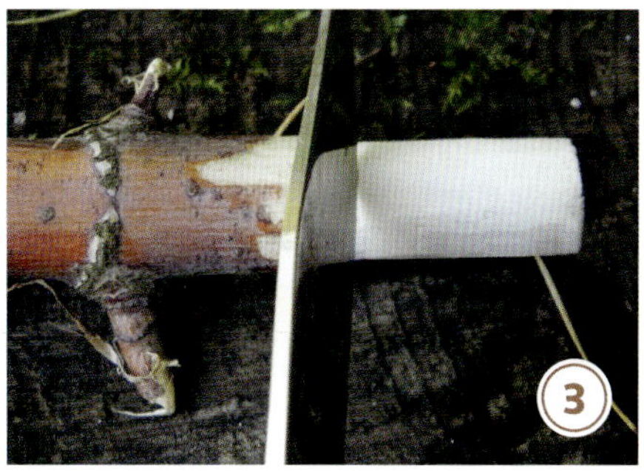

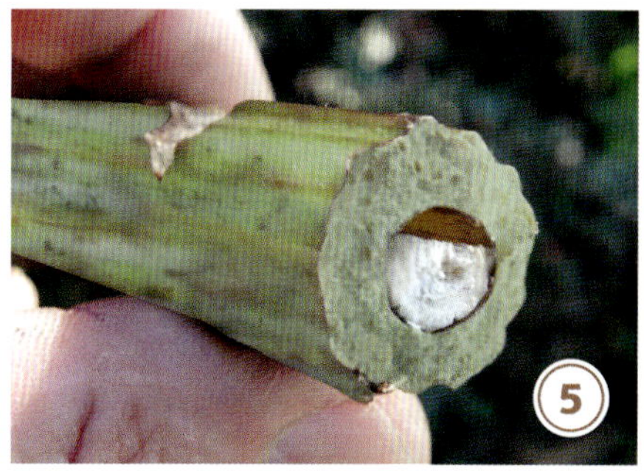

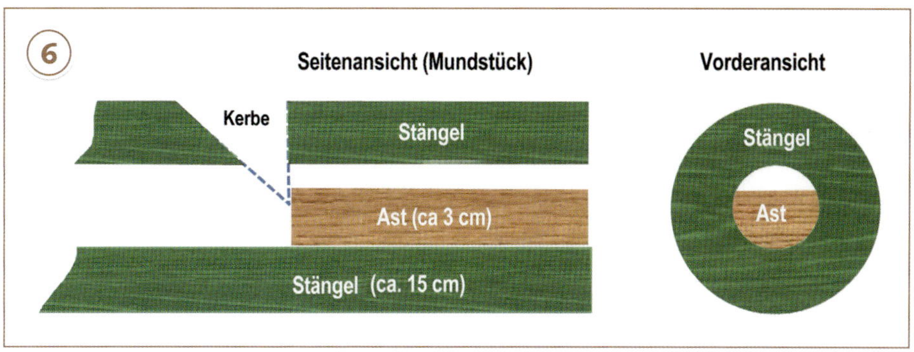

36 KÜRBISKOPF

DAS BRAUCHEN WIR

- 2 Ölkürbisse
- 2 Teelichter

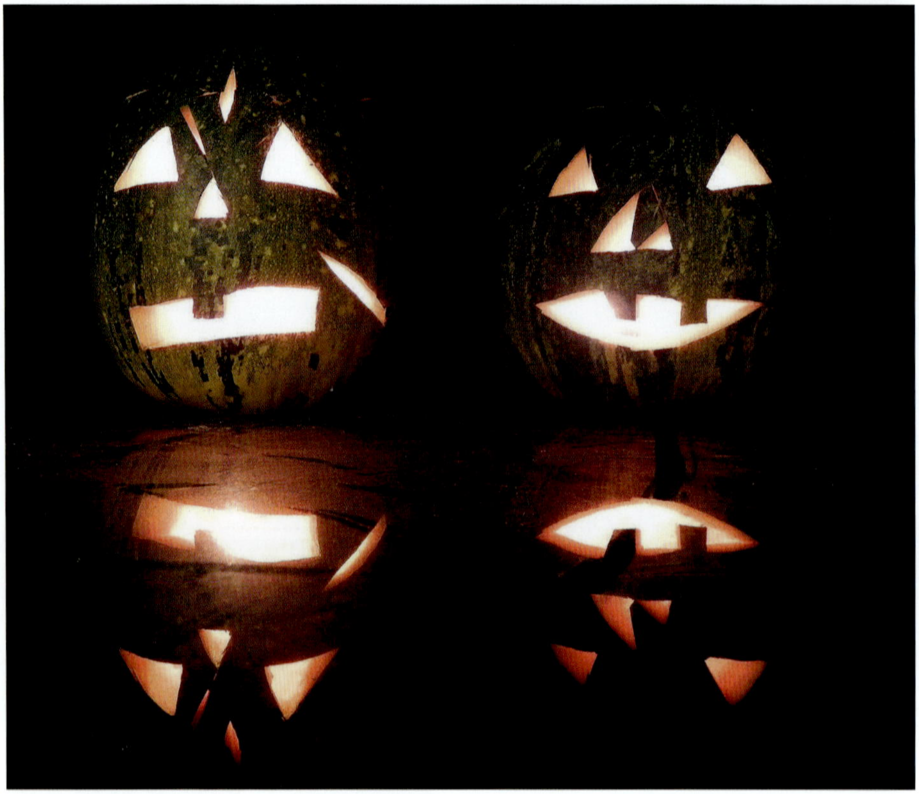

Oma erinnert sich: „Als ich ein Kind war, hatte jedes Haus einen Misthaufen, auf dem die grün-gelb gesprenkelten Ölkürbisse wuchsen. Sie waren ein wichtiges Nahrungsmittel. Das feste Fleisch wurde als Gemüse verwendet, das weiche Innere als Hühnerfutter und die Kerne wurden zum Knabbern getrocknet. Besonders in der Steiermark werden die Kerne geröstet und daraus wird das dunkelgrüne aromatische Kernöl gepresst." Opa ergänzt: „Ein Salat ohne Kernöl ist kein Salat!"

Einem Jahrhunderte alten Brauch nach hat der Kürbis am 31. Oktober, in der Nacht vor Allerheiligen, allerdings eine besondere Funktion. Man schnitzt daraus gruselige Gesichter, um die bösen Geister zu vertreiben, die sich in dieser Nacht sonst unter die Menschen mischen und Unheil verbreiten.

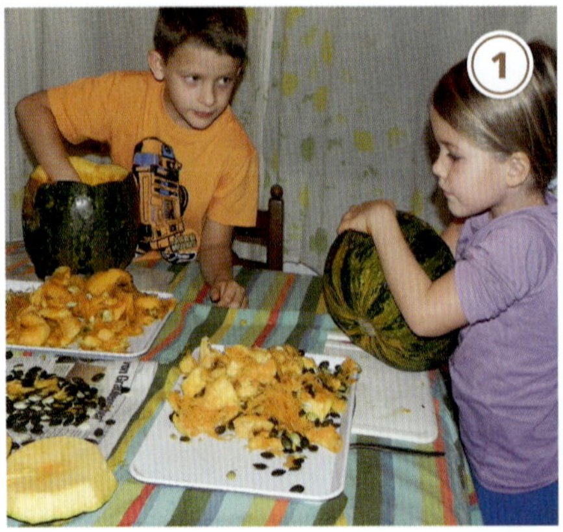

Die Kürbisse vorbereiten

Oma hat vom Bauernmarkt zwei Kürbisse für Tobias und Hannah mitgebracht und die drei stürzen sich voll Eifer aufs Kürbiskopfschnitzen. Oma schneidet einen runden Deckel heraus und die Kinder kratzen mit einem großen Löffel das weiche Fruchtfleisch aus dem Kürbis **(Abb. 1)**. Dabei trennen sie gleich die Kerne vom Rest. Das Feine beim Ölkürbis ist, dass die Kerne keine Schale haben und Tobias und Hannah futtern einen Teil der Kerne gleich auf. Den Rest der Kerne breitet Oma auf Backpapier zum Trocknen aus. Eine Zeitung ist dazu nicht geeignet, da die Kerne beim Trocknen darauf kleben bleiben.

Die Köpfe schnitzen

Dann geht's ans eigentliche Schnitzen. Hannah zeichnet das Gesicht vor **(Abb. 2)**, Tobias schneidet gleich drauf los **(Abb. 3)**. Das Kürbisfleisch ist doch recht hart und man braucht schon ein gut schneidendes Messer. Oma hilft Hannah beim Schneiden und passt auf, dass sie sich nicht verletzt **(Abb. 4)**. Tobias, Meister des Schwertes, wäre schon sehr gekränkt, würde man ihm dabei helfen.

Es werde Licht

Am Abend werden die Köpfe vor die Haustür gestellt. Im Inneren wird ein Teelicht entzündet und die Deckel werden wieder aufgesetzt. Das Licht scheint im Finstern schaurig durch die Öffnungen. Also wirklich, gruseliger geht es nicht mehr und es lassen sich tatsächlich keine Geister blicken.

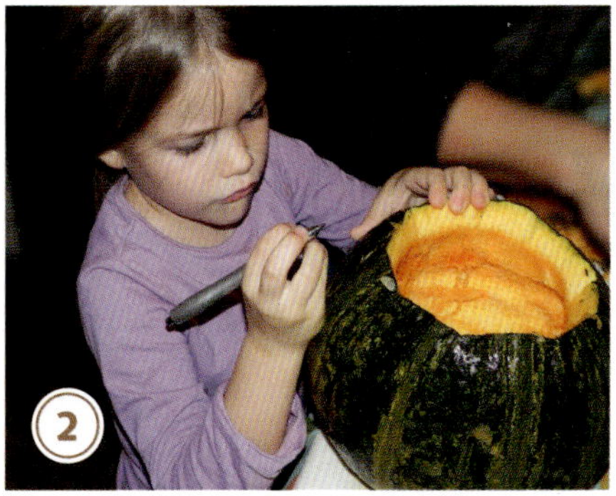

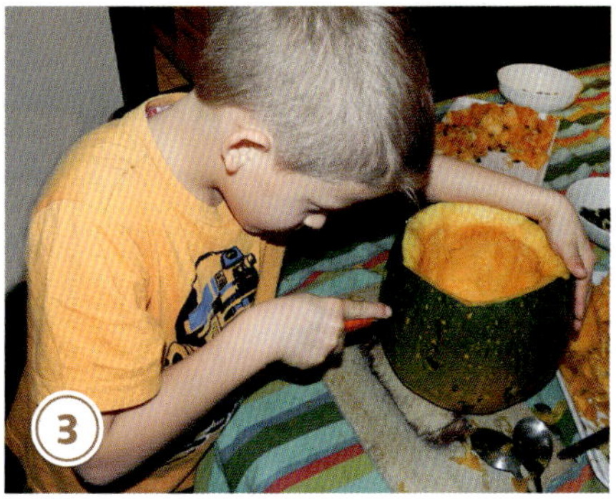

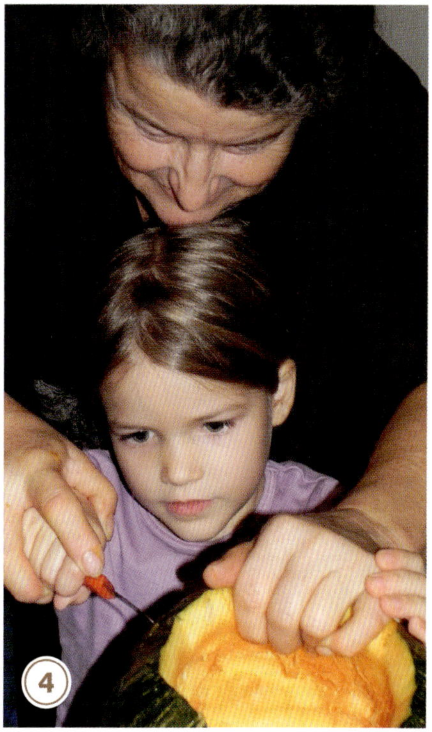

37 ADVENTKRANZ

DAS BRAUCHEN WIR

- Tannenreisig
- 1 Strohkranz
- Bindedraht
- 4 Kerzen und Kerzenhalter
- Schleifen oder Bänder
- Dekomaterial nach Wahl

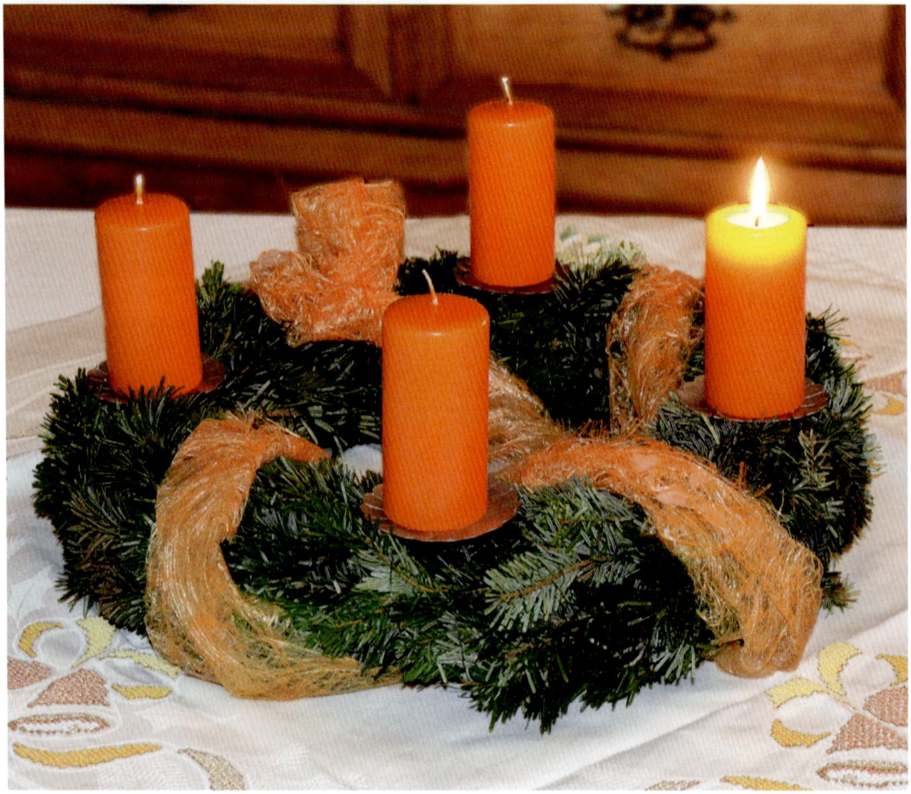

Den Adventkranz gibt es erst seit dem 19. Jahrhundert, trotzdem ist er in ganz Europa bekannt. Oma weiß, dass er eine Art Adventkalender ist, um die Wochen bis Weihnachten zu zählen. Wenn man es genau nimmt, müsste man drei violette und eine rosa Kerze verwenden. Die rosa Kerze wird am dritten Adventsonntag angezündet. Oma nimmt's nicht so genau, dafür wird der Adventkranz selbst gebunden, wobei die Helferlein von Jahr zu Jahr tüchtiger zugreifen.

Oma besorgt auf dem Bauernmarkt Tannenreisig. Sie hat auch schon Kränze mit Fichtenzweigen gebunden, aber diese Kränze sind struppiger, eher grau-grün und riechen nicht so gut. Im Baumarkt oder im Blumengeschäft kauft sie einen Strohkranz und Bindedraht.

Adventkranz mit Strohreifen

Theresa und Felix schneiden von den großen Ästen kleine Zweige ab. Felix darf schon eine Gartenschere benutzen. Theresa bekommt von Opa einen Seitenschneider, mit dem kann sie sich nicht verletzen. Die Zweige sollen 15 bis 20 cm lang sein, das untere Drittel ohne Seitentriebe **(Abb. 1)**.

Lukas weiß noch aus dem Vorjahr, wie man den Kranz bindet. Er knüpft den Bindedraht an den Strohkranz. Dann fasst er einige Zweige zu einem Sträußchen zusammen, drückt es auf den Strohkranz und schlingt den Draht einmal um Sträußchen und Kranz **(Abb. 2)**. Daneben das nächste Sträußchen und so weiter. Auf die Unterseite des Kranzes brauchen keine Zweige gebunden zu werden, die würde man sowieso nicht sehen, wenn der Kranz auf dem Tisch liegt. Die nächste Reihe Reisigsträußchen wird so auf den Kranz gebunden, dass sie zur Hälfte die vorige Reihe überdeckt, ähnlich wie sich Dachziegel überdecken. Die Sträußchen müssen so dicht platziert werden, dass keine Löcher bleiben, durch die der Strohkranz durchscheint **(Abb. 3)**. Falls doch, kann man ja dort nachträglich einzelne Zweige einfügen. Die Stiele der letzten Reihe werden unter

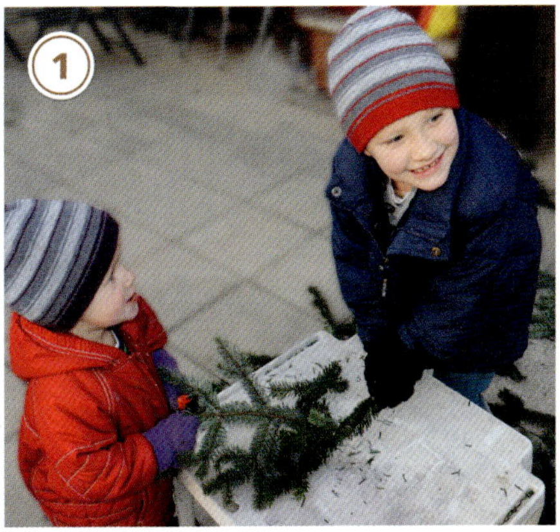

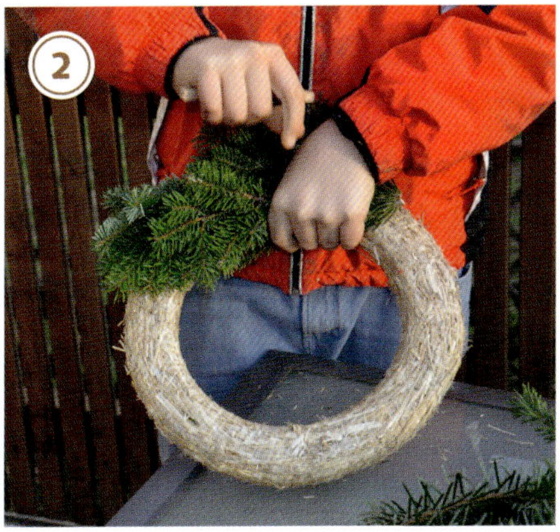

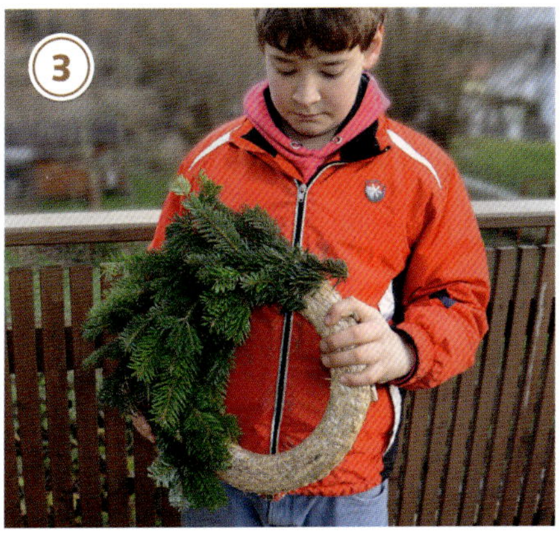

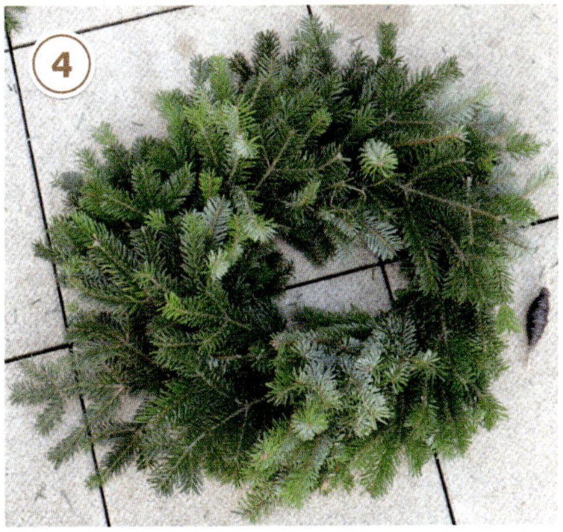

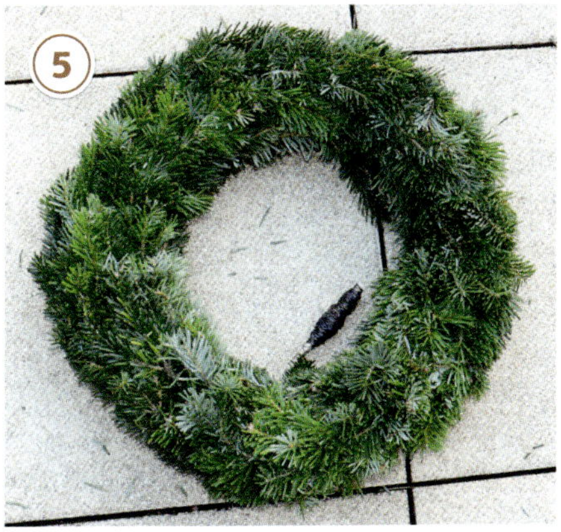

die Oberteile der ersten Reihe gesteckt und die Oberteile der ersten Reihe werden angehoben, damit die Stiele der letzten Reihe festgebunden werden können. Fertig ist der erste Kranz **(Abb. 4)**.

Oder auch nicht. Gerade die Kinder haben oft keine Geduld oder keine Lust, genau zu arbeiten. Dann fällt der Kranz zu struppig aus. In diesem Fall wird der Kranz anschließend mit Bindedraht umwickelt. Dann sieht er besonders glatt und regelmäßig aus **(Abb. 5)**.

Adventkranz mit Reifen aus Ästen

Was den Kern des Kranzes betrifft, gibt es eine zweite „sportlichere" Methode. Anstatt des Strohkranzes wird ein Reifen aus einem Ast erzeugt **(Abb. 6)**. Lukas sucht aus den kahlgeschnittenen Ästen einen heraus, der so dick wie möglich, aber trotzdem noch biegsam ist. Hier ist es von Vorteil, wenn das Reisig relativ frisch ist, denn dann ist es biegsamer und bricht nicht so leicht. Lukas biegt den Ast stärker vor, um ihn weich zu machen **(Abb. 7)**. Dann ist es nicht

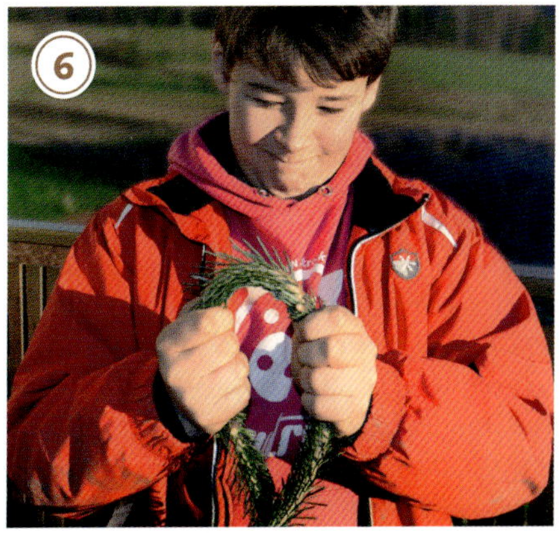

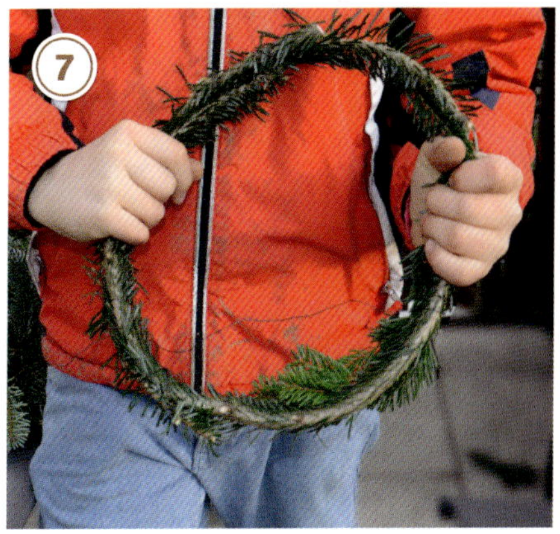

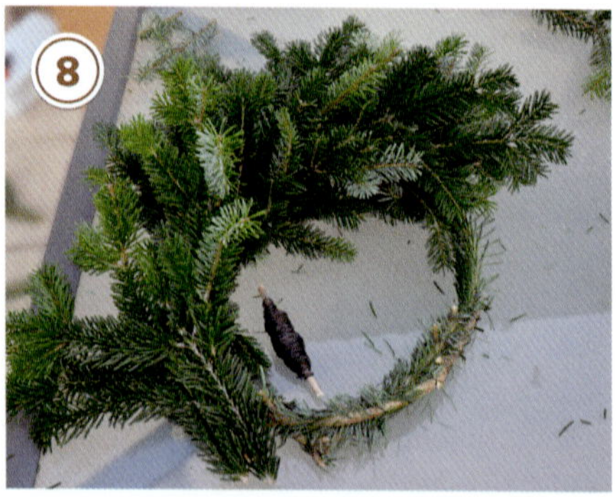

mehr schwierig, einen schönen Ring zu formen. Auf den Ring werden dann die Zweige gebunden wie zuvor auf den Strohring **(Abb. 8)**.

Wie man sieht, ist das Projekt „Adventkranz" im Freien über die Bühne gelaufen. Inzwischen beginnt es zu dämmern und es wird ziemlich kalt. Darum sind jetzt alle froh, dass die Kränze fertig sind. Bei Tee und den ersten Weihnachtskeksen wird in der warmen Stube die Beschmückung der Kränze besprochen.

Fertigstellung

In die Kränze werden Kerzenhalter gesteckt, die Oma irgendwann gekauft hat und die von Jahr zu Jahr wieder verwendet werden. Man kann die Kerzen auch mit Draht auf dem Kranz befestigen. Davon hält Oma nicht viel, denn die Kerzen könnten umfallen und einen Brand verursachen oder zumindest das Tischtuch beschmutzen.

Adventkranz befeuchten

Apropos brennen, Oma verrät ihren Trick, wie der Adventkranz nicht eintrocknet und dadurch leicht in Brand geraten kann. Immer wenn sie die Zimmerpflanzen mit Wasser besprüht, bekommt auch der Adventkranz eine kräftige Dusche.

Den Adventkranz schmücken

Beim weiteren Schmuck sind der Phantasie keine Grenzen gesteckt. Oma bevorzugt ein schlichtes Stoffband, das um den Kranz geschlungen wird und eine Masche hat. Lukas und Felix haben für ihren Kranz schon getrocknete Orangenscheiben, Zimtstangen, Gewürznelken und kleine Äpfel vorbereitet. Das sieht nicht nur hübsch aus, es riecht auch köstlich. Auch Dinge aus der Natur wie Zapfen, Heidelbeerstauden, Hagebutten, Kastanien, Buchensamen, Mistelzweige, Korkenzieherhaseläste etc. sind wunderschön.

Richtig wertvoll erscheinen die Kleinode aus der Natur, wenn sie mit Gold- oder Silberfarbe besprüht werden **(Abb. 9)**. Dazu kommen die Schätze in einen offenen Karton und werden aus 20 bis 25 cm Entfernung mit Farbe besprüht. Dann vorsichtig schütteln und weitersprühen, damit alle Seiten etwas von der Farbe abbekommen **(Abb. 10)**. Zum Schluss nochmals schütteln, damit nichts am Karton anklebt. Nicht vergessen,

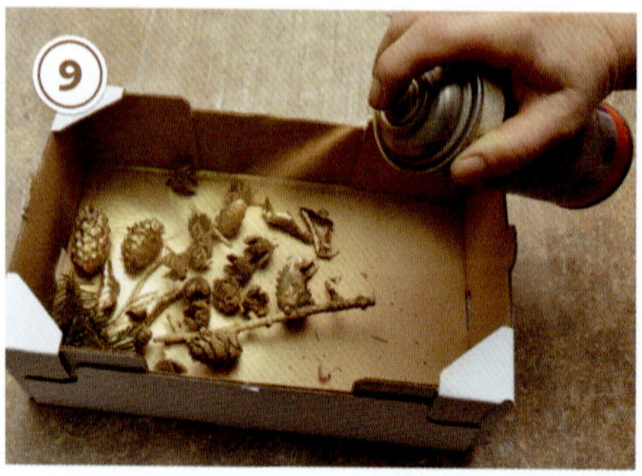

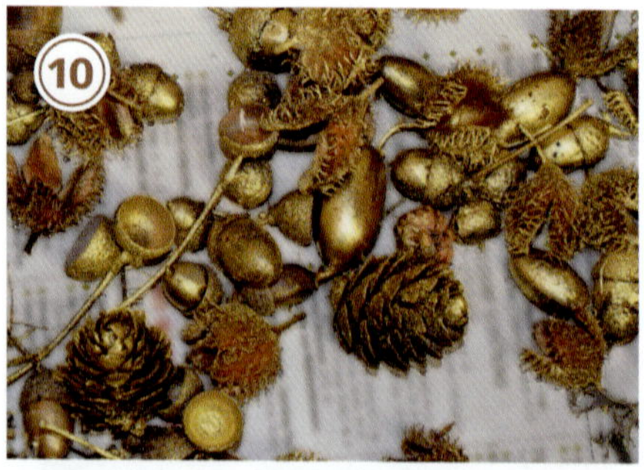

die Sprühdose nach Gebrauch mit dem Sprühkopf nach unten zu halten und so lange zu sprühen, bis keine Farbe mehr aus der Düse kommt. Sonst ist beim nächsten Mal die Düse mit eingetrockneter Farbe verklebt und „rien ne va plus".

Der Schmuck wird je nach Bedarf mit Draht oder mit der Heißklebepistole befestigt. Das Letztere macht lieber die Oma selbst, damit sich niemand die Finger verbrennt.

Adventkranz aus Holz

Opa und Tobias, die lieber etwas „Festes" in den Händen halten, bauen inzwischen Adventkränze aus Holz **(Abb. 11 & 12)**. Das Ergebnis ist etwas modern, aber kann sich sehen lassen.

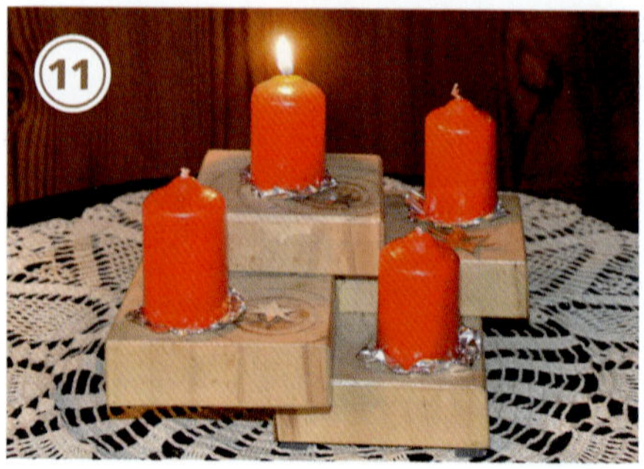

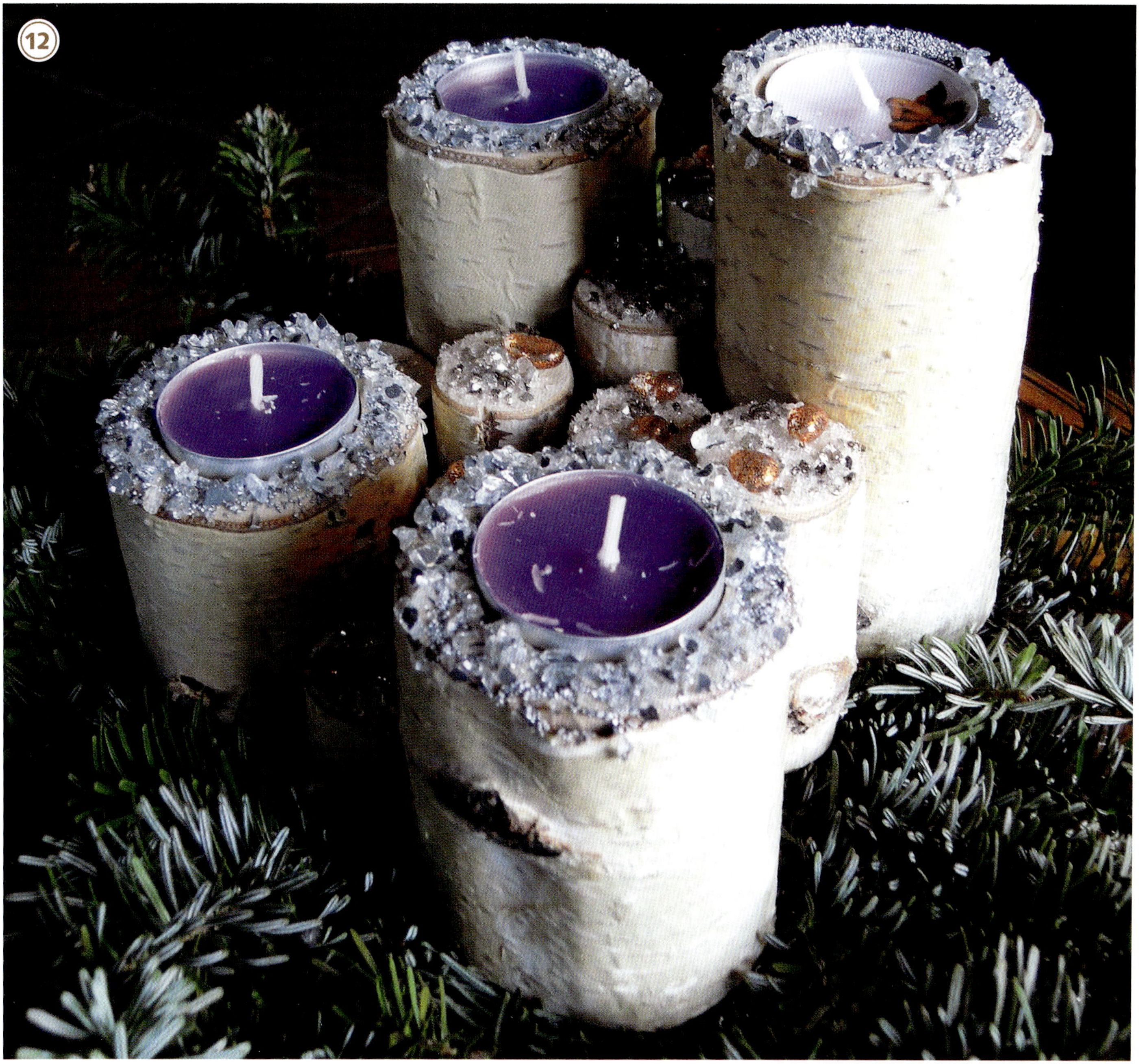

38 RIESENWEIHNACHTSSTERN

DAS BRAUCHEN WIR

- 1 Sperrholzplatte, 8 mm, Größe nach Belieben
- 1 Schnur, 1 Nagel und 1 Bleistift zum Zeichnen der Schablone
- Leim und Holzschrauben
- Leisten, 3 x 2 cm (z. B. aus Dreischichtplatten)
- Stahllitzenseil zum Aufhängen
- weiße Dispersionsfarbe
- Steife Klarsichtfolie
- 1 Lichterkette (ca. 10 m lang für einen Stern von 2 m Größe)
- Heftklammern

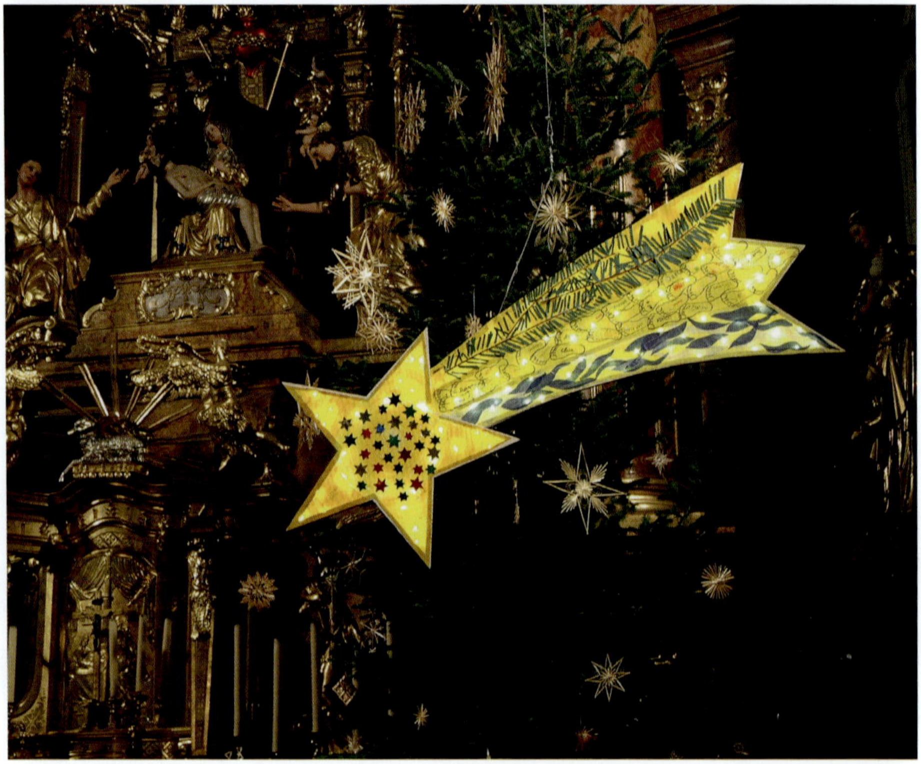

So ein Stern könnte jedes beliebige Haus verzieren, aber unserer hat, wie der echte Weihnachtsstern in Bethlehem, eine Vorgeschichte. Weil es Oma am Herzen liegt, dass auch die Kinder gerne in die Kirche mitkommen, plant sie zusammen mit anderen Eltern und Großeltern immer wieder spannende Basteleien. Einen Teil der Messe verbringen die Kinder damit und das Resultat wird anschließend zum Altar gebracht. Besonders toll finden es die Kleinen, wenn zum Beispiel während der Adventzeit, auf vier Sonntage aufgeteilt, ein Weihnachtsstern entsteht, der zu Weihnachten fertig ist und hell leuchtend die Kirche schmückt.

In der Kirche kann natürlich nicht gesägt oder gehämmert werden. Die Tätigkeit der Kinder beschränkt sich dort meist auf das Kleben, Malen und Verzieren. Die grobe Vorarbeit darf schon Opa zu Hause machen.

Aber jetzt ein Ende mit der Vorgeschichte und auf zur Tat. Opa findet in seinem Lager eine recht große 8 mm dicke Sperrholzplatte. Er zeichnet darauf einen fünfzackigen Stern mit einem dreiteiligen Schweif. Natürlich so groß wie möglich. Um die Platte optimal ausnutzen zu können, werden Stern und Schweif getrennt gezeichnet und erst später zusammengefügt. Opas Stern ist samt Schweif etwa 2 m lang.

Für den **Stern** wird zuerst der äußere Kreis (a) gezeichnet **(Abb. 1)**. An den äußeren Kreis stoßen dann die Spitzen des Sterns. Opa braucht zum Zeichnen des Kreises eine dünne Schnur, einen kleinen Nagel und einen Bleistift. Der Nagel wird in den Mittelpunkt des Kreises geschlagen. Die Schnur bekommt an jedem Ende eine Schlaufe, eine wird um den Nagel, die andere um den Bleistift gelegt (so tief wie möglich, in der Nähe der Bleistiftspitze, sonst wird der Kreis ungenau). Die Länge der Schnur ist der Radius.

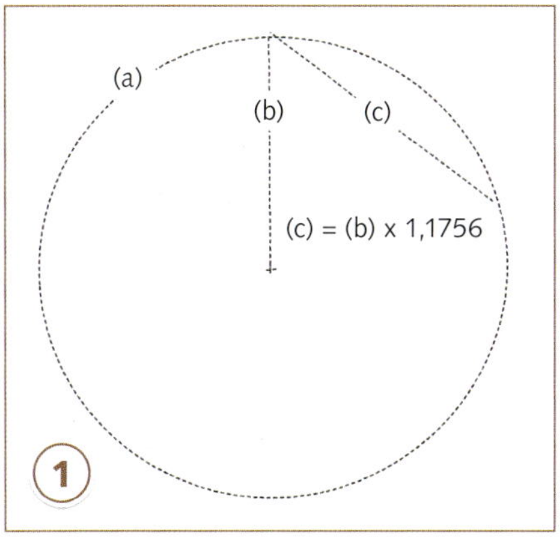

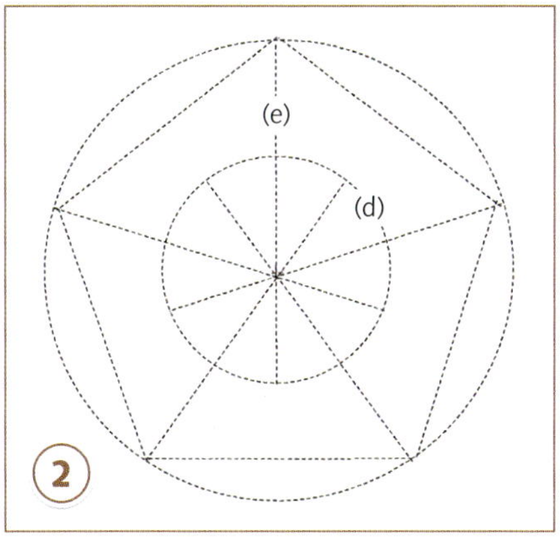

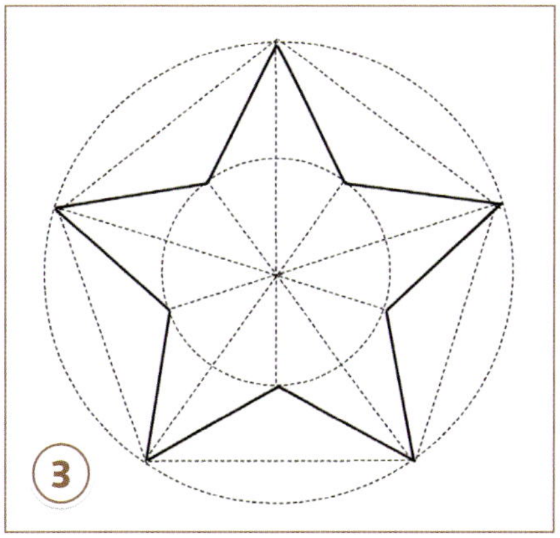

Nun ist ein Taschenrechner gefragt. Den Radius (b) mit 1,1756 multiplizieren, dadurch erhält man die Strecke (c). Das ist der Abstand von Spitze zu Spitze. Einen beliebigen Punkt auf dem äußeren Kreis wählen und dort beginnen, die errechnete Strecke auf dem Kreis aufzutragen. Nach dem fünften Mal sollte man wieder am Ausgangspunkt sein.

Jetzt einen kleineren, inneren Kreis zeichnen **(Abb. 2)**. Dieser Kreis (d) markiert die Füße der Spitzen. Je kleiner der innere Kreis ist, umso schmäler und länger werden die Spitzen. Für die Punkte auf dem inneren Kreis von jeder Spitze eine Linie (e) durch den Mittelpunkt zur gegenüberliegenden Seite des kleinen Kreises ziehen. Damit sind alle Punkte für den Stern fixiert. Mit einem Lineal die zehn Punkte verbinden und der Stern ist fertig **(Abb. 3)**.

Das Aussehen des **Schweifs** ist eher Geschmackssache und richtet sich nicht zuletzt nach der Größe der Platte. In diesem Fall soll er optisch dreigeteilt sein, da an den ersten drei Adventsonntagen von den Kindern die drei Teile des Schweifs verziert werden, am vierten Sonntag der Stern selbst.

Opa schneidet Stern und Schweif mit der Stichsäge aus. Er leimt den Stern auf den Schweif und verstärkt die Verbindung zusätzlich mit einigen Holzschrauben. Er hat noch Reste einer 2 cm dicken Dreischichtplatte. Aus der schneidet er ca. 3 cm breite Leisten, die auf die Ränder des Sterns und des Schweifes geleimt oder geschraubt werden. Diese Leisten sorgen für den Abstand zwischen Holzplatte und Folie, dazwischen wird dann die Lichterkette verlaufen. Die Rundungen des Schweifs werden mit relativ kurzen Leistenstücken ausgebildet. Wird geleimt, braucht man ziemlich viele kleine Schraubzwingen oder Klemmen. Wird geschraubt, ist darauf zu achten, dass die Schrauben in der relativ dün-

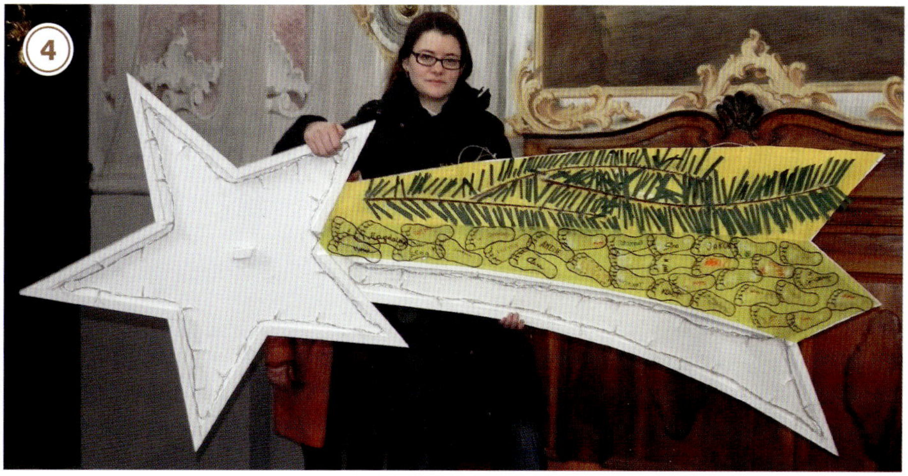

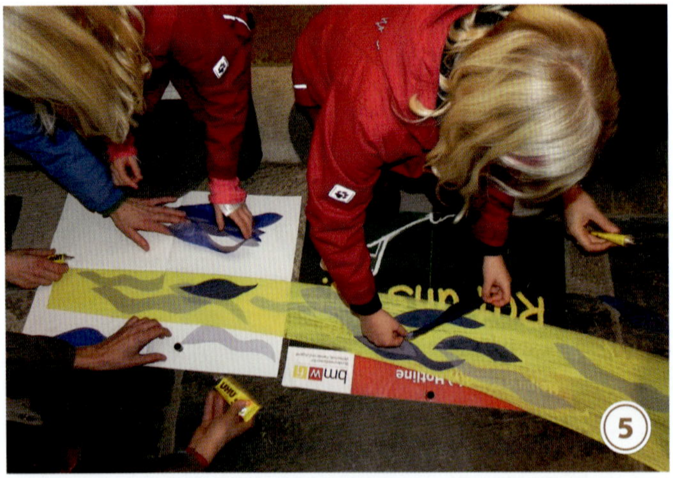

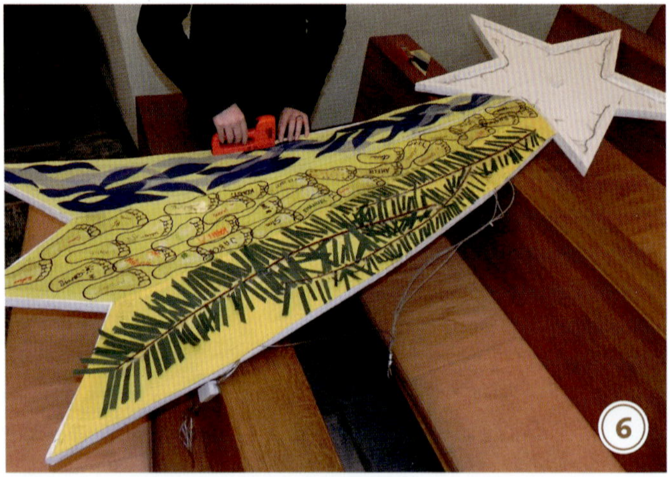

nen Platte noch gut greifen, ohne dass die Spitzen auf der Rückseite der Platte herausschauen.

Für die Aufhängung wird der Leistenrand auf der Oberseite des Sterns zweimal unterbrochen und in die Platte werden zwei Löcher gebohrt. Durch diese Löcher wird ein dünnes Stahllitzenseil gefädelt und durch die Unterbrechungen im Leistenrand herausgeführt. Auch für das Stromkabel der Beleuchtung wird der Leistenrand an einer Stelle unterbrochen. Tobias und Hannah kommen gerade zur richtigen Zeit und stürzen sich mit Eifer ans Anstreichen. Die Vorderseite des Sterns wird zweimal mit weißer Dispersionsfarbe gestrichen, damit die Beleuchtung gut reflektiert wird. Die Rückseite des Sterns am besten naturfarben lassen **(Abb. 4)**.

Opa schneidet inzwischen aus einer steifen Klarsichtfolie die Abdeckung für Stern und Schweif aus. Da er keine so großen Folien hat, klebt er Einzelteile mit durchsichtigem Klebeband zusammen. Das wird man später, wenn die Kinder in der Kirche die Folie bemalt oder beklebt haben, nicht mehr sehen.

Wenn die Farbe auf dem Stern trocken ist, wird die Lichterkette auf dem Stern ausgelegt. Für den 2 m großen Stern reicht eine Lichterkette von ca. 10 m Länge. Die Kette wird mit einem Tacker angeheftet. Das macht Opa lieber selbst, damit auf keinen Fall das Kabel durch eine Heftklammer beschädigt wird. So, Opa hat seine Schuldigkeit getan und wird nicht mehr gebraucht.

Die Kinder bemalen und bekleben an jedem Sonntag eine der vier Folien **(Abb. 5)**. Die fertige Folie wird auf dem Stern, ebenfalls mit einem Tacker, angeheftet **(Abb. 6)**. Am vierten Sonntag ist der Stern fertig, wird am Altar aufgehängt und die Beleuchtung eingeschaltet. Die Kinder sind enorm stolz auf ihr Werk. Und nicht minder ihre Eltern.

39 WEIHNACHTSENGEL

DAS BRAUCHEN WIR

- 1 Birkenast für Kopf und Körper
- Holzdübel
- Leim
- Sperrholz, 3 mm stark, für die Flügel
- 2 Nägel
- Montage- oder Heißkleber
- Wolle, Watte, Engelshaar, Filzstifte etc. zum Verzieren

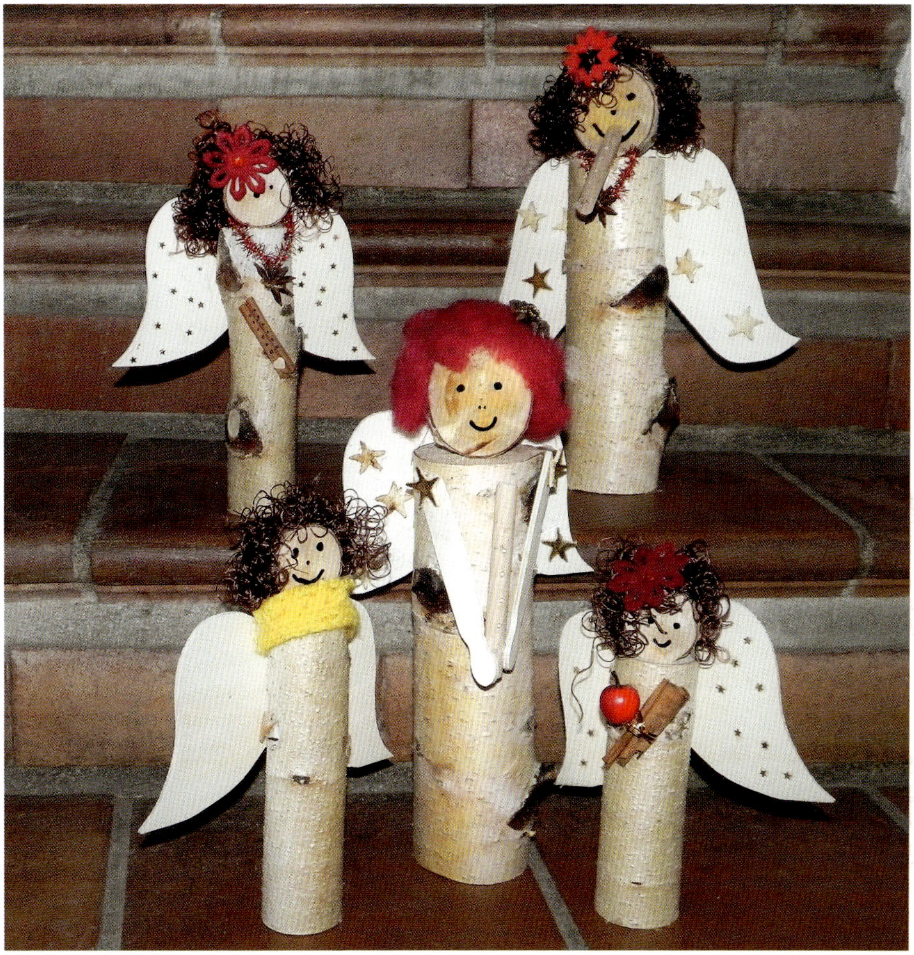

Birkenäste faszinieren durch ihre wunderschöne weiße Rinde. Das Holz ist ideal zum Basteln, es ist leicht zu bearbeiten, da es nicht zu hart ist. Außerdem hält die Rinde auf dem Holz, auch wenn das Holz einmal trocken ist. Opa findet so einen Ast im Wald und natürlich muss damit etwas gebastelt werden.

Da auch die Zeit entsprechend passt, einigt er sich mit den Kindern auf Weihnachtsengel. Mit dem Fuchsschwanz schneidet er ca. 20 cm lange Stücke vom Ast. Das werden die Körper. Dann schneidet er gleich viele ca. 4 cm lange Stücke für die Köpfe. Wer hat, kann natürlich auch eine Tischkreissäge dazu benutzen. Aber dieses Werkzeug ist für die Kinder absolut tabu. Kreissäge und Hobelmaschine sind die gefährlichsten Werkzeuge in der Werkstatt.

Wenn man Holz zum Bearbeiten in einen Schraubstock einspannt, ist es ratsam, vorher zwei Holzbacken über die Metallbacken des Schraubstocks zu geben **(Abb. 1)**. Das verhindert, dass das Holz durch den Schraubstock zu stark gequetscht wird. Außerdem wird auch das Werkzeug geschützt, falls man vom Holz abgleitet. Schnitzmesser oder Stechbeitel sind zum Beispiel ganz empfindlich, wenn die Schneide auf Metall trifft.

Der Kopf wird mit dem Rumpf durch einen Dübel verbunden. Opa bohrt Löcher mit einem 5-mm-Holzbohrer **(Abb. 2)**. Die Kinder geben etwas Tischlerleim in die Löcher und stecken die Teile mit einem Holzdübel zusammen **(Abb. 3)**.

Für die Flügel wird ca. 3 mm starkes Sperrholz verwendet. Ein Flügel wird

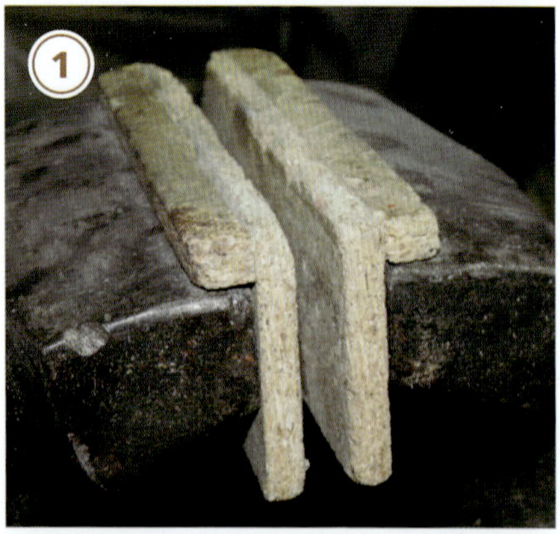

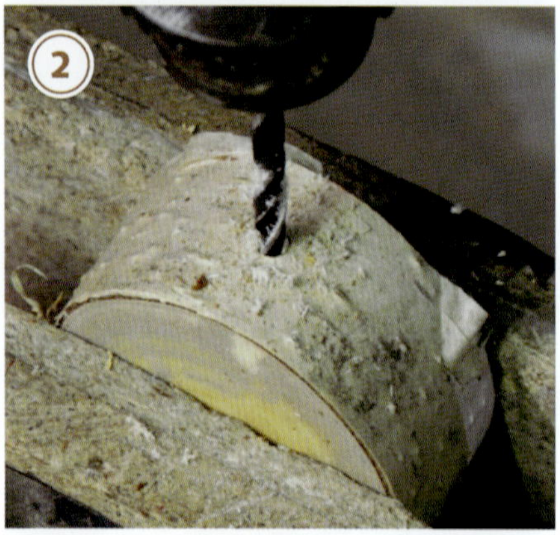

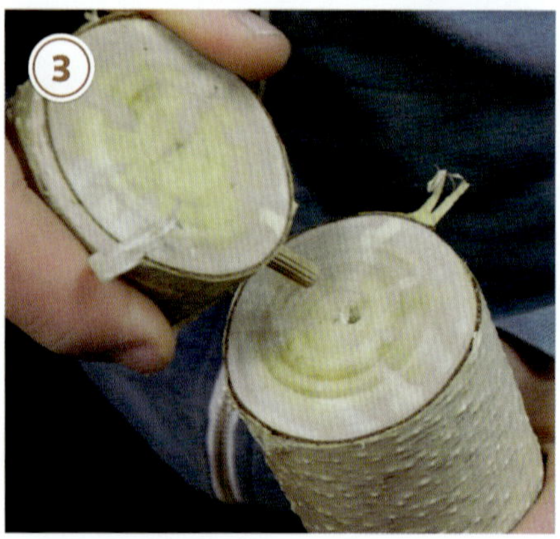

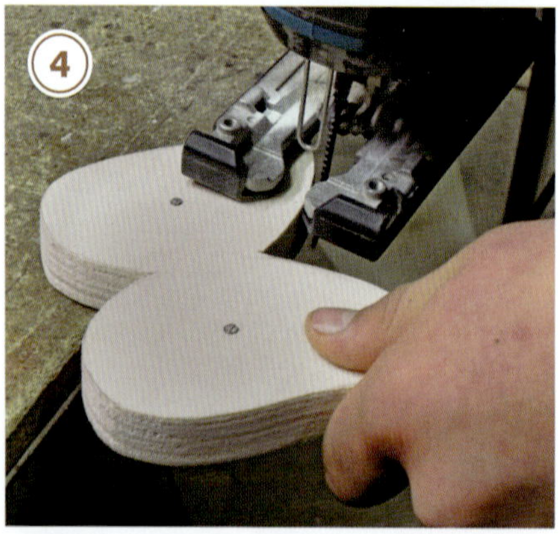

auf einem Blatt Papier vorgezeichnet, ausgeschnitten und der Umriss auf das Holz übertragen. Dann wird das Papier umgedreht und der zweite Flügel auf das Holz übertragen. Damit sind die beiden Flügel wirklich gleich groß und symmetrisch. Nun legt Opa mehrere Holzbrettchen übereinander und fixiert sie mit zwei kleinen Nägeln, damit sie nicht mehr verrutschen können. Jetzt können alle Flügel gleichzeitig mit einer Stichsäge geschnitten werden und auch das Nachschleifen mit Schleifpapier ist im Block wesentlich einfacher **(Abb. 4)**. Danach werden die zwei Nägel wieder entfernt.

Die Flügel werden mit Montage- oder Heißkleber am Körper befestigt. Tischlerleim ist hier nicht geeignet. Der hält dafür bei ebenen Flächen umso besser. Jetzt zeigen sich die wahren Künstler. Die Gesichter werden mit Filzstift gezeichnet. Für die Haare eignen sich Wolle, Watte, Engelshaar und vieles mehr **(Abb. 5)**. Felix, der Perfektionist, stattet seine Engel mit Armen aus Sperrholz aus. Und natürlich hat ein richtiger Engel auch eine Flöte.

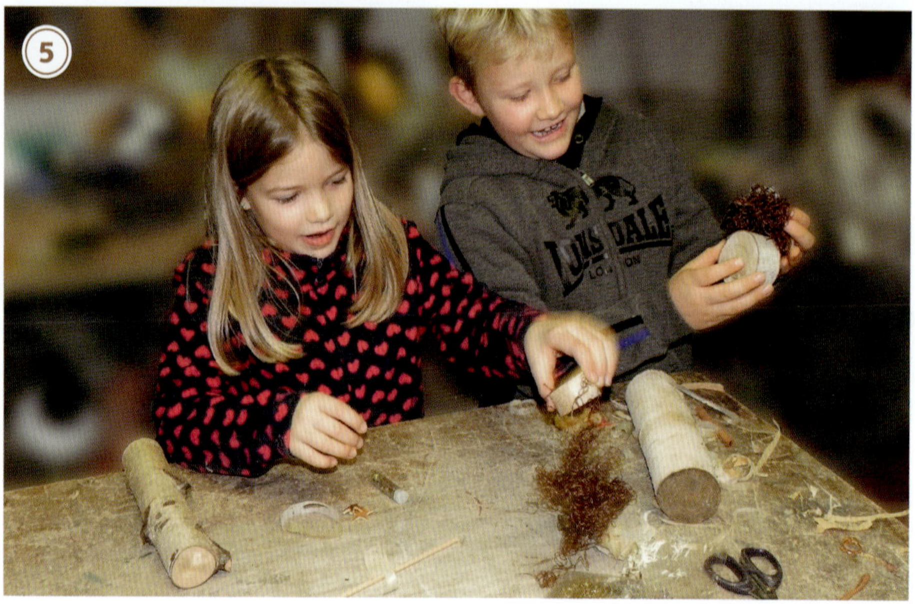

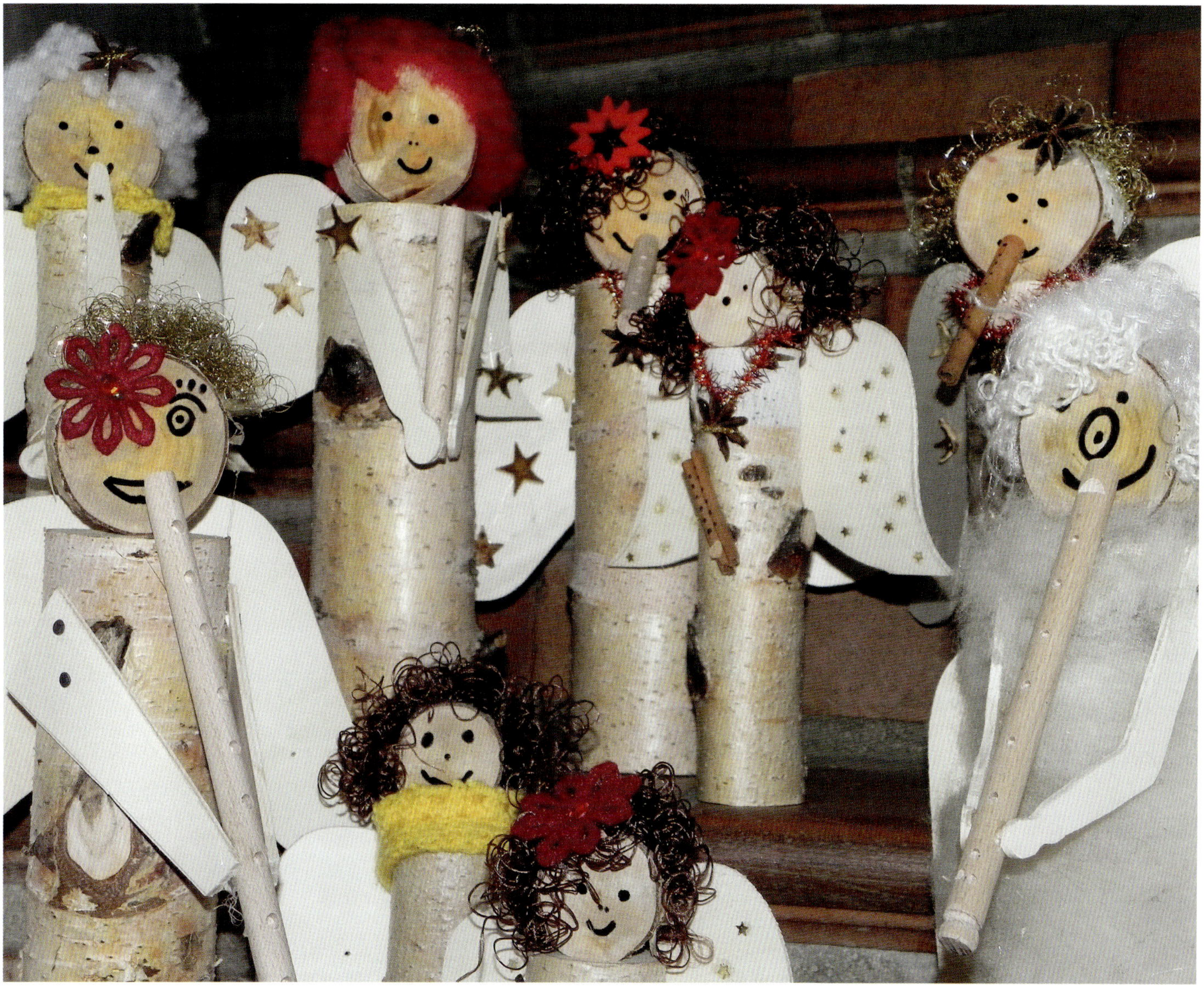

40 CHRISTBAUMSCHMUCK

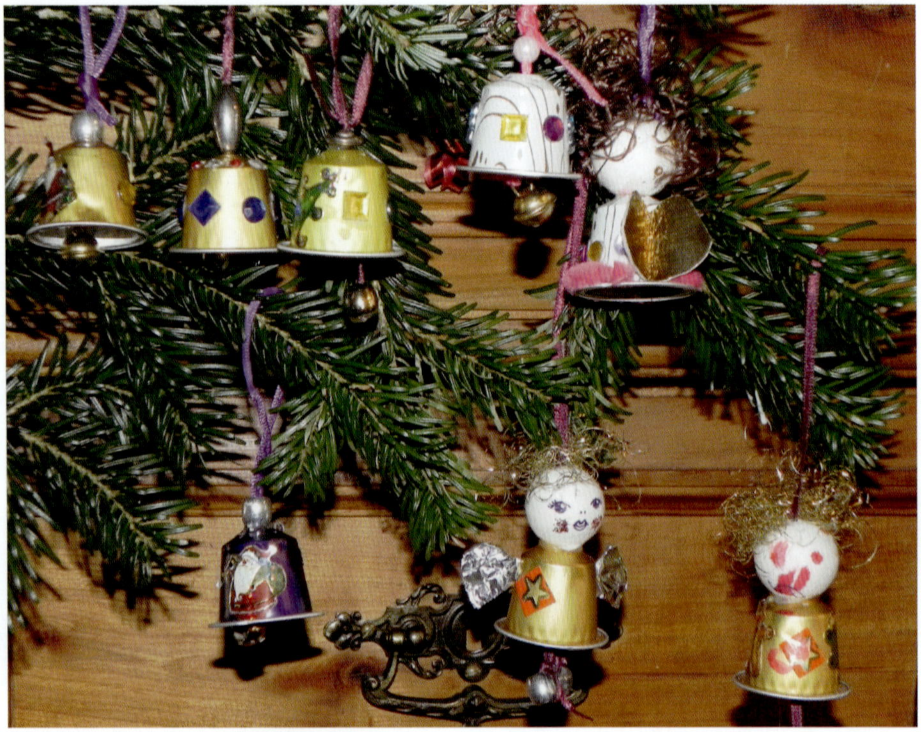

DAS BRAUCHEN WIR

- leere Kaffeekapseln
- Glitter, Pailletten etc.
- Wolle, Watte etc.
- Styroporkugeln für die Köpfe der Engel
- Faden und kleine Perlen für die Glocken
- Filzstifte oder andere Farben
- Heißkleber oder Sekundenkleber

Hannah ist allein bei Oma. Ihr Bruder Tobias ist noch in der Schule und die Grazer Buben wird sie vermutlich überhaupt erst am Wochenende sehen. Theresa und Lena sind heute bei ihrer anderen Oma, außerdem sind die sowieso zu klein, als dass man etwas Richtiges mit ihnen spielen könnte.

Hannah streunt lustlos im Haus umher, bis sie über ihre Schatzkiste stolpert. Das ist eine Schachtel, in die sie alles gibt, was sie brauchen kann. Und sie kann alles brauchen! Bunte Steine, Knöpfe, Muscheln, Blumen, Glasperlen, Glitzersteine und vieles mehr. Damit geht sie zu Oma und fragt, was sie basteln könnte. Sie durchstöbern gemeinsam die Schachtel und es kommen auch einige gebrauchte Kaffeekapseln zum Vorschein.

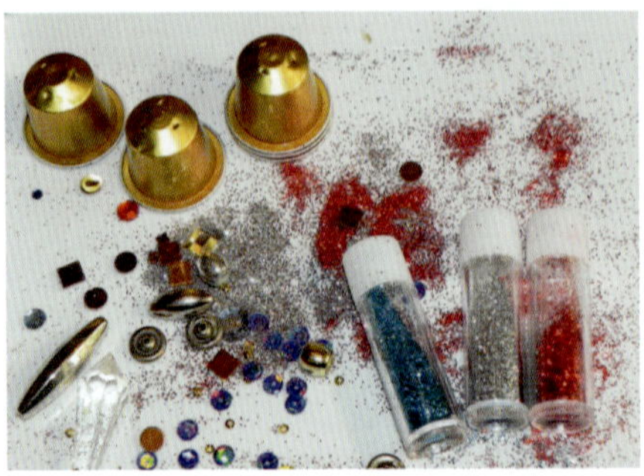

Es lässt sich nicht eruieren, wer die Idee hatte, aber es ist eine gute. Hannah und Oma beschließen, mit diesen Kapseln Christbaumschmuck zu basteln. Oma hat noch drei Fläschchen Glitter, Reste von vorjährigen Basteleien (auch sie hat so etwas Ähnliches wie eine Schatzkiste, nur ohne Kaffeekapseln).

Der Phantasie sind keine Grenzen gesetzt, aber als besonders dankbare Objekte erweisen sich Glocken und Engel. Die Engel bekommen Köpfe aus kleinen Styroporkugeln oder Kugeln aus gepresstem Seidenpapier. Natürlich müssen die Köpfe bemalt werden. Haare werden aus Watte oder Schafwolle gemacht. Engelhaar sieht zwar gut aus, besteht aber aus Glasfasern, auf die zarte Kinderhaut schon einmal allergisch reagieren kann. Auf die Kleider, sprich Kaffeekapseln, wird alles geklebt, was glitzert und funkelt. Geklebt wird mit Heißklebepistole oder mit Sekundenkle-

Kaffeekapseln entleeren

Das Leeren der gebrauchten Kaffeetabs geht ganz einfach. Man macht mit einem kleinen Messer einen Schnitt in die flache Folie **(Abb. 1)**, fährt mit dem Messer unter die Folie und hebt sie etwas an **(Abb. 2)**. Nun kann man sie mit den Fingern fassen und von der Kapsel abziehen **(Abb. 3)**. Das Gleiche passiert mit der zweiten Hälfte der Folie. Anschließend wird die Kapsel ausgeleert und gewaschen.

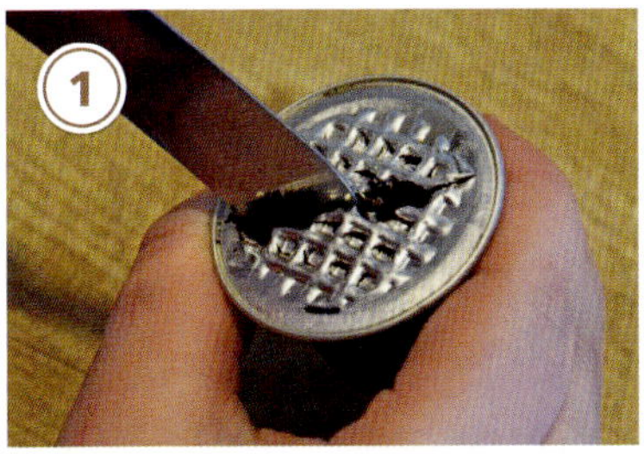

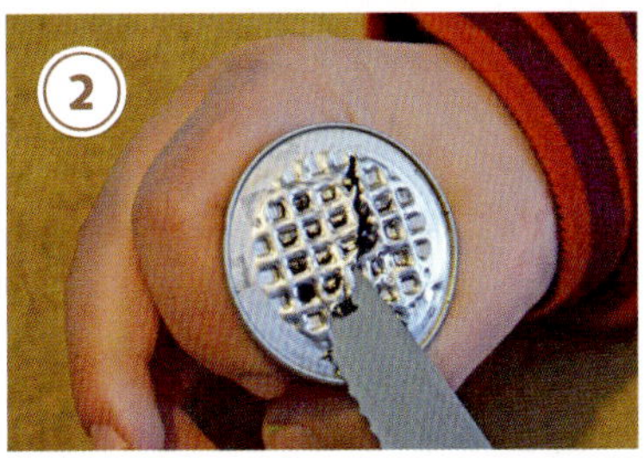

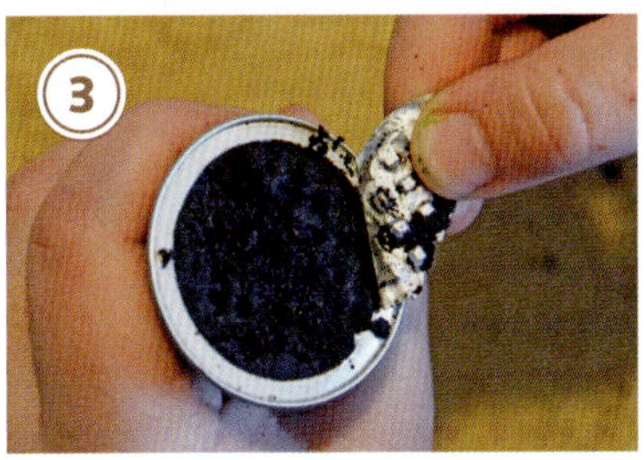

ber **(Abb. 4)**. Beides hat seine Tücken und Oma passt gut auf, dass sich Hannah nicht verletzt.

Auch die Glöckchen werden schön beklebt und bemalt. Da die Kapseln aus Aluminium sind, läuten die Glöckchen sogar wirklich. Auf der Glockenoberseite wird mit einer Nadel ein kleines Loch gestochen, durch das ein Faden gezogen und mit Kleber fixiert wird. Darüber können noch Perlen aufgefädelt werden. Für den Klöppel werden Glasperlen oder kleine Metallknöpfe verwendet. Wichtig für den Klang ist, dass die Klöppel so aufgehängt werden, dass sie genau auf den Rand der Glocke schlagen. Außerdem muss der Faden, an dem der Klöppel hängt, sehr dünn sein.

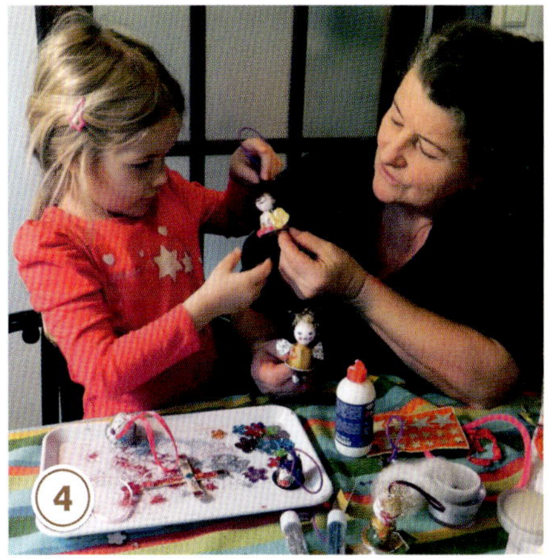

Wunschzettel und Christbaumschmuck auf die Fensterbank gelegt. Wenn am nächsten Morgen alles weg ist, kann das nur was Gutes bedeuten.

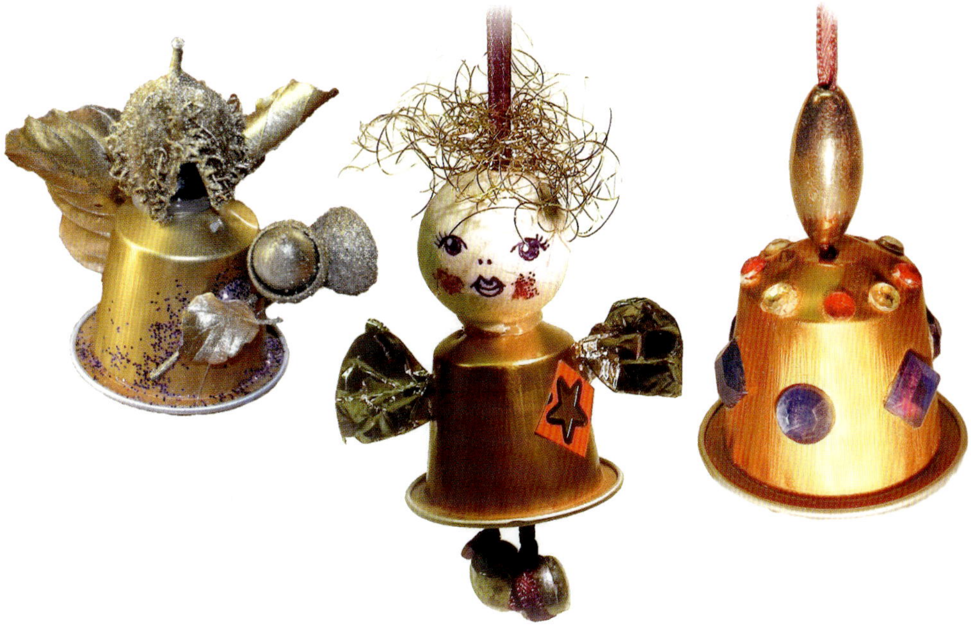

41 WEIHNACHTSKRIPPEN

DAS BRAUCHEN WIR

- Holzbrettchen für den Boden der Krippe
- Moos, Rinde, Steine, Zapfen, Baumschwämme für die Krippe
- Holzkugeln, Rundstäbe, Stroh, Stoffreste etc. für die Figuren

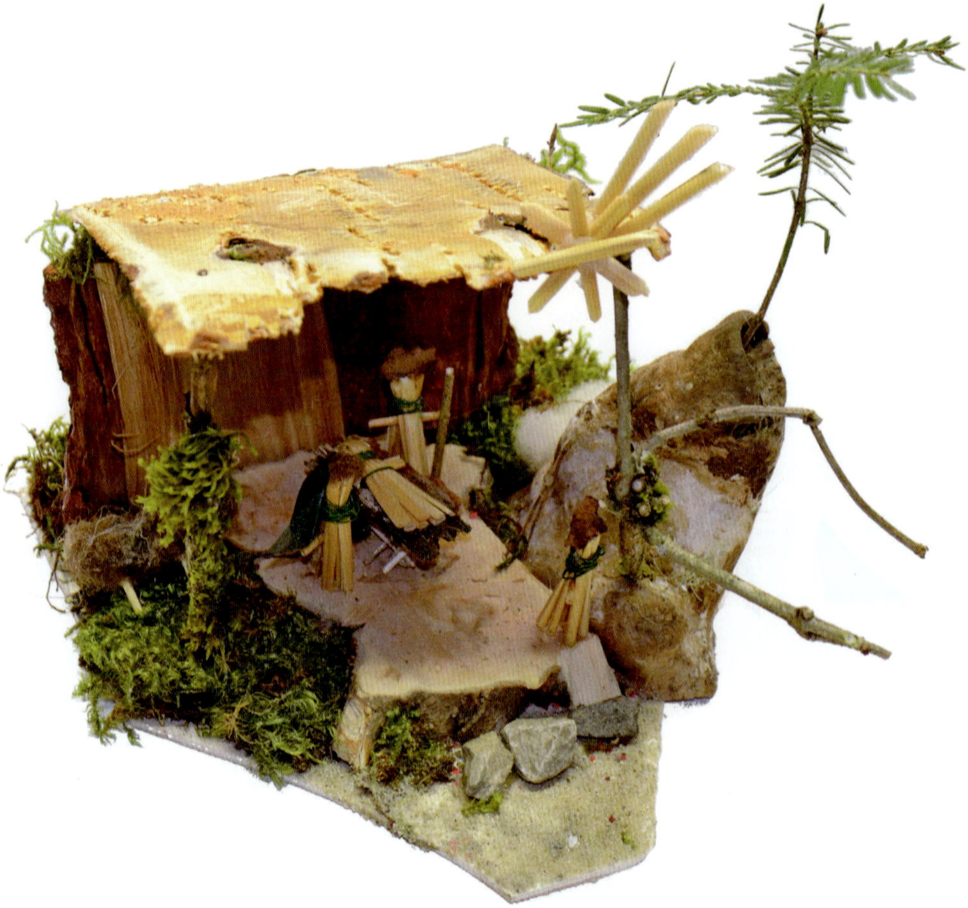

„Alle Jahre wieder …", beginnt ein altes Weihnachtslied, „kommt das Christuskind …" Aber genauso verlässlich kommen die Kinder schon zwei Tage vor dem 24. Dezember zum Weihnachtsbasteln, natürlich mit Übernachtung bei Oma und Opa. Tobias und Hannah sind schon in der Früh da und bringen von ihren Eltern den Vorschlag mit, heuer wieder einmal Weihnachtskrippen zu basteln.

Oma geht mit Tobias und Hannah in den Wald und es wird alles gesammelt, was vielleicht zu brauchen ist. In die Rucksäcke wandern Moos, Rindenstücke, Tannenzweige, Baumschwämme, Kiefernzapfen und vieles mehr **(Abb. 1)**. An einem Bachufer suchen sie noch einige schöne Steine. Elli nutzt die Gelegenheit zu einem Bad im eiskalten Wasser **(Abb. 2)**. Opa schneidet inzwischen einige Holzbrettchen zu, auf die die Krippen dann aufgebaut werden. Zu Mittag stoßen Lukas und Felix dazu und nach dem Essen geht es ab in die Werkstatt. Auf dem großen Tisch werden alle gesammelten Materialien ausgebreitet und auf los geht's los.

Es ist erstaunlich, wie einfallsreich, aber unterschiedlich die vier zu Werke gehen. Oma und Opa beteiligen sich nicht an der Planung, sondern geben nur Tipps. Oma bedient die Heißklebepistole, damit sich die Kinder nicht die Finger verbrennen.

Heißkleber

Der Vorteil beim Heißkleben ist, dass so gut wie alles damit geklebt werden kann und dass die Klebestelle innerhalb von Sekunden die Endfestigkeit erreicht. Das richtige Werkzeug für Ungeduldige.

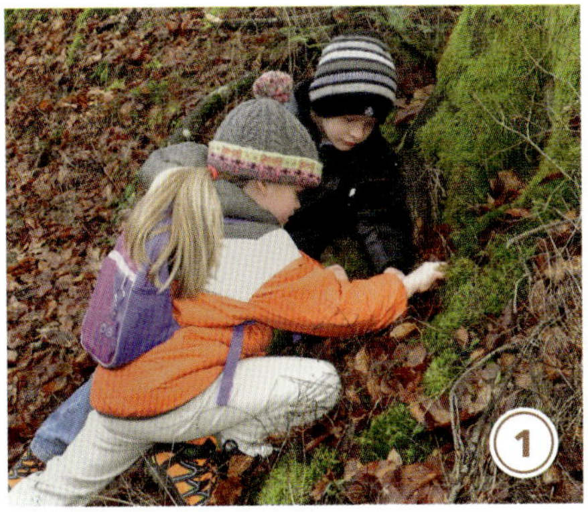

1

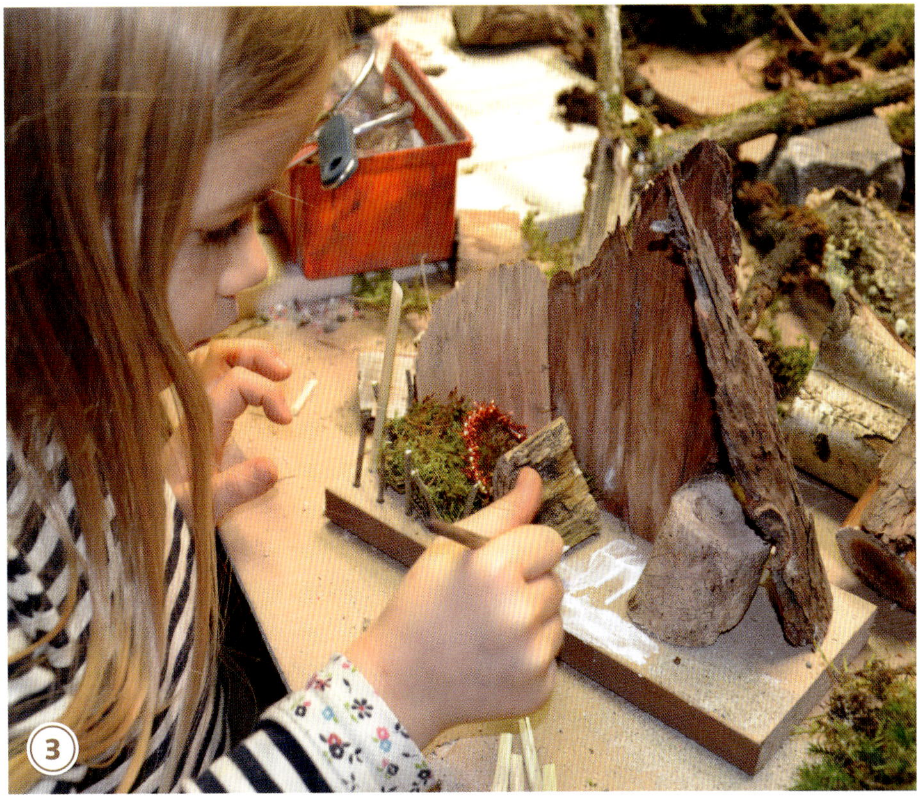

3

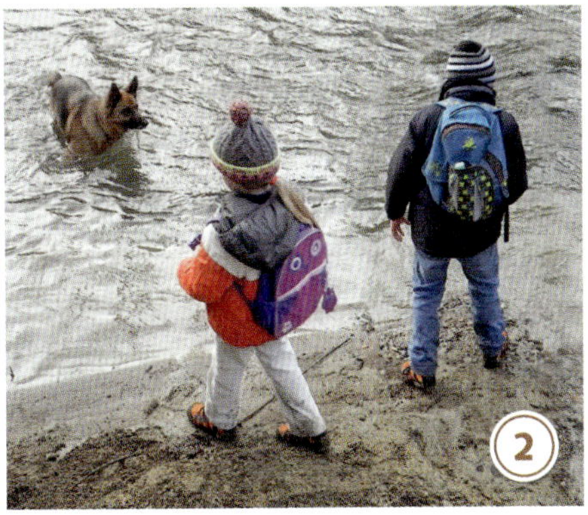

2

Auf die Wege wird Kaltleim gestrichen und Sand darübergestreut **(Abb. 3)**. Nach einigen Minuten wird der überschüssige Sand weggeblasen **(Abb. 4)**.

Die Sterne werden aus Strohhalmen gemacht. Dazu hat Oma Strohhalme der Länge nach aufgeschlitzt und flachgebügelt. Je länger man bügelt, desto dunkler wird die Farbe des Strohs. Natürlich kann man das Stroh auch im Bastelgeschäft besorgen. Auch für die Figuren werden Strohhalme verwendet **(Abb. 5 & 6)**. Tobias macht seine Figuren aus Holzkugeln, Rundstäben und Stoffabfällen.

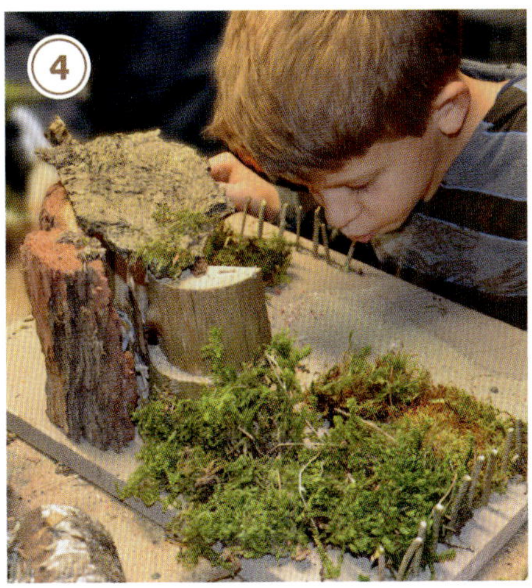

4

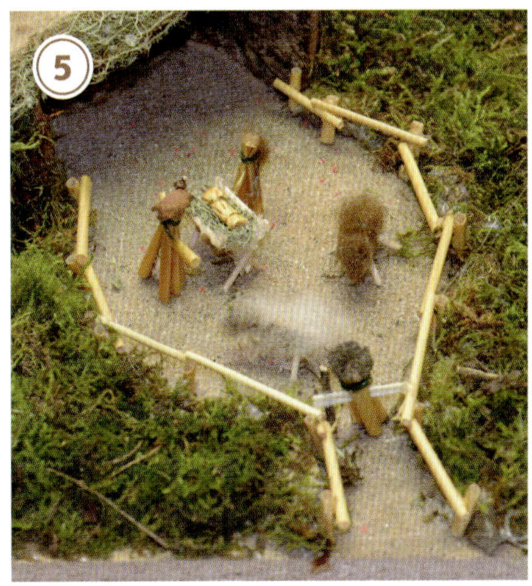

5

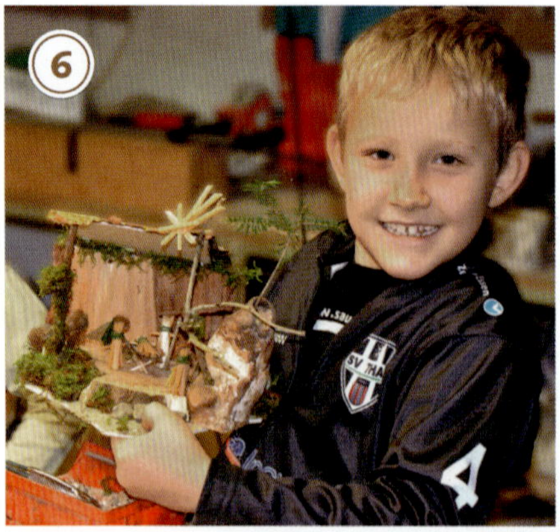

Es ist schon ziemlich spät am Abend, als jeder seine Krippe stolz präsentiert und dann in eine Schachtel verpackt. Dann gibt's noch Omas berühmte Spaghetti, eine wilde Polsterschlacht und ab in die Federn.

Opa steht noch in der Werkstatt, betrachtet das Schlachtfeld und beginnt mit den Aufräumarbeiten. Dabei freut er sich besonders über die vielen guten Ideen, die die Kinder hatten, und die Begeisterung, mit der sie am Werk waren.

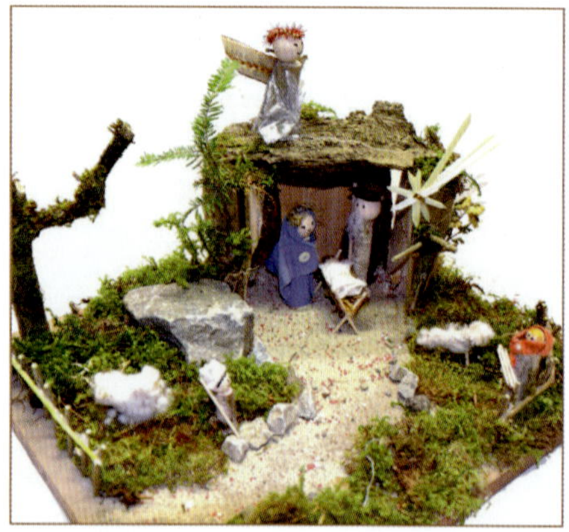

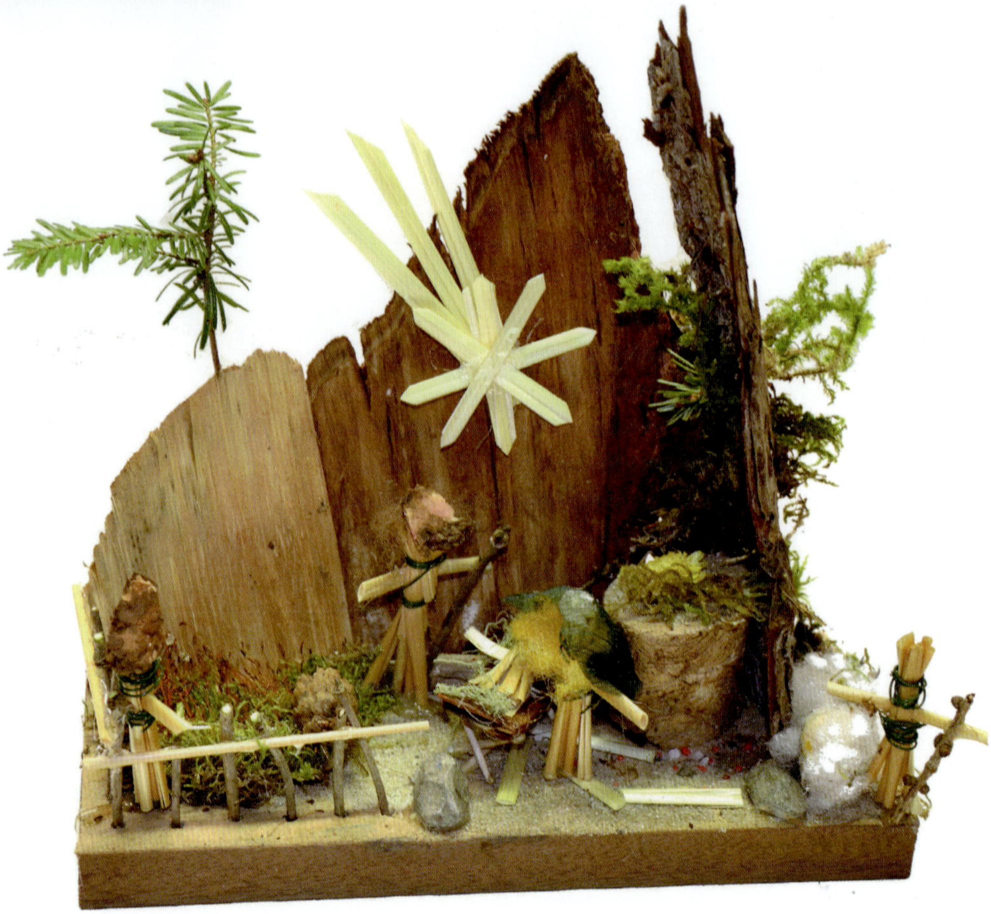

42 NUSSKNACKER

DAS BRAUCHEN WIR

Man braucht dazu:

- 2 Leisten, 20 x 20 x 250 mm
- 2 Brettchen, 80 x 30 x 5 mm
- 2 Rundstäbe, 35 mm lang, Durchmesser 5 mm
- Leim

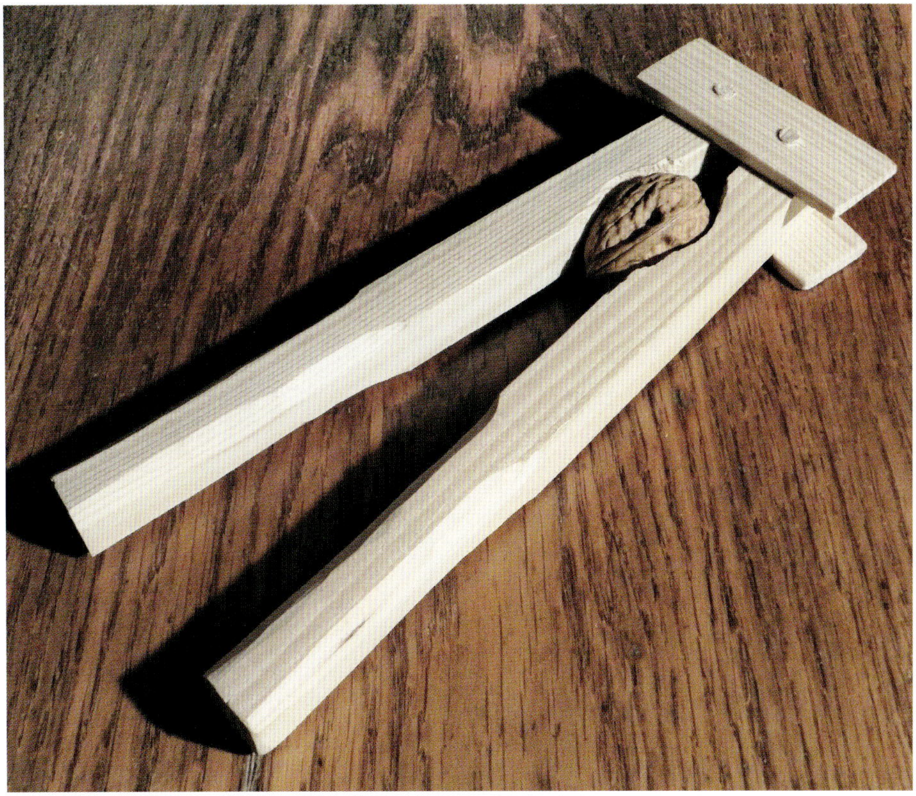

Opa will sich nicht mit fremden Federn schmücken, darum vorweg gleich ein Geständnis: Diesen Nussknacker hat nicht Opa mit den Kindern gebastelt, sondern Hannah in der Schule und sie hat ihn Opa zu Weihnachten geschenkt. Doch der Nussknacker ist so einfach, dass er schon fast wieder genial ist. Wie sagt schon ein Sprichwort: Gut ist nur, was einfach ist. Darum möchte Opa es nicht verabsäumen, den Nussknacker hier vorzustellen.

Die zwei Leisten werden auf einer Seite griffartig zugeschnitzt bzw. werden die scharfen Kanten rund geschliffen. Auf der anderen Seite 20 mm vom Ende entfernt Löcher mit 6 mm Durchmesser bohren.

Etwa 40 mm vom selben Ende entfernt 40 mm lange und 10 mm tiefe Kerben mit der Raspel machen. Dort kommt später die Nuss hinein, die geknackt werden soll. In die Brettchen zwei 5 mm große Löcher in einem Abstand von 30 mm bohren.

Die Teile sind in 3 Minuten zusammengebaut. Die Rundstäbe werden durch die Löcher der Leisten gesteckt, in die Löcher der Brettchen wird etwas Leim gestrichen und die Brettchen werden links und rechts der Leisten auf die Rundstäbe gedrückt. Bevor der Leim ganz fest ist, die Leisten vorsichtshalber etwas bewegen, damit sie nicht am Brettchen oder an den Rundstäben festkleben.

Nüsse, verrollt euch! Jetzt kommt Knacki!

43 VOGELFUTTERTREPPE

DAS BRAUCHEN WIR

Benötigt wird:

- 1 Rundstab, Durchmesser 8 bis 10 mm
- 25 bis 30 Holzbrettchen, ca. 150 x 20 x 10 mm
- 1 Tasse Mehl
- Vogelfutter

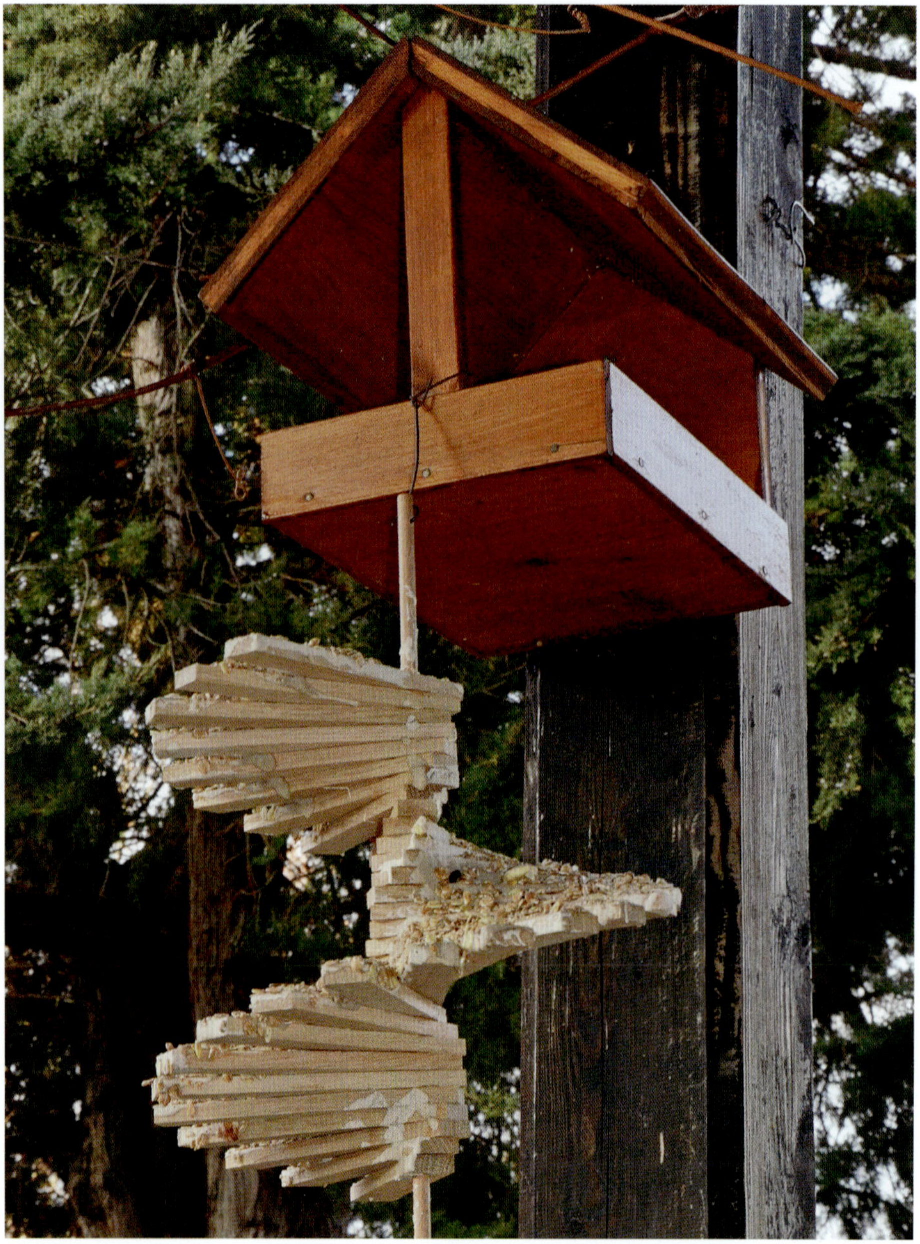

Eine Bastelei, bei der das Herz der Jüngsten jubelt: Es darf gepatzt werden! Opa will einen Klebstoff verwenden, den er noch aus seiner Kindheit kennt, der jetzt aber schon ganz in Vergessenheit geraten ist, den Mehlpapp. Dieser Kleber ist absolut ungiftig und klebt alle erdenklichen Materialien erstaunlich fest zusammen. Aber zuerst zu den Vorarbeiten.

Größe variieren

Die Größe der Brettchen ist Geschmacksache, es ist nur zu beachten, dass bei dünneren Brettchen entsprechend mehr notwendig sind, um für die Treppe eine bestimmte Höhe zu erreichen.

Wenn jemand Reste von Klebeparkett hat, lassen sich auch diese Brettchen gut verwenden **(Abb. 1)**. Sie müssen nur vom Trägergitter heruntergebrochen werden, was ganz leicht geht. Wer passende Holzabfälle hat, kann die Brett-

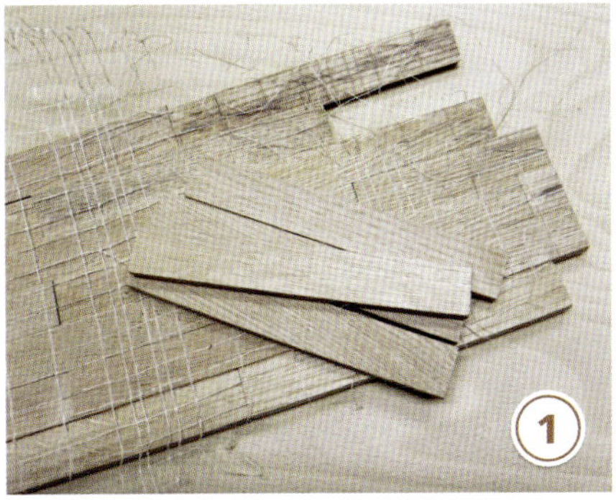

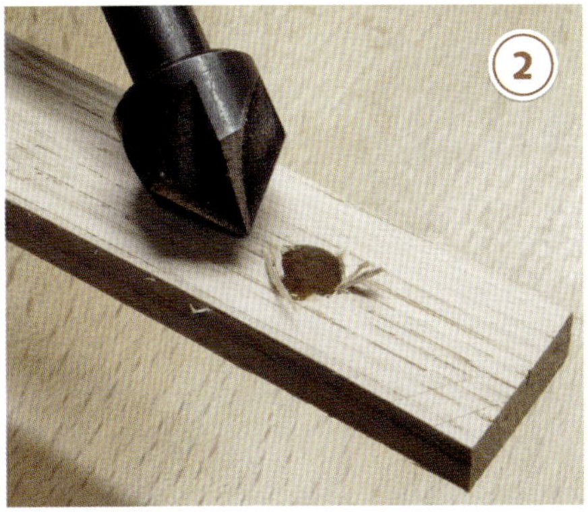

chen daraus mit einer kleinen Tischkreissäge schneiden.

Opa bohrt durch jedes Brettchen ein Loch. Der Bohrer sollte um ca. 0,3 mm größer sein als der Rundstab, da sonst der Stab sehr schwer durch die Löcher geht. Natürlich kann man die Löcher auch mit einer Rundfeile etwas vergrößern, wenn es klemmt. Ist die Bohrung auf der Unterseite ausgefranst, kann sie mit einem Aufbohrer etwas nachgeputzt werden **(Abb. 2)**.

Sind die Brettchen relativ lang, kann das Loch auch genau in der Mitte gebohrt

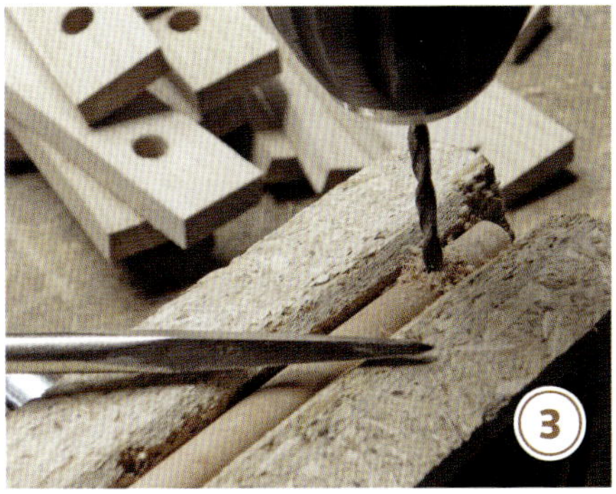

werden, dann hat man gleich zwei Treppenzüge auf einmal. Am besten man legt vor dem Bohren versuchsweise ein paar Brettchen übereinander und entscheidet sich dann für die gewünschte Optik.

Der Rundstab wird auf eine Länge abgeschnitten, die sich wie folgt berechnet: Anzahl der Brettchen x Dicke + 20 cm. Opa hat 30 Brettchen mit 8 mm, darum schneidet er den Stab auf 44 cm ab. Dann bohrt er an jedes Ende des Stabes ein kleines Loch **(Abb. 3)**, damit das Kunstwerk später mit Draht oder Nylonfaden aufgehängt werden kann. Opa bohrt kleine Löcher am liebsten mit dem Akku-Schrauber. Damit der Bohrer auf dem Rundstab nicht abrutscht, sticht er vorher mit einem Dorn eine Vertiefung in den Stab.

Nun geht's an die Montage der Treppe. Opa spannt die unteren 10 cm des Stabes senkrecht in einen Schraubstock. Dann fädelt er das erste Brettchen auf den Stab, gibt Leim auf Stab und Brettchen, dann das nächste Brettchen usw. **(Abb. 4)** Dabei verdreht er die Brettchen so, dass es wie eine Wendeltreppe aus-

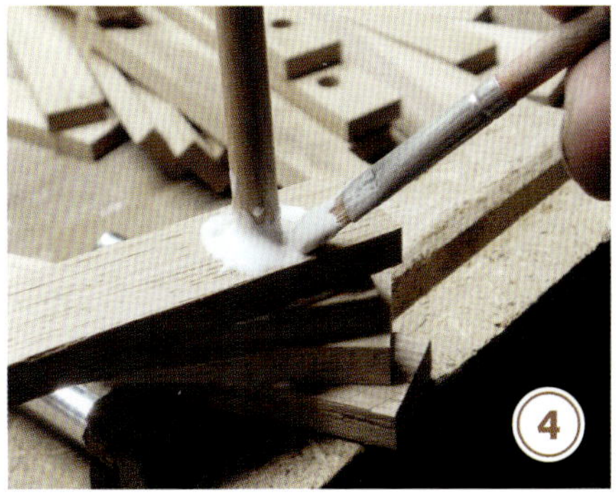

sieht. Jetzt aber ist Lena dran, sie scharrt schon in den Startlöchern, oder besser gesagt, sie hängt an Omas Rockzipfel. Die wird mit ihr nämlich jetzt den Mehlpapp zubereiten. Sie nimmt 1 Tasse Mehl und rührt so viel handwarmes Wasser ein, bis der Mehlpapp zähflüssig ist.

Wo gehobelt wird, fliegen Späne. Also: Arbeitsplatz mit Abdeckfolie schützen, Kind in die „Gatschmontur" stecken und los geht's: Die Stufen werden vollflächig mit Mehlpapp bestrichen und

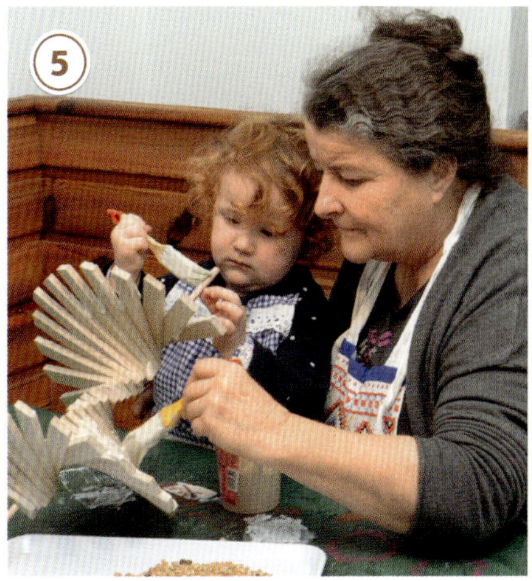

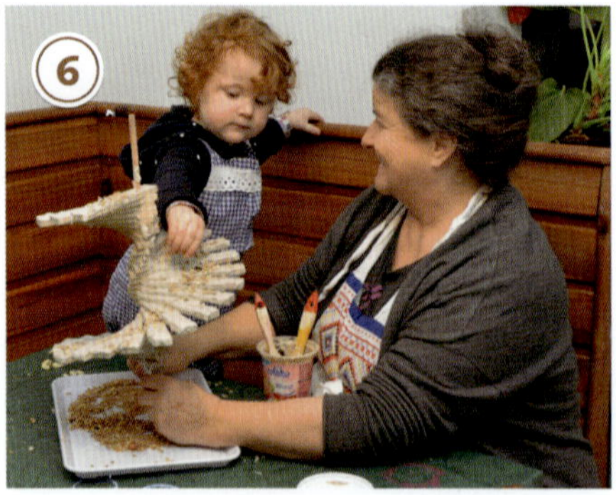

mit dem Vogelfutter reichlich bestreut **(Abb. 5 & 6)**. Überschüssiges Vogelfutter wird abgeschüttelt. Das Gleiche passiert mit der Unterseite der Spirale. Dann kann nämlich, wenn die Körner von den Vögeln abgeerntet sind, die Spirale auf den Kopf gestellt gleich noch einmal aufgehängt werden.

Die Vogeltreppe sollte unter Dach, zum Beispiel unter einer Terrassenüberdachung, aufgehängt werden. Das unbehandelte Holz und erst recht der Mehlpapp vertragen sich nicht gut mit Wasser. Ein Aufstellen der Treppe auf dem Boden oder auf einem Tisch ist nicht ratsam, wenn es Katzen in der Umgebung gibt. Die kommen dann auch zur Treppe, aber nicht wegen der Körner.

So, und auf Lena wartet jetzt die Badewanne …

44 NEUJAHRSGLÜCKSBRINGER

Das Verschenken eines Glücksschweins zu Neujahr ist ein alter und herzlicher Brauch. Wem aber ein lebendes Schwein zu exklusiv und ein winziges Plastik-Schweinchen zu mickrig ist, der kann ja kreativ werden und selbst etwas basteln. Außerdem ist dann das Risiko nicht so groß, das, was man verschenkt hat, im nächsten Jahr wieder zurückzubekommen. Die Kinder haben sowieso viel mehr Freude daran, etwas selbst Gebasteltes zu verschenken als etwas Gekauftes. Oma bemüht ihre grauen Zellen, kramt in ihrer Funduskiste und in Opas Holzabfällen und nach kurzer Zeit sind sie da: Schweine der Gattung „Nussgrunzer", „Spitzrüssler" und „Scheibenferkel".

Nussgrunzer

Die Holzscheibe schneidet Opa von einem trockenen Ast. Ist das Holz nicht trocken, bekommt die Scheibe nach ein

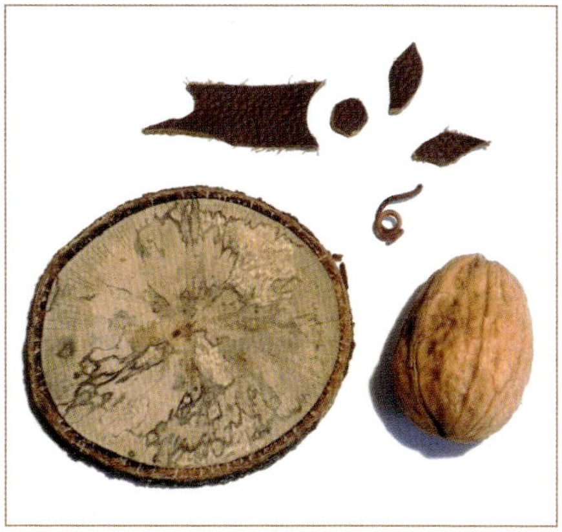

paar Tagen einen Riss oder bricht ganz auseinander. Eine schöne Zeichnung im Holz findet man bei alten Ästen, die schon pilzbefallen sind. Wird die Scheibe mit einer guten Bastler-Tischkreissäge geschnitten, erspart man sich das Schleifen. Ansonsten ein Blatt 80er-Schleifpapier auf den Tisch legen und darauf die Scheibe schleifen. Die Nuss wird an der Stelle, die später auf der Bodenplatte steht, flach angeschliffen. Ebenso wird die Spitze der Nuss flach geschliffen, da dort der Rüssel aufgeleimt wird. Für die Ohren 3 mm große Löcher in die Nuss und für das Schwänzchen ein 1 mm großes Loch bohren. Das Bohren von so kleinen Löchern bzw. so kleinen Werkstücken funktioniert am besten mit dem Akku-Schrauber. Aus dem Leder die Scheibe für den Rüssel und die Ohren schneiden. Die Ohren auch nach unten spitz zuschneiden, damit man sie zusammendrehen und in die Löcher einleimen kann. Zuletzt noch das Schwänzchen einleimen, die Augen aufmalen und fertig.

DAS BRAUCHEN WIR

Für die Nussgrunzer braucht man:

- 1 Holzscheibe für die Bodenplatte
- 1 Nuss für den Körper
- 1 kleines Stück braunes Leder für Ohren und Nase
- 1 Stück Weinranke oder einen kleinen Ast einer Korkenzieherhasel für den Ringelschwanz
- weißen und schwarzen Lackstift zum Bemalen bzw. Beschriften

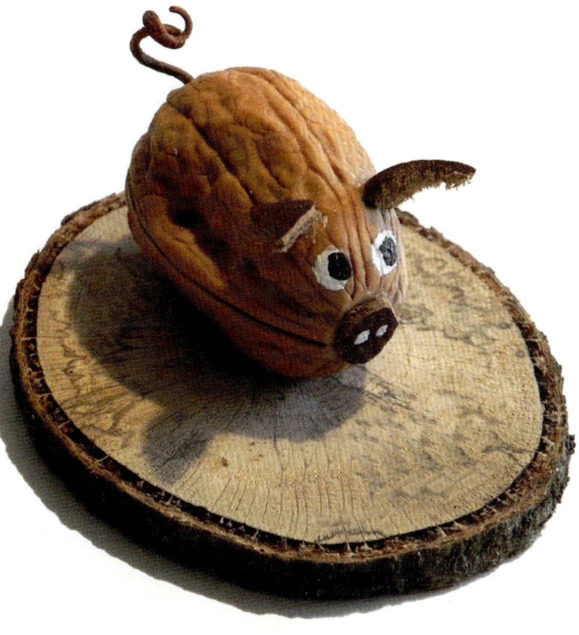

Spitzrüssler

DAS BRAUCHEN WIR

Für einen Spitzrüssler braucht man:

- 1 Holzscheibe für die Bodenplatte
- 1 Stück Weinranke oder einen kleinen Ast einer Korkenzieherhasel für den Ringelschwanz
- 1 Stückchen Rundstab, ca. 4 mm dick, für die Beine
- 1 Stück eines fingerdicken Astes, ca. 4 cm lang
- 2 Samenkörner eines Fichtenzapfens für die Ohren
- weißen und schwarzen Lackstift zum Bemalen bzw. Beschriften

Für den Kopf das Aststück konisch zuschleifen, auf der anderen Seite wird nur die Kante leicht abgerundet. Auf der Unterseite zwei Löcher mit 4 mm für die Beine bohren. Das Holz sollte dazu in einen Schraubstock eingespannt werden, die Bohrungen sollten so erfolgen, dass später die Beine nach außen und nach vorne zeigen, und das auf beiden Seiten gleichmäßig. Dann werden noch ein 1 mm großes Loch für das Schwänzchen und zwei 3 mm große Löcher für die Ohren benötigt. Aus einem Fichtenzapfen aus der Spitze zwei Samenkörner herausnehmen und zum Einleimen am fleischigen Ende etwas zuspitzen. Danach Beine, Ohren und Schwänzchen einleimen, die Beine anschleifen, damit

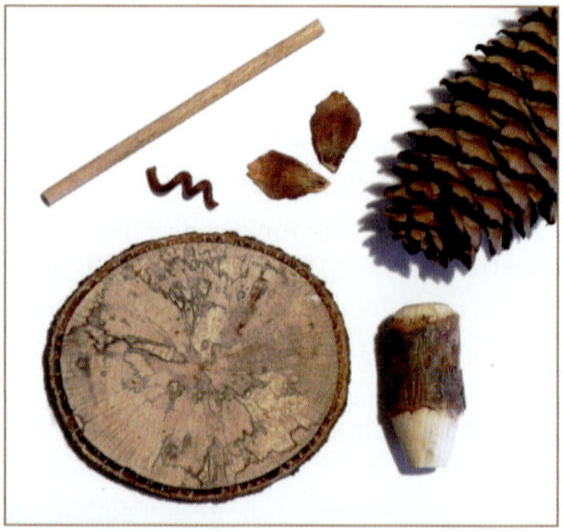

genug Kontakt zum Verleimen mit der Scheibe da ist. Zuletzt bemalen, beschriften und schon blickt ein süßes Schwein dem Verschenktwerden entgegen.

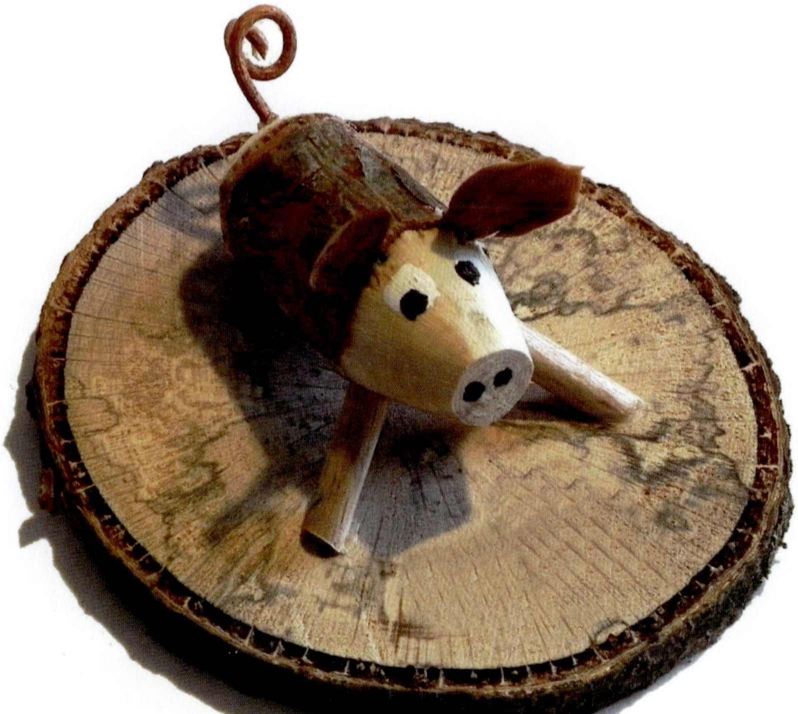

DAS BRAUCHEN WIR

Für das Scheibenferkel braucht man:

- 1 Holzscheibe für die Bodenplatte
- 1 Astscheibe für den Körper
- 1 kleinere Astscheibe für den Kopf
- 1 Stück Weinranke oder einen kleinen Ast einer Korkenzieherhasel für den Ringelschwanz
- 1 Samenhülse eines Buchensamens für die Ohren
- 1 Stück Rundstab, 8 mm dick, für den Rüssel
- weißen und schwarzen Lackstift zum Bemalen bzw. Beschriften

Scheibenferkel

Die Bauchscheibe anschleifen, damit eine Kontaktfläche zum Verleimen mit der Bodenscheibe vorhanden ist, ein U oder V unter dem Bauch deutet die Beine an. Auf dem gegenüberliegenden Rand der Scheibe ein 1 mm großes Loch für das Schwänzchen bohren, vom Rundstab eine Scheibe für den Rüssel abschneiden. Für die Ohren zwei Stücke einer Buchensamenkapsel abbrechen. Dieses Wunder der Natur hat auf der Außenseite eine stachelige Oberfläche, innen eine samtige. Die untere dicke Seite der Ohren zum Leimen etwas anschleifen. Alles verleimen, bemalen und „Prosit Neujahr!“ (natürlich mit Kindersekt).

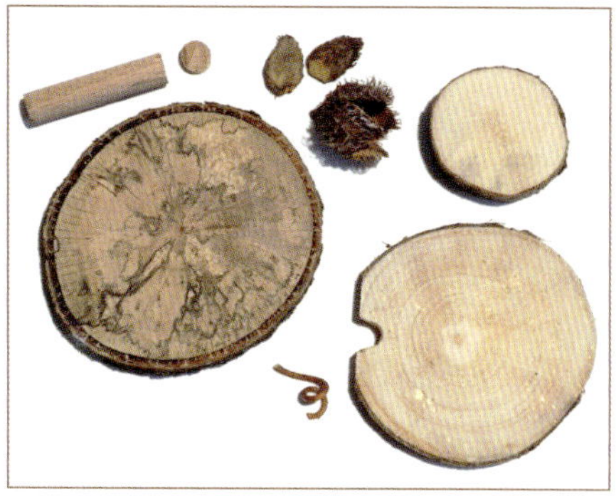

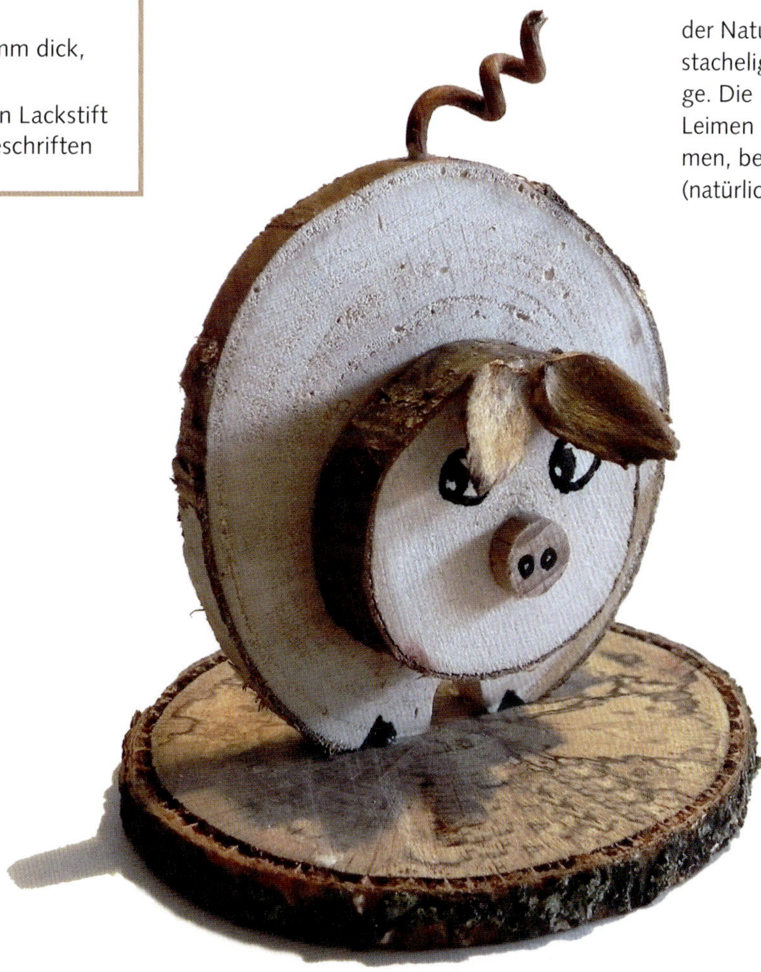

WIDMUNG

Dieses Buch widme ich unseren sechs Enkelkindern und insbesondere meiner Frau Agi, der Bastel-Oma, in Bewunderung und in Dankbarkeit für die Geduld, die sie für die Bastelbande und für mich aufgebracht hat. Weiters danke ich unseren vier Töchtern Alice, Inge, Edith und Lisa sowie Michael Wurzinger, Toni Floiss, Peter Sembacher und Karl Felber für ihre Unterstützung.

Der Bastel-Opa Kurt Wurzinger
Im Sommer 2017

Aus unserem Programm

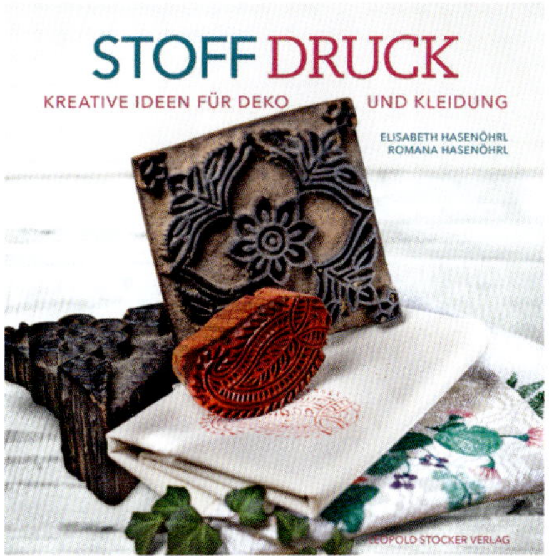

ISBN 978-3-7020-1613-5

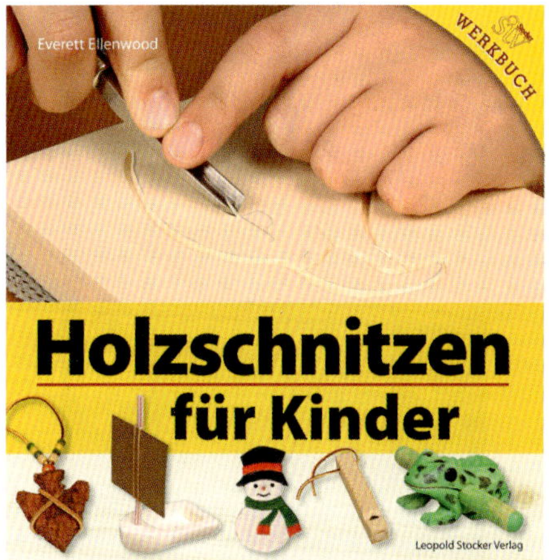

ISBN 978-3-7020-1373-8

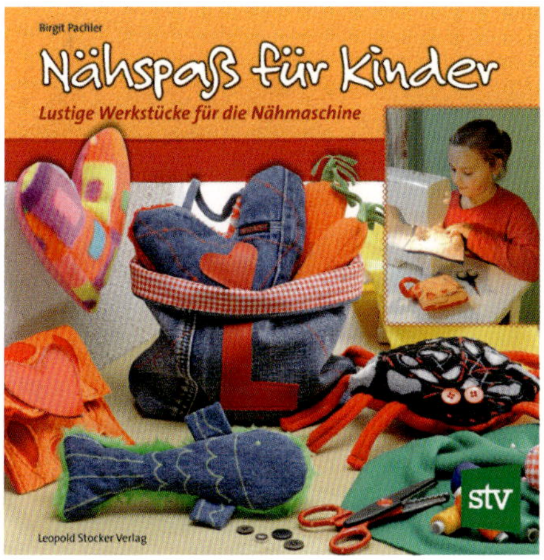

ISBN 978-3-7020-1416-2

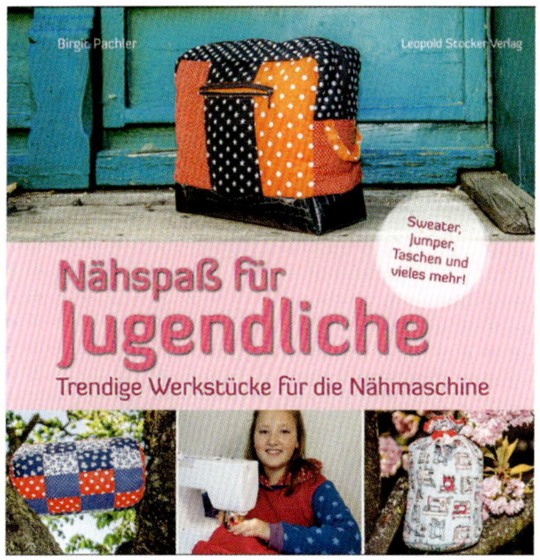

ISBN 978-3-7020-1624-1

Leopold Stocker Verlag

Graz – Stuttgart

www.stocker-verlag.com

Aus unserem Programm

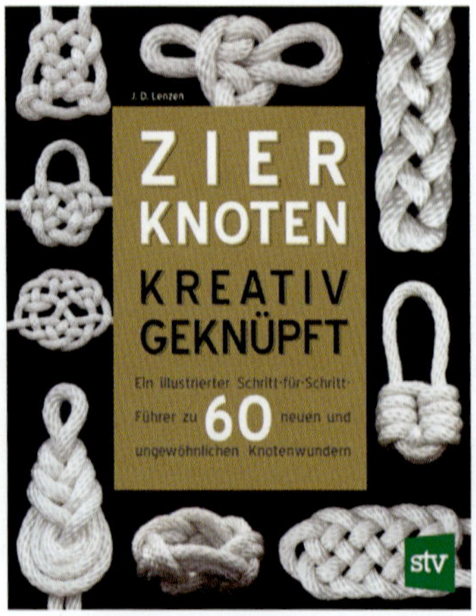

ISBN 978-3-7020-1491-9

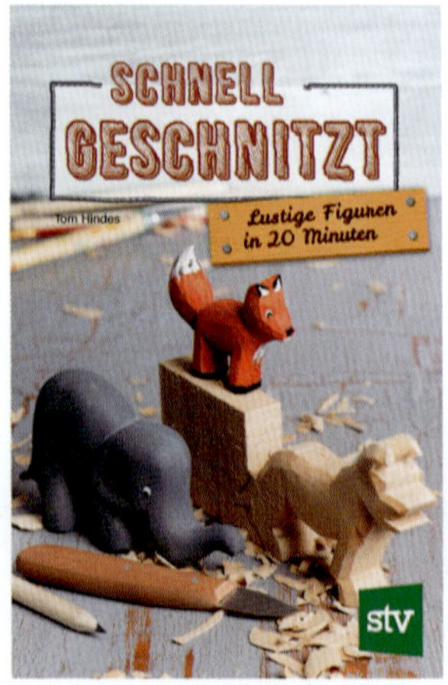

ISBN 978-3-7020-1614-2

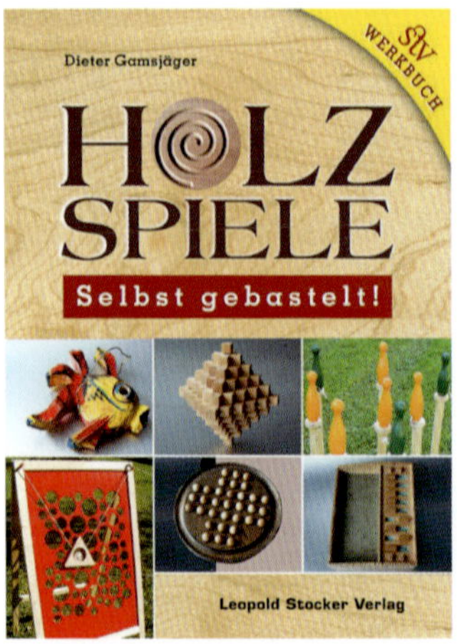

ISBN 978-3-7020-1081-2

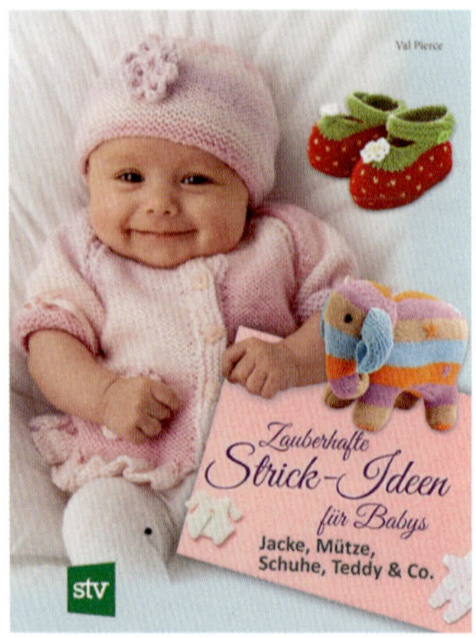

ISBN 978-3-7020-1599-2

Leopold Stocker Verlag
Graz – Stuttgart
www.stocker-verlag.com